证券投资学

ZHENGQUAN TOUZIXUE

（第三版）

主编 金 丹

副主编 曹小武 唐 翔

（以姓氏拼音首字母为序）

中国金融出版社

责任编辑:王　君
责任校对:潘　洁
责任印制:陈晓川

图书在版编目（CIP）数据

证券投资学/金丹主编．—3 版．—北京：中国金融出版社，2022.8
21 世纪高等学校金融学系列教材
ISBN 978－7－5220－1453－1

Ⅰ.①证… Ⅱ.①金… Ⅲ.①证券投资—高等学校—教材 Ⅳ.①F830.91

中国版本图书馆 CIP 数据核字（2022）第 262467 号

证券投资学（第三版）
ZHENGQUAN TOUZIXUE（DI SAN BAN）

出版
发行　中国金融出版社
社址　北京市丰台区益泽路 2 号
市场开发部　（010）66024766，63805472，63439533（传真）
网上书店　www.cfph.cn
　　　　　（010）66024766，63372837（传真）
读者服务部　（010）66070833，62568380
邮编　100071
经销　新华书店
印刷　河北松源印刷有限公司
尺寸　185 毫米×260 毫米
印张　24.25
字数　537 千
版次　2012 年 5 月第 1 版　2016 年 9 月第 2 版　2022 年 8 月第 3 版
印次　2022 年 8 月第 1 次印刷
定价　69.00 元
ISBN 978－7－5220－1453－1
如出现印装错误本社负责调换　联系电话（010）63263947
编辑部邮箱：jiaocaiyibu@126.com

21世纪高等学校金融学系列教材
编审委员会

顾　问：
吴晓灵（女）　清华大学五道口金融学院　教授　博士生导师
陈雨露　中国人民银行　党委委员　副行长
王广谦　中央财经大学　教授　博士生导师

主任委员：
郭建伟　中国金融出版社　总编辑
史建平　中央财经大学　教授　博士生导师
刘锡良　西南财经大学　教授　博士生导师

委员：（按姓氏笔画排序）
丁志杰　对外经济贸易大学　教授　博士生导师
王爱俭（女）　天津财经大学　教授　博士生导师
王效端（女）　中国金融出版社　副编审
王　稳　对外经济贸易大学　教授　博士生导师
王　能　上海财经大学　美国哥伦比亚大学　教授　博士生导师
王　聪　暨南大学　教授　博士生导师
卞志村　南京财经大学　教授　博士生导师
龙　超　云南财经大学　教授
叶永刚　武汉大学　教授　博士生导师
邢天才　东北财经大学　教授　博士生导师
朱新蓉（女）　中南财经政法大学　教授　博士生导师
孙祁祥（女）　北京大学　教授　博士生导师
孙立坚　复旦大学　教授　博士生导师
李志辉　南开大学　教授　博士生导师
李国义　哈尔滨商业大学　教授
杨兆廷　河北金融学院　教授
杨柳勇　浙江大学　教授　博士生导师
杨胜刚　湖南大学　教授　博士生导师
汪　洋　江西财经大学　教授　博士生导师
沈沛龙　山西财经大学　教授　博士生导师

宋清华　中南财经政法大学　教授　博士生导师
张礼卿　中央财经大学　教授　博士生导师
张成思　中国人民大学　教授　博士生导师
张　杰　中国人民大学　教授　博士生导师
张桥云　西南财经大学　教授　博士生导师
张志元　山东财经大学　教授
陆　磊　国家外汇管理局　副局长
陈伟忠　同济大学　教授　博士生导师
郑振龙　厦门大学　教授　博士生导师
赵锡军　中国人民大学　教授　博士生导师
郝演苏　中央财经大学　教授　博士生导师
胡炳志　武汉大学　教授　博士生导师
胡金焱　山东大学　教授　博士生导师
查子安　金融时报社　总编辑
贺力平　北京师范大学　教授　博士生导师
殷孟波　西南财经大学　教授　博士生导师
彭建刚　湖南大学　教授　博士生导师
谢太峰　首都经济贸易大学　教授　博士生导师
赫国胜　辽宁大学　教授　博士生导师
裴　平　南京大学　教授　博士生导师
潘英丽（女）　上海交通大学　教授　博士生导师
潘淑娟（女）　安徽财经大学　教授
戴国强　上海财经大学　教授　博士生导师

第三版前言

自2016年本教材第二版发行以来，中国乃至全球的资本市场发生了较大的变动。国内资本市场方面，2019年7月22日，科创板正式上市交易，并实行了注册制。《证券法》进行修订，并于2020年3月1日开始实施。2021年4月，深交所主板与中小板合并。2021年9月3日，北京证券交易所有限责任公司注册成立。国际资本市场方面，道琼斯指数在2022年1月创出了36952点的历史高点，也曾在2020年3月16日下跌2997点，创下单日最大下跌点数。这几年间，世界发生了一系列重大事件，如中美贸易摩擦、新冠肺炎疫情等，这些变化要求我们的教材也要与时俱进，因而本教材第三版的出版非常必要。

与第二版相比，第三版教材在篇章结构上进行了调整与优化：将原来的"证券估值"内容分别添加到相应的证券品种中，从而对每一个证券投资品种的介绍更加系统；为强调证券市场的合规化管理，也从保护投资者利益的角度出发，将"证券市场监管"这一章提前到第八章；在具体内容上，删去了一些过时的内容和不太合适的提法，并根据市场的发展，增加了资本市场上最新的做法。总体而言，第三版无论是在篇章结构上还是在内容上，都比第二版有了很大的进步。

参加第三版修订工作的有：唐翔副教授（第一章、第二章、第三章、第四章、第五章）、曹小武副教授（第六章、第七章、第九章、第十二章、第十三章）、边智群教授（第十一章）、金丹副教授（第八章、第十章、第十四章、第十五章、第十六章）。同时金丹副教授拟订了第三版教材的修订计划，提出了具体的修订意见，并阅览全书后定稿。

本教材的修订与出版得到了湖北经济学院和中国金融出版社的大力支持，中国金融出版社教材编辑一部王效端主任为本教材的出版做了大量的联络工作，王君编辑对本教材进行了细致的审稿工作；同时也必须感谢本教材第一版的主编杨丽萍教授以及参与第一、第二版编写的其他人员，他们高水平的工作，为第三版教材的出版打下了坚实基础。

金丹

2022年3月

第二版前言

自本教材出版以来，已经过了4年。在这四年里，中国乃至全球的资本市场发生了深刻的变化。美国退出QE3条款、欧债危机、投资银行转型等一一出现。与此同时，中国资本市场经历了从低谷到暴涨，再到千股跌停的剧变。在这四年里，中国资本市场也推陈出新。国债期货推出、融资融券余额大增、沪港通推出、个股期权开始交易、优先股发行、新三板启动、量化交易的兴起，这些都反映出中国这个新兴市场呈现的巨大活力，当然也蕴含着极大的风险。这些都需要我们在教材的编写上跟上市场的发展，因而本教材的修订非常必要。

与2012年的第一版相比，第二版在篇章结构上增加了第十六章量化投资，其他章节也做了一些结构上的调整；在具体内容上，删去了一些过时的内容和不太合适的提法，并根据市场的发展增加了资本市场上最新的做法。总体而言，第二版无论是在篇章结构上，还是在内容上，都比第一版有了很大的进步。

参加第二版修订工作的有：唐翔副教授（第一章、第二章、第三章、第四章）、李晓昌副教授（第五章、第六章、第七章、第八章）、曹小武副教授（第九章、第十二章、第十三章、第十七章）、边智群教授（第十一章）、金丹副教授（第十章、第十四章、第十五章、第十六章）。金丹副教授拟订了第二版的修订计划，提出了具体的修订意见，并审定了全部内容。

本教材第二版的修订与出版得到了湖北经济学院和中国金融出版社的大力支持；同时也必须感谢本教材第一版主编杨丽萍教授和其他人员，他们高水平的工作，为本教材第二版的修订工作打下了坚实的基础。

金丹

2016年7月

第一版前言

为什么要学习和研究证券投资学？首先，证券与证券市场在经济生活中的作用越来越重要。我国证券与证券市场从无到有，从小到大，已发展成为我国经济生活中的重要组成部分，并在国民经济发展中发挥了积极的作用。证券与证券市场以其独特的方式和活力对社会经济生活产生多方面影响，在筹集资本、引导投资、完善信用经济、资本价格形成、资源合理配置、风险管理、宏观调控等方面有着不可替代的独特功能。其次，证券与证券市场在我国发展迅速，证券品种、数量、市场规模、投资者人数不断攀升。我国证券市场发展迅速，与实体经济水平大体相称，投资者与证券市场一起成长。自1990年12月1日深圳证券交易所试营业以来，中国证券市场仅用20多年时间，跨越了全球主要资本市场花几百年才走过的路。我国证券市场从20多年前的十几家上市公司，几十万名开户投资者，不足百亿元的市值，到2012年4月沪深两市2 461家上市公司，总市值23.77多万亿元，投资者数以亿计。沪深两市共有A股账户1.65亿户，B股账户252.46万户；有效账户1.37亿户。在证券市场内部，相对完善的证券期货法律法规体系逐步清晰；包括主板、中小板、创业板和新三板在内的多层次市场格局框架基本确立；证券市场已经能够为投资者提供多样化的金融产品。此外，证券市场的发展在一定程度上缓解了就业的压力，我国证券期货行业从业人员达到33万余人，通过证券、期货从业资格考试人员超过30万人。再次，国际化是证券行业市场化发展和崇尚专业化能力的必然结果。随着经济全球化和国际金融市场自由化的发展，中国经济与金融将与世界经济与金融并轨，中国经济、金融与全球的融合发展不可逆转，中国证券行业将面对一个几乎完全国际化的市场。20多年中国资本市场通往世界的"丝绸之路"已具雏形，这条"丝绸之路"能否绵延不绝，决定了中国资本市场的命运，也是我国经济重新崛起的重要支点。中国经济结构急需转型、存量财富的增值保值，需要我们站在一个全球的视野考虑中国资本市场的发展。最后，回到我们个人及家庭生活层面，"人要好好活着"，每个人都希望自己能够过得好一点。提高生活质量，提升幸福指数，这是我们每个人、每个家庭的期望，而生活质量的提高和幸福指数的提升则需要坚实的家庭财富作后盾，从事证券投资是平常百姓积累财富的重要渠道之一。个人如何从事证券投资？中国相当一部分证券投资者（股民）在进行证券投资决策时往往依靠他人的想法、"专家"的指点来决策，这样意味着即使侥幸成功，到头来也依然将靠幸运赚来的钱还给市场，甚至步入失败。瑞银操控中石油的案件，一边唱多，一边做空，把众多散户套在48元之上的事实就是很好的证明。社会的现实是世界没有免费的午餐，一切依靠自己，相信自己。市场机会诸多，尤其是证券市场，市场的价值在于一部分人先知先觉，而另一部分人后知后觉，在信息不对称的情况下，先知先觉者可以运用信息为自己创造最大的价值。先知先觉依赖于您对证券投资理论与技术的把握。学习证券投资学让自己变成先知先觉者，我们就为成功抵达幸福的彼岸准备了坚固的渡船。

我们怎样学习证券投资学？证券投资学全面阐述证券、证券投资与证券市场的主体体系、组织框架及基本游戏规则，着重对证券投资的过程及研究方法和理论基础进行了研究。基于有价证券价格的决定要素，分别对证券的基本要素，包括宏观因素、板块因素、公司因素和市场因素进行基本分析。阐述了投资技术分析的理论与方法，包括图形与技术指标等。探讨了现代投资理论，内容包括投资收益率与风险，资本市场理论及投资组合评价与修正，以及市场效益性的研究等。证券投资学综合性和实务性较强，综合性体现在需要多学科的理论知识的支撑，如经济学、货币银行学、财务学、管理学、心理学。为此要求您系统学习和掌握上述学科的基本理论和方法。实务性较强体现在证券投资的具体操作层面，需要您通过案例分析和模拟操作增强感性认识，从而提高理性认识。为此要求您多收集案例，并利用模拟操作系统进行证券投资的模拟操作。

本教材以"经济运行中的证券投资活动"为主线，力求"厚基础、重理论、宽口径"，在详细介绍证券投资基础知识和理论的同时，通过设置大量的专栏和案例分析，将发展中的证券投资理论与实践中的重大问题以及人们关心的证券投资热点整合到教材之中，扩充了教材内容，极大地拓展了学生的知识面，提升了学生的投资实践能力。每章内容以证券投资的经典故事开篇，既巧妙地提示了本章学习的重点，又激发了学生的求知欲望。以上内容和形式的设计应是本教材的主要特点与创新之处。此外还将证券投资中不曾涉及的规律性的内容进行了创新扩充。

本教材由杨丽萍教授任主编负责全书的框架设计与定稿，金丹副教授任副主编，协助主编负责全书内容的衔接、修订与统稿。撰写的具体分工如下（按章序排列）：第一章、第二章、第九章和第十章（杨丽萍）；第三章和第四章（张立勇）；第五章和第十五章（程凯）；第六章、第七章和第十六章（金丹）；第八章和第十一章（边智群）；第十二章和第十三章（曹小武）；第十四章（徐慧玲）。

本教材在编写过程中得到了中南财经政法大学博士生导师、国家重点学科——金融学学科带头人朱新蓉教授的极大关心，她在百忙之中抽出宝贵的时间对本教材的编写悉心指导，赋予热诚耐心的指教，并提出了宝贵的意见。本教材的编写也得到了湖北经济学院和中国金融出版社的大力支持，使此教材能够顺利完成编写并出版。此外，本教材的编写参考了国内外已出版的相关教材、著作和论文，国内外同行的研究成果为我们完成本教材的编写提供了大量有价值的参考素材。值此教材出版之际，一并表示诚挚的感谢。

  尽管我们在教材编写过程中力求教材体系与内容的精准性和与时俱进，但由于资料和水平有限，本书错漏或不妥之处在所难免，敬请同行与读者批评指正！

杨丽萍
于湖北武汉藏龙岛
2012 年 4 月

目 录 Contents

1	**第一章 证券与证券市场**	30	第二节 普通股与优先股
2	第一节 证券与有价证券	30	一、普通股股票
2	一、证券的含义	31	二、优先股股票
2	二、证券的分类	34	第三节 股利分配与股票价值
5	第二节 投资与证券投资	34	一、股份公司的收益分配
5	一、投资	34	二、股利构成及其分配方式
5	二、证券投资	37	三、股票的除权除息及其价格的计算
6	三、证券投资分析方法	38	四、股票的价值
7	第三节 证券投资的风险	39	【本章小结】 40 【关键词】
7	一、系统风险	40	【重要概念】 40 【思考题】
10	二、非系统风险	40	【计算题】
12	三、证券投资风险的测量		
14	四、收益与风险的关系	41	**第三章 债券**
15	第四节 证券市场的结构与功能	42	第一节 债券及其种类
15	一、证券市场的特征	42	一、债券的性质及特征
15	二、证券市场参与者	44	二、债券与股票的区别
18	三、证券市场的结构	44	三、债券的种类
19	四、证券市场的基本功能	48	第二节 政府债券
21	【本章小结】 21 【关键词】	48	一、政府债券的定义和特征
22	【重要概念】 22 【思考题】	48	二、国债及其种类
		50	三、我国的国债
23	**第二章 股票**	51	四、地方政府债券
24	第一节 股票及其种类	53	第三节 国际债券
24	一、股票及其特点	53	一、国际债券的定义和特征
26	二、股票的种类	53	二、国际债券的种类
28	三、我国股票的种类	55	三、我国的国际债券

55	第四节 债券的价格与收益率	77	一、开放式基金的投资价值评估
55	一、货币的时间价值原理	79	二、封闭式基金的投资价值评估
57	二、债券价值评估的基本方法	80	【本章小结】 80 【关键词】
58	三、债券估值的基本模型	80	【重要概念】 81 【思考题】
59	四、债券收益率的计算	81	【计算题】
60	五、债券价值与债券投资到期收益率的关系		
60	【本章小结】 61 【关键词】	82	**第五章 衍生证券**
61	【重要概念】 61 【思考题】	83	第一节 金融期货
		83	一、金融期货的含义及特点
62	**第四章 证券投资基金**	84	二、金融期货的主要功能
63	第一节 证券投资基金及其特点	85	三、金融期货合约的主要内容
63	一、证券投资基金的概念	86	四、金融期货交易
63	二、证券投资基金的当事人	88	五、金融期货的种类
64	三、证券投资基金的特点	90	六、期货交易策略
65	四、证券投资基金与股票、债券的区别	93	第二节 金融期权
		93	一、金融期权的含义与种类
65	第二节 证券投资基金的种类	94	二、金融期权与金融期货的区别
65	一、契约型基金与公司型基金	95	三、期权交易双方盈亏分析
66	二、封闭式基金与开放式基金	96	第三节 存托凭证
67	三、股票基金、债券基金、货币市场基金、基金中基金、混合基金、指数基金	96	一、存托凭证的特征
		97	二、存托凭证的种类
		99	第四节 可转换公司债券
68	四、收入基金、成长基金、收入成长基金、积极成长基金、新兴成长基金、平衡型基金	99	一、可转换公司债券的特征
		100	二、可转换公司债券的基本要素
		101	三、可转换公司债券的价值和价格
69	五、国内基金与国际基金	101	四、分离交易的可转换公司债券
70	六、公募基金与私募基金	102	【本章小结】 102 【关键词】
70	七、特殊类型基金	103	【重要概念】 103 【思考题】
73	第三节 证券投资基金的运作		
73	一、证券投资基金的募集	104	**第六章 证券发行市场**
73	二、证券投资基金的交易与申购、赎回	105	第一节 证券的发行方式及发行制度
		105	一、证券的发行方式
76	三、证券投资基金的投资运作	106	二、证券的承销方式
77	第四节 证券投资基金的价值评估	107	三、证券的发行制度

109	第二节 股票的发行	152	【案例分析】
109	一、股票发行的目的与条件		
111	二、股票发行的方式	153	**第八章 证券市场监管**
113	三、股票发行的价格	154	第一节 证券市场监管概述
116	四、股票发行的程序	154	一、证券市场监管的含义及内容
117	五、股票发行上市的保荐制度	155	二、证券市场监管的原则
117	第三节 债券的发行	156	三、证券市场的监管形式与手段
117	一、债券的发行方式	157	第二节 证券市场信息披露制度
119	二、债券的发行条件	157	一、初始信息披露制度
121	三、债券的信用评级	157	二、持续性信息披露制度
125	【本章小结】 126 【关键词】	159	第三节 证券市场主体的监管
126	【重要概念】 126 【思考题】	159	一、对证券交易行为的监管
127	【案例分析】	161	二、对上市公司的监管
		161	三、对证券中介机构的监管
129	**第七章 证券流通市场**	163	四、对证券从业人员的监管
129	第一节 流通市场的含义及类型	165	【本章小结】 166 【关键词】
129	一、证券流通市场的含义	166	【重要概念】 166 【思考题】
129	二、证券流通市场的类型	166	【案例分析】
133	第二节 证券的上市制度		
133	一、证券上市的含义与功能	168	**第九章 证券投资宏观分析**
133	二、证券上市的条件	169	第一节 评价宏观经济形势的基本变量
135	三、证券上市的程序	169	一、国民经济总体指标
135	四、我国股票的特别处理与退市制度	170	二、投资指标
137	第三节 证券的场内交易	170	三、消费指标
137	一、证券流通市场的交易原则	170	四、金融指标
138	二、证券交易的程序	172	五、财政指标
141	三、融资融券交易	172	第二节 宏观经济运行与证券市场波动的关系
144	四、证券流通市场价格——股票价格指数	172	一、宏观经济运行对证券市场的影响
149	第四节 我国多层次资本市场的建立	173	二、GDP变动对证券市场波动的影响
149	一、我国多层次资本市场的现状	173	三、周期性波动对证券市场波动的影响
150	二、完善我国多层次资本市场	175	四、通货变动对证券市场波动的影响
151	【本章小结】 151 【关键词】	176	第三节 宏观经济政策分析
151	【重要概念】 151 【思考题】		

176	一、财政政策	214	第二节 公司财务分析
178	二、货币政策	214	一、公司财务分析的依据
180	三、收入政策	219	二、财务分析的方法
181	第四节 国际经济金融分析	221	三、财务分析的基本比率
181	一、国际经济局势对证券市场的影响	224	四、上市公司业绩评价
181	二、国际金融市场动荡对证券市场的影响	227	五、财务分析中应注意的问题
182	【本章小结】 183 【关键词】	228	第三节 公司价值评价
183	【重要概念】 183 【思考题】	228	一、绝对估值法
		234	二、相对估值法
184	**第十章 行业及板块分析**	240	【本章小结】 241 【关键词】
185	第一节 证券投资的行业分析	241	【重要概念】 241 【思考题】
185	一、行业分析的意义与行业的划分	241	【计算分析】 242 【案例分析】
187	二、行业一般特征分析		
190	三、影响行业兴衰的主要因素	243	**第十二章 证券投资技术分析理论**
193	四、行业投资选择	244	第一节 证券投资技术分析理论基础
195	第二节 证券投资区域分析	244	一、技术分析的内涵与理论基础
195	一、行政区域与证券投资	244	二、技术分析的要素
196	二、经济区域与证券投资	245	第二节 道氏理论
199	第三节 证券投资板块分析	245	一、道氏理论的形成过程及基本思想
199	一、板块的定义及板块的划分	246	二、道氏理论的主要原理及应用
200	二、板块联动	247	三、使用道氏理论应注意的问题
201	三、板块轮动	248	第三节 波浪理论
205	【本章小结】 206 【关键词】	248	一、波浪理论的形成过程及基本思想
206	【重要概念】 206 【思考题】	248	二、波浪理论的主要原理及应用
207	【实验题】	250	三、应用波浪理论时应注意的问题
		251	第四节 证券投资分析的其他重要理论
208	**第十一章 公司分析**	251	一、随机漫步理论
208	第一节 公司基本面分析	252	二、循环周期理论
209	一、公司基本概况分析	253	三、相反理论
209	二、公司行业地位分析	253	第五节 技术分析方法的优缺点
210	三、公司成长性分析	253	一、技术分析法的优点
211	四、公司重要事项分析	254	二、技术分析法的缺点
213	五、公司文化分析	254	三、技术分析法有其特定的适用范围

254	四、技术分析与基本分析的联系与区别	298	【实验题】
257	【本章小结】 257 【关键词】	299	**第十四章　现代投资理论**
257	【重要概念】 257 【思考题】	299	第一节　资产组合选择理论
257	【实验题】	300	一、资产组合的收益与风险
		303	二、理性投资者的行为特征与无差异曲线
259	**第十三章　证券投资技术分析的方法**	305	三、有效集与最优投资组合
260	第一节　K线分析	306	四、引入无风险资产对有效集的影响
260	一、K线的画法和主要形状	309	第二节　资产定价理论
261	二、K线分析基础	309	一、资本资产定价模型
264	三、K线分析中的问题	314	二、套利定价理论
265	第二节　趋势分析	317	三、期权定价模型和衍生金融工具定价
265	一、支撑线与压力线		
266	二、趋势线、轨道线和交叉线	320	第三节　有效资本市场理论
269	三、黄金分割线与百分比线	321	一、有效市场的前提条件
271	第三节　形态分析	322	二、有效市场的三种形式
271	一、价格移动的两种形态类型	323	三、有效市场假说的检验
271	二、主要的几种反转突破形态	325	四、有效资本市场与信息披露制度
274	三、主要的几种持续整理形态	325	第四节　行为金融理论
276	四、缺口与岛形反转	325	一、行为金融理论的产生与发展
277	第四节　移动平均线分析	328	二、行为金融学的主要理论
277	一、移动平均线	329	三、有效市场反击与行为金融理论的完善
281	二、平滑异同移动平均线		
283	第五节　其他常用指标分析	332	【本章小结】 333 【关键词】
283	一、相对强弱指标	333	【重要概念】 333 【思考题】
286	二、威廉指标	334	【计算分析】
287	三、随机指标		
289	四、乖离率	335	**第十五章　投资组合管理业绩评价模型**
290	五、成交量净额		
291	六、布林线指标	336	第一节　投资组合业绩评价的基本方法
293	七、腾落指数	336	一、投资组合业绩评价的目标
297	【本章小结】 297 【关键词】	336	二、投资基准的确定
298	【重要概念】 298 【思考题】	337	三、投资组合收益率的衡量

338	四、超额收益率及跟踪误差指标	351	三、评价资产混合变化
339	第二节 投资组合业绩评价单因素模型	351	四、对分类基金经理的评价
339	一、单因素模型	352	【本章小结】 353 【关键词】
339	二、夏普指数	353	【重要概念】 353 【思考题】
340	三、特雷诺指数	353	【案例分析】
341	四、詹森指数		
342	五、M^2 测度指标	354	**第十六章 量化投资**
343	六、其他指标	354	第一节 量化投资概述
343	第三节 投资组合业绩评价多因素模型	354	一、量化投资的定义
343	一、莱曼和莫代斯特的 APT 方法	354	二、量化投资与传统投资比较
344	二、克拉伯尔—夏普方法	356	三、量化投资历史
344	第四节 时机选择和证券选择能力评价模型	358	第二节 量化投资的主要内容与方法
344	一、股票选择能力评价	358	一、量化投资的主要内容
344	二、时机选择能力评价	361	二、量化投资的主要方法
348	第五节 投资组合其他方面评测	363	【本章小结】 364 【关键词】
348	一、回报率属性	364	【重要概念】 364 【思考题】
350	二、长期目标与战略资产配置		

第一章
证券与证券市场

香港证券交易的历史，最早可追溯到1866年，但直至1891年香港经纪协会设立，香港才成立了第一个正式的股票市场。1969年至1972年间，香港设立了远东交易所、金银证券交易所、九龙证券交易所，加上原来的香港证券交易所，形成了四家交易所"四会并存"的局面。1986年3月27日，四家交易所正式合并组成香港联合交易所（联交所），联交所享有在香港建立、经营和维护证券市场的专营权。

为对香港证券及期货市场进行全面改革，提高香港的竞争力及迎接全球化所带来的挑战，2000年3月6日，香港联合交易所、香港中央结算有限公司与香港期货交易所三家机构完成合并，由单一控股公司香港交易及结算所有限公司（简称香港交易所或港交所，英文简称HKEx）拥有，香港交易所于2000年6月27日以介绍形式在港交所上市。港交所在香港及伦敦均有营运交易所，旗下成员包括香港联合交易所有限公司、香港期货交易所有限公司、香港中央结算有限公司、香港联合交易所期权结算所有限公司及香港期货结算有限公司，还包括世界首屈一指的基本金属市场——伦敦金属交易所（London Metal Exchange，LME）。

1997年香港回归祖国后，香港市场开始了其崭新的现代化和国际化发展阶段。中国对香港前途的保障，增强了投资者对香港经济的信心，公司盈利和房地产价格回升，香港证券市场从此进入一个新的发展时期：交易品种多元化，市场参与者日益国际化，交易手段不断完善，证券市场进入了长期繁荣的牛市。

近年来，香港证券市场正在成长为一个全球化的证券市场。香港证券市场就其交易品种而言，主要包括股票市场、衍生工具市场、基金市场及债券市场。

香港证券市场的主要组成部分是股票市场，有主板市场和创业板市场之分。截至2020年6月，香港交易所拥有上市公司2 504家；从20世纪90年代中期开始，累计超过1 260家内地企业在港上市，募资超过6.7万亿港元，总市值达到26万亿港元。

香港证券市场的衍生产品种类繁多，主要可分为股票指数类衍生产品、股票衍生工具、外汇衍生工具产品、利率衍生工具产品、认股权证五大类。

在香港注册成立的基金几乎都是开放式基金，对于投资者而言，随时可以收回资金，变现性好，对于海外投资者尤其具有吸引力。而根据香港金融管理局的划分，香港的债券市场目前分为港元债券市场和在香港发行及买卖的外币债券市场两大类。其中港元债券市场以外汇基金债券、债券发行计划债券为主，外币债券市场中以龙债券最具代表性。

通过本章学习，你将了解和掌握以下知识：

- 证券与有价证券的含义及其分类；

- 证券投资分析的基本方法；
- 证券投资风险的构成形式及风险特征；
- 证券市场的结构及基本功能。

第一节 证券与有价证券

一、证券的含义

证券的本质是一种交易契约或合同，该契约或合同赋予持有人根据该合同的规定，对合同规定的标的采取相应的行为，并获得相应收益的权利。{ 证券是各类财产所有权或债权凭证的通称，是用来证明证券持有人有权依票面所载内容，取得相关权益的凭证。}从一般意义上来说，证券指用于证明或设定权利而形成的书面凭证，它表明证券持有人或第三者有权取得该证券拥有的特定权益，或证明其曾经发生过的行为。

证券一般具有两个特征：一是法律特征，即它本身必须是合法的，所包含的内容具备法律效力；二是书面特征，即必须采取书面形式或与书面形式具备同等效力的形式。

二、证券的分类

按性质不同，证券可以分为无价证券和有价证券两大类。

（一）无价证券

无价证券又称凭证证券，是指具有证券的某一特定功能，但不能作为财产使用的书面凭证。这类证券不能流通，不存在流通价值和价格，也不能使持有人或第三者取得收益。

无价证券按照其功能的不同，通常分为证据证券和资格证券。

1. 证据证券。证据证券是单纯证明某一特定事实的书面凭证，如借据、收据等。
2. 资格证券。资格证券是表明证券持有人具有行使一定权利资格的书面凭证，如各种类型的资格证书，以及机票、车船票、电影票等。

（二）有价证券

1. 有价证券的定义。有价证券是指标有票面金额，证明持有人有权按期取得一定收入并可自由转让和买卖的所有权或债权凭证。有价证券是虚拟资本的一种形式，它本身没有价值，但有价格。有价证券有广义与狭义两种概念。狭义的有价证券指资本证券；广义的有价证券包括商品证券、货币证券、资本证券。有价证券具有产权性、收益性、流通性与风险性。

本教材中的"证券"专指狭义的有价证券即资本证券。

2. 有价证券的分类。

（1）按所表明的财产权利的不同性质，有价证券可分为商品证券、货币证券及资本证券。

商品证券是证明持券人拥有商品所有权或使用权的凭证，如提货单、运货单、仓库栈单等，取得该证券就是取得了该商品的所有权或使用权。

货币证券是指本身能使持券人或第三者取得货币索取权的有价证券。货币证券包括两大类：商业证券，如商业汇票、商业本票；银行证券，如银行汇票、银行本票、支票等。

资本证券指由金融投资或与金融投资有直接联系的活动而产生的证券。持券人对发行人有一定的收入要求权。资本证券包括股票、债券、基金及其衍生品种。

资本证券与商品证券和货币证券的最大区别是资本证券能为持有人带来一定的收益，而商品证券和货币证券则分别是特定商品或者货币的代表，不产生投资收益。

（2）按证券发行主体的不同，有价证券可分为政府证券、公司证券和金融证券。

政府证券是指政府财政部门或其他代理机构为筹集资金，以政府名义发行的证券，主要包括国库券和公债两大类。国库券由财政部发行，用于弥补财政收支不平衡；公债是指为筹集建设资金而发行的一种债券。有时也将两者统称为公债。中央政府发行的称为国家公债，地方政府发行的称为地方公债。

公司证券是指公司或企业等经济法人为筹集投资资金或与筹集投资资金直接相关的行为而发行的证券，主要包括股票、公司债券、优先认股权证和认股证书等。

金融证券是指银行、保险公司、投资公司等金融机构为筹集经营资金而发行的证券，主要包括金融债券、定期存款单、可转让大额存款单和其他储蓄证券等。

（3）按证券是否在证券交易所挂牌交易，有价证券可分为上市证券和非上市证券。

上市证券又称挂牌证券，是指经证券主管机关批准，并向证券交易所注册登记，获得在交易所内公开买卖资格的证券。

非上市证券也称非挂牌证券或场外证券，指未申请上市或不符合在证券交易所挂牌交易条件的证券。

（4）按证券收益是否固定，有价证券可分为固定收益证券和变动收益证券。

固定收益证券是指持券人可以在特定的时间内取得固定的收益并预先知道取得收益的数量和时间，如固定利率债券、优先股股票等。

变动收益证券是指随客观条件的变化其收益也发生变化的证券。如普通股，其股利收益事先不确定，而是由公司税后利润的多少来确定；又如浮动利率债券，也属此类证券。

一般而言，变动收益证券比固定收益证券的收益高、风险大，但是在通货膨胀条件下，固定收益证券的风险要比变动收益证券的风险大得多。

（5）根据发行的地域或国家的不同，有价证券可分为国内证券和国际证券。

国内证券是由一国国内的金融机构、公司企业等经济组织或该国政府在国内资本市场上以本国货币为面值所发行的证券。

国际证券则是由一国政府、金融机构、公司企业或国际经济机构在国际证券市场上以其他国家的货币为面值而发行的证券，包括国际债券和国际股票两大类。

（6）根据募集方式的不同，有价证券可分为公募证券和私募证券。

公募证券是指发行人通过中介机构向不特定的社会公众投资者公开发行的证券，其审批较严格并采取公示制度。

私募证券是指向少数特定的投资者发行的证券，其审查条件相对宽松，投资者也较少，不采取公示制度。私募证券的投资者多为与发行者有特定关系的机构投资者，也包括发行公司、企业的内部职工等。

（7）按证券性质不同，有价证券可分为基础证券和金融衍生证券。

基础证券指的是直接从实物资产演变而来的金融资产。股票、债券和投资基金都属于基础证券，它们是最活跃的投资工具，是证券市场的主要交易对象。

金融衍生证券是指由基础证券派生出来的证券交易品种，主要包括金融期货与金融期权、可转换证券、存托凭证、认股权证等。

专栏1-1
资产证券化

资产证券化，是指以基础资产未来所产生的现金流为偿付支持，通过结构化等方式进行信用增级，在此基础上发行资产支持证券的业务活动。

自1970年美国的政府国民抵押协会，首次发行以抵押贷款组合为基础资产的抵押支持证券，完成首笔资产证券化交易以来，资产证券化逐渐成为一种被广泛采用的金融创新工具，从而得到了迅猛发展。

广义的资产证券化是指某一资产或资产组合采取证券资产这一价值形态的资产运营方式，它包括以下四类：

1. 实体资产证券化：即实体资产向证券资产的转换，是以实物资产和无形资产为基础发行证券并上市的过程。

2. 信贷资产证券化：就是将一组流动性较差的信贷资产，如银行贷款、企业的应收账款，经过重组形成资产池，使这组资产所产生的现金流收益比较稳定并且预计今后仍将稳定，再配以相应的信用担保，在此基础上把这组资产所产生的未来现金流的收益权转变为可以在金融市场上流动、信用等级较高的债券型证券进行发行的过程。

3. 证券资产证券化：即证券资产的再证券化过程，就是将证券或证券组合作为基础资产，再以其产生的现金流或与现金流相关的变量为基础发行证券。

4. 现金资产证券化：是指现金的持有者通过投资将现金转化成证券的过程。

狭义的资产证券化是指信贷资产证券化。按照被证券化资产种类的不同，信贷资产证券化可分为住房抵押贷款支持的证券化（Mortgage-Backed Securitization，MBS）和资产支持的证券化（Asset-Backed Securitization，ABS）。

资产证券化能够将流动性较差的资产，如银行贷款、应收账款、房地产等转化为流动性较高的可交易证券，提高了基础资产的流动性，也便于投资者进行投资。但如果在资产证券化过程中过度利用财务杠杆打包基础产品，就会产生较高的杠杆风险，引发金融危机，如2007年美国次贷危机。

国内资产证券化业务发展至今，可以分为试点阶段、常态化发展阶段、备案制后快速发展阶段。2005—2008年，是资产证券化业务试点阶段。这个阶段围绕业务实操中遇到的各种问题，政策在不断进行丰富完善，市场处于培育期。2005年，我国开始出现在证券交易所市场和银行间市场挂牌的资产证券化产品。

2011—2014年，是资产证券化业务常态化发展阶段。在此阶段，扩大了开展资产证券化业务的业务主体以及基础资产范围，明确了SPV（Special Purpose Vehicle，指特殊目的载体，也称为特殊目的机构/公司，其职能是在资产证券化过程中，购买、包装证券化资产和以此为基础发行资产化证券，向投资者融资）独立于原始权益人、管理人和投资人的法律地位，为资产证券化的快速发展奠定了基础。

2014年年底至今,资产证券化业务实施备案制,进入快速发展阶段。2014年年底,我国资产证券化业务监管完成了从过去的逐笔审批制向备案制的转变,通过完善制度、简化程序、加强信息披露和风险管理,促进了市场的良性快速发展。

第二节 投资与证券投资

一、投资

投资是货币转化为资本的过程。投资具有时间性,即投入的价值或牺牲的消费是现在的,而获得的价值或消费是将来的;投资的目的在于得到报酬(利润、利息、股息、资本利得)以及财富的保值或权利的获得;投资具有风险性,即投资收益的不确定性与波动性。

> 投资是指经济主体为了获得未来的预期收益,预先垫付一定量的货币或实物以经营某项事业的经济行为。

投资是一种形式多样、内容丰富的经济活动,既包括对金融资产如股票、债券、基金或金融衍生产品的投资,也包括对实际资产如生产设备、房地产、基础设施、贵重金属及收藏品的投资。由于投资涉及的领域非常广泛,因此不同学科在研究投资问题时往往只选取某一特定的投资活动作为研究对象。在宏观经济学中,投资是指购置建造实际资本的行为,如购买设备、新建厂房等,而买卖股票、债券等所谓的证券投资在宏观经济学中却不被视为投资。因为在宏观经济学看来,所谓证券投资只不过是把资本和财富重新进行了转移和分配,并没有使实际产出增加,因此不能视为投资。与此相对立,西方投资学却只研究证券投资,而不涉及实际资本的投资,因此所谓的西方投资学也就是证券投资学。

二、证券投资

证券投资是直接投资的重要形式。证券投资对象主要是政府债券、企业债券和股票等的发行和购买。证券投资的目的及特点如表1-1所示。

> 证券投资是狭义的投资,是指企业或个人购买有价证券,借以获得收益的行为。

表1-1 证券投资的目的及特点

项目	构成内容	要点说明
目的	(1) 暂时存放闲置资金	主要是通过短期投资来实现
	(2) 与筹集长期资金相配合	发行长期债券所筹集的资金暂无用途时,可投资于有价证券
	(3) 满足未来的财务需求	通过购买有价证券积累一笔资金
	(4) 满足季节性经营对现金的需求	在现金剩余时购入有价证券,现金短缺时予以出售
	(5) 获得对相关企业的控制权	主要通过股票投资来实现

续表

项目	构成内容	要点说明
特点	（1）流动性强	证券的交易频繁
	（2）价格不稳定	证券价格受到宏观和微观等多种因素的影响，价格波动较大
	（3）交易成本低	证券交易成本主要是手续费和相关税金，同时，由于证券交易十分便捷，其他成本基本可以忽略不计

三、证券投资分析方法

证券投资分析方法主要有三类：基本分析法、技术分析法和证券组合分析法。

（一）基本分析法

1. 基本分析法的内涵。基本分析法又称基本面分析，是根据经济学、金融学、会计学及投资学等基本原理，对决定证券价值和价格的基本要素进行分析，从而评估证券的投资价值，判断证券的合理价位，最终提出相应的投资建议的一种分析方法。基本分析法通过分析影响证券价格的基本条件和决定因素，判断和预测其发展趋势；其基本特征是以价值分析理论为基础、以统计方法和现值计算方法为主要分析手段。

2. 基本分析法的理论基础。

（1）价值决定其价格。证券价格如同普通商品的价格，由内在价值决定。任何一种投资对象都有一种可以称为"内在价值"的固定基准，且这种内在价值可以通过对该种投资对象的现状和未来前景的分析而获得，正是这种内在价值决定着证券的市场价格。

（2）证券的价格围绕价值波动。任何资产都有其内在价值，当市场价格与其内在价值不相等时就会出现"定价错误"。证券的市场价格和内在价值之间的差距最终会被市场纠正，于是，市场价格低于/高于内在价值之日，便是买/卖机会到来之日。

3. 基本分析法的主要内容。基本分析法的主要内容包括宏观经济分析、行业分析和区域分析以及公司分析三大内容。

基本分析法的具体内容将在后面的章节中加以阐述。

（二）技术分析法

技术分析法是以证券市场过去和现在的市场行为为分析对象，以市场数据为基础，运用图表形态、逻辑和数学的方法，探索证券市场已有的一些典型变化规律，并据此预测证券市场未来变化趋势的技术方法。技术分析法以证券市场已有的价、量为基础，运用图表分析法，如K线类、切线类、波浪类等；指标分析法，如趋向指标、能量潮、乖离率等；量价关系分析法，如古典量价关系理论、葛兰碧量价关系理论等，分析与判断证券市场的行情。技术分析法对市场的反应比较直接，其结果也更接近市场实际，分析得出的结论时效性强，对短线投资有很强的指导意义。常用的技术分析法有K线理论、波浪理论、形态理论、趋势线理论和技术指标分析等。

技术分析法的具体内容将在后面章节中做详细阐述。

（三）证券组合分析法

证券组合分析法指根据投资者对收益率和风险的共同偏好以及投资者的个人偏好，根据不同证券具有不同风险收益的特征,确定投资者的最优证券组合,并构建多种证券的组合投资,以达到投资收益和投资风险平衡并进行组合管理的方法。证券组合分析法分为传统的证券组合分析法和现代的证券组合分析法。传统分析法是根据不同证券对相同的系统性风险的不同反应,来降低非系统性风险;而现代分析法是一种数量化的组合管理方法,以实现投资收益和风险的最佳平衡,如马柯维茨的均值方差模型、夏普和林特纳的资本资产定价模型和罗斯的套利定价理论。单因素模型、多因素模型、资本资产定价模型(CAPM)以及套利定价模型(APT)是证券组合分析法在实践中理论基础的扩充。

第三节 证券投资的风险

证券投资是一种风险性投资,这是由证券的本质及证券市场运作的复杂性所决定的。一般而言,风险是指对投资者预期收益的背离,或者说是证券收益的不确定性。证券投资的风险是指证券预期收益变动的可能性及变动幅度。在证券投资活动中,投资者投入一定数量的本金,目的是希望能得到预期的收益。从时间上看,投入本金是当前的行为,其数额是确定的,而取得收益是在未来的时间。在持有证券的这段时间内,存在诸多因素可能使预期收益减少甚至使本金遭受损失,因此,证券投资的风险是普遍存在的。与证券投资相关的所有风险被称为总风险,总风险可分为系统风险和非系统风险两大类。

一、系统风险

在现实生活中,所有企业都受全局性因素的影响,这些因素包括社会、政治、经济等各个方面。由于这些因素来自企业外部,是单一证券无法抗拒和回避的,因此被称为"不可回避风险"。

> 系统风险是指由于某种全局性的共同因素引起的投资收益的可能变动,这种因素以同样的方式对所有证券的收益产生影响。

这些共同的因素会对所有企业产生不同程度的影响,不能通过多样化的投资组合而分散风险,因此又被称为"不可分散风险"。系统风险包括政策风险、经济周期波动风险、利率风险和购买力风险等。

1. 政策风险。稳定的社会、政治环境是经济正常发展的基本保证。政策风险是指政府有关证券市场的政策发生重大变化或有重要的法规、举措出台,引起证券市场的波动,从而给投资者带来的风险。

政府对本国证券市场的发展通常有一定的规划和政策,借以指导市场的发展,加强对市场的管理。证券市场政策应当是在尊重市场发展规律的基础上,充分考虑证券市场在本国经济中的地位、与社会经济其他部门的联系、整体经济发展水平、证券市场发展现状及对投资者保护等多方面因素后制定的。政府关于证券市场发展的规划和政策应该是长期稳定的,在规划和政策既定的前提条件下,政府应运用法律手段、经济手段和必要的行政管理手段引导证券市场健康、有序地发展。但是,在某些特殊情况下,政府也可能会改变发展证券市场的战略部署,出台一些扶持或抑制市场发展的政策,制定新的法令或规章,从而改变市场原有的运行轨迹。由于证券市场政策是政府指导、管理整个证券市场的手段,一旦出现政策风险,几乎所有的证券都会受到影响,因此属于系统风险。

2. 经济周期波动风险。经济周期波动风险是指因证券市场行情周期性变动而引起的风险。这种行情变动不是指证券价格的日常波动和中级波动，而是指证券行情长期趋势的改变。

证券行情变动受多种因素影响，但决定性的因素是经济周期的变动。经济周期是指社会经济阶段性的循环和波动，是经济发展的客观规律。经济周期的变化决定了企业的景气和效益，从而从根本上决定了证券行情，特别是股票行情的变动趋势。证券行情随经济周期的循环而起伏变化，总的趋势可分为看涨市场（又称多头市场、牛市）以及看跌市场（又称空头市场、熊市）两大类型。在看涨市场中，随着经济回升，股票价格从低谷逐渐走高，随着交易量的扩大，交易日渐活跃，股票价格持续上升并可维持较长一段时间；待股票价格升至很高水平，资金大量涌入并进一步推动股价上升，当成交量不能进一步扩大时，股票价格便开始盘整并逐渐下降，标志着看涨市场的结束。看跌市场从经济繁荣的后期开始，伴随着经济衰退，股票价格也从高点开始一直呈下跌趋势，并在达到某个低点时结束。看涨市场和看跌市场是指股票行情变动的大趋势。实际上，在看涨市场中，股价并非直线上升，而是大涨小跌，不断出现盘整和回档行情；在看跌市场中，股价也并非直线下降，而是小涨大跌，不断出现盘整和反弹行情。但在这两个变动趋势中，一个重要的特征是：在整个看涨行市中，几乎所有的股票价格都会上涨；在整个看跌行市中，几乎所有的股票价格都不可避免地有所下跌，只是涨跌程度不同而已。

3. 利率风险。利率风险是指因市场利率变动引起证券投资收益变动的可能性。市场利率的变化会引起证券价格变动，并进一步影响证券收益的确定性。

利率与证券价格呈反方向变化，即利率提高，证券价格水平下跌；利率下降，证券价格水平上涨。利率从两方面影响证券价格。一是改变资金流向。当市场利率提高时，会吸引一部分资金流向银行储蓄、商业票据等其他金融资产，减少对证券的需求，从而使证券价格下降；当市场利率下降时，一部分资金流向证券市场，增加对证券的需求，刺激证券价格上涨。二是影响公司的盈利。利率提高，公司融资成本提高，在其他条件不变的情况下净盈利下降，派发股利减少，引起股票价格下降；利率下降，融资成本下降，净盈利和股利相应增加，股票价格上涨。

利率政策是中央银行的货币政策工具，中央银行根据金融宏观调控的需要调节利率水平。当中央银行调整利率时，各种金融资产的利率和价格都会灵敏地作出反应。除了中央银行的货币政策以外，利率还受金融市场供求关系的影响：当资金供求宽松时，利率水平稳中有降；当资金供求紧张时，利率水平逐渐上升。

利率风险对不同证券的影响是不同的。

（1）利率风险是固定收益证券特别是债券的主要风险。债券面临的利率风险由价格变动风险和息票利率风险两方面组成。当市场利率提高时，以往发行又尚未到期的债券利率相对偏低，此时投资者若继续持有债券，在利息上要受到损失；若将债券出售，又必须在价格上作出让步而蒙受损失。可见，此时投资者无法回避利率变动对债券价格和收益的影响，而且这种影响与债券本身的质量无关。

（2）利率风险是政府债券的主要风险。根据发行主体不同，债券可分为政府债券、金融债券、公司债券、企业债券等。对公司债券和企业债券而言，除了利率风险以外，重要的还有信用风险和购买力风险。政府债券一般没有信用问题和偿债的财务困难，它面临的主要风险是利率风险和购买力风险。

（3）利率风险对长期债券的影响大于对短期债券的影响。在利率水平变动幅度相同的情况下，长期债券价格变动幅度大于短期债券价格变动幅度，因此，长期债券的利率风险大于短期债券的利率风险。债券的价格是将未来的利息收益和本金按市场利率折算成的现值，债券的期限越长，未来收入的折扣率就越大，所以债券的价格变动风险随着债券期限的增加而增大。

普通股票和优先股票也会受利率风险的影响。股票价格对利率变动是极其敏感的，当利率变动时，股票价格会迅速发生反向变动，其中优先股票因股息率固定而受利率风险的影响较大。普通股票的股利和价格主要由公司经营状况和财务状况决定，而利率变动仅是影响公司经营状况和财务状况的部分因素，所以利率风险对普通股票的影响不像对债券和优先股票的影响那样没有回旋的余地。从长期看，普通股票的股利和价格取决于上市公司对利率变动的化解能力。

4. 购买力风险。购买力风险又称通货膨胀风险，是由于通货膨胀、货币贬值给投资者带来实际收益水平下降的风险。在通货膨胀情况下，物价普遍上涨，社会经济运行秩序混乱，企业生产经营的外部条件恶化，证券市场也难免深受其害，所以购买力风险是难以回避的。在通货膨胀条件下，随着商品价格的上涨，证券价格也会上涨，投资者的货币收入有所增加，这会使他们忽视购买力风险的存在并产生一种货币幻觉。其实，由于货币贬值，货币购买力水平下降，投资者的实际收益不仅没有增加，反而有所减少。一般而言，可通过计算实际收益率来分析购买力风险：实际收益率 = 名义收益率 − 通货膨胀率。只有当名义收益率大于通货膨胀率时，投资者才有实际收益。

购买力风险对不同证券的影响是不相同的，最容易受其影响的是固定收益证券，如优先股票、债券。因为它们的名义收益率是固定的，当通货膨胀率升高时，其实际收益率就会明显下降，所以固定利息率和股息率的证券购买力风险较大；同样是债券，长期债券的购买力风险又比短期债券的购买力风险大。相比之下，浮动利率债券或保值贴补债券的购买力风险较小。普通股票的购买力风险也相对较小。当发生通货膨胀时，由于公司产品价格上涨，股份公司的名义收益会增加，特别是当公司产品价格上涨幅度大于生产费用的涨幅时，公司净盈利增加，此时股利会增加，股票价格也会随之提高，普通股票股东可得到较高收益，可部分减轻通货膨胀带来的损失。

需要指出的是，购买力风险对不同股票的影响是不同的；在通货膨胀不同阶段，对股票的影响也是不同的。这是因为公司的盈利水平受多种因素影响，产品价格仅仅是其中的一个因素。在通货膨胀情况下，由于不同公司产品价格上涨幅度不同，上涨时间先后不同，对生产成本上升的消化能力不同，受国家有关政策的控制程度不同等原因，会出现在相同通货膨胀水平条件下不同股票的购买力风险不尽相同的情况。一般而言，率先涨价的商品、上游商品、热销或供不应求商品的股票购买力风险较小；国家进行价格控制的公用事业、基础产业和下游商品等股票的购买力风险较大。在通货膨胀之初，企业消化生产费用上涨的能力较强,又能利用人们的货币幻觉提高产品价格,股票的购买力风险相对小些。当出现严重通货膨胀时,各种商品价格轮番上涨,社会经济秩序紊乱,企业承受能力下降,盈利和股利难以增加,股价即使上涨也很难超过物价上涨,此时普通股票也很难抵消购买力下降的风险了。

5. 市场风险。市场风险是所有风险中最难对付的一种,它给投资者带来的后果有时是灾难性的。在证券市场上,行情瞬息万变,有时很难预测行情变化的方向和幅度。一些公司经营状况良好,收入稳定,股票价格却在短期内上下剧烈波动。出现这类反常现象的原因主要是投资者对股票的一般看法或对某些种类或某一组股票的看法发生变化所致。投资者对股票收益预期的变化所引起的大多数股票收益的易变性,称为市场风险。

各种政治的、社会的及经济的事件都会对投资者的态度产生影响,投资者会根据自己对这些事件的看法作出判断和反应。市场风险常引发于某个具体事件,投资者作为一个群体的情绪波动往往导致"羊群效应"。几种股票的价格上升可能带动整个股市上升,而股市的最初下跌可能使很多投资者动摇,在害怕蒙受更大损失的心理支配下,大量抛售股票,使股市进一步下跌,使众多投资者遭受重大损失。

市场风险是证券投资活动中最普遍、最常见的风险,是由证券价格的涨跌直接引起的。尤其在新兴市场上,造成市场波动的因素更为复杂,价格波动更大,市场风险也更大。

二、非系统风险

这种因行业或企业自身因素改变而带来的证券价格变化与其他证券的价格、收益没有必然的内在联系,不会因此而影响其他证券的收益。这种风险可以通过分散投资来抵消。若投资者持有多样化的不同证券组合,当某些证券价格下跌、收益减少时,另一些证券可能价格正好上升、收益增加,这样就使风险相互抵消。非系统风险是可以抵消、回避的,因此又被称为可分散风险或可回避风险。非系统风险包括信用风险、经营风险、财务风险、道德风险等。

> 非系统风险是指只对某个行业或个别公司的证券产生影响的风险,它通常由某一特殊因素引起,与整个证券市场的价格不存在系统、全面的联系,而只对个别或少数证券的收益产生影响。

1. 信用风险。信用风险又称"违约风险",指证券发行人在证券到期时无法还本付息而使投资者遭受损失的风险。证券发行人如果不能支付债券利息、优先股票股利或偿还本金,哪怕仅仅是延期支付,都会影响投资者的利益,使投资者失去再投资和获利的机会,遭受损失。信用风险实际上揭示了发行人在财务状况不佳时出现违约和破产的可能,它主要受证券发行人的经营能力、盈利水平、经营稳定程度及规模大小等因素的影响。债券、优先股票、普通股票都可能有信用风险,但程度有所不同。债券的信用风险就是债券不能到期还本付息的风险。

信用风险是债券的主要风险,因为债券是需要按时还本付息的要约证券。政府债券的信用风险最低,一般认为中央政府债券几乎没有信用风险,其他类型债券的信用风险从低到高排列为地方政府债券、金融债券、公司债券,但大型金融机构或跨国公司债券的信用风险有时会低于某些政局不稳定的国家的政府债券。投资公司债券首先要考虑的就是信用风险,产品市场需求的改变、成本变动、融资条件变化等都可能削弱公司偿债能力,特别是公司资不抵债、面临破产时,债券的利息和本金都可能化为泡影。股票没有还本要求,普通股票的股利也不固定，但仍有信用风险，不仅优先股票股息有缓付、少付甚至不付的可能，而且如公司不能按期偿还债务，立即会影响股票的市场价格，更不用说当公司破产时，该公司股票价格会接近于零，无信用可言。在发行债券和优先股票时，要进行信用评级，投资者回避信用风险的最好办法是参考证券信用评级的结果。信用级别高的证券信用风险小；信用级别越低，违约的可能性越大。

2. 经营风险。经营风险是指公司的外部经营环境和条件以及内部经营管理方面的问题造成公司收入变动而引起的股票投资者收益的不确定。经营风险的程度因公司而异，取决于公司的经营活动，因而很难准确预测。

经营风险的影响因素分为内部因素和外部因素两个方面。企业内部的因素主要有：一是项目投资决策失误，未对投资项目作出科学的可行性分析，草率上马；二是不注重技术更新，使企业在行业中的竞争地位下降；三是不注重市场调查，不注重开发新产品，仅满足于目前公司产品的市场占有率和竞争力，满足于目前的利润水平和经济效益；四是销售决策失误，过分地依赖大客户、老客户，没有注重打开新市场、寻找新的销售渠道。其他的内部因素还包括：公司的主要管理者因循守旧、不思进取，机构臃肿、人浮于事，对可能出现的天灾人祸没有采取必要的防范措施等。外部因素是公司以外的客观因素，如政府产业政策的调整、竞争对手的实力变化使公司处于相对劣势地位等，引起公司盈利水平的相对下降。但经营风险主要还是来自公司内部的决策失误或管理不善。

公司的经营状况最终表现为盈利水平的变化和资产价值的变化，经营风险主要通过盈利变化产生影响，对不同证券的影响程度也有所不同。经营风险是普通股票的主要风险，公司盈利的变化既会影响股利收入，又会影响股票价格。当公司盈利增加时，股利增加，股价上涨；当公司盈利减少时，股利减少，股价下降。经营风险对优先股票的影响相对要小，因为优先股票的股息率是固定的，盈利水平的变化对股票价格的影响有限。公司债券的还本付息受法律保障，除非公司破产清理，一般情况下不受企业经营状况的影响，但公司盈利的变化同样可能使公司债券的价格呈同方向变动，因为盈利增加使公司的债务偿还更有保障，信用提高，债券价格也会相应上升。

3. 财务风险。财务风险是指公司财务结构不合理、融资不当而导致投资者预期收益下降的风险。负债经营是现代企业应有的经营策略，通过负债经营可以弥补自有资本的不足，还可以用借贷资金来实现盈利。股份公司在营运中所需要的资金一般都来自发行股票和债务两个方面，其中债务（包括银行贷款、发行公司债券、商业信用）的利息负担是一定的，如果公司资金总量中债务比重过大，或是公司的资金利润率低于利息率，就会使股东的可分配盈利减少，股利下降，使股票投资的财务风险增加。实际上，公司融资产生的财务杠杆效应是一把"双刃剑"，当融资产生的利润大于债息率时，给股东带来的是收益增长的效应；反之，就是收益减少的财务风险。

4. 流动性风险。流动性风险指的是由于将资产变成现金方面的潜在困难而造成的投资者收益的不确定。证券在不作出大的价格折让的情况下，变现的困难越大，则该种证券的流动性风险程度就越大。在流通市场上交易的各种有价证券中，流动性风险差异很大，有些有价证券极易转让脱手，市场可在与前一交易相近的价格水平上吸引大量的交易，这类有价证券可轻易卖出；而另一些有价证券很难转让脱手，除非在价格上作出很大折让。当投资者希望在市场上将一个没有多少交易的证券变现，就会遭遇流动性陷阱。

5. 道德风险。道德风险主要指上市公司管理层的道德风险。上市公司的股东和管理层之间是一种委托—代理关系。由于管理层和股东追求的目标有所不同，在双方信息不对称的情况下，管理层的行为可能会对股东利益造成一定的损害。

三、证券投资风险的测量

证券投资过程中的风险与收益是紧密相关的，掌握风险测量的方法，可以使投资者合理地选择适合于自己风险承受能力的投资对象。

（一）差价率法

通过计算、分析不同股票历史上各时期价格波动的相差幅度来判断各公司股票投资风险大小的方法，计算公式为：

$$差价率 = \frac{某股票当期最高价 - 某股票当期最低价}{(当期最高价 + 当期最低价) \div 2} \times 100\%$$

其中，计算期间可选择一日、一周、一月、一季或一年等。

差价率越高，说明该股票的价格波动幅度越大，投资风险越大，这种股票比较适于投机；反之，则说明股票价格比较平稳，波动不大，风险较小，这种股票相对比较安全，风险较小，一般宜于投资。

（二）标准差法

把某种证券（主要是股票）的过去收益平均后，与预期收益相比较，计算出偏差幅度，将此偏差度视作风险度，用符号 σ 表示。

该指标数值越大，说明证券偏离幅度越大，风险越大；反之，则风险越小。

标准差主要是用来衡量个别证券投资风险大小的尺度。

标准差法的计算步骤如下：

1. 选择几个发行公司作为风险分析的对象，并根据历史资料测算出这些公司不同经济状态发生的概率及其相应的收益率。

2. 根据已测定的概率分布及相应的收益率，分别计算出各公司的期望收益率，计算公式为：

$$期望收益率\ \overline{K} = \sum_{i=1}^{n} P_i \times K_i$$

P_i——各种状态发生的概率；

K_i——各种状态的收益率；

n——不同的经济状态数量。

3. 求出各公司期望收益率方差，计算公式为：

$$\sigma^2 = \sum_{i=1}^{n} (K_i - \overline{K})^2 \times P_i$$

4. 对各公司期望收益率方差进行平方运算，即得股票收益标准差 σ，用公式表示为：

$$\sigma = \sqrt{\sum_{i=1}^{n} (K_i - \overline{K})^2 \times P_i}$$

例：假设有 A、B 两家公司，其不同状态概率、收益率分布如表 1-2 所示。

表 1-2 A、B 两家公司不同状态概率、收益率分布

经济状态	各种状态发生的概率P_i	A 公司收益率K_i (%)	B 公司收益率K_i (%)
繁荣	0.3	80	40
一般	0.4	20	20
萧条	0.3	-30	10

根据上表提供的资料，则：

1. 计算 A、B 两家公司的期望收益率

A 公司期望收益率：

$$期望收益率\overline{K}_A = \sum_{i=1}^{3} P_i \times K_i = 0.3 \times 80\% + 0.4 \times 20\% + 0.3 \times (-30\%) = 23\%$$

B 公司期望收益率：

$$期望收益率\overline{K}_B = \sum_{i=1}^{3} P_i \times K_i = 0.3 \times 40\% + 0.4 \times 20\% + 0.3 \times (10\%) = 23\%$$

2. 计算 A、B 两家公司的收益率方差

A 公司收益率方差：

$$\sigma_A^2 = \sum_{i=1}^{3} (K_i - \overline{K}_A)^2 \times P_i = (80\% - 23\%)^2 \times 0.3 + (20\% - 23\%)^2 \times 0.4 + (-30\% - 23\%)^2 \times 0.3 = 18.21\%$$

B 公司收益率方差：

$$\sigma_B^2 = \sum_{i=1}^{3} (K_i - \overline{K}_B)^2 \times P_i = (40\% - 23\%)^2 \times 0.3 + (20\% - 23\%)^2 \times 0.4 + (10\% - 23\%)^2 \times 0.3 = 1.41\%$$

3. 计算 A、B 两家公司的股票收益标准差

A 公司股票收益标准差：

$$\sigma_A = \sqrt{\sum_{i=1}^{3} (K_i - \overline{K}_A)^2 \times P_i} = \sqrt{18.21\%} = 42.67\%$$

B 公司股票收益标准差：

$$\sigma_B = \sqrt{\sum_{i=1}^{3} (K_i - \overline{K}_B)^2 \times P_i} = \sqrt{1.41\%} = 11.87\%$$

从以上计算中可以看出：A 公司的股票收益标准差比 B 公司的股票收益标准差大许多，说明 A 公司股价波动较大，风险性较大；B 公司的股价波动较小，较安全。

（三）β 系数法

β 系数是用来衡量一种证券的收益随整个证券市场收益变化程度的指标，主要用于测量系统性风险，计算公式如下：

$$\beta = \frac{某种证券的预期报酬 - 该预期报酬中的非风险部分}{整个市场证券组合的预期报酬 - 该预期报酬中的非风险部分}$$

$\beta=1$，说明该证券的风险与证券市场总体风险一致；如果 $\beta>1$ 或 $\beta<1$，说明该种证券的风险较之证券市场中所有证券组合的风险更大或较小；如果 $\beta=0$，则说明该种证券是一种无风险的证券。

四、收益与风险的关系

在证券投资中，收益和风险如影随形。一定的收益以承担一定的风险为代价，一定的风险用一定的收益来补偿。证券投资的理论和实践都是围绕如何处理这两者的关系而展开的。

收益与风险的基本关系是：收益与风险相对应。风险较大的证券，其要求的收益率相对较高；收益率较低的证券，风险相对较小。但是，绝不能因为收益与风险有着这样的基本关系，就盲目地认为风险越大，收益就一定越高。收益与风险相对应的原理只是揭示收益与风险的这种内在本质关系：收益与风险共生共存，承担风险是获取收益的前提；收益是风险的成本和报酬。收益与风险的上述本质联系可以用下面的公式表述：

$$预期收益率 = 无风险收益率 + 风险报酬率$$

预期收益率是指投资者承受各种风险应得的补偿。无风险收益率是指把资金投资于某一没有任何风险的投资对象而能得到的收益率，这是一种理想的投资收益，一般把这种收益率作为一种基本收益，再考虑各种可能出现的风险，使投资者得到应有的补偿。现实生活中不存在没有任何风险的理想证券，但可以找到某种收益变动小的证券来代替。美国一般将联邦政府发行的短期国库券视为无风险证券，把短期国库券利率视为无风险利率。这是因为美国短期国库券由联邦政府发行，联邦政府有征税权和货币发行权，债券的还本付息有可靠保障，因此没有信用风险。政府债券没有财务风险和经营风险，同时，短期国库券以 91 天期为代表，只要在这期间没有发生严重通货膨胀，联邦储备银行没有调整利率，也几乎没有购买力风险和利率风险。

短期国库券的利率很低，其利息可以视为投资者牺牲目前消费，让渡货币使用权的补偿。在短期国库券无风险利率的基础上，我们可以发现以下几个规律：

1. 同一种类型的债券，长期债券利率比短期债券利率高。这是对利率风险的补偿。如同低风险的政府债券都没有信用风险和财务风险一样，长期债券的利率要高于短期债券的利率，这是因为短期债券没有利率风险，而长期债券却可能受到利率变动的影响，两者之间利率的差额就是对利率风险的补偿。

2. 不同债券的利率不同。这是对信用风险的补偿。通常，在期限相同的情况下，政府债券的利率最低，地方政府债券利率稍高，其他依次是金融债券的利率和企业债券的利率。在企业债券中，信用级别高的债券利率较低，信用级别低的债券利率较高，这是因为它们的信用风险不同。

3. 在通货膨胀严重的情况下，债券的票面利率会提高或会发行浮动利率债券或保值贴补债券，这是对购买力风险的补偿。

4. 股票的收益率一般高于债券的收益率。股票面临的经营风险、财务风险和经济周期波动风险比债券大得多，必须给投资者相应的补偿。在同一市场上，许多面值相同的股票也有截然不同的价格,这是因为不同股票的经营风险、财务风险相差甚远,经济周期波动风险也有差别。投资者以交易价格来评价不同股票的风险,调节不同股票的实际收益,使风险大的股票的市场价格相对较低,风险小的股票的市场价格相对较高。

总体而言,风险与收益的关系并非如此简单。证券投资除受以上几种主要风险的影响以外,还受其他次要风险的影响,引起风险的因素以及风险的大小程度也在不断变化之中;影响证券投资收益的因素也很多。所以收益率对风险的替代只能粗略地、近似地反映两者之间的关系,更进一步说,只有加上证券价格的变化才能更好地反映两者之间的动态替代关系。

第四节 证券市场的结构与功能

一、证券市场的特征

证券市场是有价证券发行和交易的场所。证券市场是市场经济发展到一定阶段的产物,是为解决资本供求矛盾和流动性而产生的市场。证券市场以证券发行与交易的方式实现了筹资与投资的对接,有效地化解了资本的供求矛盾和资本结构调整的难题。证券市场具有以下三个显著特征:

1. 证券市场是价值直接交换的场所。有价证券都是价值的直接代表,它们本质上是价值的一种直接表现形式。虽然证券交易的对象是各种各样的有价证券,但由于它们是价值的直接表现形式,所以证券市场本质上是价值的直接交换场所。

2. 证券市场是财产权利直接交换的场所。证券市场上的交易对象是作为经济权益凭证的股票、债券、投资基金等有价证券,它们本身是一定量财产权利的代表,所以代表着对一定数额财产的所有权、债权以及相关的收益权。证券市场实际上是财产权利的直接交换场所。

3. 证券市场是风险直接交换的场所。有价证券既是一定收益权利的代表,同时也是一定风险的代表。有价证券的交换在转让出一定收益权的同时,也把该有价证券所特有的风险转让出去。所以,从风险的角度分析,证券市场也是风险的直接交换场所。

二、证券市场参与者

证券市场参与者是指证券市场的参与主体,主要由证券发行人、证券投资者、证券市场中介机构、证券行业监管机构及证券行业协会等行业自律性组织组成。

(一)证券发行人

证券发行人是指为筹措资金而发行股票和债券等证券的发行主体。主要包括:

1. 公司(企业)。现代公司主要采取股份有限公司和有限责任公司两种形式。其中,在证券市场上,只有股份公司才能发行股票。公司通过发行股票所筹集的资金属于公司的自有资本,而通过发行债券所筹集的资金属于借入资本。在公司证券中,通常将银行及非银行金融机构发行的证券称为"金融证券"。金融机构作为证券市场的发行主体,发行证券的品种可以是股票,也可以是债券。欧美等国家和地区能够发行证券的金融机构一般都是股份公司,所以将金融机构发行的证券归入公司证券。而我国和日本则把金融机构发行的债券定义为"金融债券",从而突出了金融机构作为证券市场发行主体的地位,但并没有把股份制的金融机构发行的股票定义为"金融股票",而是归入一般的公司股票之列。

2. 政府和政府机构。随着国家干预经济理论的兴起,政府(含中央政府和地方政府)以及中央政府直属机构已成为证券发行的重要主体之一,但政府只能发行政府债券。中央政府通过发行债券所募集的资金既可以用于协调财政资金短缺周转、弥补财政赤字、兴建政府投资的大型基础设施建设项目,也可以用于实施某种特殊的政策,或在战争期间用于弥补战争费用的开支。地方政府通过发行债券所筹集的资金一般用于交通、通信、住宅、教育、医疗和污水处理系统等地方性公共设施的建设。

由于中央政府拥有税收及货币发行等特权,通常情况下,中央政府债券不存在违约风险,因此被视为无风险证券,相对应的国债收益率被称为无风险利率,也是金融市场上最重要的价格指标。

(二) 证券投资者

证券投资者是指通过买入证券而进行投资的各类机构法人和自然人。相应地,证券投资者可分为机构投资者和个人投资者两大类。

1. 机构投资者。根据机构性质、资金来源、投资目的和投资方向的不同,机构投资者可分为以下几种类型。

(1) 政府机构。政府机构参与证券投资的主要目的是调剂资金余缺和进行宏观经济调控。各级政府及政府机构出现资金剩余时,可通过购买政府债券和金融债券投资证券市场;中央银行以公开市场操作作为政策手段,通过买卖政府债券或金融债券影响货币供应量,从而进行宏观调控;我国国有资产管理部门或其授权部门持有国有股,履行国有资产的保值增值和通过国家控股、参股来行使支配更多社会资源的职责。从各国的具体实践看,出于维护金融稳定的需要,政府还可以指定专门机构参与证券市场交易,减少非理性的市场震荡。

(2) 金融机构。参与证券投资的金融机构包括证券经营机构、银行业经营机构、保险经营机构以及其他金融机构等。

证券经营机构是证券市场上最活跃的投资者,以其自有资本、营运资金和受托投资资金进行证券投资。我国证券经营机构主要是证券公司。按照《中华人民共和国证券法》(以下简称《证券法》)的规定,证券公司可以通过从事证券自营业务和证券资产管理业务,以自己的名义或代理客户进行证券投资。

银行业经营机构包括商业银行、城市信用合作社、农村信用合作社等吸收公众存款的金融机构以及政策性银行,可以用自有资金买卖政府债券和金融债券,可以向客户提供综合理财服务,向特定目标客户群销售理财产品,接受客户的委托和授权,按照与客户事先约定的投资计划和方式进行投资和资产管理。

保险经营机构。保险公司是全球最重要的机构投资者之一,一度超过投资基金机构成为投资规模最大的机构投资者。除大量投资于政府债券、高等级公司债券外,还广泛涉足基金和股票投资。

合格境外机构投资者(QFII)。QFII制度是一国(地区)在货币没有实现完全可自由兑换、资本项目尚未完全开放的情况下,有限度地引进外资、开放资本市场的一项过渡性制度。这种制度要求，若外国投资者要进入一国证券市场，必须符合一定条件，经该国有关部门审批通过后汇入一定额度的外汇资金并转换为当地货币，通过受到严格监管的专门账户投资当地证券市场。

主权财富基金。随着国际经济、金融形势的不断变化，目前不少国家尤其是发展中国家拥有了大量的官方外汇储备，为管理好这部分资金，成立了代表国家进行投资的主权财富基金。

其他金融机构。其他金融机构包括信托投资公司、企业集团财务公司、金融租赁公司等。这些机构通常也在自身章程和监管机构许可的范围内进行证券投资。

（3）企业和事业法人。企业可以用自己的积累资金或暂时不用的资金进行证券投资。企业既可以通过股票投资实现对其他企业的控股或参股，也可以将暂时闲置的资金通过自营或委托专业机构进行证券投资以获取收益。

（4）各类基金。基金性质的机构投资者包括证券投资基金、社保基金、企业年金和社会公益基金。它们都可以按国家规定从事各种股票和债券等有价证券的投资业务。

2. 个人投资者。个人投资者是指从事证券投资的社会自然人，他们是证券市场最广泛的投资者。

个人进行证券投资应具备一些基本条件，这些条件包括国家有关法律、法规关于个人投资者投资资格的规定和个人投资者必须具备一定的经济实力。为保护个人投资者利益，对于部分高风险证券产品的投资（如衍生品），监管法规还要求相关个人具有一定的产品知识并签署书面的知情同意书。

（三）证券市场中介机构

证券市场中介机构是指为证券的发行与交易提供服务的各类机构。在证券市场中起中介作用的机构是证券公司和其他证券服务机构，通常把两者合称为"证券中介机构"。证券市场是依靠中介机构建立起证券供应者和需求者之间的联系，中介机构也因而起到了证券投资者与筹资者之间的桥梁作用。证券市场中介机构不仅保证了证券的发行和交易活动的正常进行，而且发挥了维护证券市场秩序的作用。

1. 证券公司。证券公司简称券商，是指依照《中华人民共和国公司法》（以下简称《公司法》）、《证券法》规定并经国务院证券监督管理机构批准经营证券业务的有限责任公司或股份有限公司。按照《证券法》规定，证券公司的主要业务包括：证券经纪业务、证券投资咨询业务、与证券交易及证券投资活动有关的财务顾问业务、证券承销与保荐业务、证券融资融券业务、证券做市交易业务、证券自营业务及其他证券业务。

2. 证券服务机构。证券服务机构是指依法设立的从事证券服务业务的法人机构，主要包括证券投资咨询机构、证券登记结算机构、财务顾问机构、资信评级机构、资产评估机构、会计师事务所、律师事务所等。

（四）证券监管机构

证券监管机构是证券市场不可缺少的组成部分。在我国，证券监管机构是指中国证券监督管理委员会（以下简称中国证监会）及其派出机构。中国证监会是国务院直属的证券监督管理机构，按照国务院的授权和依照相关法律法规对全国证券市场进行集中、统一监管。它的主要职责是：（1）依法制定有关证券市场监督管理的规章、规则，并依法进行审批、核准、注册，办理备案；（2）依法对证券的发行、上市、交易、登记、存管、结算等行为进行监督管理；（3）依法对证券发行人、证券公司、证券服务机构、证券交易场所、证券登记结算机构的证券业务活动进行监督管理；（4）依法制定从事证券业务人员的行为准则并监督实施；（5）依法监督检查证券发行、上市、交易的信息披露；（6）依法对证券业协会的自律管理活动进行指导和监督；（7）依法监测并防范、处置证券市场风险；（8）依法开展投资者教育；（9）依法对证券违法行为进行查处；（10）法律、行政法规规定的其他职责。

（五）证券行业自律性组织

自律性组织是指通过自愿组织的行会、协会等形式，制定共同遵守的行业规则和管理制度，自我约束会员行为的一种管理组织。我国证券市场的自律性组织主要包括证券交易所和行业协会。根据《证券登记结算管理办法》中的规定，我国的证券登记结算机构实行行业自律管理。

1. 证券交易所。根据《证券法》的规定，证券交易所是为证券集中交易提供场所和设施，组织和监督证券交易，实行自律管理的法人。证券交易所的监管职能包括对证券交易活动进行管理，对会员进行管理，以及对上市公司进行管理。我国证券交易所包括上海证券交易所、深圳证券交易所和北京证券交易所。

2. 证券业协会。按照《证券法》中的规定，中国证券业协会是证券业的自律性组织，是社会团体法人。中国证券业协会采取会员制的组织形式，证券公司应当加入证券业协会，协会的权力机构为全体会员组成的会员大会。中国证券业协会的自律管理体现在保护行业共同利益、促进行业共同发展方面。具体表现为：对会员单位和从业人员的自律管理，维护投资者合法权益和制定证券行业业务规范，组织从业人员业务培训等事项。

3. 证券登记结算机构。证券登记结算机构是为证券交易提供集中登记、存管与结算服务，不以营利为目的的法人。按照《证券登记结算管理办法》中的规定，证券登记结算机构实行行业自律管理。我国的证券登记结算机构为中国证券登记结算有限责任公司。

三、证券市场的结构

证券市场的结构是指证券市场的构成及其各部分之间的量比关系。证券市场的结构可以有许多种，但较为重要的结构有以下三种。

1. 层次结构。层次结构是一种按证券进入市场的顺序而形成的结构关系。按这种顺序关系划分，证券市场可分为发行市场和交易市场。证券发行市场又称"一级市场"或"初级市场"，是发行人以筹集资金为目的，按照一定的法律规定和发行程序，向投资者出售新证券所形成的市场。证券交易市场又称"二级市场"或"次级市场"，是已发行的证券通过买卖交易实现流通转让的市场。

证券发行市场和交易市场相互依存、相互制约，是一个不可分割的整体。证券发行市场是交易市场的基础和前提，有了发行市场的证券供应，才有交易市场的证券交易，证券发行的种类、数量和发行方式决定着交易市场的规模和运行。交易市场是证券得以持续扩大发行的必要条件，为证券的转让提供市场条件，使发行市场充满活力。此外，交易市场的交易价格制约和影响着证券的发行价格，是证券发行时需要考虑的重要因素。

2. 品种结构。品种结构是依有价证券的品种而形成的结构关系。这种结构关系的构成主要包括股票市场、债券市场、基金市场、衍生品市场等。

股票市场是股票发行和交易的场所。股票市场的发行人为股份有限公司。股份有限公司通过发行股票募集公司的股本，或是在公司营运过程中通过发行股票扩大公司的股本。股票市场交易的对象是股票，股票的市场价格除了与股份公司的经营状况和盈利水平有关外，还受到其他如政治、社会、经济等多方面因素的综合影响，因此，股票价格经常处于波动之中。

债券市场是债券发行和交易的场所。债券的发行人有中央政府、地方政府、中央政府机构、金融机构、公司（企业）。债券发行人通过发行债券筹集的资金一般都有期限，债券到期时，债务人必须按时归还本金并支付约定的利息。债券是债权凭证，债券持有者与债券发行人之间是债权债务关系。债券市场交易的对象是债券。债券因有固定的票面利率和期限，因此，相对于股票价格而言，市场价格比较稳定。

基金市场是基金份额发行和交易的市场。封闭式基金在证券交易所挂牌交易，开放式基金则通过投资者向基金管理公司申购和赎回实现交易转让。此外，近年来，全球各主要市场均开设了交易型开放式指数基金（ETF）或上市开放式基金（LOF）交易，使开放式基金也可以在证券交易所挂牌交易。

衍生品市场是各类衍生产品发行和交易的市场。随着金融创新在全球范围内的不断深化，衍生品市场已经成为金融市场不可或缺的重要组成部分。

3. 交易场所结构。按交易活动是否在固定场所进行，证券市场可分为有形市场和无形市场。通常人们也把有形市场称作"场内市场"，是指有固定场所的证券交易所市场。该市场是有组织的、制度化了的市场。有形市场的诞生是证券市场走向集中化的重要标志之一。一般而言，证券必须达到证券交易所规定的上市标准才能够在场内交易。无形市场也称"场外市场"，是指没有固定交易场所的证券交易市场。随着现代通信技术的发展和电子计算机网络的广泛应用、交易技术和交易组织形式的演进，已有越来越多的证券交易不在有形的场内市场进行，而是通过经纪人或交易商的电传、电报、电话、网络等洽谈成交。中国的全国中小企业股份转让系统（即新三板市场）是经国务院批准设立的全国性场外市场，它与场内市场是功能互补、相互促进的关系。新三板市场的成立，标志着我国多层次资本市场建设走向深化。

随着科学技术与证券市场的发展，场内市场与场外市场之间的截然划分已经不复存在，出现了多层次的证券市场结构。很多传统意义上的场外市场由于报价商和电子撮合系统的出现而具有了集中交易特征，而交易所也开始逐步推出兼容场外交易的交易组织形式。

四、证券市场的基本功能

证券市场是金融市场的重要组成部分，证券市场以其独特的方式和活力对社会经济生活产生多方面的影响，在筹集资本、引导投资、配置资源等方面有着不可替代的独特功能。

1. 筹资—投资功能。证券市场的筹资—投资功能指证券市场一方面为资金需求者提供了通过发行证券筹集资金的机会，另一方面为资金供给者提供了投资对象。在证券市场上交易的任何证券，既是筹资的工具，也是投资的工具。在经济运行过程中，既有资金盈余者，又有资金短缺者。资金盈余者为使自己的资金价值增值，必须寻找投资对象；而资金短缺者为了发展自己的业务,就要向社会寻找资金。为了筹集资金,资金短缺者可以通过发行各种证券来达到筹资的目的,资金盈余者则可以通过买入证券而实现投资。筹资和投资是证券市场基本功能中不可分割的两个方面。

2. 资本定价功能。证券市场的第二个基本功能就是为资本决定价格。证券是资本的表现形式,所以证券的价格实际上是证券所代表的资本的价格。证券的价格是证券市场上证券供求双方共同作用的结果。证券市场的运行形成了证券需求者和证券供给者之间的竞争关系,这种竞争的结果是:能产生高投资回报的资本,市场的需求就大,相应的证券价格就高;反之,证券的价格就低。因此,证券市场提供了资本的合理定价机制。

3. 资本配置功能。证券市场的资本配置功能是指通过证券价格引导资本的流动从而实现资本的合理配置的功能。在证券市场上,证券价格的高低是由该证券所能提供的预期报酬率的高低决定的。证券价格的高低实际上是该证券筹资能力的反映。能提供高报酬率的证券一般来自那些经营好、发展潜力大的企业,或者是来自新兴行业的企业。由于这些证券的预期报酬率高,其市场价格相应就高,从而筹资能力就强。这样,证券市场就引导资本流向能产生高报酬的企业或行业,从而使资本产生尽可能高的效率,进而实现资本的合理配置。

4. 宏观调控功能。政府可以利用证券市场进行宏观经济调控。例如,经济过热时,政府可以在证券市场上发行国债和央行票据,以减少流通领域的货币流通量,抑制通货膨胀;经济萧条时,政府可以在证券市场上回购国债或央行票据,以增加流动性,促进经济复苏。

5. 综合反映功能。证券市场通常被称为"经济晴雨表",主要是因为证券市场是一个社会信息的集散地,而证券价格对各种经济、政治信息十分敏感。人们可以通过证券市场的波动,了解和研究各种重大事件或变化趋势对社会生活各个方面产生的影响,并以此作为采取相应对策的一个重要依据。

专栏 1-2
辨析港股通、沪港通、沪股通、深港通、深股通的概念

2016年9月30日,中国证券监督管理委员会令第128号公布,该令公布之日起施行的《内地与香港股票市场交易互联互通机制若干规定》对几个概念进行了明确:

内地与香港股票市场交易互联互通机制,是指上海证券交易所、深圳证券交易所分别和香港联合交易所有限公司(以下简称香港联合交易所)建立技术连接,使内地和香港投资者可以通过当地证券公司或经纪商买卖规定范围内的对方交易所上市的股票。

内地与香港股票市场交易互联互通机制包括沪港股票市场交易互联互通机制(以下简称沪港通)和深港股票市场交易互联互通机制(以下简称深港通)。

1. 沪港通。沪港通包括沪股通和沪港通下的港股通。

沪股通,是指投资者委托香港经纪商,经由香港联合交易所在上海设立的证券交易服务公司,向上海证券交易所进行申报(买卖盘传递),买卖沪港通规定范围内的上海证券交易所上市的股票。

沪港通下的港股通,是指投资者委托内地证券公司,经由上海证券交易所在香港设立的证交易服务公司，向香港联合交易所进行申报（买卖盘传递），买卖沪港通规定范围内的香港联合交易所上市的股票。

2. 深港通。深港通包括深股通和深港通下的港股通。

深股通，是指投资者委托香港经纪商，经由香港联合交易所在深圳设立的证券交易服务公司，向深圳证券交易所进行申报（买卖盘传递），买卖深港通规定范围内的深圳证券交易所上市的股票。

深港通下的港股通，是指投资者委托内地证券公司，经由深圳证券交易所在香港设立的证券交易服务公司，向香港联合交易所进行申报（买卖盘传递），买卖深港通规定范围内的香港联合交易所上市的股票。

沪港通下的港股通和深港通下的港股通统称港股通。

3. 总结。对两地投资者而言，是沪港通、深港通。对内地投资者而言，是港股通；对香港投资者而言，是沪股通、深股通。

【本章小结】

证券是各类财产所有权或债权凭证的通称，是用来证明证券持有人有权依票面所载内容，取得相关权益的凭证。有价证券是指标有票面金额，证明持有人有权按期取得一定收入并可自由转让和买卖的所有权或债权凭证。有价证券有广义与狭义两种概念。狭义的有价证券即资本证券。广义的有价证券包括商品证券、货币证券、资本证券。按不同的分类标准，有价证券可分为商品证券、货币证券及资本证券；政府证券、金融证券和公司证券；上市证券和非上市证券；固定收益证券和变动收益证券；国内证券和国际证券；公募证券和私募证券；基础证券和衍生证券。

投资是货币转化为资本的过程。证券投资是投资者购买股票、债券、基金等有价证券以及这些有价证券的衍生品，以获取红利、利息及资本利得的投资行为。证券投资具有流动性强、价格不稳定、交易成本低的特点。证券投资分析方法主要有基本分析法、技术分析法和投资组合分析法。

证券投资的风险来源于未来的不确定性，分为系统风险和非系统风险。系统风险包括政策风险、经济周期波动风险、利率风险、购买力风险和市场风险；非系统风险包括信用风险、经营风险、财务风险、流动性风险和道德风险。风险和收益存在着对应的关系。

证券市场的结构是指证券市场的构成及其各部分之间的量比关系。证券市场重要的结构有三种。证券市场在筹集资本、引导投资、配置资源等方面有着不可替代的独特功能。

【关键词】

有价证券　证券投资　证券市场

【重要概念】

证券　资本证券　基本分析　技术分析　系统风险　非系统风险

【思考题】

1. 有价证券包括哪些类型？
2. 证券投资分析的主要方法有哪些？各种方法运用时有何差异？
3. 证券投资中的非系统风险有哪些？
4. 结合我国实际，论述证券市场在市场经济发展过程中的重要作用。

第二章
股　　票

2019年12月21日，优刻得科技股份有限公司（以下简称优刻得）科创板IPO注册获批，在优刻得《招股说明书》中明确披露了"特别表决权"安排，这也是科创板第一家存在"同股不同权"的发行人。

优刻得在《招股说明书》中明确，3位公司创始人为公司共同实际控制人，3人持有的股份为A类股份，每股拥有的表决权数量，为其他股东（包括本次公开发行对象）所持有的B类股份每股拥有的表决权的5倍。这一特别表决权将公司的股权结构划分为两层（A类股份、B类股份），不同于《公司法》的"同股同权""一股一权"治理结构。除表决权差异外，A类股份、B类股份的其他股东权利均相同。优刻得的这种制度设计并成功注册获批，意味着"同股不同权"这一制度在中国内地资本市场得到了正式认可。

"同股不同权"制度诞生于美国。1889年，一家名为"International Silver Company"的公司发行了900万股优先股和1100万股无表决权的普通股。1902年，该公司将原本无表决权的普通股改为每股享有原始股二分之一表决权的股票。此举打破了"同股同权"的传统。这种尝试很快获得资本市场的青睐，很多公司纷纷效仿。但是随后，双层股权结构遭遇到监管阻力。1926年，美国纽约证券交易所开始对双层股权结构实行禁止措施，关闭了双层股权结构公司上市的大门。但美国另外两家证券交易所——美国股票交易所和纳斯达克证券交易所并未禁止双层股权结构，因此吸引了众多采取"同股不同权"结构的企业上市。

2007年，阿里巴巴集团成功在香港联合交易所挂牌，后曾想在主板上市，但其"合伙人制度"被认定为"同股不同权"结构，因此未能在香港成功上市。2013年10月，阿里巴巴宣布放弃在香港联合交易所上市，并远赴美国成功上市。2014年8月29日，香港联合交易所在对既有制度进行深刻反思后发布了《有关不同投票权架构的概念文件》，支持对《上市规则》作出重大修订，以接纳不同投票权架构。2018年4月24日，香港联交所正式发布了主板上市规则第119次修订（《新主板上市规则》）。由此，香港联合交易所开启了"同股不同权"公司上市的新时代。

2019年3月1日发布的《上海证券交易所科创板股票上市规则》明确规定了表决权差异安排："本规则所称表决权差异安排，是指发行人依照《公司法》第一百三十一条的规定，在一般规定的普通股份之外，发行拥有特别表决权的股份。每一特别表决权股份拥有的表决权数量大于每一普通股份拥有的表决权数量，其他股东权利与普通股份相同。"这里规定的"同股不同权"主要是针对表决权的不同，其他股东权利与普通股份相同。

"同股不同权"的双层结构使得公司创始团队在获得股权融资的同时仍然保持对公司的

控制权，这种方式逐渐获得越来越多公司的青睐。科创板引进表决权差异机制是中国证券市场一个巨大的进步，意味着我国在双层股权结构方面的改革实践前进了一大步，有利于不断增强我国资本市场的吸引力，更好地推进科技强国战略的实施。

通过本章学习，你将了解和掌握以下知识：
- 股票的含义、基本特征及其种类；
- 普通股和优先股的特征、种类与融资的优缺点；
- 股利分配与股票价值；
- 掌握股票除权除息及其价格的计算。

股票是最常见的证券投资工具，它是股份有限公司签发的证明股东所持股份的凭证，购买股票的投资者即成为公司股东，享有对股份公司的所有权。股票是一种权益性证券，是一种基本的金融工具，也是企业筹集资金的主要途径。

第一节 股票及其种类

一、股票及其特点

（一）股票的含义

股票持有者即为发行公司的股东，有权参与公司决策，分享公司利益，同时也要分担公司的责任和经营风险。股票一经认购，持有者不能以任何理由要求退还股本，只能通过证券市场将股票进行转让，作为交易对象和抵押品。股票已成为金融市场上长期的、主要的信用工具。但实质上，股票只是代表股份公司资本所有权的证书，它自身并没有价值，不是真实资本，而是一种独立于实际资本之外的虚拟资本。

> 股票是一种有价证券，它是股份有限公司公开发行的、用于证明投资者的股东身份和权利，并据以获得股息和红利的凭证。

知识链接

有限责任公司与股份有限公司 ■■■■■■■■■■■■■■■■■■■■■■■■■■

股份制度是以发行股票为基础，以股票市场为依托，以股份公司为核心的经济制度。按照我国《公司法》规定，公司就是依法在中国境内设立的、采用有限责任公司或股份有限公司形式的企业法人。有限责任公司和股份有限公司具有一些共同的特点：

第一，都具有独立法人资格。公司作为独立法人，有完备的组织架构，有独立的法人财产权，能够独立承担民事责任。

第二，都以股东出资形式设立。公司由一定人数以上的股东发起并出资设立。

第三，股份投资的永久性。不论是有限责任公司还是股份有限公司，股东对公司的投资是永久的，不可撤回，但在一定条件下可以转让。

第四，都采取法人治理结构，实现了所有权与经营权的分离。公司法人治理结构一般由股东大会、董事会、监事会、总经理组成。股东大会是公司的最高权力机构。董事会是公司的常设权力机构，由股东大会选出的董事组成。监事会是公司的常设监督机构，监事由股东大会选举产生，由股东代表和公司职工代表担任，董事、经理和财务负责人不得兼任监事。监事会在股东大会领导下，代表股东大会执行监督职能，保证公司正常有序地经营，防止公司出现滥用职权、危害股东和第三方利益的情况。总经理是由董事会聘任的负责公司日常经营管理的高级管理人员，对董事会负责。

第五，都对公司债务承担有限责任。一是股东以其认购股份为限对公司承担有限责任；二是公司以其全部资产为限对公司债务承担有限责任。

但是有限责任公司与股份有限公司也存在重要区别：（1）在资金募集方式上。有限责任公司只能由股东出资，不能向社会公开募集股份；而股份有限公司经核准后可向社会公开募集股份。（2）在股份划分上。有限责任公司股份不划分为等额股份，股东的出资只按比例计算；股份有限公司的资本总额则划分为相等金额的股份。（3）在股东人数上的规定不同。按照《公司法》规定，有限责任公司股东出资人数设最高限制，不能超过50人；而股份有限公司的发起人为2人以上、200人以下。（4）在股权转让难易程度上。有限责任公司股东转让自己的股权受到限制较多；而股份有限公司股东转让股权则比较自由，并有各种形式的股票交易市场。（5）在公司治理结构上。有限责任公司治理结构相对简单，规模较小的可不设董事会和监事会，只设1名董事和1~2名监事；而股份有限公司无论公司大小均应设立董事会、监事会和经理。

按照《公司法》规定，有限责任公司和股份有限公司在一定条件下也可以互为变更。

（二）股票的特点

1. 不可偿还性。股票是一种无偿还期限的有价证券，投资者认购了股票后，就不能要求退股，只能到二级市场卖给第三者。股票的转让只意味着公司股东的改变，并不减少公司资本。从期限上看，只要公司存在，它所发行的股票就存在，股票的期限等于公司存续的期限。

2. 参与性。股东有权出席股东大会，选举公司董事，参与公司重大决策。股东参与公司决策的权利大小，取决于其所持有的股票数额的多少。从实践中看，只要股东持有的股票数额达到左右决策所需的有效多数时，就能掌握公司的决策控制权。

3. 收益性。股东凭其持有的股票，有权从公司领取股息或红利，获取投资的收益。股息或红利的大小主要取决于公司的盈利水平和公司的盈利分配政策。股票的收益性，还表现在股票投资者可以获得价差收入或实现资产保值增值。通过低价买入和高价卖出股票，投资者可以赚取价差利润。

4. 流通性。股票的流通性是指股票在不同投资者之间的可交易性。流通性通常以可流通的股票数量、股票成交量以及股价对交易量的敏感程度来衡量。可流通股数越多，成交量越大，价格对成交量越不敏感（价格不会随着成交量一同变化），股票的流通性就越好；反之就越差。股票的流通使投资者可以在市场上卖出所持有的股票，取得现金。通过股票的流通和股价的变动，可以看出人们对于相关行业和上市公司的发展前景和盈利潜力的判断。那些在流通市场上吸引大量投资者、股价不断上涨的行业和公司，可以通过增发股票，不断吸收大量资本进入生产经营活动，获得优化资源配置的效果。

二、股票的种类

股份公司为了满足自身经营的需要，根据投资者的投资需求，发行多种多样的股票，这些股票所代表的股东地位和股东权利各不相同。按照不同的标准，股票主要有以下几种基本类别。

（一）普通股股票与优先股股票

按照股票所代表的股东权利，股票可分为普通股股票和优先股股票。本部分内容将在本章第二节详细阐述。

（二）有表决权股票与无表决权股票

按照股东是否对股份有限公司的经营管理享有表决权，可将股票划分为有表决权股票和无表决权股票。

1. 有表决权股票。有表决权股票是指持有人对公司的经营管理享有表决权的股票。有表决权股票具体又可以分为普通表决权股票、多数表决权股票、限制表决权股票、有表决权优先股股票。

（1）普通表决权股票。普通表决权股票，即每股股票只享有一票表决权，也称单权股票。这类股票符合股东权一律平等原则，各国公司法均予以确认，故其适用范围广，发行量也大。

（2）多数表决权股票。多数表决权股票，即每张股票享有若干表决权的股票，也称多权股票。这种股票一般是股份有限公司向特定的股东，如公司董事会或监事会成员发行的，其目的在于保证某些股东对公司的控制权，以限制公司外部的股东对公司的控制，或限制股票的外国持有者对本国产业的支配权。持有多数表决权股票的少数股东，就可能成为大多数持有无表决权股票的小股东的主宰。现代公司制度中，对持有多数表决权股票的股东的行为往往也加以限制，有的国家甚至不允许发行多数表决权股票。

（3）限制表决权股票。限制表决权股票，即表决权受到法律和公司章程限制的股票。在股东所持股票达到一定数量后，其享有的表决票数将受到限制。限制的目的在于防止持有多数股票的少数股东利用多数表决权控制公司的经营，以保护众多小股东的权益。

（4）有表决权优先股股票。这是优先股股票中的特例。持有这类股票的股东，可以参加股东大会，有权对规定范围内的公司事务行使表决权。

2. 无表决权股票。无表决权股票是指根据法律或公司章程的规定，对股份有限公司的经营管理不享有表决权的股票。相应地，这类股票的持有者无权参与公司的经营管理，但仍可以参加股东大会。在实践中，公司普遍发行有表决权股票，特殊情况下发行无表决权股票。这类股票多限于优先股股票，特别是累积优先股股票，其实质是以收益分配和剩余资产清偿的优先权作为无表决权的补偿。在得不到优先红利时，无表决权股票便有表决权。一般无表决权股票的数量被限制在股份发行总数的 20% 以下。由于持有公司经营权是股东权利的基本内容之一，是股东地位平等的体现，因此，有些国家的公司法明确规定不允许或有条件地允许存在无表决权股票。

（三）记名股票与不记名股票

按照是否在股票上记载股东姓名，股票可分为记名股票与不记名股票。

1. 记名股票。记名股票是指将股东姓名记载在股票票面和股东名册上的股票。其特点是每个股票持有者在股票所有权转移时，都需办理过户手续，即这种股票转让时要办理变更股东名册登记簿记载的手续。

2. 不记名股票。不记名股票也称无记名股票，指在股票票面和股份公司股东名册上均不记载股东姓名的股票。不记名股票与记名股票的差别不在于股东权利等方面，而是在于记载方式上。不记名股票的特点是股票转让时，将股票交给接收人即可，同时这种股票所有权也随之转移到股票的持有者。不记名股票在印刷上要像印刷钞票那样精心细致，其印刷技术、颜色、纸张、水印、号码均须符合极为严格的标准。不记名股票在形式上分为两部分：一部分是股票的主体，记载了有关公司的事项，如公司名称、股票所代表的股数等；另一部分是股息票，用于进行股息结算和行使增资权利。不记名股票的股东权利归属于股票的持有者；认购股票时要求缴足股款；不记名股票转让时相对简便但安全性较差。

（四）有面值股票和无面值股票

按照是否有面值，股票可分为有面值股票和无面值股票。

1. 有面值股票。有面值股票是指依据股票章程，在股票票面上标明一定金额的股票，也称有面额股票。

2. 无面值股票。无面值股票是份额股票，指以公司财产价值的一定比例为划分标准，票面上不载明金额，其价值随公司财产增减而变化的股票。

有面值股票与无面值股票无实质上的差异，其区别在于有无票面额；其意义在于有面值股票未达到票面金额时不允许发行。确定面值使公司在出售所有权时能获得公正的价格，同时有了面值可以防范有的投机者以较低的价格获取新股票。无面值股票只记载股份数，无面值，发行价可自由确定，随行就市。

（五）其他类型的股票

1. 偿还股。偿还股是指在发行时就确定偿还本金的股票。这种股票是为公司临时筹措资本而发行的，往往与优先股和后配股相对。对公司而言，除分配股息外，可免除分红责任；对投资者而言，则能安全地收回投资本金。

根据选择权行使的不同，偿还股股票又可分为任意偿还股股票和义务偿还股股票。任意偿还股股票由公司行使选择权，无论股东的意愿如何，公司都可以在需要时还本收回股票。义务偿还股股票则由股东行使选择权，当股东请求公司偿还本金时，公司有偿还的义务。即使公司经营不善，资金紧张，也要向股东支付本金。

2. 库存股。库存股是指已经认购缴款，由发行公司通过购入、赠予或其他方式重新获得，可供再行出售或注销之用的股票。这种股票既不分配股利，又不附带投票权，一般只限于优先股，并且必须存入公司的金库。简单而言，就是公司将已经发行出去的股票，从市场中买回，存放于公司，而尚未再出售或是注销。它的特性和未发行的股票类似，没有投票权或分配股利的权利，公司解散时也不能变现。

3. 储蓄股。储蓄股是指公司发行的无表决权的优先股股票。储蓄股不享有表决权，其他权利与普通股相同。储蓄股股东不得参加股东大会，也不列入表决计票之列，通常公司有权赎回储蓄股。

4. 后配股。后配股是与优先股相反的一种股票，指利润分配和剩余财产分配后列于普通股的股票。正因为它在财产与利润分配上的权利顺序比普通股要落后，故称之为后配股。后配股的权利与普通股相同，有参加企业经营的权利，也有分配红利的权利。后配股的主要特点在于一股可以有几票表决权。后配股可以按规定条件转为普通股。在转为普通股之前，后配股享有股利，但仅为普通股股利的一半。

5. 混合股股票。混合股是将优先分取股息权利和最后分配公司剩余资产的权利相结合的股票。股份有限公司在分配股息时，混合股股东先于普通股股东行使权利。而在公司清算时，混合股股东分配公司剩余财产的顺序又处于普通股股东之后，混合股股票是优先股股票与后配股股票的结合体。

专栏 2-1
限制性股票

限制性股票（Restricted Stock）是股权激励的一种方式，指上市公司按照预先确定的条件授予股权激励对象一定数量的本公司股票，激励对象只有在工作年限或业绩目标符合股权激励计划规定条件时，才可出售限制性股票并从中获益。

在操作实务中，常见的做法是上市公司以非公开发行的方式向激励对象授予一定数量的公司股票，并规定锁定期和解锁期。在锁定期和解锁期内，限制性股票在解除限售前不得转让、用于担保或偿还债务；达到解锁条件，方可以解锁；如果全部或部分股票未被解锁而失效或作废，通常由上市公司按照事先约定的价格立即进行回购。

中国《上市公司股权激励管理办法》明确规定，上市公司在授予激励对象限制性股票时，应当确定授予价格或授予价格的确定方法。授予价格不得低于股票票面金额，且原则上不得低于下列价格较高者：（1）股权激励计划草案公布前1个交易日的公司股票交易均价的50%；（2）股权激励计划草案公布前20个交易日、60个交易日或者120个交易日的公司股票交易均价之一的50%。上市公司采用其他方法确定限制性股票授予价格的，应当在股权激励计划中对定价依据及定价方式作出说明。

由于价格折扣的存在，限制性股票真正具备了价格的激励空间，也承认了股权激励对象的核心人力资源价值，因而受到很多上市公司的欢迎。但限制性股票在实施中也明确规定了应当设置禁售期限以及股权激励对象获授股票的业绩条件，上市公司的股权激励有明确的考核目标，业绩考核直接决定了公司和个人能否有资格实现限制性股票的解除限售。

限制性股票作为中国资本市场上一种新生的股权激励品种，有利于进一步促进上市公司建立健全激励与约束机制，解决管理层和股东利益一致性问题；并有助于持续、有效地促进上市公司价值和业绩的提高。

三、我国股票的种类

在我国证券市场上，按上市地点和所面对的投资者不同，股票分为 A 股、B 股、H 股、

N 股和 S 股。

1. A 股。A 股的正式名称是人民币普通股票，A 股是供我国境内个人或法人买卖的，以人民币标明票面金额并以人民币认购和交易的股票。它是由我国境内的公司发行，供境内机构、组织或个人（不含台、港、澳投资者）以人民币认购和交易的普通股股票。

2. B 股。B 股的正式名称是人民币特种股票，它是以人民币标明面值，以外币认购和买卖，在境内（上海、深圳）证券交易所上市交易的外资股。B 股公司的注册地和上市地都在境内（上海、深圳证券交易所），只不过投资者在境外。2001 年我国开放境内个人居民可以投资 B 股。

3. H 股。H 股指注册地在内地、上市地在香港的股票。香港的英文是 Hong Kong，取其首字母，在港上市股票就叫作 H 股。

4. N 股和 S 股。依此类推，纽约英文名称的第一个字母是 N，新加坡英文名称的第一个字母是 S，在纽约和新加坡上市的股票就分别叫作 N 股和 S 股。

此外，证券市场上还有许多关于股票的一些习惯提法。例如，按照股票规模，习惯上将股票分为大盘股、中盘股、小盘股。在国内，通常将股票按照流通市值排序，累计流通市值前 30% 的股票为大盘股；累计流通市值中间 40% 的股票为中盘股；累计流通市值后 30% 的股票为小盘股。此外，投资者还习惯将那些规模大、业绩优良、发展成熟、成交活跃的大盘股称为蓝筹股。"蓝筹股"最早是由《华尔街日报》在 1904 年提出，"蓝筹"一词源于西方赌场，在西方赌场中，蓝色筹码最为值钱，红色筹码次之，白色筹码最差。

专栏 2-2
股权分置及其改革

所谓股权分置，是指 A 股市场上的上市公司的股份分为流通股与非流通股。向社会公开发行且能在证券交易所上市交易的股份，称为流通股，主要为社会公众股；而公开发行前的股份暂不上市交易，称为非流通股，这部分大多为国有股和法人股。这种同一上市公司股份分为流通股和非流通股的股权分置状况，为中国内地证券市场所独有。因为特殊历史原因和特殊的发展演变过程，非流通股和流通股这两类股票形成了"不同股不同价不同权"的市场制度与结构。

股权分置问题被认为是困扰我国股市发展的头号难题。由于历史原因，我国股市上有三分之二的股票不能流通。由于同股不同权、同股不同利等"股权分置"的存在，严重影响着股市的发展。而解决股权分置问题，本质是要把不可流通的股份变为可流通的股份，真正实现同股同权，这是资本市场基本制度建设的重要内容。

股权分置改革的由来和发展可以分为以下三个阶段。

第一阶段：股权分置问题的形成。我国证券市场在设立之初，对国有股流通问题总体上采取搁置的办法，在事实上形成了股权分置的格局。

第二阶段：通过国有股变现解决国企改革和发展资金需求的尝试，开始触动股权分置问题。1998 年下半年到 1999 年上半年，为了解决推进国有企业改革发展的资金需求和完善社会保障机制，开始进行国有股减持的探索性尝试。但由于实施方案与市场预期存在差距，试点很快被停止。

2001年6月12日，国务院颁布的《减持国有股筹集社会保障资金管理暂行办法》也是该思路的延续，同样由于市场效果不理想，于当年10月22日宣布暂停。

第三阶段：作为推进资本市场改革开放和稳定发展的一项制度性变革，解决股权分置问题正式被提上日程。2004年1月31日，国务院发布《国务院关于推进资本市场改革开放和稳定发展的若干意见》（以下简称《若干意见》），明确提出"积极稳妥解决股权分置问题"。2005年4月29日，经国务院批准，中国证监会发布《关于上市公司股权分置改革试点有关问题的通知》，启动了股权分置改革的试点工作。经过两批试点，取得了一定经验，具备了转入积极稳妥推进的基础和条件。经国务院批准，2005年8月23日，中国证监会、国资委、财政部、中国人民银行、商务部联合发布《关于上市公司股权分置改革的指导意见》；同年9月4日，中国证监会发布《上市公司股权分置改革管理办法》，我国的股权分置改革进入全面铺开阶段。

2005年4月启动的股权分置改革，最终仅用两年时间就顺利解决了1 333家上市公司股权分置问题。上市公司股权分置改革是通过非流通股股东和流通股股东之间的利益平衡协商机制消除A股市场股份转让制度性差异的过程，是为非流通股可以上市交易作出的制度安排。解决股权分置问题，是中国证券市场自成立以来影响最为深远的改革举措，其意义甚至不亚于创立中国证券市场。

股权分置改革是一场影响深远的市场化改革，所形成的全流通股票市场格局，使得我国股票市场真正出现转折性变化，真正具备了现代资本市场的基本特征。股权分置改革的成功，为私募市场、创业板、股指期货和各类金融衍生品的创设和发展奠定了良好基础，构建起规则公平、权利公平、机会公平的股权文化和公司治理的股东共同利益基础。

第二节　普通股与优先股

一、普通股股票

（一）普通股的概念

普通股指在公司的经营管理和盈利及财产的分配上享有普通权利的股份，代表满足所有债权偿付要求及优先股东的收益权与求偿权要求后对企业盈利和剩余财产的索取权，它构成公司资本的基础，是股票的一种基本形式，也是发行量最大、最为重要的股票。目前在上海、深圳以及北京证券交易所上市交易的股票都是普通股。

（二）普通股股东的权利

作为普通股股东，具有如下权利。

1. 参与管理权。这种权利通过在股东大会上对公司的重大事项进行投票表决间接地表现出来。表决权的大小依持有股票的多少而定，一般是一股一票。

2. 收益分配权。普通股票面上不规定股利率，股东获得的股利收益取决于公司的盈利多少和公司股利分配方案。一般而言，公司经营好，盈利就多，则股利高；反之则低。如果公司亏损，则不分配股利。因此，普通股是一种高报酬、高风险的证券。

3. 剩余资产分配权。当公司破产和兼并时，若公司的资产在支付了所有债务以及优先股本金与股息后还有剩余，应按股份比例分配给股东。

4. 新股优先认购权。公司在新发行股票时，普通股股东享有优先认购和低价购进的权利。其目的在于保护原股东的权益不因新股发行而受影响。

（三）普通股融资的优缺点

1. 普通股融资的优点。与其他筹资方式相比，普通股筹措资本具有如下优点：

（1）发行普通股筹措资本具有永久性，无到期日，不需归还。这对保证公司对资本的最低需要、维持公司长期稳定发展极为有益。

（2）发行普通股筹资没有固定的股利负担，股利的支付与否和支付多少，视公司有无盈利和经营需要而定。普通股筹资没有固定的到期还本付息的压力，所以筹资风险较小。

（3）发行普通股筹集的资本是公司最基本的资金来源，它反映公司的实力，可作为其他方式筹资的基础，尤其可为债权人提供保障，增强公司的举债能力。

（4）由于普通股的预期收益较高，并可在一定程度上抵消通货膨胀的影响，因此普通股筹资容易吸收资金。

2. 普通股融资的缺点。

（1）普通股的资本成本较高。首先，从投资者的角度而言，投资于普通股风险较高，相应地要求有较高的投资报酬率。其次，对于筹资公司而言，普通股股利从税后利润中支付，不像债券利息那样作为费用从税前支付，因而不具有抵税作用。最后，普通股的发行费用一般也高于其他证券。

（2）通常以普通股筹资会增加新股东，这将稀释原股东对公司的控制权。此外，新股东分享公司未发行新股前积累的盈余，会降低普通股的每股净收益，从而可能引发股票价格的下跌。

二、优先股股票

（一）优先股的含义

优先股是股份公司发行的在利润分配和剩余财产分配时比普通股具有优先权的股票。优先股一般要在票面上标明"优先股"字样。优先股实际上是介于普通股与债券之间的一种复合证券。

（二）优先股的特点

1. 股息率固定。通常优先股股票在发行时已约定了固定的股息率，股息不随公司利润增减而变化。按照公司章程的规定，优先股股东可以优先于普通股股东向公司领取股息，所以，优先股股票的风险要小于普通股股票。由于股息率固定，因此，即便公司经营状况良好，优先股股东也不能分享公司利润增长的收益。

2. 股息和剩余资产分配优先。优先股在股息分配时优先于普通股；当企业破产清算时，优先股优先于普通股分配剩余财产。

3. 优先股可由公司赎回。优先股不能退股，但可以依照优先股股票上所附的赎回条款，由公司予以赎回。发行可赎回优先股股票的公司赎回股票时，要在优先股价格的基础上再加上适当的加价，使优先股股票的赎回价格高于发行价格，从而使优先股股东从中获得一定的收益。

4. 优先股股东的表决权受到严格限制。优先股股东一般没有表决权。如公司连续若干年不支付或无力支付优先股股息，或者公司要将一般优先股股票改为可转换优先股股票时，优先股股东享有相应的表决权。

（三）优先股的种类

1. 累积优先股和非累积优先股。累积优先股是指当公司在某个时期内盈利不足以支付优先股股息时，则累积到次年或以后某一年盈利时，在普通股的红利发放之前，连同本年优先股的股息一并发放的优先股。累积优先股有两个特点：一是股息率固定，持有这种股票的人可以有一笔稳定的收入；二是股息可以累积，即公司盈利少或无盈利，无力发放股息时，股息可累积，当公司经营好转，应优先补足这些累积所欠的股息。

非累积优先股指在公司所获盈利不足以按规定派发股息时，其所欠股利不能累积到下一期补给的优先股。对于股份公司而言，发行非累积优先股因不承担以往未付足优先股股息的补偿责任，故不会加重公司付息分红的负担。但对于投资者而言，股息收入的稳定性差，即公司盈利多时只能获取固定的股息，而公司盈利少时则可能得不到规定的股息，故不如累积优先股有吸引力。大多数优先股是累积优先股，只有极少数优先股是非累积优先股。

2. 参与优先股和非参与优先股。参与优先股指当公司盈利较多时，股东除按固定股息率分得股息外，还可分得额外股息的一种优先股，额外股息的数额取决于每股普通股股息与每股优先股股息的差。这种股票对投资者很有利，但发行量不多。

非参与优先股是指只按规定股息率分取股息，不参与公司利润分配的优先股。

3. 可转换优先股和不可转换优先股。可转换优先股指允许优先股股东在一定时期内，以一定的比例，将优先股股票转换成公司普通股股票或公司债券的一种优先股。一般而言，发行公司对可转换优先股都规定转换条件和转换比例。持有可转换优先股的股东有权根据公司的经营状况和股市行情自行决定是否将优先股转换成普通股或公司债券。通常，在公司前景和股市行情看好，盈利增加时，股东愿意按规定条件和价格，将优先股股票转换成普通股股票；在公司前景不明朗，盈利明显减少，支付股息有困难时，则会将优先股转换成公司债券，这时投资者由公司股东变成公司债权人。

不可转换优先股是指不能转换成普通股股票或公司债券的优先股。

4. 可赎回优先股和不可赎回优先股。可赎回优先股指在发行后一定时期内可按特定的赎买价格由发行公司收回的优先股。可赎回优先股可以依照该股票发行时所附的赎回条款，由公司出价赎回。股份公司一旦赎回自己的股票，必须在短期内予以注销。可赎回优先股有两种类型：强制赎回和任意赎回。强制赎回，即这种股票在发行时就规定股份公司享有赎回与否的选择权。一旦发行该股票的公司决定按规定条件赎回，股东就别无选择而只能缴回股票。任意赎回，即股东享有是否要求股份公司赎回的选择权。若股东在规定的期限内不愿继续持有该股票，股份公司不得拒绝按赎回条款购回。现实生活中，大部分可赎回股票属于强制赎回，赎回的主动权掌握在股份公司手中。股份公司赎回优先股股票的目的一般是减轻股息负担。

不可赎回优先股是指股票发行公司无权从股票持有人手中赎回的优先股股票。

5. 股息可调整优先股和股息不可调整优先股。股息可调整优先股指股息率不固定，股息随其他证券或存款利率的变化而调整的一种优先股。近年来国际金融市场动荡不定，各种不同证券的价格和银行存款利率变化加大，股息可调整优先股即是为适应这种情况而新成长起来的一种优先股股票。

股息不可调整优先股就是股息率不能调整的优先股。

（四）优先股融资的优缺点

1. 优先股融资的优点。首先，优先股筹集的资本属于权益资本，通常没有到期日，即使股息不能到期兑现也不会引发公司的破产，因而融资后不增加财务风险，反而使融资能力增强，可获得更大的负债额。其次，优先股股东一般没有投票权，不会使普通股股东的地位受到威胁。最后，优先股的股息通常是固定的，在收益上升时期可为现有普通股股东"保存"大部分利润，具有一定的杠杆作用。

2. 优先股融资的缺点。首先，优先股融资的成本比债券高，这是由于股息是在税后支付的，不能冲抵税前利润。其次，有些优先股（累积优先股、参与优先股等）要求分享普通股的利润，稀释每股收益。

专栏2－3

中国优先股发展情况

在成熟的证券市场上，股份公司一般可以发行普通股和优先股两种类型的股票，其中优先股作为一种特殊的股票形式，是普通股的有力补充。它不仅为股份公司提供了有力的筹资手段，而且为投资者提供了风险小、收益高的一种投资方式。优先股具有悠久的历史，最早出现在16世纪的欧洲。经过几个世纪的发展，优先股这一股票形式已经被西方各个国家普遍采用，并且各个国家都在公司法中对优先股作出了明确规定。美国、欧盟等发达经济体中，优先股制度已经十分成熟。截至2013年，美国证券市场中优先股达3 900亿美元，其中金融类企业优先股占比达85%左右。

中国的优先股在20世纪80年代末90年代初经历了短暂的发展，其后因出台实施的《公司法》中未明确规定优先股制度，优先股制度在我国失去了法律依据，发展一度处于停滞状态。

2013年11月末，国务院发布《关于开展优先股试点的指导意见》（国发〔2013〕46号，以下简称《指导意见》），奠定了优先股的制度框架，标志着优先股在我国正式落地。《指导意见》主要从优先股股东的权利与义务、优先股发行与交易、组织管理和配套政策三个方面明确了相关内容，其中较为重要的有四点：①优先股可以公开发行也可以非公开发行；②发行优先股不得超过普通股总数的50%；③优先股可以作为并购重组支付手段；④企业投资优先股的投资收益，符合条件的免征所得税。值得一提的是，《指导意见》中明确赋予了新三板挂牌公司发行优先股的权利。《指导意见》施行后，证监会、原银监会和保监会，以及沪深交易所就优先股的发行和交易等事项，陆续发布了一系列监管法律法规，不断完善优先股的市场机制。

2014年11月28日，我国第一只优先股"农行优1"在上海证券交易所挂牌上市。截至2018年9月30日，沪深A股上市/挂牌的优先股共计35只，总融资规模达人民币约6 060亿元，相当于2018年第三季度末沪深两市A股市值的1.25%。由银行发行的优先股共计25只，其中六家公司还先后在H股发行了境外优先股。优先股已逐渐成为包括上市公司、新三板企业在内的企业融资渠道的有力补充。

第三节 股利分配与股票价值

一、股份公司的收益分配

股利是公司盈利的一部分,公司获得利润后就可以对股东分配股利。公司税后利润是股利分配的基础,但税后利润究竟如何分配,除了要根据股东大会决议作出有关决定外,各国均对公司股利分配有着统一规定。

(一)公司税后利润的分配原则

我国《公司法》规定的公司税后利润的分配原则可以概括为以下几个方面。

1. 按法定顺序分配的原则。不同利益主体的利益要求,决定了公司税后利润的分配必须从全局出发,平衡各方利益关系。这既是公司税后利润分配的基本原则,也是公司税后利润分配的基本出发点。

2. 非有盈余不得分配的原则。这一原则强调公司向股东分配股利的前提条件。非有盈余不得分配原则的目的是维护公司的财产基础及其信用能力。

3. 同股同权、同股同利原则。同股同权、同股同利不仅是公开发行股份时应遵循的原则,也是公司向股东分配股利时应遵守的原则之一。

4. 公司持有的本公司股份不得分配利润。这是《公司法》修改之后新增的内容,这与前文提到的新法关于公司股份回购的修改相配合。

(二)股份有限公司收益分配顺序

我国《公司法》规定股份有限公司税后利润的分配顺序为:

1. 弥补公司以前年度亏损。公司的法定公积金不足以弥补以前年度亏损的,在依照规定提取法定公积金之前,应当先用当年利润弥补亏损。

2. 提取法定公积金。公司分配当年税后利润时,应当提取利润的百分之十列入公司法定公积金。公司法定公积金累积额已达到公司注册资本的百分之五十以上的,可以不再提取。

3. 经股东会或者股东大会决议提取任意公积金。公司从税后利润中提取法定公积金后,经股东会或者股东大会决议,还可以从税后利润中提取任意公积金。

4. 支付股利。公司弥补亏损和提取公积金后所余税后利润,有限责任公司依照《公司法》第三十四条的规定分配公司税后利润。股份有限公司进行公司税后利润分配时,按照股东持有的股份比例分配公司税后利润,但股份有限公司章程规定不按持股比例分配的除外。

股东会、股东大会或者董事会违反前款规定,在公司弥补亏损和提取法定公积金之前向股东分配利润的,股东必须将违反规定分配的利润退还公司。

二、股利构成及其分配方式

(一)股利构成

股利由股息和红利两部分构成。股息和红利是股份公司分配利润时所采取的两种不同方法。获取股息和红利是投资者投资于上市公司的基本目的,也是投资者的基本经济权利。优先股股东获取的股利一般采用股息形式,而普通股股东的报酬一般采用红利形式。股息指优先股股东依照事先约定的比率定期提取的公司经营收益。股息率通常是固定的。红利则指普通股股东在派发股息之后从公司提取的不定期的收益。普通股的股东获取的利润,完全取决于公司当年的盈利状况,盈利多则多分,盈利少则少分。

分红是股份公司在盈利中每年按股票份额的一定比例支付给投资者的红利,是上市公司对股东的投资回报。分红是将当年的收益,在按规定提取法定公积金、任意公积金等项目后向股东发放,是股东收益的一种方式。普通股可以享受分红,而优先股一般不享受分红。

股东可以以三种形式实现分红权:以上市公司当年利润派发现金,以公司当年利润派发新股,以公司盈余公积金转增股本。

（二）股利的分配方式

股份公司通常在年终结算后,将盈利的一部分作为股息按股额分配给股东。股利的主要发放形式有现金股利、股票股利、财产股利、负债股利和建业股利。

1. 现金股利。现金股利是以现金形式支付给股东的投资报酬。优先股的现金股利,是按优先股的面值乘以预先确定的固定的股息率来发放。普通股的现金股利,是根据股东拥有的股份数额来发放。现金股利是各国普遍采用的一种分配股利的形式。在纽约证券交易所上市的公司,有80%的公司是用现金支付股利。用现金分配股利的好处是能增强和提高股东对公司的信心,从而支持公司股价。发放现金股利的前提条件是公司要有充足的现金。但是,如果现金股利发放太多,则不利于公司资本积累,影响公司的发展后劲。

2. 股票股利。股票股利是指以股票形式向股东派发股利。具体做法是:根据可派发的股利数额与股份总额来确定分配的比例,量力而行。有的1股派发1股,有的2股派发1股,有的5股派发1股。用股票派发股利的好处是:(1)可以减少公司现金支出,有利于生产经营。(2)有利于公司资本积累,肥水不流外人田,资本留在公司,有助于增强公司发展后劲。(3)可使股东获得较多的收益,可从税收和股份上得到好处。一般国家对利润的再投资在税收上是有优惠政策的。

3. 财产股利。财产股利是指股份公司以实物或有价证券的形式向股东发放的股利。股份公司发放财产股利的具体做法多种多样:有的用公司购买和拥有的其他公司的股票和债券来支付股利;有的用产品等实物来支付股利。财产股利分为:

（1）证券股利。证券股利是公司用所持有的其他公司发行的债券、股票等证券资产来向股东支付股利的一种特殊股利支付形式。

（2）实物股利。企业之所以分配股利主要在于企业当年实现了净利润。如果企业当年亏损,只要仍然持有一定的累积未分配利润,也可以在满足一定条件时分配企业以前年度的未分配利润。通常情况下,企业在现金支付能力不足时,所采取的补救措施就是发给股东实物资产甚至企业所生产的产品,从而形成了实物股利的支付方式。

4. 负债股利。负债股利是企业以负债形式所界定的一种延期支付股利的方式。负债股利通常以公司的应付票据支付给股东,不得已情况下也有发行公司债券抵付股利的。

5. 建业股利。建业股利是以公司筹集到的资金作为投资盈利分发给股东的股利。这种情况多发生在经营铁路、港口、水电、机场等业务的股份公司,由于其建设周期长,不可能在短期内开展业务并获得盈利,为了筹集到所需资金,在公司章程中明确规定并获得批准后,公司可以将一部分股本还给股东作为股利。建业股利不同于其他股利,它不是来自公司的盈利,而是对公司未来盈利的预分,实质上是一种负债分配,也是无盈利无股利原则的一个例外。

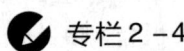

专栏 2-4

股利分配政策

股利分配政策主要有剩余股利政策、固定或持续增长的股利政策、固定股利支付率政策和低正常股利加额外股利政策。

1. 剩余股利政策。剩余股利政策是在公司有着良好投资机会时,根据一定的目标资本结构(最佳资本结构),测算出投资所需的权益资本,先从盈余当中留用,然后将剩余的盈余作为股利予以分配。实行剩余股利政策,意味着公司只将剩余的盈余用于发放股利。这样做的根本目的在于保持理想的资本结构,使加权平均资本成本最低。

2. 固定或持续增长的股利政策。固定或持续增长的股利政策是将每年发放的股利固定在某一固定的水平上并在较长的时期内不变,只有当公司认为未来盈余将会显著地、不可逆转地增长时,才提高年度的股利发放额。

采用这种股利政策的理由在于:①稳定的股利向市场传递着公司正常发展的信息,有利于树立公司良好的形象,增强投资者对公司的信心,稳定股票的价格。②稳定的股利额有利于投资者安排股利收入和支出,特别是那些对股利有着很强依赖性的股东更是如此。③稳定的股利政策考虑到股票市场会受到多种因素的影响,其中包括股东的心理状态和其他要求,因此为了将股利维持在稳定的水平上,即使推迟某些投资方案或者暂时偏离目标资本结构,也可能要比降低股利或降低股利增长率更为有利。该股利政策的缺点在于股利的支付与盈余相脱节,当盈余较低时仍要支付固定的股利,这可能导致资金短缺,财务状况恶化;同时不能像剩余股利政策那样保持较低的资金成本。

3. 固定股利支付率政策。固定股利支付率政策是公司确定一个股利占盈余的比率,长期按此比率支付股利的政策。这一股利政策下,各年股利额随公司经营的好坏而上下波动,获得较多盈余的年份股利额高;获得盈余少的年份股利额低。主张实行固定股利支付率政策的人认为,这样做能使股利与公司盈余紧密地配合,以体现多盈多分、少盈少分、无盈不分的原则。但是,这种政策下各年的股利变动较大,极易造成公司经营不稳定的感觉,对于稳定股票价格不利。

4. 低正常股利加额外股利政策。低正常股利加额外股利政策是公司一般情况下每年只支付固定的、数额较低的股利;在盈余较多的年份,再根据实际情况向股东发放额外股利。但额外股利并不固定化,因此并不意味着公司永久地提高了规定的股利率。采用这种政策的理由在于:①这种股利政策使公司具有较大的灵活性。②这种股利政策可使那些依靠股利度日的股东每年至少可以得到虽然较低、但比较稳定的股利收入,从而吸引这部分股东。

以上各种股利政策各有所长,公司在分配股利时应借鉴其基本决策思想,制定适合自己具体实际情况的股利政策。

三、股票的除权除息及其价格的计算

（一）股票除权与除息的含义

股票的除权除息是由于公司股本增加或因派发现金而形成现金流出，每股股票所代表的企业实际价值，即每股净资产有所减少，需要在发生该事实之后从股票市场价格中剔除这部分因素，而形成的剔除行为。

上市公司以股票股利分配给股东，即是将公司的盈余转为增资时；或进行配股（指上市公司根据公司发展需要，向原股东进一步按照配股价格发行新股筹集资金）或公积金无偿转增股份时，就要对股价进行除权（Exclude Rights，XR）。

上市公司将盈余以现金形式分配给股东时，股价就要除息（Exclude Dividend，XD）。除权除息日购入该公司股票的股东则不可以享有本次分红派息或配股。

其中，送红股与转增股本是最容易混淆，但却有着本质区别的两个概念。

简单地说，送红股与转增股本两者都属于上市公司增资扩股的范畴，而且两者都不改变股票面值，但是都会增大上市公司的总股本。但两者的实质性含义大不相同：送红股属于"分红"的范畴，是动用上市公司当期盈利或未分配利润对股东进行的分红，在会计处理上表现为当期盈余或未分配利润的减少。公积金转增股本则不属于"分红"，它只是单纯的增资扩股，在会计处理上表现为资本公积金或盈余公积金减少，而不是动用当期盈余或未分配利润。

（二）股票的除权除息价格的计算

股票的除权除息价格的计算分为下列五种情况。

1. 送股（含转增）时的除权报价，计算公式为：

$$除权价格 = （除权日前一天收盘价）\div（1+送股率） \tag{2-1}$$

例如，某股票股权登记日的收盘价是 24.75 元，每 10 股送 3 股，即每股送红股数为 0.3，则次日股价为：$24.75 \div (1+0.3) = 19.04$（元）。

2. 有偿配股时的除权报价，计算公式为：

(1) $$除权价格 = （除权日前一天收盘价 + 配股价 \times 配股率）\div（1+配股率） \tag{2-2}$$

例如，某股票股权登记日的收盘价为 18.00 元，10 股配 3 股，即每股配股数为 0.3，配股价为每股 6.00 元，则次日股价为：$(18.00 + 6.00 \times 0.3) \div (1+0.3) = 15.23$（元）。

另一种计算公式为：

(2) $$配股除权价 = （股权登记日收盘价 \times 原总股本 + 本次配股价 \times 配股股本）/（原总股本 + 配股股本） \tag{2-3}$$

这个计算公式表示，参加配股的只是部分股东，部分股东放弃或股东放弃部分配股权。

3. 除息时的除息报价，计算公式为：

$$除息价 = 股息登记日的收盘价 - 每股所分红利现金额 \tag{2-4}$$

例如，某股票股息登记日的收盘价是 4.17 元，每股送红利现金 0.03 元，则其次日股价为：$4.17 - 0.03 = 4.14$（元）。

4. 送股与配股同时进行的除权报价，计算公式为：

$$除权价 = 除权日前一天收盘价 = 配股价 \times 配股率 \div（1+送股率+配股率） \tag{2-5}$$

5. 除息与配股、送股同时进行的除权除息报价，计算公式为：

当日除权除息报价 =（前一日收盘价 − 股息金额 + 配股价 × 配股率）÷（1 + 配股率 + 送股率）

$$(2-6)$$

例如，某股票股权登记日的收盘价为 20.35 元，每 10 股派发现金红利 4.00 元，送 1 股，配 2 股，配股价为 5.50 元/股，即每股分红 0.4 元，送 0.1 股，配 0.2 股，则次日除权除息价为：（20.35 − 0.4 + 5.50 × 0.2）÷（1 + 0.1 + 0.2）= 16.19（元）。

（三）除权与除息的相关术语

1. 含权股票。当一家上市公司宣布送股或配股时，在红股尚未分配，配股尚未配股之前，该股票被称为含权股票。

2. 股权登记日。上市公司在送股、派息或配股或召开股东大会的时候，需要定出某一天，界定哪些主体可以参加分红、参与配股或具有投票权利，定出的这一天就是股权登记日。即在股权登记日这一天仍持有或买进该公司的股票的投资者是可以享有此次分红或参与此次配股或参加此次股东大会的股东，这部分股东名册由证券登记公司统计在案，届时将所应送的红股、现金红利或者配股权划到这部分股东的账户上。

3. 除权除息日。股权登记日后的第一天就是除权日或除息日，这一天或以后购入该公司股票的股东，不再享有该公司此次分红配股。除权日转增或者配送股以后，市场可流通总股数增加，那么原来的市场价格必须进行除权。否则对后来买入股票的人就不公平：一样的总市值，股数增加了，价格却没有下降。在除息日，股票份额净值按照分红比例进行除权。

4. 填权与贴权。除权日的开盘价不一定等于除权价，除权价只是除权日开盘价的一个参考价格。当实际开盘价高于这一理论价格时，就称为填权，在册股东即可获利；反之，实际开盘价低于这一理论价格时，就称为贴权。填权和贴权是股票除权后的两种可能，它与整个市场的状况、上市公司的经营情况、送配的比例等多种因素有关，并没有确定的规律可循，但一般而言，上市公司股票通过送配以后除权，其单位价格下降，流动性进一步加强，上升的空间也相对增加。但这并不允许上市公司任意送配，它也要根据企业自身的经营情况和国家有关法规来规范自己的行为。

四、股票的价值

股票价值按照度量标准的不同，可以有不同的表现形式，主要包括票面价值、账面价值、清算价值、市场价值和内在价值。

（一）票面价值

票面价值也称面值，是股票票面上所载明的股票的价值，是核定股票所代表的资产占总资产的比例大小及核算股票溢价和折价发行的依据。票面价值与股票发行总额的乘积就是公司的最低资本额。一般情况下，股票面值高，股票市场价格也相应高。但在许多情况下，面值可以和股票市场价格毫无关系，这是由股票市场变化无常的特点决定的。正因为如此，便有了无面额股票的产生。

（二）账面价值

股票的账面价值又称股票净值或每股净资产，是每股股票所代表的实际资产的价值。每股账面价值是以公司净资产除以发行在外的普通股股票的股数来获得。股票的账面价值反映股东对于公司所有权的价值,故又将其称为股东权益。从这一认识出发,股票账面价值较高的公司,股份公司的账面价值越高,则股东实际拥有的资产就越多,股东享有的权益也就较高。账面价值是股票投资者评估和分析上市公司实力的重要依据之一。

股票账面价值的计算公式为:

$$每股净资产 = (股东权益总额 - 优先股权益)/发行在外的普通股股数 \quad (2-7)$$

股票发行公司的资产总额减去负债总额的差值,再减去优先股价值,即为普通股价值。普通股价值与发行在外的普通股总数之比,即为账面价值,其含义为无论哪种性质的公司的公积金、提留的盈余或累积下来的盈余,只要未以股利的形式分配出去,其所有权仍属于股东。

(三) 清算价值

股票清算价值是指公司因故终止(如破产或倒闭),需要清算公司财产时公司每股股票所代表的实际价值。从理论上讲,股票的每股清算价格应与股票的账面价值相一致,但企业在破产清算时,其财产价值是以实际的销售价格来计算的,而在进行财产处置时,其售价一般都会低于实际价值,所以股票的清算价格就会与股票的净值不一致。股票的清算价格只是在股份公司因破产或其他原因丧失法人资格而进行清算时才被作为确定股票价格的依据,在股票的发行和流通过程中没有意义。

(四) 市场价值

市场价值是指股票在市场上买卖时所具有的价值。影响市场价值的因素很多,一般包括市场供求关系、股利分配以及人们对公司未来收益的预期等。市场价值可以和账面价值、票面价值、清算价值没有任何关系。特别是当股市上股票的供求关系起主要作用时,股票的价格则取决于供求双方的均衡。

(五) 内在价值

股票的内在价值是指股票未来现金流入的现值,它是股票的真实价值,也叫理论价值。股票的未来现金流入包括两部分:每股预期股利和股票出售时得到的收入。股票的内在价值是最具客观性的价值,它是股票未来的收益用市场收益率折算的现值。

【本章小结】

股票是一种有价证券,它是股份有限公司公开发行的、用于证明投资者的股东身份和权利,并据以获得股息和红利的凭证。股票具有不可偿还性、参与性、收益性、流通性。按照不同的标准,股票可以有不同的分类。

普通股是指在公司的经营管理和盈利及财产的分配上享有普通权利的股份,它构成公司资本的基础。普通股具有参与管理权、收益分配权、剩余资产分配权、新股优先认购权。优先股是相对于普通股而言的,是股份公司发行的在利润分红和剩余财产分配时比普通股股票具有优先权的股票。优先股具有股息率固定、股息和剩余资产分配优先、可由公司赎回、表决权受到严格限制等特点。优先股可分为累积优先股和非累积优先股股票、参与分配优先股和不参与分配优先股、可转换优先股和不可转换优先股、可赎回优先股和不可赎回优先股、股息可调换优先股和股息不可调换优先股。

股利是公司盈利的一部分，公司获得利润后就可对股东分配股利。各国均对公司股利分配有着统一规定。股利由股息和红利两部分构成，股利的主要发放形式有现金股利、股票股利、财产股利、负债股利和建业股利。

上市公司以股票股利形式分配给股东，即公司的盈余转为增资时，或进行配股时，就要对股价进行除权。上市公司将盈余以现金形式分配给股东时，股价就要除息。股票的除权除息价格的计算分为五种情况。

股票价值按照度量标准的不同，可以有不同的表现形式，主要包括票面价值、账面价值、清算价值、市场价值和内在价值。

【关键词】

股票　普通股　优先股　股票内在价值

【重要概念】

权益性证券　转换优先股　累积优先股　参与优先股　现金股利　股票股利　财产股利　除权　除息　股票账面价值　股票清算价值

【思考题】

1. 股票的特征及其种类有哪些？
2. 我国股票的种类有哪些？
3. 普通股与优先股融资的差异有哪些？
4. 举例说明股份公司收益的分配顺序。

【计算题】

1. 2020年某公司以2019年年末公司总股本为基数，按每10股转增10股的比例用资本公积金转增股本，该股票股权登记日的收盘价为16.30元，请计算该股票次日除权除息价格。

2. 2020年某公司推出分红方案为10送5，转2，配3，配股价为5.00元/股，每10股派发现金红利2.00元，该股票股权登记日的收盘价为11.20元，请计算该股票次日除权除息价格。若股权登记日为2020年4月3日（4月3日、4日、5日为清明节假期），请问除权基准日为哪一日？

第三章
债　　券

根据我国债券市场规模结构的变化和主要券种的发行情况，我国债券市场的发展可以划分为如下几个阶段。

传统阶段（1950—1958年）：新中国成立初期，为了恢复经济及支持建设，我国发行过"人民胜利折实公债"和"国家经济建设公债"，1958年后发行被终止。

空白阶段（1958—1980年）：此阶段无债券发行。

萌芽阶段（1981—1987年）：改革开放后，1981年，财政部正式发行国债，初期主要采取行政摊派方式。20世纪80年代初，一些企业自发向社会或内部集资，类似债权融资，形成信用债的雏形。1985年，银行和非银行金融机构开始发行金融债券。

起步阶段（1987—1993年）：1987年，《企业债券管理暂行条例》颁布，企业债开始发展。1988年，我国尝试通过商业银行和邮政储蓄的柜台销售方式发行实物国债；同年，财政部批准在全国61个城市进行国债流通转让试点，场外交易市场初步形成；1990年12月，上海证券交易所成立，国债开始在交易所交易，形成场内交易市场；1993年，由于企业债扩张带来一些潜在的金融风险，《企业债券管理条例》发布，企业债发行受限，进入规范发展阶段。

完善阶段（1994—2004年）：1994年4月，国家开发银行第一次发行政策性银行债；1995年，国债招标发行试点成功，国债发行利率开始实行市场化，这标志着我国债券发行的市场化正式开始；1996年，政府决定选择有条件的公司进行可转换债券的试点，可转债市场开始发展；1997年6月，中国人民银行发文通知商业银行全部退出上海和深圳证券交易所的债券市场，将其所持有的国债、融资券和政策性金融债统一托管于中央国债登记结算公司，并进行债券回购和现券买卖，全国银行间债券市场启动；2002年，在吸取中央银行融资券成功经验的基础上，人民银行推出了央行票据，央票成为货币政策的重要工具之一；2004年，兴业银行首次发行金融次级债，为商业银行补充附属资本增加了渠道。

扩张阶段（2005年至今）：2005年4月，《信贷资产证券化试点管理办法》颁布，标志着资产证券化正式进入中国的资本市场；同年5月，短期融资券试水，并且在发审上实行注册制，这为企业债的市场化发行奠定了基础，也是信用债市场开始加速的起点；2007年10月，第一只公司债在交易所市场面世；2008年4月，中期票据问世，实行注册制，在期限上丰富了企业债券品种；2009年4月，由财政部代发的第一只地方政府债券问世，填补了我国地方债的空白；同年11月，我国第一只中小非金融企业集合票据成功发行，进一步完善了企业债品种；2010年，交易商协会发布《银行间债券市场非金融企业超短期融资券业务规程

（试行）》，超短期融资债券推出；2011年至2012年，由于金融危机而暂停的各资产证券化试点陆续重启；2015年1月，《公司债券发行与交易管理办法》发布，公司债发行主体由上市公司扩大至所有公司制法人（地方融资平台除外），公司债发行实现了爆发式增长。

从1981年恢复国债发行以来，历经改革开放四十余年发展，我国债券市场的规模逐渐增大。中国人民银行数据显示，截至2020年8月末，中国债券市场存量规模达112万亿元人民币。2020年12月末，我国债券市场存量为116.72万亿元人民币。2021年，我国债券市场共发行各类债券规模达61.9万亿元，较2020年增长8%，中国已成为仅次于美国的全球第二大债券市场。同时，从单一市场到场内场外多层次市场，债券品种不断丰富和扩大，债券市场体系正不断完善。

通过本章学习，你将了解和掌握以下知识：
- 债券的基本要素及其特点；
- 债券的分类；
- 国际债券和欧洲债券；
- 债券的价格与收益率。

债券和股票一样，是证券市场基本的融资、投资工具。债券是发行人依照法定程序发行并约定在一定期限内还本付息的有价证券，是政府、金融机构和企业等为筹措资金依法向投资人发行，承诺按一定利率定期支付利息并到期偿还本金的债权债务凭证。债券反映投资人与发行人（筹资人）之间的债权债务关系，其中，投资人是资金的借出主体，即债权人；发行人是资金的借入主体，即债务人。

第一节 债券及其种类

由于债券利息通常是事先确定的，所以债券又称为固定收益证券。

一、债券的性质及特征

（一）债券的基本要素

> 债券（Bond）是一种有价证券，是社会经济主体为筹措资金而向投资者出具的、并且承诺按一定利率支付利息和到期偿还本金的债权债务凭证。

作为一种标准化、规格化的借款契约，债券通常包括以下几个基本要素。

1. 债券票面价值。债券票面价值包括两方面内容：一是债券的票面币种，即以何种货币作为债券面值的计量单位。币种选择主要依据发行对象和实际需要确定。一般而言，若发行对象是国内经济主体，则选择本国货币作为债券面值的计量单位；若向国外发行，则选择债券发行地国家的货币或国际通用货币（如美元）作为计量单位。二是债券的票面金额。票面金额的大小，对于债券发行成本、发行和持有者的分布具有不同影响。票面金额小，有利于小额投资者购买，但发行成本高，工作量大；票面金额大，有利于减少发行费用，减轻工作量，但可能减少发行量。因此，债券面值的确定要根据债券的发行对象、市场资金供给情况及发行费用等因素综合考虑。

2. 债券的市场价格。债券面值是债券价格形成的主要依据。一般而言，债券发行价格与债券面值是一致的，即平价发行。但在实践中，由于种种原因，也可能高于或低于面值，即溢价发行或折价发行。债券一旦进入交易市场，其价格则常常与其面值是不一致的，波动较大。

3. 债券的利率。债券的利率即债券投资者每年获得的利息与债券面值的比率。债券利率的高低，主要受银行利率、发行者资信等级、偿还期限、利率计算方式和资本市场资金供求关系等因素的影响。

4. 债券的偿还期限。债券的偿还期限即从债券发行之日起到本息偿清之日止的时间。偿还期限的确定，主要受发行者未来一定时期内可调配的资金规模、投资者的投资意向、心理状态和行为偏好等因素的影响。债券的偿还期限，一般分为短期、中期、长期，期限的具体划分，各国有所不同。一般而言，1年以内为短期，10年以下为中期，10年以上为长期。

除了以上4个最基本的要素外，还包括其他要素，如发行主体名称、发行时间、债券类别、批准单位及批准文号，以及债券提前归还本金的条件、可转换债券的条件、购买债券的优惠条件等，不一定在实际债券的票面上反映，而通过发行公告等形式公布于众。

（二）债券的性质

就债券的本质属性而言，具有以下性质。

1. 债券是一种反映借贷关系的契约凭证。债券的发行者与投资者，二者之间是一种借贷性质的关系，即债务人必须按规定偿还本息，所获得资金只是一种暂时让渡的使用权。债权人到期向债务人索取本息，他所转让的只是使用权而非所有权。

2. 债券是一种固定收益凭证。债券利息率事先固定，因而债权人风险小，收益稳定。

3. 债券是一种规定偿还期限的凭证。因为债权人不参与企业的经营管理，不参与红利分配，没有转让所有权，因此，债券一般是让渡资金使用权的期限，到期时债务人必须偿还。

（三）债券的特征

1. 偿还性。债券必须规定到期期限，债务人必须定期向债权人支付利息并到期偿还本金。从发行日到偿还日为债券的期限。一般而言，债券发行人在发行债券时，都明确规定了债券本金的偿还期限和偿还方法。在符合规定要求的条件下，债权人有权要求债券发行人偿还债券本金，债券发行人不得任意拖延，也不得违背债权人的利益随时偿还。

2. 流通性。债券有规定的偿还期限，到期前不得兑付。但是，债券持有人在债券到期前需要现金时，可以在证券交易市场转让变现，也可以到银行等金融机构以债券为抵押获得抵押贷款，因此，债券具有及时转换为货币的能力，即流通性。此外，债券转让只是在投资者之间的辗转流通，并不影响筹资者所筹资金的长期稳定性。

3. 安全性。债券相对于股票而言，安全性较高。债券通常规定有固定的利率，债券的本金偿还和利息的支付有法律保障，与企业的绩效没有直接的联系，许多公司债券还有担保。此外，在企业破产时，债券持有者享有优先于股票持有者对企业剩余资产的优先索取权。安全性是相对的，投资的风险是绝对的。债券投资的风险主要体现在三个方面：一是信用风险，即债务人到期不能还本付息的风险；二是市场利率波动风险，即因市场利率上升而导致债券价格下跌所遭受损失的风险；三是通货膨胀的风险。

4. 收益性。债券持有者可以按规定的利息率定期获得收益，并有可能因市场利率下降等因素债券价格上升而获得债券升值收益。债券的这种收益是债券的时间价值与风险价值的反映，是对债权人暂时让渡资金使用权和承担投资风险的补偿。

债券的上述特征是债券投资所具有的优点，但这些优点不可能同时体现于一种债券上。一般而言，债券的风险性、收益性、流动性之间具有补偿关系。如果风险性小、流动性强，收益率则较低；反之，如果风险性大、流动性差，收益率则相对较高。

二、债券与股票的区别

债券与股票相比，二者既有联系又有区别。债券和股票都是有价证券，是资本证券的两大种类；都是虚拟资本，即经济运行中实际运用的真实资本的证书；投资者持有股票和债券都有权获得一定的收入；都具有流通性；都是筹资手段和投资工具。但二者也有着明显的区别。

1. 反映的关系不同。债券是发行人与投资者之间借贷关系的反映，是一种债务债权关系；而股票则是持有者与公司之间的一种所有权关系的反映，持有者是公司股东，股票是一种所有权证书。

2. 发行主体不同。债券的发行主体可以是政府、金融机构、公司；而股票发行主体只能是股份有限公司。

3. 所筹资金的性质不同。发行债券所筹资金列入公司负债；而发行股票所筹资金则列入所有者权益。

4. 持有人的权利不同。债券投资者不能参与发行单位的经营管理活动，只能到期要求发行者偿还本息；股票持有人作为股东，有权参与公司的经营管理和利润分配，但不能从公司抽回本金。

5. 两者的期限不同。债券一般而言是一种有期限的投资，有到期日；股票是一种无限期投资，投资者一旦购买了股票，就不能从公司抽回资金，只能在证券交易市场上通过转让给其他投资人来实现变现。

6. 风险和收益不同。债券利息固定，风险小；股票的股息红利随公司盈利变动而变动，风险较大。破产清算时，债权人有优先于股东获得财产补偿的权利。

7. 利息或股息的支付性质不同。债券利息是公司的成本费用支出，计入公司成本；而股票的股息红利则是公司利润的一部分。

三、债券的种类

（一）政府债券、公司债券和金融债券

按发行主体不同，可将债券分为政府债券、公司债券和金融债券。

1. 政府债券。由政府发行的债券称为政府债券。它的利息享受免税待遇，其中由中央政府发行的债券也称国债或公债，其发行债券的目的都是弥补财政赤字或投资于大型建设项目；而由各级地方政府机构，如市、县、镇等发行的债券就称为地方政府债券，其发行目的主要是为地方建设筹集资金，因此都是一些期限较长的债券。在政府债券中还有一类债券被称为政府保证债券，它主要是为一些市政项目及公共设施的建设筹集资金，由一些与政府有直接关系的企业、公司或金融机构发行，这些债券的发行均由政府担保，但不享受中央和地

方政府债券的利息免税待遇。

2. 公司债券。公司债券是由非金融性质的企业发行的债券，其发行目的是筹集长期建设资金。所筹资金一般都有特定用途。按有关规定，企业要发行债券必须先参加信用评级，级别达到一定标准才可以发行。因为企业的资信水平不如金融机构和政府的资信水平高，所以公司债券的风险相对较大，因而其利率一般也较高。

3. 金融债券。由银行或其他金融机构发行的债券，称为金融债券。金融债券发行的目的一般是为了筹集长期资金，其利率也一般要高于同期银行存款利率，而且持券者需要资金时可以随时转让。

（二）短期债券、中期债券、长期债券

按期限长短，可将债券分为短期债券、中期债券、长期债券，但各国划分标准不尽相同，一般而言，偿还期限在10年以上的为长期债券；偿还期限在1年以下的为短期债券；偿还期限在1年或1年以上、10年以下（包括10年）的为中期债券。我国国债的期限划分与上述标准相同。但我国企业债券的期限划分与上述标准有所不同。我国短期企业债券的偿还期限在1年以内，偿还期限在1年以上5年以下的为中期企业债券，偿还期限在5年以上的为长期企业债券。

> **专栏 3-1**
>
> **永久债券**（Perpetual Bonds）
>
> 永久债券也称无期债券，指的是不规定到期期限，债权人也不能要求清偿但可按期取得利息的一种债券。永久债券的利息一般高于浮动利息，债券的发行人一般多为商业银行，其发行目的是扩充银行的自有资金实力。
>
> 永久债券与股票的性质相近，可以获得长期投资资本，但持有者购买的不是股票，因此不能参与企业的经营管理和利润分配，仍属于一种间接投资。从债务偿还地位来讲，当永久债券发行人发生债务危机时，一般债务偿还在先，永久债券偿还在后。
>
> 永久债券的持有者除因发现公司破产或有重大财务事件外，一般不能要求公司偿还，而只能定期地获得利息收入。实际上这种债券已失去了一般公司债的性质，并且具有股票的特征，因而有人认为这是一种最彻底的公司债。在美国有一种期限为数十年甚至百年以上的公司债，也可以认为是一种变相的永久公司债。
>
> 2019年1月25日，中国银行在银行间债券市场成功发行400亿元无固定期限资本债券，成为我国商业银行首单永久债券。

（三）附息票债券和贴现债券

按利息支付方式，债券可分为附息票债券和贴现债券。

1. 附息票债券。附息票债券是指债券上附有各期领取利息凭证的债券，息票上标明利息额、支付利息的期限和债券号码等内容。息票到期时，从债券上剪下来凭此领取本期利息。附息债券一般限于中长期债券。

2. 贴现债券。贴现债券，也称无息票债券，券面上不附息票，发行时不规定利率，按规定的折扣率（贴水率）以低于券面价格发行，到期按券面价格偿还的一种债券，债券票面金额与发行价格的差额即为投资者的利息。实质上，这是一种以利息预付方式发行的债券，也称为贴息债券。

（四）公募债券和私募债券

按募集方式，可将债券分为公募债券和私募债券。

1. 公募债券。公募债券是指向社会公开销售的债券。这种债券不向少数特定的投资者发行，而是向社会中所有可能的投资者发行。因此，发行主体必须遵守信息公开制度。一般发行时要经有关部门审批，并需经公认的资信评估机构评级。

2. 私募债券。私募债券是指仅向发行单位内部或与发行单位有特定关系的投资人发行的债券。因而这种债券发行范围小，不需要公开申报，债券转让也受到限制，流动性差，但利率一般要高于公募债券。私募债券的投资者大多为金融机构。

（五）信用债券、抵押债券和担保债券

按有无抵押，可将债券分为信用债券、抵押债券和担保债券。

1. 信用债券。信用债券是指仅凭债券发行人的信用而发行的，既没有抵押品作担保，也没有担保人的债券。一般政府债券和金融机构债券属于信用债券。

2. 抵押债券。抵押债券指以发行者的不动产和有关证券作为抵押而发行的债券。它包括两种：一是以不动产（土地、房屋、机器设备等）为抵押发行的债券。当发行人不能履行还本付息义务时，债权人有权变卖抵押品抵付。另一种是以有价证券作为抵押品而发行的债券。通常，作为抵押的证券交给作为受托人的信托机构，当发行人不能到期清偿时，由受托人处理抵押证券，代为清偿。

3. 担保债券。担保债券是指由一定保证人作担保而发行的债券。当发行者没有足够的资金偿还债券时，债权人可要求保证人偿还。保证人应是符合《中华人民共和国担保法》的企业法人。

（六）记名债券和不记名债券

按债券是否记名，可将债券分为记名债券和不记名债券。

1. 记名债券。记名债券指的是在券面上标明债权人姓名，同时在发行单位的名册上登记的债券。这种债券在领取本息时，除需凭债券本身外，还需凭持有人印鉴，转让时要重新登记，故流通性差，但安全性高。

2. 不记名债券。不记名债券指的是券面上不标明债权人姓名，发行单位名册上也不登记其姓名的债券。这种债券可凭债券本身或息票领取利息，转让时无须重新登记，故流通性强，但安全性差。

（七）浮动利率债券和固定利率债券

按利率变动情况，可将债券分为浮动利率债券和固定利率债券。

1. 浮动利率债券。浮动利率债券是指发行人在发行债券时，规定债券的利息率将随着金融市场利率的变化而浮动的债券。这类债券最主要的特征就是利率计算要根据事前确定的时间间隔（一般为3个月或半年），按发行前选定的某一利率进行调整。发行这种债券的目的

是针对市场利率上升和物价上涨的环境以增强对投资者的吸引力。因为在利率上升,通货膨胀存在时,人们购买固定利率债券则带来风险损失。但这种债券由于利率变化而计息烦琐,负担大,因而通常采用一些变通办法,如限定利率变动幅度,只有当利率变动达到或超过这一幅度时才作调整。浮动利率债券一般为中长期债券,短期债券的利率无浮动的必要。

2. 固定利率债券。固定利率债券是指债券利率在偿还期限内不发生变化的债券。由于其利率水平不能变动,在偿还期限内,通货膨胀较高时,会有市场利率上升的风险。

（八）国内债券和国际债券

按发行的区域,债券可分为国内债券和国际债券。

1. 国内债券。国内债券,就是由本国的发行主体以本国货币为单位在国内金融市场上发行的债券。

2. 国际债券。国际债券则是本国的发行主体到别国或国际金融组织等以外国货币为单位在国际金融市场上发行的债券。如我国的一些公司在日本或美国发行的债券都可称为国际债券。由于国际债券属于国家的对外负债,所以本国的企业如到国外发行债券事先需征得政府主管部门的同意。

（九）可转换债券与不可转换债券

按是否可转换,债券可分为可转换债券与不可转换债券。

可转换债券是能按约定的条件转换为其他金融工具的债券；而不可转换债券就是不能转换为其他金融工具的债券。

关于可转换债券的内容将在第五章中详述。

此外,还可按收益方式,将债券分为分红公司债券、参加公司债券、免税债券、附新股认购权债券等,这些大都是在近几十年根据市场变化情况推出的债券创新品种。

> **专栏 3-2**
> **中国的债券市场**
>
> 从交易视角划分,中国债券市场可分为场外市场和场内市场,其中场外市场主要指银行间债券市场和商业银行柜台市场（自贸区债券市场也包括在内）；场内交易市场指交易所债券市场。
>
> 银行间债券市场的参与主体大多是金融机构,如保险公司、商业银行、基金公司等,个人投资者无法参与,但个人投资者可通过投资债券型基金、货币市场基金等方式间接参与这个市场。大多数债券是在银行间市场交易的,银行间债券市场的交易量占中国债券市场总交易量的90%。在银行间债券市场交易的债券品种有记账式国债、央行票据、政策性金融债券、企业短期融资券、企业债券和中期票据等。其中,央行票据、政策性金融债券、企业短期融资券、中期票据只在银行间债券市场交易,它们的总量占中国债券总量的60%以上。
>
> 交易所市场指上海和深圳证券交易所,个人投资者可直接参与,可以像买卖股票一样买卖债券。在交易所交易的债券主要有记账式国债、公司债券、部分企业债券、可分离交易债券的纯债和可转换债券。其中,公司债券、可分离交易债券的纯债和可转换债券只在交易所交易。

第二节 政府债券

一、政府债券的定义和特征

政府债券，是指国家、政府机关和地方政府所发行债券的统称，是指政府为筹措财政资金，以政府的信用为基础，向投资者发行的、承诺在一定时期支付利息和到期偿还本金的债权债务凭证。因发行主体不同，具体可分为中央政府债券（国债）和地方政府债券两种。政府债券与其他有价证券相比，具有以下显著特征。

1. 安全性高。政府债券是由政府发行的债券，由政府承担还本付息的责任，是国家信用的体现。因为政府债券有着稳定的税收来源，并且以国家的信誉作保证，故风险小，安全性高。在各类债券中，政府债券的信用等级是最高的，通常被称为"金边债券"。

2. 纳税优惠。政府债券是政府自己的债券，为了鼓励人们投资政府债券，大多数国家规定，对于购买政府债券所获得的收益，可以享受优惠的税收待遇，甚至免税。在我国买卖国债不纳税。因此，在政府债券与其他证券名义收益率相等的情况下，如果考虑税收因素，持有政府债券的投资者可以获得更多的实际投资收益。

3. 流通性强。政府债券是一国政府的债券，其发行量一般都非常大。同时，由于政府债券的信用好，安全性高，且享有税收优惠，因而深受投资者欢迎。许多国家政府债券的二级市场十分发达，一般不仅允许在证券交易所上市交易，还允许在场外市场进行买卖，政府债券持有者如需资金，很容易迅速变现。

4. 收益稳定。投资者购买政府债券可以得到一定的利息。政府债券利息的支付由政府保证，对于投资者而言，其信用度最高，风险最小，投资政府债券的收益比较稳定，是有国家财政收入作保障的。此外，因政府债券的本息大多数固定且有保障，所以交易价格一般不会出现大的波动，二级市场的交易双方均能得到相对稳定的收益。

二、国债及其种类

（一）定期国债和不定期国债

按偿还期限不同，国债可分为定期国债和不定期国债。

1. 定期国债。定期国债是指国家发行的严格规定还本付息期限的国债。定期国债按还债期限长短又可分为短期国债、中期国债和长期国债。

短期国债通常是指偿还期限在 1 年以内的国债，主要是为了调剂国库资金周转的临时性余缺，并具有较大的流动性。

中期国债指偿还期限在 1 年以上、10 年以下的国债（包含 1 年但不含 10 年），因其偿还时间较长而可以使国家对债务资金的使用相对稳定。

长期国债是指偿还期限在 10 年以上的国债（含 10 年），可以使政府在更长时期内支配财力，但持有者的收益将受到币值和物价的影响。

2. 不定期国债。不定期国债是指国家发行的不规定还本付息期限的国债。这类国债的持有人可按期获得利息，但没有要求清偿债务的权利。如英国曾发行的永久性国债即属此类。

（二）国家内债和国家外债

按发行地域不同，国债可分为国家内债和国家外债。

国家内债是指在国内发行的国债，其债权人多为本国公民、法人或其他组织，还本付息均以本国货币支付。

国家外债是指国家在国外举借的债，包括在国际市场上发行的国债和向外国政府、国际组织及其他非政府性组织的借款等。国家外债可经双方约定，以债权国、债务国或第三国货币筹集并还本付息。

（三）自由国债和强制国债

按发行性质不同，国债可分为自由国债和强制国债。

自由国债又称任意国债，是指由国家发行的由公民、法人或其他组织自愿认购的国债。它是当代各国发行国债普遍采用的形式，易于为购买者接受。

强制国债是国家凭借其政治权力，按照规定的标准，强制公民、法人或其他组织购买的国债。这类国债一般是在战争时期或财政经济出现异常困难或为推行特定的政策、实现特定目标时发行。

（四）赤字国债、建设国债和特种国债

按使用用途不同，国债可分为赤字国债、建设国债和特种国债。

赤字国债是指用于弥补财政赤字的国债。在实行复式预算制度的国家，纳入经常预算的国债属赤字国债。

建设国债是指用于增加国家对经济领域投资的国债。在实行复式预算制度的国家，纳入资本（投资）预算的国债属于建设国债。

特种国债是指为实施某种特殊政策在特定范围内或为特定用途而发行的国债。如财政部于1998年8月向四大国有独资商业银行发行了2 700亿元长期特别国债，所筹集的资金全部用于补充国有独资商业银行资本金。

（五）上市国债和不上市国债

按是否可以流通，国债可分为上市国债和不上市国债。

上市国债也称可出售国债，是指可在证券交易场所自由买卖的国债。

不上市国债也称不可出售国债，是指不能自由买卖的国债。这类国债一般期限较长，利率较高，多采取记名方式发行。

专栏3-3
中央银行票据

除了国债外，中央银行出于调控货币供给量的目的还可以发行某些特殊债券，如中央银行票据。中央银行票据简称央票，是一种特殊的金融债券，是中央银行为调节基础货币而直接面向公开市场业务一级交易商发行的短期债券，期限为3个月至3年。央票是重要的公开市场业务操作工具，主要用于对冲金融体系中过多的流动性。中国人民银行从2003年起开始发行中央银行票据。

三、我国的国债

（一）我国的国债分类

从债券形式来看，我国发行的国债可分为凭证式国债、无记名（实物）国债、储蓄国债和记账式国债四种。

1. 凭证式国债。凭证式国债是指国家采取不印刷实物券，而用填制"国库券收款凭证"的方式发行的国债。凭证式国债可记名、挂失，以"凭证式国债收款凭证"记录债权，不能上市流通，从购买之日起计息。在持有期内，持券人如遇特殊情况需要提取现金，可以到购买网点提前兑取。提前兑取时，除偿还本金外，利息按实际持有天数及相应的利率档次计算，经办机构按兑付本金的2‰收取手续费。我国从1994年开始发行凭证式国债。凭证式国债具有类似储蓄又优于储蓄的特点，通常被称为"储蓄式国债"，是以储蓄为目的的个人投资者理想的投资方式。与储蓄相比，凭证式国债的主要特点是安全、方便、收益适中。购买凭证式国债不失为一种既安全又灵活、收益适中的理想的投资方式，是集国债和储蓄的优点于一体的投资品种。凭证式国债可就近到银行各储蓄网点购买。

2. 无记名（实物）国债。无记名国债是一种票面上不记载债权人姓名或单位名称的债券，通常以实物券形式出现，又称实物券或国库券。无记名国债以实物券的形式记录债权，面值不等，不记名，不挂失，可上市流通。发行期内，投资者可直接在销售国债机构的柜台购买。在证券交易所设立账户的投资者，可委托证券公司通过交易系统申购。发行期结束后，实物券持有者可在柜台卖出，也可将实物券交证券交易所托管，再通过交易系统卖出。目前已停止发行无记名国债。无记名式国库券的一般特点是：不记名、不挂失，可以上市流通。其持有的安全性不如凭证式和记账式国库券，但购买手续简便。同时，由于可上市转让，流通性较强。上市转让价格随二级市场的供求状况而定，当市场因素发生变动时，其价格会产生较大波动，因此具有获取较大利润的机会，同时也伴随着一定的风险。一般而言，无记名式国库券更适合金融机构和投资意识较强的购买者。

3. 储蓄国债。储蓄国债（也称电子式国债）是政府面向个人投资者发行、以吸收个人储蓄资金为目的，满足长期储蓄性投资需求的不可流通记名国债品种。电子储蓄国债就是以电子方式记录债权的储蓄国债品种。与传统的储蓄国债相比较，电子储蓄国债的品种更丰富，购买更便捷，利率也更灵活。由于其具有不可交易性，决定了任何时候都不会有资本利得。这一点与现有的凭证式国债相同，主要是鼓励投资者持有至到期。

4. 记账式国债。记账式国债，是指没有实物形态的票券，而是在电脑账户中作记录，所以，记账式国债又称无纸化国债。记账式国债

债券名称	2005年记账式（一期）国债
债券类型	固定利率附息债券，每半年付息一次
发行市场	银行间市场、交易所市场
债券期限	10年
发行规模	300亿元，竞争性招标245亿元，基本承销额55亿元。本期国债不进行追加基本承销额投标。
招标方式	多种价格（混合式）招标方式，标的为利率
招标日期	2005年2月25日
起息日期	2005年2月28日
缴款日期	2005年3月7日
上市日期	2005年3月11日
兑付日期	2015年2月28日
手续费	0.10%

记账式国债示意

由财政部发行,通过证券交易所的交易系统发行和交易,可以记名、挂失、可上市转让。记账式国债具有成本低、收益好、安全性好、流通性强的特点。投资者进行记账式证券买卖,必须在证券交易所设立账户。我国上海证券交易所和深圳证券交易所已为证券投资者建立电脑证券账户,因此,可以利用证券交易所的系统来发行债券。

(二) 我国国债的比较分析

新中国首次发行的国债是1949年发行的"人民胜利折实公债",在其后的一段时间里,实物国债一度是我国国债市场的唯一品种。改革开放后,随着社会主义市场经济的发展,我国采用国际通行做法,逐渐减少发行无记名国债等实物国债。2000年5月,最后一期无记名国债到期兑付,标志着这类国债在中国国债市场上全面退出。

目前,我国国债主要包括凭证式国债、储蓄国债和记账式国债三种类型,各有其特点。具体情况如表3-1所示。

表3-1 中国国债的主要类型

项目	凭证式国债	储蓄国债	记账式国债
债权记录方式	纸质国债收款凭证	电子记账	电子记账
流通性	可记名、挂失,不上市流通,可提前兑取	可记名、挂失,不上市流通,可提前兑取	可上市流通
利息及支付方式	利率高于同期银行存款,免利息税。到期一次还本付息	利率高于同期银行存款,免利息税。既有按年付息品种,又有利随本清品种	上市交易价格由市场决定,可能高于或低于面值
发行场所	商业银行	商业银行	证交所和银行间债券交易市场
发行对象	主要是个人,部分机构也可以购买	仅限于个人,机构不允许购买和持有	个人、机构都可以购买
发行方式	承购包销	包销或代销	公开招标

四、地方政府债券

(一) 地方政府债券的发行主体

地方政府债券是以地方政府为发行主体的地方性债券。地方政府根据所需,在取得中央政府的许可后,可以向国内和国外发行专项债券以筹集资金。地方政府(通过金融机构)发行债券,归地方使用并由地方付息还本。发行这类债券的目的在于进行当地开发、公共设施的建设等。如美国的市政债券、日本的地方债券、英国的地方当局债券。

(二) 地方政府债券的分类

地方政府债券按资金用途和偿还资金来源分类,通常可以分为一般责任债券和收益债券。

1. 一般责任债券。一般责任债券,是指由地方政府发行,以发行者的征税能力作保证的一种政府债券。这种债券的偿还极少拖欠,投资者能收回本金并获得利息。一般责任债券有以下几种。

(1) 有限税款债券。发行者只能以法律中规定的有限征税能力来作为发行债券的保证。有的该种债券甚至被规定只能以财产税收入作为保证。

(2) 无限税款债券。发行者可以用自己充分的征税能力作为发行债券的保证。因此,比较而言，该种债券本利支付比较有保证，安全性高。

（3）特别税赋债券。发行者以向自己所实施项目的受益人征收的税款作为发行债券的保证。如地方政府在某一个地区用发行地方债券的收入修建了一条高速公路，那么任何一个使用该高速公路的人都是该项目的受益人，都得为此缴纳特别受益费，该受益费就成为该债券还本付息的保证。

2. 收益债券。收益债券又称为岁入债券，是由地方有关机构或委员会发行的一种政府债券。这种债券或是为项目融资而发行，或是为企业融资而发行。债券发行者只以经营该项目本身的收益来偿还债务，而不是以地方政府的征税能力作保证。发行这类债券所筹措的资金多用于修建桥梁、道路、医院、大学宿舍、下水道、电厂等。岁入债券由于没有地方政府的征税能力作担保，所以其风险通常要比一般责任债券的风险大。为抵补风险，其息票利率通常也比一般责任债券的息票利率要高。收益债券主要包括以下几种。

（1）工业发展债券。工业发展债券由地方市政当局发行，所筹资金用于建设一些私人投资者所不愿从事的工业项目，然后把它们出租给私人企业，承租企业交付的租金被用于偿还债券持有者的本金和利息。这实际上相当于承租企业以优惠的市政借款利率建设了一个新工厂，从而为承租企业节省了一大笔开支。

（2）污染控制债券。污染控制债券由地方市政当局发行，债券发行收入用于建立污染控制设施，然后把它们出租给私人公司管理，私人公司交纳的租金用于支付债券持有者的本金和利息。

（3）住宅债券。住宅债券由地方政府发行，债券收入用于建造住宅以出租给低收入阶层的居民使用，由此而获得的租金用于偿还债券的本金和利息，如果所获租金不足以还本付息，那么通过该住宅与工业开发部门代为偿还。

（4）医院债券。医院债券由政府等有关机构、市立医院、卫生保健当局及非营利公司发行，债券收入用于建立新的医院或提高现有医院的业务水平。

此外，还有航空公司债券、大专院校债券、资源恢复债券等。

专栏 3-4
我国的地方政府债券

地方政府债券，是地方政府发行的债券，发行债券的资金一般用于地方性公共基础设施的建设。我国地方政府债经历了禁止发行、代发代还、自发代还和自发自还几个阶段。

新中国成立初期，一些地方政府为了筹集资金修路建桥，曾经发行过地方债券，如早在1950年，东北人民政府就发行过东北生产建设折实公债。但1981年恢复国债发行以来，却未发行过地方政府债券。1995年起实施的《中华人民共和国预算法》明确规定，地方政府不得发行地方政府债券。2009年4月，为应对金融危机、刺激经济发展，由财政部代理发行的2 000亿元地方政府债券问世。2011年出台《地方政府自行发债试点办法》，上海、浙江、广东、深圳开展地方政府自行发债试点，由财政部代办还本付息。2013年，又新增了江苏和山东两个自行发债试点。2014年颁布《地方政府债券自发自还试点办法》，经国务院批准，上海、浙江、广东、深圳、江苏、山东、北京、江西、宁夏、青岛10个省市试点地方政府债券自发自还，并引入市场信用评级，意味着地方债券发行朝着市场化道路迈出了实质性步伐。

在总结分析2014年地方政府债券自发自还试点工作经验的基础上，按照新《预算法》和国务院有关规定，2015年3—4月，财政部印发《地方政府一般债券发行管理暂行办法》及《地方政府专项债券发行管理暂行办法》（以下简称《办法》），确定地方政府债券全部由地方政府按照市场化原则自发自还，发行和偿还主体为地方政府。《办法》的出台，对创新和完善地方政府举债融资机制、强化市场约束、控制和化解地方债务风险等具有重要意义。

截至2020年6月30日，我国地方政府债存量为239 696亿元。从地方政府债交易方式来看，以质押式回购为主，地方债可以在银行间市场和交易所交易；从地方政府债的投资者结构来看，商业银行目前是地方政府债最主要的投资者，地方政府往往会以财政存款吸引商业银行来进行配置。

第三节　国际债券

一、国际债券的定义和特征

国际债券指政府、公司、团体或国际机构在本国以外发行的债券，即债券发行人属于一个国家，而发行地点在另一个国家，且债券面额不以发行者所在国的货币计值，而是以外币计值。

发行国际债券的目的在于弥补发行国政府的国际收支逆差、弥补发行国政府的国内预算赤字、筹集大型或特大型工程项目的资金、国际金融组织的筹措活动、增加大型工商企业或跨国公司的经营资本以扩大经营范围等。与国内债券相比，国际债券有以下特征：

1. 资金来源广、发行规模大。发行国际债券是在国际证券市场上筹措资金，发行对象为各国的投资者，因此，资金来源比国内债券来源广泛得多。

2. 存在汇率风险。发行国际债券，筹集到的资金是外国货币，汇率一旦发生波动，发行人和投资者都有可能蒙受意外损失或获取意外收益。因此，国际债券很重要的一部分风险是汇率风险。

3. 有国家主权保障。在国际债券市场上筹集资金，有时可以得到一个主权国家政府最终付款的承诺保证，若得到这样的承诺保证，各个国际债券市场都愿意向该主权国家开放，这也使得国际债券市场具有较高的安全性。当然，代表国家主权的政府也要对本国发行人在国际债券市场上的借债进行检查和控制。

4. 以自由兑换货币作为计量货币。国际债券在国际市场上发行，因此，其计价货币往往是国际通用货币，一般以美元、英镑、欧元及日元为主。这样，发行人筹集到的资金是一种可以通用的自由外汇资金。

二、国际债券的种类

（一）外国债券

外国债券是一种传统的国际债券，即由一国政府、公司企业、银行或非银行金融机构及国际性组织为借款人在另一国的债券市场上发行的债券。这种债券的票面金额、利息都以债券发行市场所在国家的货币表示。有的债券发行者属于一个国家，债券面值的货币和债券的发行地同属另一个国家。例如,美国的扬基债券、日本的武士债券都是外国债券。目前,世界上主要的四大外国债券市场在美国、日本、瑞士和德国。一般而言,外国债券偿还期限长,所筹资金可以自由运用,但是由于其发行会引起两国之间的资金流通,发行时一方面要受到本国外汇管理条例的制约;另一方面还要得到发行地所在国货币当局的批准,遵守当地有关债券的管理规定,因此手续比较烦琐,限制也比较多。发行这类债券一般要求发行地国家的政局比较稳定,资本市场上的资本较充足,以利于债券的发行和销售。同时,还要有比较健全活跃的证券流通市场、较高的货币稳定性和宽松的外汇管理制度,以利于债券的流通和转让。外国债券的发行方式主要有两种:公募发行与私募发行。公募债券发行后可以上市流通;私募债券被特定有限的投资者购买后,不能上市,或在一定时限内不能转让。目前,大多数的外国债券都是公募债券。

(二) 欧洲债券

欧洲债券,又称境外债券、欧洲货币债券,是指一国政府、金融机构、工商企业及国际性金融组织在外国证券市场上发行的,以市场所在国以外的第三国的货币为面值的债券。它有以下六个方面的特征。

1. 欧洲债券市场不属于任何一个国家,因此债券发行者不需要向任何监督机关登记注册,可以回避许多限制,因此增加了这一债券种类创新的自由度与吸引力。

2. 欧洲债券市场是一个完全自由的市场,无利率管制,无发行额限制。由于筹措的是境外货币资金,所以不受面值货币所在国法律的约束,市场容量大而且自由灵活,能满足发行者的筹资要求。

3. 债券的发行常是由几家大的跨国银行或国际银团组成的承销辛迪加负责办理,有时也可能组织一个庞大的认购集团,因此发行面广。同时,它的发行一般采用不经过官方批准的非正式发行方式,手续简便,费用较低。

4. 欧洲债券的利息收入通常免交所得税,或不预先扣除借款国的税款。另外,欧洲债券是以不记名的形式发行,并可以保存在国外,可以使投资者逃避国内所得税。

5. 欧洲债券市场是一个极富活力的二级市场。债券种类繁多,货币选择性强,可以使债券持有人比较容易地转让债券以取得现金,或者在不同种类的债券之间进行选择,规避汇率和利率风险,因此其流动性较强。

6. 欧洲债券的发行者主要是各国政府、国际组织或一些大公司,它们的信用等级很高,因此安全可靠,而且收益率又较高。

欧洲债券自从 20 世纪 60 年代产生以来,发展极其迅速。目前在国际债券市场上,欧洲债券所占的比例远大于外国债券所占的比例。

外国债券和欧洲债券是国际债券的两大主体,相对于欧洲债券,外国债券一般都有自己特有的名称,如在美国发行的外国债券称为扬基债券,在日本发行的外国债券称为武士债券,以及猛犬债券、龙债券、叭喇狗债券、伦勃朗债券,等等。

扬基债券是在美国债券市场上发行的外国债券,即非美国的政府、金融机构、公司企业和国际组织在美国国内市场发行的、以美元计价的债券。

武士债券是在日本债券市场上发行的外国债券,是日本以外的政府、金融机构、公司企业和国际组织在日本国内市场发行的以日元为计值货币的债券。

龙债券是以非日元的亚洲国家或地区的货币计价并在相应的亚洲国家或地区发行的外国债券，它是东亚经济快速增长的产物。从1992年起，龙债券得到了迅速发展，一般在香港联合交易所或新加坡证券交易所挂牌上市，偿还期限为3~8年。

瑞士是世界小国，然而它的外国债券市场却是世界上最大的。这里的外国债券市场有一个很大的特点，就是以瑞士法郎计价的外国债券在瑞士发行时，发行者是外国人，购买者也往往是外国人。究其原因，主要是因为瑞士在国际上充当政治中立的角色，并且瑞士法郎的购买力相对稳定。

三、我国的国际债券

我国自1982年开始发行国际债券。1982年1月，中国国际信托投资公司以私募方式在日本东京发行了100亿日元的日本武士债券；1984年11月，中国银行以公募方式在日本东京发行了10年期200亿日元的武士债券。两次发行标志着我国金融机构开始进入国际债券市场。目前，我国进入国际债券市场的主体主要是各商业银行、信托投资公司以及财政部。发行国际债券的币种有美元、日元和欧元。在计息方式上，有浮动利率也有固定利率。而发行市场则主要集中于日本、新加坡、英国、德国、瑞士和美国。

第四节　债券的价格与收益率

一、货币的时间价值原理

货币的时间价值是指货币经历一定时间的投资和再投资后所增加的价值，表现为同一数量的货币在不同时点上的价值量差额。货币时间价值也因此可以理解为牺牲即期消费应得到的补偿。从量的规定性来看，通常情况下，货币的时间价值相当于没有风险和没有通货膨胀条件下的社会平均资金利润率。企业在投资某项目时，至少要取得社会平均的利润率，否则不如投资于另外的项目或另外的行业。因此，货币时间价值成为估价最基本的原则。

（一）货币时间价值的计量

由于货币随时间的延缓而增值，因此，不同时间单位的货币不能直接进行价值大小的比较。要比较货币的价值大小，需要将它们换算到相同的时间单位上进行，这就产生了现值与终值的概念。

现值又称本金，是指未来某一时点上的一定量现金折合到现在的价值，通常记作PV。

终值又称将来值，是现在一定量现金在未来某一时点上的价值，俗称本利和，通常记作FV。

现值与终值的大小因计息方式的不同而不同。计息方式主要有单利计息和复利计息两种形式。单利仅指对初始本金部分计算利息，而对本金所产生的利息不再重复计息。复利即通常所说的"利滚利"，是将整个计算期限分割为若干时间段，上一时间段按本金所计算的利息要加入到下一时间段的利息计算中。

两种不同计息方式下现值、终值的计算公式如下：

1. 单利现值和终值的计算

$$终值: FV = PV(1 + r \times n) \quad (3-1)$$
$$现值: PV = FV/(1 + r \times n) \quad (3-2)$$

式中，n 表示期限长短；r 表示利息率。

单利现值与单利终值互为逆运算。

单利计息方式不承认作为利息的货币与作为本金的货币一样具有时间价值，因而在证券投资价值的分析中，一般不采用此种方式。更多地，人们是以复利计息方式研究有价证券的定价问题。

2. 复利现值和终值的计算

$$终值: FV = PV(1 + r)^n \quad (3-3)$$
$$现值: PV = FV(1 + r)^{-n} \quad (3-4)$$

复利现值与复利终值互为逆运算。

式中，$(1+r)^n$ 为"复利终值系数"，记作 $(F/P, r, n)$，表示的是利率为 r，期数为 n 时，1元资金的将来价值。为便于计算，可编制"复利终值系数表"备用。$(1+r)^{-n}$ 为"复利现值系数"，记作 $(P/F, r, n)$，表示的是利率为 r，期数为 n 时，1元资金的现在价值。为便于计算，可编制"复利现值系数表"备用。

（二）普通年金的终值和现值计算

债券价值评估中，常常会发生均匀的现金流现象，人们称之为年金。年金是指若干期限内，每个期限均匀地产生的现金流。也指一定时期内每次等额收付的系列款项，通常记作 A。

了解年金时间价值的计量原理有助于简化债券价值的评估过程。年金按其每次收付款项发生的时点不同，可以分为：普通年金、先付年金、递延年金、永续年金等多种形式。了解年金终值和现值的计算原理有利于更便捷地评价债券的投资价值。不同形式年金终值和现值的计算虽然有不同的特点，但最核心的原理相同。本章以普通年金为例介绍年金终值和现值的计算。

1. 普通年金终值的计算。普通年金的终值是一定时期内每期期末等额收付款项的复利终值之和。其计算方法如图 3-1 所示。

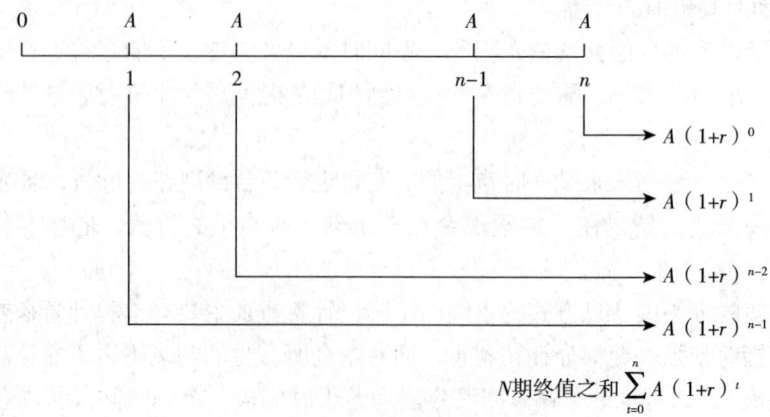

图 3-1 普通年金终值计算示意图

根据图 3-1 的推导，普通年金终值的计算公式如下：

$$FVA_n = A \times \frac{(1+r)^n - 1}{r} \tag{3-5}$$

式中，FVA_n 表示普通年金终值，n 表示全部年金的计息期数，$\frac{(1+r)^n - 1}{r}$ 代表在利率为 r、期数为 n 时，1 元年金的终值，通常被称为年金终值系数，表示为 $(F/A, r, n)$，此系数可以通过查阅年金终值系数表直接得到，不必计算。

2. 普通年金现值的计算。普通年金现值是指为了在每期期末取得相等金额的款项，现在需要投入的金额。其计算方法如图 3-2 所示。

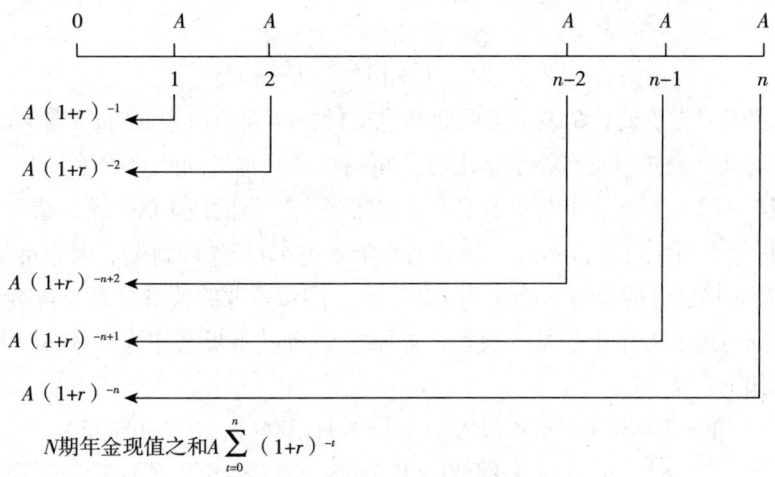

图 3-2 普通年金现值计算示意图

根据图 3-2 示意的推导，普通年金现值的计算公式如下：

$$PVA_n = A \frac{1 - (1+r)^{-n}}{r} \tag{3-6}$$

式中，PVA_n 表示的是普通年金现值，$\frac{1 - (1+r)^{-n}}{r}$ 代表在利率为 r、期数为 n 时，1 元年金的现值，通常被称为年金现值系数，记作 $(P/A, r, n)$，此系数可通过查阅年金现值系数表直接得到，不必计算。

二、债券价值评估的基本方法

债券的投资价值取决于它能带来的货币收入流量。一般情况下，投资者进行投资选择时总是根据对投资期间债券未来收益的预期来进行的。对现在时点上的投资价值进行评估，通常采用现金流贴现法，其主要内容是：任何资产的内在价值（其表现形式即为资产价格）取决于持有资产可能带来的未来的现金流收入。由于未来的现金流收入是投资者预测的，是一种将来的价值，因此需要利用贴现率将未来的现金流或将来的价值调整为现在的价值，即现值。任何投资资产的内在价值都是在投资者预期的资产可以产生的现金收入的基础上进行贴现决定的。对于任何一种债券，用现金流贴现法评估其内在价值需要确定三个变量：一是未来现金流，二是贴现率，三是投资持有期数。只要知道了上述三个变量就可以计算出它的理论价值。

三、债券估值的基本模型

（一）假设条件

出于简化的考虑，我们假定债券不存在违约风险，其名义和实际支付金额都是确定的，尤其假定通货膨胀的幅度可以精确地预测出来，从而在对债券定价时可以集中考虑时间的影响。完成这一假设之后，影响债券定价的其他因素就可以纳入考虑中。

（二）债券定价基本公式

前述现金流贴现法运用到债券定价上，债券的价值即等于来自债券预期现金流（即利息与本金）的现值。一般而言，债券定价公式如下：

$$V_b = \sum_{t=1}^{n} \frac{C_i}{(1+r)^t} + \frac{M}{(1+r)^n} \tag{3-7}$$

式中，V_b 表示债券价值；C_i 表示年票面利息支付；M 表示债券面值；r 表示贴现率；n 表示债券的期数。以下公式中没有特别指出时，相同符号的含义同此处所示。

❖【案例 3-1】 某企业于某年 5 月 1 日在市场上发行面值 1 000 元、票面利率为 8% 的 5 年期债券，每年 5 月 1 日计付利息。债券于 5 年后的 4 月 30 日到期。因为市场利率下降到了 6%，发债企业将债券的发行价格定为 1 050 元。问该企业的债券是否值得购买？

解答：根据前述债券定价的基本模型，如果投资者以市场利率 6% 为贴现率，该企业债券的价值计算如下：

$$V = 1\,000 \times 8\% \times (P/A, 6\%, 5) + 1\,000 \times (P/F, 6\%, 5)$$
$$= 80 \times 4.2124 + 1\,000 \times 0.7473 = 1\,084.29(元)$$

结论：在这个投资者眼中，债券价值大于价格，值得购买。

（三）几种特殊债券的定价公式

1. 利随本清债券价值的计算

$$V_b = \frac{(M + M \times r_m \times n)}{(1+r)^n} \tag{3-8}$$

式中，r_m 指债券票面利率。

2. 零息债券、贴现债券价值的计算

$$V_b = \frac{M}{(1+r)^n} \tag{3-9}$$

3. 一年内多次付息债券的价值计算

利息支付的频率也可能是半年一次或每季一次。此种债券价值计算公式如下：

$$V_b = \sum_{t=1}^{mn} \frac{C/m}{(1+r/m)^t} + \frac{M}{(1+r/m)^{mn}} \tag{3-10}$$

式中，C 表示债券每年利息；m 表示年付息次数。

以上介绍的债券定价模型都是按照一个统一的贴现率对债券所有的现金流进行贴现。事实上，在不同的经济发展环境下，社会资本平均收益率会发生变化。因此，在债券存续期较长的情况下，用一个始终一致的贴现率对债券进行估值并不准确。准确的方法是将债券看作未来一系列现金流的结合,分别以不同的贴现率分段求出每个现金流的现值并加总。

四、债券收益率的计算

评价债券投资价值也可以以收益率为指标。其原理是计算债券投资的收益率,当该收益率大于等于投资人要求的收益率时,说明该债券对该投资人有投资价值;反之,当债券投资收益率小于投资人要求的收益率时,说明该债券对该投资人没有投资价值。债券投资收益率的计算有多种指标,不同的指标有不同的含义及不同的计算方法。

1. 当前收益率。当前收益率是指债券年利息收入与债券购买价格的百分比。计算公式如下:

$$Y = \frac{C}{P} \times 100\% \qquad (3-11)$$

式中,Y 表示当前收益率;C 表示年利息收入;P 表示债券购买价格。

2. 持有期收益率。债券持有期收益率是指从买入债券到卖出债券期间所获得的年平均收益(包括当期发生的利息收益和资本利得)与买入债券实际价格的比率。计算公式如下:

$$y = \frac{C + (P_s - P_p) \div n}{P_p} \qquad (3-12)$$

式中,y 表示持有期收益率;P_s 表示债券卖出价格;P_p 表示债券买入价格;n 表示持有年限。

3. 到期收益率。债券到期收益率是指以特定价格购买债券并持有至到期日所能获得的收益率。它是使债券投资现金流入的现值与现金流出的现值相等时的贴现率。计算方法是求解含有贴现率的方程,即

$$P = C_i \sum_{t=1}^{n} \frac{1}{(1+y)^t} + \frac{M}{(1+y)^n} \qquad (3-13)$$

式中,P 表示债券的购买价格;C_i 表示每年利息收益;y 表示债券投资到期收益率。

可用试误法求解得到到期收益率 y,但试误法比较麻烦,可用下面的简便算法求解得出近似结果:

$$y = \frac{[C + (M-P)]/n}{(M+P)/2} \qquad (3-14)$$

式中,y 表示债券的到期收益率;P 表示债券的购买价格;M 表示债券面值;n 表示债券的持有年数。

✪【案例3-2】 某投资者于某年的1月1日以1 200元的价格购入一张面值为1 000元、五年后到期的债券,该债券的票面利率为12%,每年的1月1日计算并支付一次利息。该投资者持有债券至到期日。要求:计算该债券的到期收益率。

解答:

方法一:利用试误法计算

用8%试算:$V = 120 \times (P/A, 8\%, 5) + 1\,000 \times (P/F, 8\%, 5) = 120 \times 3.9927 + 1\,000 \times 0.6806 = 1\,159.72$(元) $< 1\,200$ 元

用7%试算:$V = 120 \times (P/A, 7\%, 5) + 1\,000 \times (P/F, 7\%, 5) = 120 \times 4.1022 + 1\,000 \times 0.7130 = 1\,205.26$(元) $> 1\,200$ 元

用插补法计算债券到期收益率 $y = 7\% + (8\% - 7\%) \times [(1\,205.26 - 1\,200)/(1\,205.26 - 1\,159.72)] = 7.12\%$

方法二：利用简便算法

债券到期收益率 $y = [120 + (1\,000 - 1\,200) \div 5]/[(1\,000 + 1\,200) \div 2] \times 100\% = 7.27\%$

五、债券价值与债券投资到期收益率的关系

债券的价值与债券投资到期收益率都是投资者决定债券投资的重要依据，了解两者的相互关系有助于投资者作出正确的投资决策。上述债券定价及到期收益率的计算结果表明：债券的价值高低取决于债券的票面利率、债券的面值、债券的计息基数及贴现率；债券投资到期收益率的高低取决于债券的购买价格、债券的票面利率、债券的面值及债券的计息基数。研究两者的影响因素，我们可以得出如下结论：

1. 如果一种债券的市场价格等于其面值，则到期收益率等于其息票利率；如果债券的市场价格低于其面值（当债券贴现发行时），则债券的到期收益率高于息票收益率。反之，如果债券的市场价格高于其面值（债券以升水出售时），则债券的到期收益率低于息票利率。如果一种债券的市场价格上涨，则其到期收益率必然下降；反之，如果债券的市场价格下降，则其到期收益率必然提高。

2. 如果债券的收益率在整个期限内没有发生变化，则债券的价格折扣或升水会随着到期日的接近而减少，即价格日益接近面值。这一原理也可表述为：如果两种债券的息票利率、面值和收益率都相同，则期限较短的债券的价格折扣或升水会较小。

3. 债券收益率的下降会引起债券价格上升，上升的幅度会超过债券收益率以相同幅度提高时所引起的价格下跌的幅度。

4. 如果债券的息票利率较高，则因收益率变动而引起的债券价格变动百分比会较小。

【本章小结】

债券（Bond）是一种有价证券，是社会经济主体为筹措资金而向投资者出具的，并且承诺按一定利率支付利息和到期偿还本金的债权债务凭证。债券具有偿还性、流通性、安全性、收益性特征。按照不同的划分方式，债券可划分为不同种类。

政府债券指国家、政府机关和地方政府所发行债券的统称，是指政府为筹措财政资金，以政府的信用为基础，向投资者发行的、承诺在一定时期支付利息和到期偿还本金的债权债务凭证。政府债券可分为中央政府债券（国债）和地方政府债券两种。政府债券具有安全性高、收益稳定、纳税优惠、流动性强等特征。目前，我国国债主要包括凭证式国债、无记名（实物）国债、储蓄国债和记账式国债四种类型，各有其特点。

国际债券是指政府、公司、团体或国际机构在本国以外发行的债券，即债券发行人属于一个国家，而发行地点在另一个国家，且债券面额不以发行者所在国的货

币计值，而是以外币计值。国际债券具有资金来源广、发行规模大，存在汇率风险，有国家主权保障，以自由兑换货币作为计量货币等特征。

债券投资价值的评估通常采用现金流贴现法，需要确定三个变量：一是未来现金流，二是贴现率，三是投资持有期数。只要知道了上述三个变量就可以计算出债券的理论价值。

债券的价值与债券投资到期收益率都是投资者决定债券投资的重要依据。债券的价值高低取决于债券的票面利率、债券的面值、债券的计息基数及贴现率；债券投资到期收益率的高低取决于债券的购买价格、债券的票面利率、债券的面值及债券的计息基数。

【关键词】

债券　政府债券　公司债券　金融债券

【重要概念】

贴现债券　记账式国债　凭证式国债　欧洲债券　外国债券　现金流贴现法　到期收益率

【思考题】

1. 债券的性质与特征是什么？
2. 债券与股票有何联系与区别？
3. 债券如何分类？
4. 国债有哪些特点？
5. 一种附息债券，面值为 1 000 元，票面利率为 6%，每年的 3 月 1 日和 9 月 1 日分别付息一次。2023 年 3 月 1 日到期，2020 年 9 月 1 日该债券的市场价格为 1 045 元。如果某投资者以该市场价格购进后一直持有至到期，求该债券的到期收益率。

第四章
证券投资基金

我国证券投资基金业的发展可以划分为三个历史阶段：

一、早期探索阶段。从1992年至1997年11月14日《证券投资基金管理暂行办法》（以下简称《暂行办法》）颁布之前为早期探索阶段。1992年11月，我国第一家比较规范的投资基金——淄博乡镇企业投资基金（以下简称淄博基金）正式设立。该基金为公司型封闭式基金，募集资金1亿元人民币，并于1993年8月在上海证券交易所挂牌上市。淄博基金的设立揭开了证券投资基金业发展的序幕，并在1993年上半年引发了短暂的投资基金发展热潮。但基金发展过程中的不规范和积累的其他问题逐步暴露出来，多数证券投资基金的资产状况趋于恶化。从1993年下半年起，中国证券投资基金业的发展陷入停滞状态。截至1997年年底，基金的数量共有75只，筹资规模仅为58亿元人民币左右。

二、试点发展阶段。《暂行办法》颁布实施以后至2004年6月1日《证券投资基金法》（以下简称《基金法》）实施前为试点发展阶段。1997年11月14日，国务院证券管理委员会颁布了《暂行办法》，为我国基金业的规范发展奠定了法律基础。1998年3月27日，经中国证监会批准，新成立的南方基金管理公司和国泰基金管理公司分别发起设立了规模均为20亿元的两只封闭式基金——"基金开元"和"基金金泰"，由此拉开了中国证券投资基金试点的序幕。截至1999年年初，我国共设立了10家基金管理公司。截至2001年9月开放式基金推出之前，我国共有47只封闭式基金，规模达689亿份。在封闭式基金成功试点的基础上，2000年10月8日中国证监会发布了《开放式证券投资基金试点办法》。2001年9月，我国第一只开放式基金——华安创新诞生，我国基金业发展实现了从封闭式基金到开放式基金的历史性跨越。此后，开放式基金逐渐取代封闭式基金成为中国基金市场发展的方向。

三、快速发展阶段。2004年6月1日，《基金法》正式施行，为我国证券投资基金业的发展奠定了重要的法律基础，标志着我国基金业的发展进入了一个新的发展阶段。从近年来我国证券投资基金的发展看，我国基金业在发展中表现出以下几方面的特点：一是基金品种日益丰富，基本涵盖了国际上主要的基金品种；二是合资基金管理公司发展迅猛，方兴未艾；三是营销和服务创新活跃；四是法律规范进一步完善。截至2021年年末，我国公募基金管理规模达25万亿元，位居全球第四位。个人持有公募基金市值超过13万亿元，占比53.84%。

通过本章学习你将了解和掌握以下知识：

- 证券投资基金的概念、特点及种类；

- 开放式基金、封闭式基金、契约型基金、公司型基金等；
- 证券投资基金的投资运作；
- 证券投资基金的价值评估。

证券投资基金是随着证券市场的发展而产生的，它起源于英国，盛行于美国，经过一百多年的发展，已成为国际资本市场和货币市场最重要的投资工具之一。自20世纪90年代开始，特别是近年来，证券投资基金在我国得到了迅速发展，已经成为中国资本市场最重要的证券投资品种之一。

第一节 证券投资基金及其特点

一、证券投资基金的概念

证券投资基金是一种组合投资、专业管理、利益共享、风险共担的集合投资方式。与股票、债券不同，证券投资基金是一种间接投资工具，它以股票、债券等金融证券为

> 证券投资基金是指通过发售基金份额，将众多投资者的资金集中起来，形成独立财产，由基金托管人托管，基金管理人管理，以投资组合的方式进行证券投资的一种利益共享、风险共担的集合投资方式。

投资对象，基金投资者通过购买基金份额的方式间接进行证券投资。世界上不同国家和地区对证券投资基金的称谓有所不同。证券投资基金在美国被称为"共同基金"；在英国和中国香港特别行政区被称为"单位信托基金"；在欧洲一些国家被称为"集合投资基金"或"集合投资计划"；在日本和中国台湾地区则被称为"证券投资信托基金"。

二、证券投资基金的当事人

我国的证券投资基金依据基金合同设立，基金持有人、基金管理人与基金托管人是基金合同的当事人，简称基金当事人。

1. 基金持有人。基金持有人即基金投资者，是基金的出资人、基金资产的所有者和基金投资回报的受益人。基金投资者可以分为个人投资者和机构投资者，机构投资者一般包括投资银行、投资管理

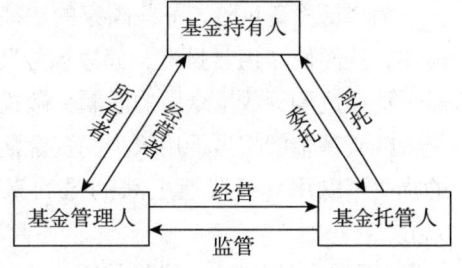

证券投资基金的当事人

公司、保险公司、社会保险基金、基金会基金等。在金融市场较发达的国家，基金管理公司所管理的基金大部分来自机构投资者。

2. 基金管理人。基金管理人是基金产品的募集者和管理者，其最主要的职责就是按照基金合同的约定，负责基金资产的投资运作，在有效控制风险的基础上为基金投资者争取最大的投资收益。基金管理人在基金运作中具有核心作用，基金产品的设计、基金份额的销售与注册登记、基金资产的管理等重要职能多半由基金管理人或基金管理人选定的其他服务机构承担。

我国《证券投资基金法》规定，基金管理人由依法设立的公司或者合伙企业担任。其

中，公开募集基金的基金管理人，由基金管理公司或者经国务院证券监督管理机构按照规定核准的其他机构担任。

3. 基金托管人。为了保证基金资产的安全，基金资产必须由独立于基金管理人的基金托管人保管，从而使得基金托管人成为基金的当事人之一。基金托管人的职责主要体现在基金资产保管、基金资金清算、会计复核以及对基金投资运作的监督等方面。在我国，基金托管人由依法设立的商业银行或者其他金融机构担任。其中，由商业银行担任基金托管人的，由国务院证券监督管理机构会同国务院银行业监督管理机构核准；由其他金融机构担任基金托管人的，由国务院证券监督管理机构核准。

除了以上三个当事人以外，还有一个同基金投资者利益直接相关的第四方，即协助基金管理公司向投资者发售基金份额的销售机构。根据《证券投资基金销售管理办法》（2013 年 6 月 1 日起施行）规定，商业银行（含在华外资法人银行）、证券公司、期货公司、保险机构、证券投资咨询机构、独立基金销售机构以及中国证监会认定的其他机构从事基金销售业务的，应向工商注册登记所在地的中国证监会派出机构进行注册并取得相应资格。

三、证券投资基金的特点

（一）集合理财、专业管理

基金将众多投资者的资金集中起来，委托基金管理人进行共同投资，表现出一种集合理财的特点。通过汇集众多投资者的资金，积少成多，有利于发挥资金的规模优势，降低投资成本。基金由基金管理人进行投资管理和运作。基金管理人一般拥有大量的专业投资研究人员和强大的信息网络，能够更好地对证券市场进行全方位的动态跟踪与深入分析。将资金交给基金管理人管理，使中小投资者也能享受到专业化的投资管理服务。

（二）组合投资、分散风险

为降低投资风险，一些国家的法律通常规定基金必须以组合投资的方式进行基金的投资运作，从而使"组合投资、分散风险"成为基金的一大特色。中小投资者由于资金量小，一般无法通过购买数量众多的股票分散投资风险。基金通常会购买几十种甚至上百种股票，投资者购买基金就相当于用很少的资金购买了一揽子股票，在多数情况下，某些股票下跌造成的损失可以用其他股票上涨的盈利来弥补，因此可以充分享受到组合投资、分散风险的好处。

（三）利益共享、风险共担

证券投资基金实行"利益共享、风险共担"的原则。基金投资者是基金的所有者。基金投资收益在扣除由基金承担的费用后的盈余全部归基金投资者所有，并依据各投资者所持有的基金份额比例进行分配。为基金提供服务的基金托管人、基金管理人只能按规定收取一定比例的托管费、管理费，并不参与基金收益的分配。

（四）严格监管、信息透明

为切实保护投资者的利益，增强投资者对基金投资的信心，各国（地区）基金监管机构都对基金业实行严格的监管，对各种有损于投资者利益的行为进行严厉的打击，并强制基金进行及时、准确、充分的信息披露。在这种情况下，严格监管与信息透明也就成为基金的另一个显著特点。

（五）独立托管、保障安全

基金管理人负责基金的投资操作，本身并不参与基金财产的保管，基金财产的保管由独立于基金管理人的基金托管人负责，这种相互制约、相互监督的制衡机制对投资者的利益提供了重要的保障。

四、证券投资基金与股票、债券的区别

1. 反映的经济关系不同。股票反映的是一种所有权关系，是一种所有权凭证，投资者购买股票后就成为公司的股东；债券反映的是债权债务关系，是一种债权凭证，投资者购买债券后就成为公司的债权人；基金反映的则是一种信托关系，是一种受益凭证，投资者购买基金份额就成为基金的受益人。

2. 所筹资金的投向不同。股票和债券是直接投资工具，筹集的资金主要投向实业领域；基金是一种间接投资工具，所筹集的资金主要投向有价证券等金融工具或产品。

3. 投资收益与风险大小不同。通常情况下，股票价格的波动性较大，是一种高风险、高收益的投资品种；债券可以给投资者带来较为确定的利息收入，波动性也较股票波动性要小，是一种低风险、低收益的投资品种；基金投资于众多股票，能有效分散风险，是一种风险相对适中、收益相对稳健的投资品种。

第二节 证券投资基金的种类

随着基金数量、品种的不断增多，对基金进行科学合理的分类具有重要意义。对基金投资者而言，科学合理的基金分类将有助于投资者加深对各种基金的认识及对风险收益特征的把握，有助于投资者作出正确的投资选择与比较。对基金管理公司而言，基金业绩的比较应该在同一类别中进行才公平合理。对基金研究评价机构而言，基金的分类则是进行基金评级的基础。对监管部门而言，明确基金的类别特征将有利于针对不同基金的特点实施更有效的分类监管。

一、契约型基金与公司型基金

根据基金的组织形式和法律地位不同，可以将基金分为契约型基金和公司型基金两种。

（一）契约型基金

契约型基金，也称信托型投资基金，它是依据信托契约通过发行受益凭证而组建的投资基金。

契约型基金一般由基金管理人、基金保管人及投资者三方当事人订立信托契约。基金管理人可以作为基金的发起人，通过发行受益凭证将资金筹集起来组成信托财产，并依据信托契约，由基金托管人负责保管信托财产，具体办理证券、现金管理及有关的代理业务等；投资者也是受益凭证的持有人，通过购买受益凭证，参与基金投资，享有投资收益。基金发行的受益凭证表明投资者对投资基金所享有的权益。

（二）公司型基金

公司型基金依公司法设立，通过发行基金股份将集中起来的资金投资于各种有价证券。

公司型基金在组织形式上与股份有限公司类似，基金公司资产为投资者（股东）所有，由股东大会选举董事会，由董事会聘请基金管理人，基金管理人负责管理基金业务。

公司型基金的设立要在工商管理部门和证券交易委员会注册，同时还要在基金发行的交易所所在地登记。公司型基金的组织结构主要有以下几个方面当事人：基金股东、基金公司、投资顾问或基金管理人、基金保管人、基金转换代理人、基金主承销商。

（三）契约型基金与公司型基金的主要区别

1. 立法基础不同。契约型基金依照信托法组织和运作；公司型基金依照公司法组建。
2. 法人资格不同。契约型基金不具有法人资格；而公司型基金具有法人资格。
3. 投资者的地位不同。契约型基金中的投资者是信托契约中规定的受益人；公司型基金中的投资者是投资公司的股东。
4. 资本结构不同。契约型基金只向投资者发行受益凭证；公司型基金除向投资者发行普通股外，还可以发行公司债和优先股。
5. 融资渠道不同。契约型基金一般不向银行举债；公司型基金在资金运用状况良好，业务开展顺利，又需要增加投资组合的总资产时，可以向银行借款。
6. 基金资产运用依据不同。契约型基金依据基金契约营运基金；公司型基金依据公司章程营运基金。公司型基金除非依据公司法到了破产、清算阶段，否则公司一般具有永久性；契约型基金则依据基金契约建立、运作，契约期满，基金运营终止。
7. 收益分配不同。契约型基金的资产是信托财产，按信托契约对受益人分配收益；公司型基金筹集的资金作为公司的财产，收益按股利分配给投资人。

公司型基金的优点是相关各方的法律关系比较明确，监督约束机制完善；而契约型基金在设立上比较简便易行。两者的区别主要表现在法律形式的不同，其实并无优劣之分。目前，我国现有的公开募集基金全部是契约型基金，而美国的大多数基金都是公司型基金。

二、封闭式基金与开放式基金

根据受益凭证是否可赎回，投资基金可分为封闭式基金与开放式基金两种。

（一）封闭式基金

封闭式基金是指基金份额总额在基金合同期限内固定不变，基金份额持有人不得申请赎回的基金。封闭式基金的发起人在设立基金时，事先确定发行总额，筹集到发行总额的80%以上金额时，基金即宣告成立，并进行封闭，在封闭期内不再接受新的投资。例如，在深交所上市的基金开元，1998年设立，发行额为20亿基金份额，存续期限（封闭期）15年。也就是说，基金开元从1998年开始运作，存续期为15年，运作的额度为20亿元，在此期限内，投资者不能要求退回资金，基金也不能增加新的份额。

尽管在封闭期限内不允许投资者退回资金，但是基金可以在市场上流通。投资者可以通过市场交易进行套现。我国封闭式基金单位的流通采取在证券交易所挂牌上市交易的办法，投资者买卖基金单位，都必须通过证券商在二级市场上进行竞价交易。

（二）开放式基金

开放式基金是指基金发行总额不固定，基金单位总数随时增减，投资者可以按基金的报价在基金管理人确定的营业场所申购或者赎回基金单位的一种基金。

开放式基金可根据投资者的需求追加发行,也可按投资者的要求赎回。对投资者而言,既可以要求发行机构按基金的现期净资产值扣除手续费后赎回基金,也可以再买入基金,增持基金单位份额。例如,我国首只开放式基金"华安创新",首次发行 50 亿份基金单位,设立时间为 2001 年,没有存续期,而首次发行的 50 亿基金单位也会在"开放"后随时发生变动,例如可能因为投资者赎回而减少,或者因为投资者申购或选择"分红再投资"而增加。

(三) 封闭式基金与开放式基金的区别

封闭式基金与开放式基金的主要区别如表 4-1 所示。

表 4-1 封闭式基金与开放式基金的区别一览表

项目	封闭式基金	开放式基金
交易场所	深、沪证券交易所	基金管理公司或代销机构网点(主要指银行等网点)
存续期限	有固定的期限	没有固定期限
基金规模	固定额度,一般不能再增加发行	没有规模限制(但有最低的规模限制)
赎回限制	在存续期限内不能直接赎回基金,可通过上市交易进行套现	可以随时提出购买或赎回申请
交易方式	上市交易	基金管理公司或代销机构网点申购或赎回
价格决定因素	交易价格主要由市场供求关系决定	价格依据基金的资产净值确定
分红方式	现金分红	现金分红、再投资分红
投资策略	封闭式基金不可赎回,无须提取准备金,能够充分运用资金,进行长期投资,取得长期经营绩效	必须保留一部分现金或流动性强的资产,以便应付投资者随时赎回,要求基金管理人具有更高的投资管理水平
信息披露	基金单位资产净值每周至少公告一次	基金单位资产净值每个开放日进行公告

三、股票基金、债券基金、货币市场基金、基金中基金、混合基金、指数基金

依据投资对象的不同,可以将基金分为股票基金、债券基金、货币市场基金、基金中基金、混合基金、指数基金等。

(一) 股票基金

股票基金是指以股票为主要投资对象的基金。股票基金在各类基金中历史最为悠久,也是各国(地区)广泛采用的一种基金类型。根据中国证监会对基金类别的分类标准,基金资产 80% 以上投资于股票的为股票基金。股票基金以追求长期的资本增值为目标,比较适合长期投资。与其他类型的基金相比,股票基金的风险较高,但预期收益也较高。股票基金提供了一种长期的投资增值性,可供投资者用来满足教育支出、退休支出等远期支出的需要。

(二) 债券基金

债券基金主要以债券为投资对象。根据中国证监会对基金类别的分类标准,基金资产 80% 以上投资于债券的为债券基金。债券基金主要以债券为投资对象,因此对追求稳定收入

的投资者具有较强的吸引力。债券基金的波动性通常要小于股票基金的波动性，因此常常被投资者认为是收益、风险适中的投资工具。此外，当债券基金与股票基金进行适当的组合投资时，常常能较好地分散投资风险，因此债券基金常常也被视为组合投资中不可或缺的重要组成部分。

（三）货币市场基金

货币市场基金以货币市场工具为投资对象。根据中国证监会对基金类别的分类标准，仅投资于货币市场工具的基金为货币市场基金。与其他类型基金相比，货币市场基金具有风险低、流动性好的特点。货币市场基金是厌恶风险、对资产流动性和安全性要求较高的投资者进行短期投资的理想工具，或暂时存放现金的理想场所。需要注意的是货币市场基金的长期收益率较低，并不适合进行长期投资。

（四）基金中基金

基金中基金（Fund of Funds，FOF）是指以其他证券投资基金为投资对象的基金，其投资组合由其他基金组成。基金中基金是一种结合了基金产品创新和销售渠道创新的基金品种。根据中国证监会对基金类别的分类标准，80%以上的基金资产投资于其他基金份额的，为基金中基金，并规定FOF持有单只子基金的市值不得超过该基金资产净值的20%。基金中基金通过专业机构对基金进行再次筛选，能帮助投资者优化基金投资效果。

（五）混合基金

混合基金同时以股票、债券等为投资对象，以期通过在不同资产类别上的投资实现收益与风险之间的平衡。根据中国证监会对基金类别的分类标准，投资于股票、债券和货币市场工具，但股票投资和债券投资的比例不符合股票基金、债券基金及基金中基金规定的为混合基金。混合基金的风险低于股票基金，预期收益则要高于债券基金。它为投资者提供了一种在不同资产类别之间进行分散投资的工具，比较适合较为保守的投资者。混合基金尽管会同时投资于股票、债券等，但常常会依据基金投资目标的不同而进行股票与债券的不同配比。因此，通常可以依据资产配置的不同将混合基金分为偏股型基金、偏债型基金、股债平衡型基金、灵活配置型基金。

（六）指数基金

指数基金，顾名思义就是以特定指数（如沪深300指数、标普500指数、纳斯达克100指数、日经225指数等）为标的指数，并以该指数的成分股为投资对象，通过购买该指数的全部或部分成分股构建投资组合，以追踪标的指数表现的基金产品。通常而言，指数基金以减小跟踪误差为目的，使投资组合的变动趋势与标的指数相一致，以取得与标的指数大致相同的收益率。

指数基金通常按照所跟踪的证券价格指数编制原理构建投资组合进行证券投资。指数基金根据有关股票市场指数的分布投资股票，以令其基金回报率与市场指数的回报率接近。运作上，它比其他开放式基金具有更有效规避非系统风险、交易费用低廉、延迟纳税、监控投入少和操作简便的特点。从长期来看，指数基金投资业绩甚至优于其他基金。

四、收入基金、成长基金、收入成长基金、积极成长基金、新兴成长基金、平衡型基金

按投资目标，基金可分为收入基金、成长基金、收入成长基金、积极成长基金、新兴成

长基金以及平衡型基金。

（一）收入基金

收入基金主要是将资金投资于各种可以带来稳定收入的有价证券，以获取最大的收入。这种基金虽然成长的潜力小，但其损失本金的风险也低，因而比较受保守的投资者以及退休人员的欢迎。收入基金通常分为两种，即固定收入基金和股票收入基金。固定收入基金的主要投资对象是债券和优先股股票，因而尽管收益率高，长期成长的潜力却比较小，而且，当市场利率发生波动时，基金净值还容易受到影响。股票收入基金的成长潜力较大，但易受到股市波动的影响。

（二）成长基金

成长基金以资本长期增值为投资目标，因而往往把资产投向信誉好而且长期有盈余的公司，或者投向有长期成长前景的新兴行业的公司。成长基金所持有的股票一般具有较高的增长业绩，同时也具有较高的市盈率与市净率。投资于成长基金，期望其所投资公司的长期盈利潜力超过市场预期，这种超额收益可能来自产品创新、市场份额的扩大或者其他原因导致的公司收入及利润增长。成长型公司被认为具有比市场平均水平更高的增长速度。成长基金是基金市场的主流品种。

（三）收入成长基金

收入成长基金是通过投资于可带来收入的证券及有成长潜力的股票，来达到既有收入又能成长的目的。在收入与成长当中，这类基金偏重于成长，但是为了顾及收入，基金投资的股票又必须能够分配股利。收入成长基金的投资策略要比成长基金保守，往往将资金投资于股价波动较小的股票。因此，资金不多的小额投资者最乐意选择这种基金。

（四）积极成长基金

积极成长基金，又称"高成长基金"、"资本增值基金"或"最大成长基金"。它追求的是资本的最大增值，一般是把基金的资产投资于具有高成长潜力的股票或其他证券。这类基金投资的股票通常只付很少的股利或根本不付利息，公司为了追求成长，往往将盈利滚入资本投资。

（五）新兴成长基金

新兴成长基金与积极成长基金有些相似，追求的是成长而不是收入。所不同的是，新兴成长基金的投资重点是新兴行业中具有成长潜力的小公司，或是诸如高科技等具有高成长潜力行业中的小公司。因此，这种基金又常被人们称为"小公司基金"。这种基金比较适合愿意承担较大风险的投资者。

（六）平衡型基金

平衡型基金类似收入成长基金，既要谋取当期的收入，又要追求资金的长期成长。所不同的是，收入成长基金的投资对象主要是股票，而平衡型基金则是把资金分散投资于股票和债券。平衡型基金较为保守，故风险较低，比较适合于资金不多的投资者。

五、国内基金与国际基金

按投资国界，基金可分为国内基金和国际基金。

（一）国内基金

国内基金是指在本国筹资并投资于本国金融工具的基金。也就是说，国内基金的资金来源于国内投资者，基金资产的运用也在境内进行。

（二）国际基金

国际基金是指在一国筹资，主要投资于另一国金融商品（主要是股票）的基金。国际基金有多种。除了主要投资于外国证券之外，也对本国证券进行投资的国际基金被称为"环球基金"；完全投资于外国证券的国际基金则被称为"海外基金"。基金当中还有一类以基金投资国或投向国命名的"国家基金"，如印度基金、加拿大基金、日本基金等。1990年11月，由法国东方汇理银行与上海市合作，在中国香港和欧洲设立了"上海基金"，成为以我国内地的证券为投资对象的第一只国际基金。我国目前的国际基金主要有合格的境外机构投资者（Qualified Foreign Institutional Investors，QFII）和合格的境内机构投资者（Qualified Domestic Institutional Investor，QDII）。

六、公募基金与私募基金

根据募集方式的不同，可以将基金分为公募基金和私募基金。

（一）公募基金

公募基金是指可以面向社会公众公开发售的一类基金。主要具有如下特征：可以面向社会公众公开发售基金份额和宣传推广，基金募集对象不固定；投资金额要求低，适宜中小投资者参与；必须遵守基金法律和法规的约束，并接受监管部门的严格监管。

（二）私募基金

私募基金是只能采取非公开方式，面向特定投资者募集发售的基金。

与公募基金相比，私募基金不能进行公开的发售和宣传推广，投资金额要求高，投资者的资格和人数常常受到严格的限制。如我国《证券投资基金法》规定，私募基金应当向合格投资者募集，合格投资者累计不得超过二百人。所谓合格投资者，是指达到规定资产规模或者收入水平，并且具备相应的风险识别能力和风险承担能力、其基金份额认购金额不低于规定限额的单位和个人。

与公募基金必须遵守基金法律和法规的约束并要接受监管部门的严格监管相比，私募基金在运作上具有较大的灵活性，所受到的限制和约束也较少。它既可以投资于衍生金融产品进行买空卖空交易，也可以进行汇率、商品期货投机交易等。

七、特殊类型基金

（一）系列基金

系列基金（Series Fund），又称伞形基金（Umbrella Fund）、伞子基金或伞子结构基金，是一种开放式基金的经营方式。在这一组织结构下，基金发起人根据一份总的基金招募书（基金合同）发起设立多只相互之间可以根据规定的程序及费率水平进行转换的基金，这些基金称为下属基金或子基金（Sub-funds），子基金之间独立运作，可以进行相互转换。即形式上像赎回一只基金，再申购另一只基金，但各基金一般托管在同一托管银行，由同一基金发起人发起、管理的一种经营管理方式。

> **专栏 4-1**
> **系列基金示例**
>
> 系列基金又称伞形基金。该类型基金一般会对投资者进行市场细分，根据投资者的不同需求设立各种类型的子基金。如招商安泰系列基金根据投资者对风险的不同偏好或承受程度设立了三种不同的风险收益水平的子基金：招商债券基金、招商平衡型基金、招商股票基金；湘财合丰行业系列基金则由价值优化型成长类、周期类、稳定类三只基金组成，基金品种的多样性为投资者提供了更为广泛的投资机会。另外，伞形基金的一个重要特点就是投资者可以在同一伞形基金之下自由转换，投资者根据自己的需求和市场情况的变化在伞形基金各子基金之间相互转换时不需花费任何费用或仅需支付相当低的费用。比起投资者从一家开放式基金转到另一家开放式基金，系列基金不仅成本低，且效率高。这是伞形基金最大的优势所在，也是伞形基金受到投资者青睐的主要原因之一。

（二）交易型开放式指数基金（ETF）与上市开放式基金（LOF）

1. 交易型开放式指数基金（ETF）。交易型开放式指数基金，通常又被称为交易所交易基金（Exchange Traded Funds，ETF），是一种在交易所上市交易的、基金份额可变的开放式基金。

ETF 最早产生于加拿大，但其发展与成熟主要是在美国。一般 ETF 采用被动式投资策略跟踪某一标的市场指数，因此具有指数基金的特点；ETF 结合了封闭式基金与开放式基金的运作特点；投资者既可以像封闭式基金那样在交易所二级市场买卖，又可以像开放式基金那样申购、赎回。不同的是，它的申购是用一揽子股票换取 ETF 份额，赎回时则是换回一揽子股票而不是现金。这种交易制度使该类基金存在一级和二级市场之间的套利机制，可有效防止类似封闭式基金的大幅折价。

2. 上市开放式基金（LOF）。上市开放式基金（Listed Open-ended Funds，LOF）是一种既可以在场外市场进行基金份额申购赎回，又可以在交易所（场内市场）进行基金份额交易和基金份额申购或赎回的开放式基金。

上市开放式基金是我国对证券投资基金的一种本土化创新。LOF 结合了银行等代销机构和交易所交易网络二者的销售优势，为开放式基金销售开辟了新的渠道。LOF 通过场外市场与场内市场获得的基金份额分别被注册登记在场外系统与场内系统，但基金份额可以通过跨系统转托管（即跨系统转登记）实现在场外市场与场内市场之间的转换。LOF 获准交易后，投资者既可以通过银行等场外销售渠道申购和赎回基金份额，也可以在挂牌的交易所买卖该基金或进行基金份额的申购与赎回。LOF 所具有的转托管机制与可以在交易所进行申购赎回的制度安排，使 LOF 不会出现封闭式基金的大幅折价交易现象。

> **专栏 4-2**
> **我国保本基金的发展历程**
>
> 我国第一只保本基金为"南方避险增值"，成立于 2003 年 6 月 27 日，因其"保本保收益"的

创新理念契合了市场需求,该基金一度热销,首发规模51.93亿元,开户投资者达到14.81万户。

此后,在政策支持下,保本基金以其"良好抗跌性"的特征,进一步得到市场认可,业绩表现突出。2011年前后迎来爆发式增长,当年新成立的18只保本基金,总发行规模超过360亿元。2015年A股由牛转熊,2016年保本基金发行再次出现井喷。仅2016年上半年新成立的保本基金规模就占当年公募基金发行总规模的近四成。2017年年初,保本基金总规模突破了3 000亿元大关,成为公募基金崛起的新主力军。

保本基金一般有"三重保障机制"来保证本金的安全:

1. 投资时采用保本策略,保证不亏本。大多数保本基金采用的是恒定投资比例组合保险策略(CPPI策略)。该策略下,大部分资金用来投资优质债券、货币市场工具等具有稳定收益的产品,以积累"安全垫",预计这部分资产到期加上收益能达到基金募集额的100%,达到保证本金安全的目的。将测算出的收益部分用于投资股票,来提高产品的整体收益。由于股票仓位很小,而且是预期收益部分,即使股价下跌,也不会损失到本金。

2. 基金公司将为自有资金、风险准备金提供保障。也就是说,保本基金亏损了,基金公司会对符合保本条件的份额进行赔付。

3. 第三方担保人保障,为基金的保本承担不可撤销的连带保证责任。如果基金公司无法全额赔付,担保人也要履行赔付责任。如果基金公司、担保人都没有赔付,持有人可在约定时间内,向双方追偿。

为了给投资者提供保本承诺,保本基金通常会设置一定的保本期间,投资者在保本期间内赎回是不能享受保本收益的(通常还需要承担较高的赎回费成本),只有在保本期间结束后赎回基金才为投资者保证保本收益。

保本基金在产品设计和保本投资策略上,满足了投资者的多元化投资需求,在运行过程中也为投资者创造了稳健的收益,但保本基金的刚性兑付特征,注定违背了资本市场的基本规则,不利于资管行业的长远发展。

2018年4月27日发布的《关于规范金融机构资产管理业务的指导意见》(即"资管新规")正式出台,明确要求打破刚性兑付,明确规定金融机构开展资产管理业务时不得承诺保本保收益。为了避免投资者对保本基金形成绝对保本的刚性兑付预期,保本基金纷纷调整策略,进行了转型操作。

2019年10月15日,最后一只保本基金"汇添富保鑫保本混合型证券投资基金"完成转型,该基金名称从此变更为"汇添富保鑫灵活配置混合型证券投资基金",这标志着具有16年发展历史的保本基金正式退出基金历史舞台。自此以后,中国公募基金产品中再无保本基金。

除了上述几种类型的基金,证券投资基金还可以按投资货币种类不同分为美元基金、英镑基金、日元基金等;按收费与否分为收费基金和不收费基金;按投资计划可变更性分为固定型基金、半固定型基金、融通型基金;因交易技巧而著称的对冲基金、套利基金,等等。

专栏4-3

对冲基金

对冲基金(Hedge Fund),也称避险基金或套利基金,是指由金融期货(Financial Futures)

和金融期权（Financial Option）等金融衍生工具（Financial Derivatives）与金融组织结合后以高风险投机为手段并以盈利为目的的金融基金。它是投资基金的一种形式，属于免责市场产品。对冲基金意为"风险对冲过的基金"，对冲基金名为基金，实际与互惠基金安全、收益、增值的投资理念有本质区别。

对冲基金采用各种交易手段（如卖空、杠杆操作、程序交易、互换交易、套利交易、衍生品种等）进行对冲、换位、套头、套期来赚取巨额利润。这些概念已经超出了传统的防止风险、保障收益的操作范畴。加之发起和设立对冲基金的法律门槛远低于互惠基金，使其风险进一步加大。为了保护投资者，北美的证券管理机构将其列入高风险投资品种行列，严格限制普通投资者介入。

经过几十年的演变，对冲基金已失去其初始的风险对冲的内涵，Hedge Fund 的称谓亦徒有虚名。对冲基金已成为一种新的投资模式的代名词，即基于最新的投资理论和极其复杂的金融市场操作技巧，充分利用各种金融衍生产品的杠杆效用，承担高风险，追求高收益的投资模式。

第三节 证券投资基金的运作

一、证券投资基金的募集

（一）封闭式基金的募集

封闭式基金的募集又称"封闭式基金的发售"，指基金管理人根据有关规定向中国证监会提交募集文件、发售基金份额、募集基金的行为，封闭式基金的募集一般要经过申请、注册、发售、备案、公告五个步骤。申请募集封闭式基金应提交的主要文件包括基金申请报告、基金合同草案、基金托管协议草案、招募说明书草案等。基金募集期限届满，封闭式基金募集的基金份额总额要达到准予注册规模的 80% 以上。基金管理人应当自募集期限届满之日起 10 日内聘请法定验资机构验资，自收到验资报告之日起 10 日内，向国务院证券监督管理机构提交验资报告，办理基金备案手续，并予以公告。

（二）开放式基金的募集

开放式基金的募集程序与封闭式基金的募集程序相似，也要经过申请、核准、发售、备案、公告五个步骤。开放式基金应提交的申请募集文件项目与封闭式基金的基本相同，但开放式基金在一些文件的具体内容上与封闭式基金有所不同。开放式基金的募集期限自基金份额发售之日起计算，不得超过 3 个月。开放式基金的基金合同生效需要具备两个条件：（1）基金募集份额总额不少于 2 亿份，基金募集金额不少于 2 亿元人民币；（2）基金份额持有人的人数不少于 200 人。不符合上述条件的，该基金不得成立，同时基金管理人应当承担募集费用，已募集的资金并加计活期存款利息，应当自募集期满之日起 30 天内退还给基金认购人。

二、证券投资基金的交易与申购、赎回

证券投资基金的交易是针对封闭式基金而言的，而证券投资基金的申购与赎回则是专指开放式基金。

（一）封闭式基金的上市交易

1. 申请上市交易的条件。按照国际惯例，基金在发行结束一段时间后，通常为3~4个月，就需要安排基金的交易事宜，以增强基金的流动性，吸引更多的投资者购买基金。封闭式基金发行募集成功后，基金管理公司即可依法向有关证券交易所提出上市申请。根据《证券投资基金法》的规定，基金份额上市交易应当符合下列条件：（1）基金的募集符合本法规定；（2）基金合同期限为5年以上；（3）基金募集金额不低于2亿元人民币；（4）基金份额持有人不少于1 000人；（5）基金份额上市交易规则规定的其他条件。

基金上市前，基金管理人应与证券交易所签订上市协议书，按规定缴纳上市费用。基金在证券交易所上市后，基金信息披露义务人（包括基金管理人、基金托管人、召集基金份额持有人大会的基金份额持有人及其他法律、法规、规章和证券交易所业务规则规定的自然人、法人和其他组织）应当按照有关法律、行政法规的相关规定，及时公开披露与基金有关的重大信息。

2. 基金交易的委托与交收。在我国，同买卖股票一样，投资者可通过证券营业部委托申报或通过无形报盘、电话委托申报买卖基金单位，委托、成交具有以下特点。

（1）基金单位的委托买卖采用"公开、公平、公正"的原则和"价格优先，时间优先"的原则。

（2）基金交易委托以标准手数为单位进行，价格变化单位为0.001元。

（3）在证券市场的营业日可以随时委托买卖基金单位。

封闭式基金的交收在我国是同A股、国债、国债回购、债券等一样实行T+1交割、交收，即是指达成交易后，相应的基金交割与资金交收在成交日的下一个营业日（T+1）完成。

3. 基金市场价格的影响因素。封闭式基金上市后，其市场价格的确定主要受以下因素的影响。

（1）基金单位的资产净值。这是基金市场交易价格的价值基础，基金的市场交易价格以基金单位的资产净值为中心上下波动。

（2）基金的供求关系。因为封闭式基金的发行单位有限，投资者对基金单位的需求有可能超过或者低于市场的供应量，会因此导致基金交易价格的上涨或下跌。

（3）影响封闭式基金市场价格的异常因素。影响封闭式基金市场价格的异常因素包括多方面的内容，如投资者对基金的不正确认识和人为的炒作等，都有可能造成基金价格的上下波动。

4. 上市交易费用。投资者在委托买卖封闭式基金时，应支付各种费用，通常包括委托手续费、佣金、过户费等。委托手续费指证券公司经当地有关部门批准，在投资者办理委托买卖时，向投资者收取的，主要用于通信、设备、单证制作等方面的费用；佣金指投资者在委托买卖证券成交后按成交金额一定比例支付的费用，此项费用一般由证券公司经纪佣金、证券交易所交易经手费及管理机构的监管费等组成；过户费指委托买卖的股票、基金成交后，买卖双方为变更股权登记所支付的费用，这笔收入属于证券登记结算机构的收入，由证券公司在同投资者清算交割时代为扣收。

(二) 开放式基金的申购与赎回

1. 开放式基金的申购与赎回的含义。投资者购买开放式基金份额，就称为开放式基金的申购。开放式基金赎回是申购的相反过程，即投资者卖出基金份额，收回投资。根据《证券投资基金法》的规定，开放式基金的基金份额的申购和赎回由基金管理人负责办理；基金管理人可以委托经国务院证券监督管理机构认定的其他机构代为办理。基金管理人应当在每个工作日办理基金份额的申购、赎回业务；基金合同另有约定的，按照其执行。

开放式基金的申购与赎回有两种形式，即通过银行、证券公司、保险公司等代理机构进行的代销方式和直接通过基金管理公司进行的直销方式。按照规定，申购费率不得高于5%，赎回费率不得高于3%。申购和赎回价格以基金净值为基础。由于投资者在申购、赎回开放式基金份额时并不能知道买卖的成交价格，因此开放式基金的申购、赎回采取"金额申购、份额赎回"的原则，即申购以金额申请、赎回以份额申请。

2. 开放式基金申购与赎回的形式。开放式基金申购与赎回的形式有两种：一是通过商业银行、证券公司、保险公司等中介代理进行基金单位的交易；二是和基金管理公司的基金经理人直接进行基金单位的交易。同封闭式基金相比，开放式基金投资者之间不发生交易行为。

开放式基金申购与赎回按交易种类可以划分为认购、申购、赎回、转换与变更。认购主要指针对网下发行基金时的购买行为；转换是指不同基金之间基金单位的转变；变更是指基金在其运作过程中，因为某种特殊的情况和原因使基金本身或其运作过程发生重大改变，如赠与、法院判决等原因对受益人等的改变。其中，申购与赎回是基本的交易种类。

(1) 开放式基金的申购。投资者购买开放式基金份额，就称为开放式基金的申购。投资者申购开放式基金的流程包括：①开立账户；②确认申购金额；③支付款项；④申购确认。

(2) 开放式基金的赎回。基金赎回是申购的相反过程，即投资者卖出基金份额，收回投资的过程。开放式基金持有人在规定的持有期满后，可以向基金管理公司申请赎回基金单位。基金管理人不得拒绝赎回申请，也不得延迟支付赎回款。但是基金公司对基金单位的赎回一般都有明确规定，对基金单位的赎回有一定的限制。基金持有人只有在满足规定条件的情况下才能够赎回基金单位。与申购过程一样，基金持有人可以通过直销和代销机构向基金公司发出赎回指令，其中较关键的事项是：①发出赎回指令，②赎回价格基准，③领取赎回款。

> **专栏4-4**
> **基金的费用**
>
> 基金运作过程中涉及的费用主要包括两类：一类是基金销售过程中发生的由基金投资者自己承担的费用，包括申购费、赎回费、基金转换费。这些费用直接从投资者申购、赎回、转换的金额中收取。另一类是基金管理过程中产生的费用，包括基金管理费、托管费、信息披露费等。这些费用由基金资产承担。对于不收取申购费（认购费）、赎回费的货币市场基金，基金管理人可以依照相关规定从基金资产中持续计提一定比例的销售服务费，专门用于本基金的销售和对基金持有人的服务。

三、证券投资基金的投资运作

（一）投资目标

各类投资基金通常选择其认为最能取得投资效益的资产组合和经营运作方式。根据对风险和收益的判别与追求，投资基金的运作目标可分为四种类型。

1. 高风险—高收益型目标。高风险—高收益型目标强调为投资者提供最大可能的资本获利机会，而一般不在乎股利的收入。因此，这种运作目标的投资基金在运作过程中一般不注重投资的多样化和投资资产的经常性收入，而往往选择有高成长潜力的股票。一旦时机成熟，其股价就会成倍地上扬，该投资基金就可以通过股票买卖的股价差额，获取丰厚的投资回报。由于其高收益是以所承担的高风险为代价的，因此这种投资基金的收益状况波动较大。这种高风险—高收益型目标的投资基金主要投资于股票市场，通过股票的分散组合投资来控制波动性。追求这类投资目标的基金大致有成长型基金、积极成长型基金和新兴成长型基金。这三种类型的基金持有的股票价格波动较大，风险和可能取得的收益均较高。

2. 低风险—高收益型目标。低风险—高收益型目标重视投资资产的安全性和成长潜力的平衡，在选择投资的股票时，通常是选取记录优良，尤其是股息逐年增加的股票作为投资对象。这样既可以获得股息和红利这种经常性收入，又可在股票价格变动时，采取有利于投资基金的价位买卖股票以获得资本利得。持这类运作目标的基金大致有成长收入型基金和平衡型基金。

3. 低风险—低收益型目标。低风险—低收益型目标更加注重投资的安全性，以获取股息、红利和利息等经常性收入为主要目标，一般不追求股票交易的资本利得。所以这类投资基金在运作时通常选取固定利率债券和优先股，以及股息持续增长、红利水平较高的普通股为投资对象。持这种运作目标的基金主要是收入型基金，与成长型基金相比较，收入型投资基金具有明显的波动性小、投资风险低、投资收益低，但收益水平稳定的特点。

4. 以流动性为目标。流动性目标注重投资资产的流动性，其成立的宗旨就是为投资者提供资本保值的机会，并为投资者获取高于银行同期定期储蓄存款的利息。以流动性为运作目标的典型代表是货币市场型投资基金。这类投资基金主要将资产运用于货币市场上短期固定收入证券，如国库券、大额银行存款单、高等级固定收入票据、银行承兑汇票等。由于这类投资基金要求的最低投资额低，每日宣布并公开投资基金的累计净收益，投资者要求基金赎回基金单位的手续方便，没有摊销费用，因此它有利于小额投资者进入利率不受管制的短期资金市场。货币市场型投资基金的资产主要运用于期限短的证券，这类证券的利率变动相对稳定，资产流动性高，有利于避免资本的损失。与其他各类投资基金相比，这类以流动性为目标的投资基金安全度最高，但相应地，其可获得的收益也较低。

（二）投资原则

投资基金是集众人之金，行投资之实，因此保障投资人的权益也就成为其最重要的原则。同时，作为一种金融资产，投资基金的运作也要遵循盈利性、安全性和流动性的原则。而由于投资基金运用方面存在的特殊性，所以除了上述原则外，还需要保证其稳定性、独立性、灵活性、以投资者为中心和外部性。

（三）投资限制

投资基金的投资对象和投资行为要受到基金契约的规定以及法律法规的限制。基金契约的规定，取决于具体基金的投资目标和投资原则，各个基金有所不同。法律法规对投资基金作出的限制，是各国证券主管机构对投资基金作出的限制，是各国证券主管机构或政府有关部门为保障广大投资者的利益针对所有证券投资基金制定的。

1. 投资对象的限制。不同的投资基金具有不同的投资对象，加之各国相关法规的不同规定，所以对投资基金的投资对象和投资范围的划分也不一样，但总体来说还是较为宽松的。

我国《证券投资基金法》第六十九条规定：开放式基金应当保持足够的现金或者政府债券，以备支付基金份额持有人的赎回款项。基金财产中应当保持的现金或者政府债券的具体比例，由国务院证券监督管理机构规定。第七十三条规定，基金财产应当用于下列投资：(1) 上市交易的股票、债券；(2) 国务院证券监督管理机构规定的其他证券及其衍生品种。

2. 投资数量的限制。为分散投资风险以及避免影响股价公正，通常对基金的投资数量加以限制。我国《证券投资基金法》第七十二条规定：基金管理人运用基金财产进行证券投资，应当采用资产组合的方式。资产组合的具体方式和投资比例，依照本法和国务院证券监督管理机构的规定在基金合同中约定。

3. 特殊投资行为的限制。我国《证券投资基金法》第七十四条规定，基金财产不得用于下列投资或者活动：(1) 承销证券；(2) 违反规定向他人贷款或者提供担保；(3) 从事承担无限责任的投资；(4) 买卖其他基金份额，但是国务院证券监督管理机构另有规定的除外；(5) 向基金管理人、基金托管人出资；(6) 从事内幕交易、操纵证券交易价格及其他不正当的证券交易活动；(7) 法律、行政法规和国务院证券监督管理机构规定禁止的其他活动。

第四节　证券投资基金的价值评估

证券投资基金的价值评估就是指计算、评估基金资产和负债的价值，以确定基金资产净值和基金份额净值的过程，即对运用投资基金资产购买的一切有价证券按照一定的价格进行估算，其实质是资产的再次确认和计量。

一、开放式基金的投资价值评估

开放式基金的投资价值主要取决于单位基金资产净值。开放式基金份额的申购或赎回价格一般都直接按基金份额资产净值来计价。

单位基金资产净值则是指每一基金单位所代表的基金资产的净值。基金资产净值是指在某一基金估值时点上，按照公允价格计算的基金资产总值扣除负债后的余额，该余额是基金单位持有人的权益。基金资产总值是指基金拥有的各类证券的价值、银行存款本息、基金应收的申购款以及其他投资所形成的价值总和。而总负债是指基金运作及融资时所形成的负债，包括应付给他人的各项费用、应付资金利息等。

单位基金资产净值计算公式如下：

$$单位基金资产净值 = \frac{基金总资产 - 基金总负债}{基金发行总单位数} \quad (4-1)$$

单位基金资产净值是基金经营业绩的指示器,也是基金单位交易价格的内在价值的评估依据。一般情况下,基金份额价格与基金资产净值趋于一致,即资产净值增长,基金价格也随之提高。

(一) 单位基金资产净值的计算方法

计算单位基金资产净值的方法有两种:已知价或事前价法和未知价或事后价法。

1. 已知价法。已知价法是指基金管理公司以申请日之前的最近一个定价日确定的价格作为申购和赎回的依据来计算基金所拥有的证券资产,即现金、股票、期货合约等的总值,减去其对外负债总值,再除以已售出的基金单位总额,最终求得单位基金资产净值。

采用已知价交易,投资者当天就可能知道基金的买入价或购回价。

2. 未知价法。未知价法是指按照申请当天收市后计算的基金净值来定价。

采用未知价交易,投资者要到第二天才能知道基金的买入价和赎回价,才能确定自己能够买到多少基金份额。

目前,我国基本上采用未知价法对单位基金资产净值进行估值。

(二) 开放式基金的估值原则

按照公允价格计算基金资产的过程就是基金的估值。基金估值是计算基金份额资产净值的关键。基金往往分散投资于证券市场中的各种投资工具,如股票、债券等。由于这些资产的市场价格是不断变动的,因此,只有每日对基金份额资产净值重新计算,才能及时反映基金的投资价值。原则上,基金管理人必须每日对基金进行估值,并经过托管人复核后对外公布。但是在以下几种情况下将暂停基金估值。

一是基金投资所涉及的证券交易所遇法定节假日或因其他原因暂停营业时;二是因任何不可抗力使基金管理人、基金托管人无法准确评估基金资产净值时;三是占基金相当比例的投资品种的估值出现重大转变,而基金管理人为保障投资人的权益已决定延迟估值时;四是如出现基金管理人认为属于紧急事故的任何情况,会导致基金管理人不能出售或评估基金资产的情形时。

为了使证券投资基金估值结果能够准确、真实地反映基金资产和负债的公允价值,中国证监会〔2017〕13 号文件《中国证监会关于证券投资基金估值业务的指导意见》中对基金估值原则作出了全面的规定:

基金管理人在确定相关金融资产和金融负债的公允价值时,应根据《企业会计准则》的规定采用在当前情况下适用并且有足够可利用数据和其他信息支持的估值技术。

1. 对存在活跃市场且能够获取相同资产或负债报价的投资品种,在估值日有报价的,除会计准则规定的例外情况外,应将该报价不加调整地应用于该资产或负债的公允价值计量。估值日无报价且最近交易日后未发生影响公允价值计量的重大事件的,应采用最近交易日的报价确定公允价值。有充足证据表明估值日或最近交易日的报价不能真实反映公允价值的,应对报价进行调整,确定公允价值。

与上述投资品种相同,但具有不同特征的,应以相同资产或负债的公允价值为基础,并在估值技术中考虑不同特征因素的影响。特征是指对资产出售或使用的限制等，如果该限制是针对资产持有者的，那么在估值技术中不应将该限制作为特征考虑。此外，基金管理人不应考虑因其大量持有相关资产或负债所产生的溢价或折价。

2. 对不存在活跃市场的投资品种，应采用在当前情况下适用并且有足够可利用数据和其他信息支持的估值技术确定公允价值。采用估值技术确定公允价值时，应优先使用可观察输入值，只有在无法取得相关资产或负债可观察输入值或取得不切实可行的情况下才可以使用不可观察输入值。

3. 如经济环境发生重大变化或证券发行人发生影响证券价格的重大事件，使潜在估值调整对前一估值日的基金资产净值的影响在 0.25% 以上的，应对估值进行调整并确定公允价值。

（三）开放式基金的价格

开放式基金的报价方式一般有两种，即卖出价或申购价（Offer Price）和买入价或赎回价（Bid Price）。同外汇的买卖价格一样，开放式基金的卖出价均高于买入价，因为卖出价中包括了经营者的佣金。这种佣金（或称为销售附加费）主要是首次购买费和交易费。其确定公式如下：

$$卖出价 = 基金单位资产净值 + 交易费 + 首次购买费 \qquad (4-2)$$

一般来说，基金首次购买费在 5% 左右。而交易费是基金管理公司在进行投资基金买卖时向投资人所收取的费用。买卖基金收取的交易费一般占基金单位资产净值的 0.5%~1%。但是相当一部分基金在买卖时是不收费的。基金在赎回时如果不收取交易费，基金管理公司会把这笔费用分摊到其他投资者身上，所以扣除一定交易费还是合理的。但是对于一般投资者而言则增加了风险，因此，出现了一些不收费的开放式基金，其卖出价等于资产净值，投资者在购买该种基金时，不需缴纳销售附加费用，即：卖出价 = 基金单位资产净值。

基金的买入价或赎回价有三种计价方式：

（1）基金买入价 = 基金单位净资产值，即基金管理公司用单位资产净值赎回基金单位；

（2）基金买入价 = 基金单位资产净值 – 交易费；

（3）基金买入价 = 基金单位资产净值 – 赎回费。

多数开放式基金采用的是第一种计价方式，有的开放式基金采用第三种计价方式，采用第三种方式的目的是阻止投资者赎回投资，以保证基金资产的稳定。因为赎回费是由基金管理公司制定的高于交易费的费用。

基金管理公司采用何种方式计算基金单位的价值和价格，通常会在基金公开说明书中或基金交易合同中详细说明。投资者购买基金时应关注交易费用占基金资产净值的比例。

二、封闭式基金的投资价值评估

封闭式基金在证券交易所上市，其投资价值受以下因素的影响。

1. 基金单位的资产净值。这是基金市场交易价格的价值基础，基金的市场交易价格就以基金单位的资产净值为中心上下波动。

2. 基金的供求关系。因为封闭式基金的发行单位有限，投资者对基金单位的需求有可能超过或者低于市场的供应量，会因此导致基金交易价格的上涨或下跌。

3. 上市交易费用。投资者在委托买卖封闭式基金时应支付各种费用,通常包括委托手续费、佣金、过户费等。我国为了方便中小投资者投资基金,并体现对基金业发展的鼓励,作出了以下具体规定:

(1) 投资者可以开立专门的基金账户进行基金的买卖,收取 5 元人民币的开户手续费。拥有股票账户的投资者可以直接进行基金的买卖。

(2) 对基金的交易行为为免征印花税。

(3) 基金的交易佣金为 0.25%,低于股票(A 股)的交易佣金。

此外,封闭式基金的价格还受到影响整体证券市场价格走势的宏观经济形势、政治环境等多种因素影响。

正因为如此,封闭式基金的价格与其单位资产净值常常发生偏离。

【本章小结】

证券投资基金是一种实行组合投资、专业管理、利益共享、风险共担的集合投资方式。基金投资者、基金管理人和基金托管人是基金运作中的主要当事人。证券投资基金是随着证券市场的发展而产生的,它起源于英国,盛行于美国,经过一百多年的发展,已成为国际资本市场和货币市场最重要的投资工具之一。

根据不同的分类依据,可对基金进行多种分类。根据基金的组织形式和法律地位不同,可将基金分为契约型基金和公司型基金;根据受益凭证是否可赎回,可将基金分为封闭式基金与开放式基金;依据投资对象的不同,可以将基金分为股票基金、债券基金、货币市场基金、基金中基金、混合基金、指数基金等;按投资目标,基金可分为收入基金、成长基金、收入成长基金、积极成长基金、新兴成长基金以及平衡型基金;根据募集方式的不同,可以将基金分为公募基金和私募基金等。

基金投资设立依法定程序进行。证券投资基金的交易是针对封闭式基金而言的,而证券投资基金的申购与赎回则是专指开放式基金。

证券投资基金的价值主要取决于单位基金净值,本章介绍了单位基金净值的计算方法和确定原则。

【关键词】

证券投资基金　开放式基金　封闭式基金　契约型基金　公司型基金

【重要概念】

指数基金　基金赎回　基金管理人　LOF　ETF　货币市场基金

【思考题】

1. 证券投资基金的种类有哪些?
2. 开放式基金如何申购与赎回?
3. 简述证券投资基金与股票、债券的区别。
4. 公司型基金与契约型基金的区别有哪些?
5. 开放式基金与封闭式基金的区别有哪些?
6. 证券投资基金的禁止行为有哪些?

【计算题】

1. 某投资者投资10万元,购买某基金。该基金交易税费率为1.5%,假设购买当日该基金单位净值为1.05元,请计算投资者可购买多少份基金。

2. 假设某基金某日持有的三种股票的数量分别为300万股、600万股和1 000万股,每股的收盘价分别为30元、25元和18元,银行存款为10 000万元,对托管人或管理人应付的报酬为5 000万元,应付税金为5 000万元,基金单位为20 000万元,请计算基金单位净值。

第五章
衍生证券

有关期权交易的最早记载是《圣经·创世纪》中关于合同制的协议。17世纪30年代末，荷兰的批发商已经懂得利用期权来管理郁金香交易风险，批发商通过向种植者购买认购期权的方式，在合约签订时就锁定未来郁金香的最高进货价格。收购季到来时，如果郁金香的市场价格比合约规定价格低，那么批发商可以放弃期权，选择以市场价购买郁金香而仅损失权利金；如果郁金香的市场价格高于合约规定的价格，那么批发商有权按照约定的价格购买郁金香，这是最早的商品期权。18、19世纪，美国及欧洲相继出现了标的物以农产品为主的场外市场期权交易。

1973年4月26日，首张股票看涨期权合约在芝加哥期权交易所正式亮相，第一批期权合约以16只个股为标的，拉开了期权场内标准化交易时代的序幕。随后美国主要交易所[芝加哥期权交易所（CBOE）：1973年，美国证券交易所（AMEX）：1974年，费城证券交易所（PHEX）：1975年，太平洋证券交易所（PASE）和中西部证券交易所（MWSE）：1976年，纽约证券交易所（NYSE）：1982年]相继推出了股票期权业务。期权合约的标的品种也逐渐丰富，涵盖了股票指数、外汇、商品期货等。

1978年英国伦敦证券交易所、荷兰欧洲期权交易所都开办了股票期权业务。20世纪80年代以来，股票期权市场在全球发展迅猛，德国、法国、日本、新加坡、中国香港等国家和地区的许多交易所都开始了股票期权交易。经过四十余年的发展，海外证券市场形成了包含股指期权、股票期权、ETF期权、利率期权和外汇期权等多种类型产品的期权产品体系，为投资者有效管理金融风险发挥了重要作用。

作为国内第一只场内期权，50ETF期权自2015年2月9日上市以来，其开户数量保持平稳增长。截至2019年第三季度，50ETF期权的开户总数达到39.39万户，较上年同期增长36.51%。越来越多的投资者开始选择股票期权作为其风险管理和增强收益的工具。

2019年12月23日，沪深300ETF期权、沪深300股指期权等共3只期权新品种上市交易，这意味着股指期权在国内正式破冰。在这之前，国外市场中更为成熟的股指期权品种在我国还是空白。此次推出了沪深300股指期权，意味着我国正式进入了股指期权时代。

通过本章学习你将了解和掌握以下知识：
- 金融期货交易与现货交易的差异；
- 股指期货功能与基本制度；
- 金融期权与金融期货的区别；
- 可转换公司债券交易价格的影响因素。

衍生证券是一种收益由其他资产证券的价格决定的证券，其价值由其他的标的资产价格的变动而决定。

衍生证券的标的资产为股票、股价指数、债券、利息率等。衍生证券分为契约型和证券型两类。契约型衍生证券以股票、债券等资本证券或者资本证券的整体价值衡量标准（如股票指数）为基础，主要包括各类期货、期权等品种，如股指期货、股指期权、国债期货、股票期权等。证券型衍生证券品种是股票等基础证券和一个权利合约相结合，并将其中的权利以证券的形式表现出来，形成的一种新的证券品种。有代表性的证券型证券衍生品种包括存托凭证和可转换公司债券等。

第一节 金融期货

一、金融期货的含义及特点

（一）金融期货的含义

金融期货一般分为三类：货币期货、利率期货和指数期货。金融期货作为期货中的一种，具有期货的一般特点，但与商品期货相比较，其合约标的物不是实物商品，而是

> 金融期货（Financial Futures）是指交易双方在金融市场上，以约定的时间和价格，买卖某种金融工具的具有约束力的标准化合约。此合约是以金融工具为标的物的期货合约。

传统的金融商品，如证券、货币、利率等。金融期货产生于20世纪70年代的美国市场，目前，金融期货在许多方面已经走在商品期货的前面，其交易量占整个期货市场交易量的80%，成为西方金融创新成功的例证。

（二）金融期货的特点

1. 跨期性。金融期货是交易双方通过对股价指数变动趋势的预测，约定在未来某一时间按照一定条件进行交易的合约。因此，金融期货的交易是建立在对未来预期的基础上，预期的准确与否直接决定了投资者的盈亏。

2. 杠杆性。金融期货交易不需要全额支付合约价值的资金，只需要支付一定比例的保证金就可以签订较大价值的合约。例如，假设金融期货交易的保证金为10%，投资者只需支付合约价值10%的资金就可以进行交易。这样，投资者就可以控制10倍于所投资金额的合约资产。

3. 联动性。金融期货的价格与其标的资产的变动联系极为紧密。如股价指数是股指期货的基础资产，对股指期货价格的变动具有很大影响。金融期货是对未来价格的预期，因此对标的资产的价格有一定的引导作用。

4. 高风险性和风险的多样性。金融期货的杠杆性决定了它具有比金融现货市场更高的风险性。此外，金融期货还存在着特定的市场风险、操作风险、现金流风险等。

（三）金融期货交易与现货交易的差异

1. 金融期货合约有到期日，不能无限期持有。股票买入后正常情况下可以一直持有，但金融期货合约有确定的到期日，因此交易金融期货必须注意合约到期日，以决定是提前平仓

了结持仓，还是等待合约到期进行现金交割。

2. 金融期货交易采用保证金制度。即在进行金融期货交易时，投资者不需要支付合约价值的全额资金，只需支付一定比例的资金作为履约保证；而通常股票交易需要支付股票价值的全部金额。由于金融期货是保证金交易，亏损额甚至可能超过投资本金，这一点和现货交易有所不同。

3. 在交易方向上，金融期货交易是双向交易，金融期货交易可以卖空，即先买后卖，也可以买空，即先卖后买。而现货交易多是单向交易，即先买后卖。

4. 在结算方式上，金融期货交易采用当日无负债结算制度，交易所当日要对交易保证金进行结算，如果账户保证金不足，必须在规定的时间内补足，否则可能会被强行平仓；而股票交易采取全额交易，不需要投资者追加资金，且买入股票后在卖出以前，账面盈亏都是不结算的。

（四）金融期货的参与者

根据进入金融期货市场的目的不同，金融期货市场投资者可以分为三大类：套期保值者、套利者和投机者。

1. 套期保值者。套期保值者指通过在金融期货市场上买卖与现货价值相等但交易方向相反的期货合约，来规避现货价格波动风险的机构或个人。

2. 套利者。套利者指利用金融期货市场和股票现货市场（期现套利）、不同的金融期货市场（跨市套利）、不同金融期货合约（跨商品套利）或者同种商品不同交割月份（跨期套利）之间出现的价格不合理关系，通过同时买进卖出以赚取价差收益的机构或个人。

3. 投机者。投机者指那些专门在金融期货市场上买卖金融期货合约，即看涨时买进、看跌时卖出以获利的机构或个人。

二、金融期货的主要功能

（一）风险规避功能

金融期货的风险规避是通过套期保值来实现的。证券市场的风险可分为非系统性风险和系统性风险两个部分。非系统性风险通常可以采取分散化投资的方式将这类风险的影响减到最低程度；而系统性风险则难以通过分散投资的方法加以规避，投资者可以通过在股票市场和金融期货市场进行反向操作达到规避风险的目的。

（二）价格发现功能

金融期货具有发现价格的功能。高效的期货市场中众多投资者的竞价，有利于形成更能反映股票真实价值的股票价格。期货市场之所以具有发现价格的功能，一方面，金融期货交易的参与者众多，价格形成当中包含了来自各方的对价格预期的信息；另一方面，金融期货具有交易成本低、杠杆倍数高、指令执行速度快等优点，投资者更倾向于在收到市场新信息后，优先在期市调整持仓，也使得金融期货价格对信息的反应更快。

（三）资产配置功能

金融期货交易由于采用保证金制度，交易成本很低，因此被机构投资者广泛用来作为资产配置的手段。例如，一个以债券为主要投资对象的机构投资者认为近期股市可能出现大幅上涨，打算抓住这次投资机会，但由于投资于债券以外的品种有严格的比例限制，不可能将大部分资金投资于股市，此时该机构投资者可以利用很少的资金买入金融期货，就可以获得股市上涨的平均收益，提高资金总体的配置效率。

三、金融期货合约的主要内容

金融期货合约是交易所统一制定的一种标准化协议，是金融期货交易的对象。金融期货合约的内容需要在交易前事先明确，一般包括以下内容。

1. 合约乘数与合约价值。金融期货合约的标的物为股票价格指数，由于标的物没有自然单位，这种股价总水平只能以指数的点数与某一既定的货币金额的乘数的乘积来表示，乘数表明了每一指数点代表的价格，被称为合约乘数。合约乘数是将以"点"为计价单位的股价指数转化为以货币为计价单位的金融资产的乘数。

合约价值则等于合约指数乘合约乘数。由于指数点和合约乘数不同，全球金融期货合约价值也不相同。合约价值的大小与标的指数的高低和规定的合约乘数大小有关。

例如，股票指数为 3 000 点，如果乘数为 300 元，合约价值就是 3 000 × 300 = 90 万元。当股票指数上涨到 4 000 点时，合约价值就变为 4 000 × 300 = 120 万元。

2. 最小变动价位。金融期货合约最小变动价位是指金融期货交易中每次报价变动的最小单位，通常以标的指数点数来表示。投资者报出的指数必须是最小变动价位的整数倍，合约价值也必须是交易所规定的最小变动价值的整数倍。比如，S&P500 指数期货合约的最小变动价位是 0.1 点，只有报 1 478.2 或 1 478.3 进行交易才有效，而 1 478.25 的报价无效。

3. 每日价格波动限制。为了防止市场发生恐慌和投机狂热，也是为了限制单个交易日内太大的交易损失，交易所规定了单个交易日中合约价值最大的上升或下降极限，这就是涨跌停板。股指价格只能在涨跌停板的范围内交易，否则交易就会被暂停。涨跌停板通常是与前一交易日的结算价相联系的。如果出现了在涨跌停板交易的情况，随后的交易只允许在这个范围内进行。如果出现连续几天涨跌停板，交易就会被暂停。并非所有的交易所都采用涨跌停板的限制。例如，中国香港的恒指期货交易、英国的金融时报 100 指数期货交易都没有这种规定。芝加哥商业交易所只规定了每日价格最大的跌幅为 20%，上涨则没有限制，而且还规定了在达到最大跌幅之前必须经历的一系列缓冲阶段及如何执行的程序。

4. 合约月份与交易时间。金融期货的合约月份是指金融期货合约到期结算所在的月份。不同国家和地区的金融期货合约月份不尽相同。有的合约月份以 3 月、6 月、9 月、12 月为循环月份，比如 2019 年 2 月，S&P500 指数期货的合约月份为 2019 年 3 月、6 月、9 月、12 月和 2020 年 3 月、6 月、9 月、12 月。而香港恒生指数期货的合约月份为当月、下月及最近的两个季月（季月指 3 月、6 月、9 月、12 月）。例如，2019 年 2 月，香港恒生指数期货的合约月份为 2019 年 2 月、3 月、6 月、9 月。

金融期货的交易时间是期货交易所规定的可以进行金融期货交易的时间。一般交易所规定交易时间为每周营业 5 天，周六、周日及法定节假日休息。每个交易日分为两盘，即上午盘和下午盘，而某些交易所已实现了全天候交易。

5. 持仓限额。某些交易所对投资者规定了最大持仓限额，制定最大持仓限额的目的是防止少数资金实力雄厚的投资者凭借掌握超量持仓操纵或影响市场。有些交易所为了及早发现与监控资金雄厚大户的动向，还设置了大户持仓申报制度。

6. 最后交易日和最后结算日。金融期货的最后交易日指金融期货在合约到期月份中最后可以交易的一天；金融期货合约的最后结算日，是指金融期货在合约到期月份进行实际现金结算的一天。最后交易日和最后结算日不一定在每月的月末。最后结算日一般在最后交易日之后的下一个工作日。例如，S&P500 金融期货合约的最后交易日为合约月份第三个周五之前的那个周四，最后结算日为合约月份第三个周五。

7. 结算方法与交割结算。金融期货交易中，大多数交易所采用当天期货交易的收盘价作为当天的结算价，S&P500 金融期货合约与香港的恒生指数期货合约交易都采用此方法。也有一些交易所不采用这种方法，如西班牙衍生品交易所的 IBEX–35 金融期货合约规定的结算价为收市时最高买价和最低卖价的算术平均值。

交割结算价是在最后结算日金融期货合约的最后一个结算价，它是未平仓的合约进行现金交割的依据。

四、金融期货交易

（一）金融期货交易流程

一个完整的金融期货交易流程包括开户、下单、结算、平仓或交割四个环节。

1. 开户：投资者参与金融期货交易，需要与符合规定的期货公司签署风险说明书和期货经纪合同，并开立期货账户。

2. 下单：指投资者在每笔交易前向期货公司下达交易指令，说明拟买卖合约的种类、方向、数量、价格等的行为。

3. 结算：结算是指根据交易结果和中金所有关规定对会员、投资者的交易保证金、盈亏、手续费及其他有关款项进行计算、划拨的业务活动。

4. 平仓或交割：平仓是指投资者通过买入或者卖出与其所持有的金融期货合约的品种、数量相同但交易方向相反的合约，以此了结期货交易的行为。交割是指投资者在合约到期时通过现金结算方式了结期货交易的行为。

（二）金融期货交易基本制度

1. 保证金制度。投资者在进行期货交易时，必须按照买卖期货合约价值的一定比例来缴纳资金，作为履行期货合约的财力保证，然后才能参与期货合约的买卖。这笔资金就是我们常说的保证金。例如，假设沪深 300 金融期货的保证金为 12%，合约乘数为 300，那么，当沪深 300 指数为 2 380 点时，投资者交易一张期货合约，需要支付的保证金应该是 $2\,380 \times 300 \times 0.12 = 85\,680$ 元。

2. 每日无负债结算制度。每日无负债结算制度也称为"逐日盯市"制度，指期货交易所要根据每日市场的价格波动对投资者所持有的合约计算盈亏并划转保证金账户中相应的资金。

期货交易实行分级结算，交易所首先对其结算会员进行结算，结算会员再对非结算会员及其客户进行结算。交易所在每日交易结束后，按当日结算价格结算所有未平仓合约的盈亏、交易保证金及手续费、税金等费用，对应收应付的款项同时划转，相应增加或减少会员的结算准备金。

交易所将结算结果通知结算会员后，结算会员再根据交易所的结算结果对非结算会员及客户进行结算，并将结算结果及时通知非结算会员及客户。若经结算，会员的保证金不足，交易所应立即向会员发出追加保证金通知，会员应在规定时间内向交易所追加保证金。若客户的保证金不足，期货公司应立即向客户发出追加保证金通知，客户应在规定时间内追加保证金。投资者可在每日交易结束后上网查询账户的盈亏，确定是否需要追加保证金或转出盈利。

3. 价格限制制度。价格限制制度包括涨跌停板制度和价格熔断制度。

（1）涨跌停板制度主要用来限制期货合约每日价格波动的最大幅度。根据涨跌停板的规定，某个期货合约在一个交易日中的交易价格波动不得高于或者低于交易所事先规定的涨跌幅度，超过这一幅度的报价将被视为无效，不能成交。合约上一交易日的结算价加上允许的最大涨幅构成当日价格上涨的上限，称为涨停板，而该合约上一交易日的结算价减去允许的最大跌幅则构成当日价格下跌的下限，称为跌停板。

（2）熔断制度，即在每日开盘之后，当某一合约申报价触及熔断价格并且持续一分钟，则对该合约启动熔断机制。熔断制度是启动涨跌停板制度前的缓冲手段，发挥防护栏的作用。

4. 持仓限制制度。交易所为了防范市场操纵和少数投资者风险过度集中的情况，对会员和客户手中持有的合约数量上限进行一定的限制，这就是持仓限制制度。限仓数量是指交易所规定结算会员或投资者可以持有的、按单边计算的某一合约的最大数额。一旦会员或客户的持仓总数超过了这个数额，交易所可按规定强行平仓或者提高保证金比例。

5. 强行平仓制度。强行平仓制度是与持仓限制制度和涨跌停板制度等相互配合的风险管理制度。当交易所会员或客户的交易保证金不足并未在规定时间内补足，或当会员或客户的持仓量超出规定的限额，或当会员或客户违规时，交易所为了防止风险，将对其持有的未平仓合约进行强制性平仓处理，这就是强行平仓制度。

6. 大户报告制度。大户报告制度指当投资者的持仓量达到交易所规定的持仓限额时，应通过结算会员或交易会员向交易所或监管机构报告其资金和持仓情况。

7. 结算担保金制度。结算担保金是指由结算会员依交易所的规定缴存的，用于应对结算会员违约风险的共同担保资金。当个别结算会员出现违约时，在动用完该违约结算会员缴纳的结算担保金之后，可要求其他会员的结算担保金要按比例共同承担该会员的履约责任。结算会员联保机制的建立确保了市场在极端行情下的正常运作。

结算担保金分为基础担保金和变动担保金。基础担保金是指结算会员参与交易所结算交割业务必须缴纳的最低担保金数额；变动担保金是指结算会员随着结算业务量的增大，须向交易所增缴的担保金部分。

（三）金融期货交易盈亏计算

期货合约以当日结算价作为计算当日盈亏的依据。具体计算公式如下：

$$当日盈亏 = \sum[(卖出成交价 - 当日结算价) \times 卖出量]$$
$$+ \sum[(当日结算价 - 买入成交价) \times 买入量]$$
$$+ (上一交易日结算价 - 当日结算价)$$
$$\times (上一交易日卖出持仓量 - 上一交易日买入持仓量)$$

当日盈亏在当日结算时进行划转，盈利划入结算准备金，亏损从结算准备金中划出。

例：某投资者在上一交易日持有某金融期货合约 10 手多头持仓，上一交易日的结算价为 1 500 点。当日该投资者以 1 505 点的成交价买入该合约 8 手多头持仓，又以 1 510 点的成交价卖出平仓 5 手，当日结算价为 1 515 点，则当日盈亏具体计算如下：

当日盈亏 =（1 510 – 1 515）× 5 +（1 515 – 1 505）× 8 +（1 500 – 1 515）×（0 – 10）= 205 点

如果该合约的合约乘数为 300 元/点，则该投资者的当日盈亏为 205 点 × 300 元/点 = 61 500 元。

五、金融期货的种类

按照合约的标的物来分，金融期货主要有外汇期货、利率期货和股价指数期货。这里我们主要介绍股价指数期货和利率期货中的国债期货。

（一）股价指数期货

股价指数期货（股指期货，Share Price Index Futures，SPIF），是指以股价指数为标的物的标准化期货合约，双方约定在未来的某个特定日期，可以按照事先确定的股价指数的大小，进行标的指数的买卖，到期后通过现金结算差价来进行交割。作为期货交易的一种类型，股指期货交易与普通商品期货交易具有基本相同的特征和流程。

我国于 2010 年 4 月 16 日起推出沪深 300 股指期货，2015 年 4 月 16 日又推出了中证 500 股指期货和上证 50 股指期货。

表 5-1　沪深 300 指数期货合约表

合约标的	沪深 300 指数
合约乘数	每点 300 元
报价单位	指数点
最小变动价位	0.2 点
合约月份	当月、下月及随后两个季月
交易时间	上午：9:15~11:30，下午：13:00~15:15
最后交易日交易时间	上午：9:15~11:30，下午：13:00~15:00
每日价格最大波动限制	上一个交易日结算价的 ±10%
最低交易保证金	合约价值的 12%（有时有变动）
最后交易日	合约到期月份的第三个周五，遇国家法定节假日顺延
交割日期	同最后交易日
交割方式	现金交割
交易代码	IF
上市交易所	中国金融期货交易所

专栏 5-1
上证 50 股指期货合约与中证 500 股指期货合约

2015 年 4 月 16 日，中国金融期货交易所推出了上证 50 股指期货与中证 500 股指期货。这一举措进一步完善了股指期货产品序列，丰富了金融市场产品类型，满足了不同风格投资者对不同市值股票的财富管理和风险管理需求，对于促进境内资本市场发展、提升境内资本市场效率都具有十分积极的意义。

上证 50 股指成分股挑选上海证券市场中规模大、流动性好的最具代表性的 50 只股票组成样本股，主要集中在金融、地产、能源等支柱性行业，综合反映了我国证券市场中最具市场影响力的一批龙头企业的整体状况。推出上证 50 股指期货，有利于增强大盘蓝筹股的流动性，稳定蓝筹股价值中枢，推动蓝筹股市场建设，提高投资者持股信心，从而实现股市长期稳定发展。上证 50 股指期货合约乘数定为每点价值 300 元人民币。

中证 500 股指成分股由全部 A 股中剔除沪深 300 指数成分股及总市值排名前 300 名的股票后，总市值排名靠前的 500 只股票组成。中证 500 指数成分股主要集中在电子、计算机、传媒等成长性行业，其指数综合反映了中国 A 股市场中一批中小市值公司的股票价格表现。该板块公司数量多，单个公司市值小，行业覆盖面广，是我国经济结构转型、技术升级和自主创新发展的重要依托力量。中证 500 股指期货合约乘数定为每点价值 200 元人民币。

（二）国债期货

国债期货（Treasury Future）是指通过有组织的交易场所预先确定买卖价格，并于未来特定时间内进行钱券交割的国债派生交易方式。国债期货属于金融期货的一种，是一种高级的金融衍生工具。它是在 20 世纪 70 年代美国金融市场不稳定的背景下，为满足投资者规避利率风险的需求而产生的。美国国债期货是全球成交最活跃的金融期货品种之一。2013 年 9 月 6 日，国债期货正式在中国金融期货交易所上市交易。

表 5-2 我国的 5 年期国债期货合约表

合约标的	面值为 100 万元人民币、票面利率为 3% 的名义中期国债
可交割国债	发行期限不高于 7 年、合约到期月份首日剩余期限为 4~5.25 年的记账式附息国债
报价方式	百元净价报价
最小变动价位	0.005 元
合约月份	最近的三个季月（3月、6月、9月、12月中的最近三个月循环）
交易时间	09:30~11:30，13:00~15:15
最后交易日交易时间	09:30~11:30
每日价格最大波动限制	上一交易日结算价的 ±1.2%
最低交易保证金	合约价值的 1%
最后交易日	合约到期月份的第二个星期五
最后交割日	最后交易日后的第三个交易日
交割方式	实物交割
交易代码	TF
上市交易所	中国金融期货交易所

> **专栏 5-2**
> **美国国债期货合约**
>
> 美国的国债分为短期、中期和长期三种,与此相对应,国债期货合约也分为短期、中期和长期三种。
>
> 1. 短期国债期货合约——国库券期货合约。美国的国库券期货合约是一种以 91 天(13 周)期的国库券为标的物的短期国债期货合约,它包括:
>
> (1) 交易单位。每份合约代表 100 万美元的 91 天(13 周)期的国库券。
>
> (2) 报价方式。以指数方式报出,报价指数 =(1-年贴现率)×100。
>
> (3) 最小变动价位。1 个百分点的百分之一,即 0.01%,或称为一个基本点。
>
> (4) 交割月份为每年的 3 月、6 月、9 月、12 月。
>
> (5) 交割品。虽然合约以 90 天国库券为标的物,但合约到期并不限于 90 天期国库券,而是根据国际货币市场(IMM)的规定,既可以是新发行的 3 个月期、91 天或 92 天国库券,也可以是有 90 天剩余期限的原来发行的 6 个月或 1 年期国库券,以确保交割的完成。
>
> (6) 交割价的计算。在交割时,空头交割短期国库券,多头支付发票金额,发票金额 = 面值 - 年贴现率×面值×到期日数/360 天。
>
> 2. 长期国债期货合约。长期国债期货合约是以一种(虚构的)20 年期、息票利率为 8% 的长期国债为标的物的期货合约,内容包括:
>
> (1) 交易单位。每份长期国债期货合约的数额为 10 万美元。
>
> (2) 交割月份为每年的 3 月、6 月、9 月、12 月。
>
> (3) 报价方式。以美元和 1/32 美元为单位报出,所报价格是面值为 100 美元国债价格。
>
> (4) 交割方式。交割涉及 3 天:第一天是期货合约交割月份的第一个营业日前的第二天;第二天,清算所从众多的未平仓的多头之中选择买方,一旦选定,卖方就会对某特定的交割债券开出发票,买方准备支付款项;第三天即实际交割和付款日。
>
> (5) 交割制度。其标的物是期限为 20 年、息票利率为 8% 的长期公债券。然而,这种标准化的标的债券在现货市场上很少存在,甚至不存在,因此,美国实行混合交割制度,即卖方可用于交割的债券是剩余期限不少于 15 年的任何美国长期公债券,这就需要引入转换系数对不同票面利率的国债进行价格折算,使每一种国债都保持 8% 的息票利率。
>
> 3. 中期国债期货合约。中期国债期货合约是一种偿还期在 1 年以上,不超过 10 年的以国债为标的物的期货合约,除了标的物和混合交割制度中交割对象的剩余期限与长期国债期货合约不同外,其他相同。
>
> 由于美国国债期货合约设计合理,因此美国国债期货合约成为其他国家设计本国国债期货合约的借鉴对象。

六、期货交易策略

(一) 套期保值

1. 套期保值的原理。套期保值是在现货市场和期货市场对同一种类的商品同时进行数量相等但方向相反的买卖活动，即在买进或卖出实货的同时，在期货市场上卖出或买进同等数量的期货，经过一段时间，当价格变动使现货买卖上出现盈亏时，可由期货交易上的亏盈得到抵消或弥补，从而在"现"与"期"之间、近期和远期之间建立一种对冲机制，以使价格风险降低到最低限度。

套期保值的理论基础是现货和期货市场的走势趋同（在正常市场条件下），由于这两个市场受同一供求关系的影响，所以二者价格同涨同跌。但是由于在这两个市场上操作相反，所以盈亏相反，期货市场的盈利可以弥补现货市场的亏损。套期保值的交易原则如下：（1）交易方向相反原则；（2）商品种类相同原则；（3）商品数量相等原则；（4）月份相同或相近原则。

根据参与期货交易的方向不同，可以把股指期货套期保值交易划分为买入套期保值和卖出套期保值两类。买入套期保值是指投资者因担心目标指数或股票组合价格上涨而买入相应股指期货合约进行套期保值的一种交易方式，即在期货市场上首先建立多头交易部位（头寸），在套期保值期结束时再对冲掉的交易行为，因此也称为"多头保值"。买入套期保值的目的是锁定目标指数基金或股票组合的买入价格，规避价格上涨的风险。卖出套期保值是指投资者因担心目标指数或股票组合价格下跌而卖出相应股指期货合约的一种保值方式，即在期货市场上先开仓卖出股指期货合约，待下跌后再买入进行平仓的交易行为，因此又称为"空头保值"。卖出套期保值的目的是锁定目标指数或股票组合的卖出价格，规避价格下跌的风险。

2. 买入股指期货套期保值。如果投资者计划在一段时期之后买入股票，但又预测股市会在近期上涨，即可以通过买入股指期货合约锁定股票未来的买入成本。

例：某基金管理公司预计在 2 个月之后其一机构客户将对该基金进行一次申购。如果目前以该资金买入一股票投资组合，该组合的价值为 95 万元，此时深证成分指数期货价格为 10 000 点。该基金此时买入一张 2 个月期的深证成分指数期货合约来锁定成本。一段时期后，股市上涨，基金计划买入的股票投资组合价值上升到 106 万元，深证成分指数期货价格为 11 500 点，投资者卖出深证成分指数期货合约进行平仓。因此，

股票市场上损失：11 万元（买入成本比 2 个月之前高）

期货市场上盈利为 15 万元 = (11 500 − 10 000) 点 × 100 元／点

投资者最终盈利：4 万元

由例可见，股指期货锁定了投资者一段时期后买入股票的成本。

3. 卖出股指期货套期保值。假设：4 月 15 日，某机构持有市值 900 万元的股票组合（该组合与沪深 300 指数之间的贝塔系数为 1.2），拟在 5 月上旬股票分红完毕后卖出该组合。由于预期 5 月初市场可能下跌，于是决定采取套期保值策略。假定此时 IF1005 合约的价格为 3 000 点，沪深 300 指数为 2 990 点。套期保值的基本操作步骤如下（不计手续费等其他费用）。

①确定套期保值及方向：卖出套期保值。

②选择合约月份：由于拟在 5 月上旬卖出股票组合，根据"期限接近"原则，并考虑合约流动性，选择 5 月份到期的沪深 300 股指期货合约，即 IF1005 合约。

③计算合约数量:根据"数量相当"原则,用于套保的期货合约总价值应与现货资产的"修正价值"基本相当。4月15日,该股票组合的修正价值为:900万元×1.2＝1 080万元,一手IF1005合约的价值为3 000点×300元/点＝90万元,因此,应卖出IF1005合约的数量为:1 080万元÷90万元/手＝12手。于是该机构即以3 000点的价格卖出开仓12手IF1005合约。

④结束套保:5月中旬该股票组合分红结束时,沪深300指数已下跌至2 950点,此时IF1005合约价格为2 940点。该机构在卖出全部股票组合的同时,以2 940点的价格买入平仓12手IF1005合约。

⑤套保效果评估:在结束本次套保后,该机构在股指期货市场实现的盈利为:(3 000点－2 940点)×300元/点×12＝21.6万元。在股票市场,相比4月15日,5月中旬卖出股票组合的亏损为:(2 950－2 990)÷2 990×1.2×900＝－14.45万元。两者相抵后略有盈利:21.6－14.45＝7.15万元,即该机构相当于以比4月15日更优的价格卖出了股票组合,还如期获得了股票分红,从而达到了套期保值的初衷。反之,如果5月中旬股票市场相对4月15日处于上涨状态,则该机构在股指期货市场将出现亏损,但在现货市场能以更高的价格卖出股票组合,同样也能实现套期保值的目的。

（二）套利

期货市场的套利主要有三种形式,即跨月套利、跨市场套利、跨商品套利。

1. 跨月套利。跨月套利又称"跨交割月份套利"或"月份间套利",是指交易者在同一市场利用同一种商品不同交割期之间的价格差距的变化,买进某一交割月份期货合约的同时,卖出另一交割月份的同类期货合约以谋取利润的活动。其实质是利用同一商品期货合约的不同交割月份之间的差价的相对变动来获利。这是最为常用的一种套利形式。

其具体操作方法是:在同一交易所内买进某一交割月份的一种期货合约的同时,卖出另一交割月份的同种期货合约,等到其价差出现并向有利可图的方向扩大或缩小时,再对冲了结手中持有的合约头寸,平仓获利。

比如:如果注意到5月份的股指货和7月份的股指期货价格差异超出正常的价格,你可以买入5月份的期货合约而卖出7月份的期货合约。过后,当7月份合约与5月份合约更接近而缩小了两个合约的价格差时,你就能从价格差的变动中获得一笔收益。跨月套利与商品绝对价格无关,而仅与不同交割期之间价差变化趋势有关。

2. 跨市套利。跨市套利指投机者利用同一商品在不同交易所的期货价格的不同,在两个交易所同时买进和卖出期货合约以谋取利润的活动。具体操作方法是:在某一期货交易所买进某交割月份的某种期货合约的同时,在另一交易所卖出同一交割月份该种期货合约,当同一商品在两个交易所中的价格差额超出了将商品从一个交易所的交割仓库运送到另一交易所的交割仓库的费用时,可以预计,它们的价格将会缩小并在未来某一时期体现真正的跨市场交割成本。

如伦敦金属交易所（LME）与上海期货交易所（SHFE）都进行阴极铜的期货交易,每年两个市场间会出现几次价差超出正常范围的情况,这为交易者的跨市套利提供了机会。例如,当LME的铜价低于SHFE的铜价时,交易者可以在买入LME的铜合约的同时,卖出

SHFE 的铜合约，待两个市场价格关系恢复正常时再将买卖合约对冲平仓并从中获利，反之则相反。

3. 跨商品套利。跨商品套利是指利用两种不同的，但是相互关联的商品之间的期货价格的差异进行套利，即买进（卖出）某一交割月份某一商品的期货合约，而同时卖出（买入）另一种相同交割月份、另一关联商品的期货合约。主要特点是：商品期货合约不同，但相互关联性较大（如小麦和玉米之间的价格变化趋势相关性很大），两种商品期货的交割月份相同。

跨商品套利必须具备以下条件：

第一，两种商品之间应具有关联性与相互替代性；

第二，交易受同一因素制约；

第三，买进或卖出的期货合约通常应在相同的交割月份。

第二节　金融期权

一、金融期权的含义与种类

（一）金融期权的含义

具体而言，其购买者在向出售者支付一定费用后，就获得了能在规定期限内以某一特定价格向出售者买进或卖出一定数量的某种金融商品或金融期货合约的权利。金融期权是赋予其购买者在规定期限内按双方约定的价格购买或出售一定数量某种金融资产的权利的合约。

> 金融期权（Financial Option），是在期货基础上产生的一种金融衍生产品，是指以金融商品或金融期货合约为标的物的期权交易的合约。

（二）金融期权的种类

由于期权交易方式、方向、标的物等方面的不同，产生了众多的期权品种。

1. 看涨期权与看跌期权。按期权的权利划分，可分为看涨期权和看跌期权两种类型。

看涨期权（Call Options），又称认购期权，是指期权的买方向期权的卖方支付一定数额的权利金后，即拥有在期权合约的有效期内，按事先约定的价格向期权卖方买入一定数量的期权合约规定的特定商品的权利，但不负有必须买进的义务。而期权卖方有义务在期权规定的有效期内，应期权买方的要求，以期权合约事先规定的价格卖出期权合约规定的特定商品。

看跌期权（Put Options），又称认沽期权，是指期权的购买者拥有在期权合约有效期内按执行价格卖出一定数量标的物的权利，但不负担必须卖出的义务。

2. 欧式期权、美式期权和修正的美式期权。按执行时间的不同，期权可分为欧式期权、美式期权和修正的美式期权。

欧式期权是指在期权合约规定的到期日方可行使权利，期权的买方在合约到期日之前不能行使权利，超过了期限，合约则自动作废。

美式期权是指在期权合约规定的有效期内任何时候都可以行使权利。

修正的美式期权,也称百慕大式期权或大西洋期权,是介于美式期权和欧式期权之间的第三类期权,这种期权的履约条款介于美式期权和欧式期权之间,可以在期权到期日之前的一系列规定日期执行。例如,某个百慕大式期权合约的到期日在一年后,但规定在第一个季度的最后一个星期可以提前履约(也可在到期日履约)。

3. 股票期权、股指期权、利率期权、商品期权、外汇期权。按期权合约上的标的划分,可分为股票期权、股指期权、利率期权、商品期权以及外汇期权。

二、金融期权与金融期货的区别

1. 标的物不同。金融期权与金融期货的标的物不尽相同。一般而言,凡可作期货交易的金融商品都可作期权交易。然而,可作期权交易的金融商品却未必可作期货交易。在实践中,只有金融期货期权,而没有金融期权期货,即只有以金融期货合约为标的物的金融期权交易,而没有以金融期权合约为标的物的金融期货交易。一般而言,金融期权的标的物多于金融期货的标的物。

随着金融期权的日益发展,其标的物还有日益增多的趋势,不少金融期货无法交易的东西均可作为金融期权的标的物,甚至连金融期权合约本身也成了金融期权的标的物,即所谓复合期权。

2. 对称性不同。金融期货交易的双方权利与义务对称,即对任何一方而言,都既有要求对方履约的权利,又有自己对对方履约的义务。而金融期权交易双方的权利与义务存在着明显的不对称性,期权的买方只有权利而没有义务,而期权的卖方只有义务而没有权利。

3. 履约保证不同。金融期货交易双方均需开立保证金账户,并按规定缴纳履约保证金。而在金融期权交易中,只有期权出售者,尤其是无担保期权的出售者才需开立保证金账户,并按规定缴纳保证金,以保证其履约的义务;至于期权购买者,因期权合约未规定其义务,其无须开立保证金账户,也就无须缴纳任何保证金。

4. 现金流转不同。金融期货交易双方在成交时不发生现金收付关系,但在成交后,由于实行逐日结算制度,交易双方将因价格的变动而发生现金流转,即盈利一方的保证金账户余额将增加,而亏损一方的保证金账户余额将减少。当亏损方保证金账户余额低于规定的维持保证金时,必须按规定及时缴纳追加保证金。因此,金融期货交易双方都必须保有一定的流动性较高的资产,以备不时之需。

而在金融期权交易中,在成交时,期权购买者为取得期权合约所赋予的权利,必须向期权出售者支付一定的期权费;但在成交后,除了到期履约外,交易双方都不发生任何现金流转。

5. 盈亏特点不同。金融期货交易双方都无权违约也无权要求提前交割或推迟交割,而只能在到期前的任一时间通过反向交易实现对冲或到期进行实物交割。而在对冲或到期交割前,价格的变动必然使其中一方盈利而另一方亏损,其盈利或亏损的程度取决于价格变动的幅度。因此,从理论上说,金融期货交易中双方潜在的盈利和亏损都是无限的。

相反,在金融期权交易中,由于期权购买者与出售者在权利和义务上的不对称性,他们在交易中的盈利和亏损也具有不对称性。从理论上说,期权购买者在交易中的潜在亏损是有限的，仅限于所支付的期权费，而可能取得的盈利却是无限的；相反，期权出售者在交易中所取得的盈利是有限的，仅限于所收取的期权费，而可能遭受的损失却是无限的。当然，在现实的期权交易中，由于成交的期权合约事实上很少被执行，因此，期权出售者未必总是处于不利地位。

6. 作用与效果不同。金融期权与金融期货都是人们常用的套期保值的工具，但它们的作用与效果是不同的。

人们利用金融期货进行套期保值，在避免价格不利变动造成的损失的同时也必须放弃若价格有利变动可能获得的利益。人们利用金融期权进行套期保值，若价格发生不利变动，套期保值者可通过执行期权来避免损失；若价格发生有利变动，套期保值者又可通过放弃期权来保护利益。这样，通过金融期权交易，既可避免价格不利变动造成的损失，又可在相当程度上保住价格有利变动而带来的利益。

但是，这并不是说金融期权比金融期货更为有利。这是由于如果从保值角度而言，金融期货通常比金融期权更为有效，也更为便宜，而且要在金融期权交易中真正做到既保值又获利，事实上也并非易事。

所以，金融期权与金融期货可谓各有所长，各有所短，在现实的交易活动中，人们往往将两者结合起来，通过一定的组合或搭配来实现某一特定目标。

三、期权交易双方盈亏分析

（一）认购期权交易双方盈亏分析

认购期权对买方而言是一个选择权，如果市场行情对他有利，他可以选择执行；如果不利则可以放弃权利的执行。但对卖方而言，则有义务在期权规定的有效期限内，应期权买方的要求，以期权合约预先规定的执行价格卖出规定的特定商品。因此，由于买方支付给卖方权利金，认购期权对买方是一个选择权，而对卖方却是一种义务。认购期权买卖双方损益如图 5-1、图 5-2 所示。图中 C 为认购或认沽期权的价格，S_T 为到期时标的资产的价格，X 为均衡价格。

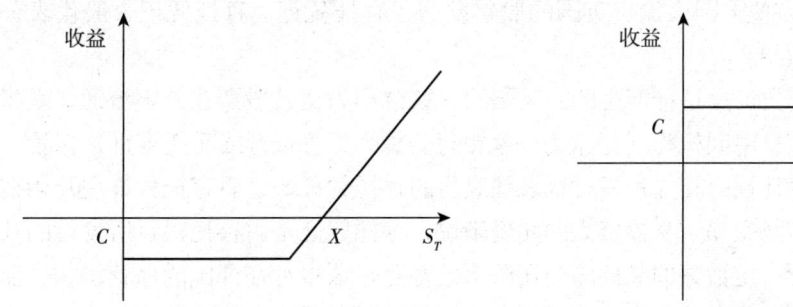

图 5-1　认购期权多头的收益　　　　图 5-2　认购期权空头的收益

（二）认沽期权交易双方盈亏分析

认沽期权的买方拥有在期权合约有效期内按执行价格卖出期权合约规定的特定商品的权利。认沽期权买卖双方损益如图 5-3、图 5-4 所示。

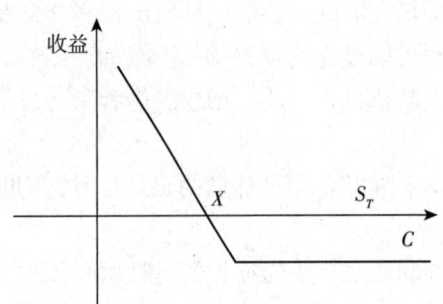

图5-3 认沽期权多头的收益　　　　图5-4 认沽期权空头的收益

由此可以得出如下结论：
1. 期权合约购买者的损失和合约出售者的收益都是有限的；
2. 看涨期权对于购买者而言，收益可以无限高；
3. 看跌期权对于购买者而言，收益是有限的；
4. 预期市场价格将上涨（下跌）者既可以选择购买看涨（看跌）期权，也可以选择出售看跌（看涨）期权，但两者的风险和收益是不同的。

第三节　存托凭证

一、存托凭证的特征

（一）存托凭证的定义

存托凭证（Depository Receipts，DR），又称存券收据或存股证，是指在一国证券市场流通的代表外国公司有价证券的可转让凭证，属公司融资业务范畴的金融衍生工具。1927年，美国人 J. P. 摩根为了方便美国人投资英国的股票发明了存托凭证。存托凭证一般代表公司股票，但有时也代表债券。

以股票为例，存托凭证是这样产生的：某国的一家公司为使其股票在外国流通，就将一定数额的股票，委托某一中间机构（通常为一家银行，称为保管银行或受托银行）保管，由保管银行通知外国的存托银行在当地发行代表该股份的存托凭证，之后存托凭证便开始在外国证券交易所或柜台市场交易。从投资人的角度来说，存托凭证是由存托银行所发行的几种可转让股票凭证，证明一定数额的某外国公司股票已寄存在该银行在外国的保管机构，而凭证的持有人实际上是寄存股票的所有人，其所有的权利与原股票持有人相同。

存托凭证的当事人，在本地有证券发行公司、保管机构，在国外有存托银行、证券承销商及投资人。

（二）存托凭证的优点

存托凭证之所以能够取得较快发展，除资本市场国际化这个大背景之外，存托凭证对发行人和投资者而言，均具有一定的吸引力。

1. 存托凭证对发行人的优点。

（1）市场容量大，筹资能力强。以美国存托凭证为例，美国证券市场最突出的特点就是市场容量极大，这使在美国发行 ADR 的外国公司能在短期内筹集到大量的外汇资金，拓宽公司的股东基础，提高其长期筹资能力，提高公司证券的流动性并分散风险。

（2）发行存托凭证还能吸引投资者关注，增强上市公司曝光度，扩大股东基础，增加股票流动性；可以通过调整存托凭证比率将存托凭证价格调整至美国同类上市公司股价范围内，便于上市公司进入美国资本市场，提供新的筹资渠道。对于有意在美国拓展业务、实施并购战略的上市公司尤其具有吸引力；便于上市公司加强与美国投资者的联系，改善投资者关系；便于非美国上市公司对美国雇员实施员工持股计划等。

（3）改变投资者结构。发行存托凭证使海外投资者能够获得在发行人所在国的投资便利，使发行公司的投资者结构多样化，提高它在海外投资市场的地位，为以后进一步融资奠定基础。

（4）是吸收海外资金的较好形式。同其他形式的海外融资方式相比，发行存托凭证能够遵守发行公司所在国外国股权投资比例的限制，减少投资者的结算和货币兑换风险，是成本较低的一种吸收海外资金的方式。

（5）避免直接发行股票与债券的法律要求，上市手续简单，发行成本低。

2. 存托凭证对于投资者的优点。

（1）投资便利。存托凭证使国际投资者能够买卖以美元为面值的其他国家公司的证券，为国际投资者进入较为封闭国家的证券市场提供了间接的渠道，为这些国际的剩余资金提供了一条投资渠道。

（2）流动性和清算便利。投资者购买存托凭证，而不是当地公司的股票，并可以在美国或欧洲的交易所进行交易，因此具有较高的流动性，同时避免了由于直接投资当地股票所带来的结算和货币兑换的时差风险。

（3）费用相对低廉。同在当地股票市场直接开户投资当地股票相比，投资存托凭证的保管和交易费用相对较低，尤其是同投资亚洲新兴证券市场相比。此外，亚洲国家一般都对外国股权投资有一定比例限制，发行存托凭证能够避免公开交易可能造成的超过上述比例限制的情况，因为发行人可以控制存托的股票的数额以及发行存托凭证的数额。

二、存托凭证的种类

存托凭证按其发行或交易地点之不同，被冠以不同的名称：美国存托凭证（ADR）、欧洲存托凭证（EDR）、全球存托凭证（GDR）、中国存托凭证（CDR）等。

（一）美国存托凭证

1. 美国存托凭证的定义。美国存托凭证（American Depository Receipt，ADR）是现在媒体报道中常见的一个金融术语，又称美国预托证券。美国存托凭证代表可在美国交易的外国公司股票的所有权，多数非美国公司在美国上市均通过美国存托凭证方式实现。美国存托凭证允许美国投资者不通过跨境交易即能买卖外国上市公司股票，其一律以美元计价，并以美元形式支付股息。

2. 美国存托凭证运作的三大主体。

（1）存券银行。美国存托凭证由美国的存券银行发行并作为市场中介。

(2) 托管银行。由上市公司所在国的托管银行保管其所代表的证券，并根据存券银行的指令领取股息，同时向存托银行提供需要的信息。

(3) 存券信托公司。美国的证券中央保管和清算机构，负责 ADR 的保管和清算工作。

3. 美国存托凭证的种类。

(1) 一级 ADR（Level Ⅰ）。一级 ADR 只能在柜台交易市场（OTC）交易，是最简便的在美上市交易方式。美国证监会（SEC）对一级 ADR 的监管要求也是很少的，不要求发布年报，也不要求遵从美国会计准则（GAAP）。一级 ADR 是以数量计占比最高的一类 ADR。

(2) 二级 ADR（Level Ⅱ, listed）。二级 ADR 要比一级复杂得多，它要求向美国证监会注册并接受美国证监会的监管。此外，二级 ADR 必须要定时提供年报（Form 20 - F），并服从美国会计准则。二级 ADR 的好处是可以在证券交易所交易，而不仅限于柜台市场。

(3) 三级 ADR（Level Ⅲ, offering）。三级 ADR 是最高一级的 ADR，美国证监会对其监管也最为严格，与对美国本土企业的监管要求基本一致。三级 ADR 的最大好处是可以实现融资功能，而不仅限于在证券交易所交易。为了融资，公司必须提供招股说明书（Form F - 1）。此外，这类公司还须满足公开信息披露要求，以 Form 8K 表格的形式向美国证监会提交。

(4) 非参与型的存托凭证（Unsponsored Shares）。非参与型的存托凭证只能通过柜台交易市场（OTC）交易，且无监管要求，是更低级的一种 ADR，但它不属于主流的 ADR 种类。

(二) 欧洲存托凭证

1. 欧洲存托凭证的定义。欧洲存托凭证（European Depository Receipt，EDR）是指在欧洲伦敦、卢森堡、德国发行的存托凭证。

2. 欧洲存托凭证的优点。与发行普通股相比，欧洲存托凭证具有以下优点：

(1) 存托凭证与证券一样，按同样的方式进行交易，对投资者而言，买卖存托凭证与买卖任何其他美国股票没有不同。

(2) 由于一份欧洲存托凭证代表一定数量的公司股票，公司可以通过调整股票对存托凭证的比例来调整存托凭证的定价，从而吸引欧洲投资者。

(3) 存托凭证是一种更具有成本效益的进入国外市场的方法。

(4) 公司不用将存托凭证当作证券来单独在财务报表中列明。

综上所述，欧洲存托凭证解决了欧洲市场与国外证券交易制度、惯例、语言、外汇管理等不尽相同所造成的交易上的困难，是外国公司在欧洲市场上筹资的重要金融工具。同时也是被欧洲投资者最广泛接受的外国证券形式。

(三) 全球存托凭证

1. 全球存托凭证的定义。全球存托凭证（Global Depository Receipt，GDR）是指上市公司根据存托协议将公司股份寄存在国外的银行，由后者发出单据作为寄存证明，这些单据即为全球存托凭证。通过买卖这些凭证，国际投资者可以间接投资该公司的股票。全球存托凭证按其发行或交易地点之不同，被冠以不同的名称。

2. 全球存托凭证的特点。

(1) 在两个国家以上发行，代表一家国外公司的银行证书。国际银行的国外分行持有这些股票。这些股票与国内股票一同交易,但通过不同银行分行进行全球销售。

(2) 非公开市场用于筹集美元或欧元资金的金融工具。

（四）中国存托凭证

中国存托凭证（Chinese Depository Receipt，CDR）是指由存托人签发,以境外证券为基础在中国境内发行,代表境外基础证券权益的证券。一般来说,中国存托凭证是在境外（包括中国香港）上市公司将部分已发行上市的股票托管在当地保管银行,由中国境内的存托银行发行,在境内A股市场上市,以人民币交易结算,供国内投资者买卖的投资凭证,从而实现股票的异地买卖。

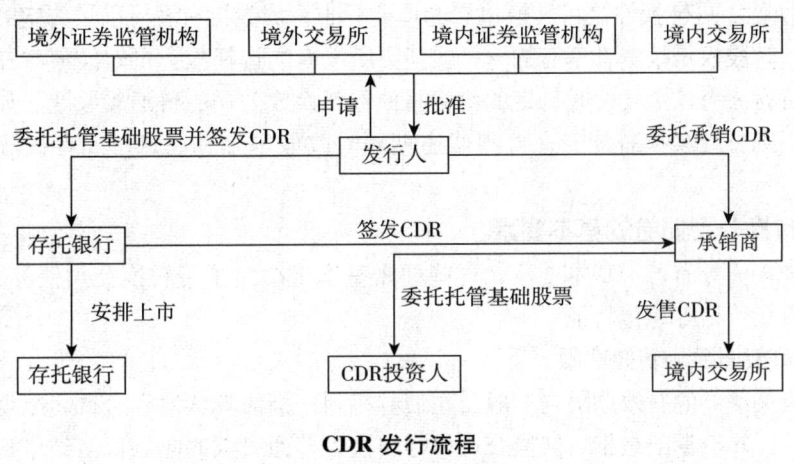

CDR 发行流程

第四节 可转换公司债券

一、可转换公司债券的特征

（一）可转换公司债券的含义

可转换公司债券是一种被赋予了股票转换权的公司债券。发行公司事先规定债权人可以选择有利时机,按发行时规定的条件把其债券转换成发行公司的等值股票。可转换公司债券是一种混合型的债券形式。当投资者不太了解发行公司的发展潜力及前景时,可先投资于这种债券。待发行公司经营业绩显著,经营前景乐观,其股票行市看涨时,则可将债券转换为股票,以受益于公司的发展。由于可转换债券具有可转换成股票这一优越条件,因而其发行利率较之普通债券要低。

{ 可转换公司债券指发行人依照法定程序发行,在一定期限内依照约定的条件可以转换为股票的公司债券。

（二）可转换公司债券的性质

1. 债权性质。可转换公司债券首先是一种公司债券,是固定收益证券,具有确定的债券期限和定期息率,并为可转换公司债券投资者提供了稳定利息收入和还本保证,因此可转换公司债券具有较充分的债权性质。在企业资产负债表上,可转换公司债券属于企业"或有负债",在转换成股票之前,可转换公司债券仍然属于企业的负债资产,只有在可转换公司债券转换成股票以后，投资可转换公司债券才等同于投资股票。一般而言，可转换公司债券的票面利率总是低于同等条件和同等资信的公司债券，这是因为可转换公司债券赋予投资人转换股票的权利，作为补偿，投资人所得利息就低。

2. 股票期权性。可转换公司债券为投资者提供了转换成股票的权利，这种权利具有选择权的含义，投资者既可以行使转换权，将可转换公司债券转换成股票，也可以放弃这种转换权，持有债券到期。即可转换公司债券包含了股票买入期权的特征，投资者通过持有可转换公司债券可以获得股票上涨的收益。因此，可转换公司债券是股票期权的衍生，往往将其看作期权类的二级金融衍生产品。

3. 可转换性。可转换性是可转换债券的重要标志，债券持有者可以按约定的条件将债券转换成股票。转股权是投资者享有的、一般债券所没有的选择权。可转换债券在发行时就明确约定债券持有者可按照发行时约定的价格将债券转换成公司的普通股股票。如果债券持有者不想转换，则可继续持有债券，直到偿还期满时收取本金和利息，或者在流通市场出售变现。

二、可转换公司债券的基本要素

可转换公司债券有若干基本要素，这些要素基本上决定了可转换公司债券的转换条件、转换价值、市场价格等总体特征。

（一）有效期限和转换期限

可转换公司债券的有效期限与一般公司债券相同，指债券从发行之日起至偿清本息之日止的存续时间。转换期限是指可转换公司债券转换为普通股票的起始日至结束日的期间。一般情况下，发行人都规定一个特定的转换期限。在该期限内，允许可转换公司债券的持有人按转换比例或转换价格将可转换公司债券转换成发行人的股票。我国《上市公司证券发行管理办法》对发行可转换公司债券做了如下规定：可转换公司债券的期限最短为1年，最长为6年。可转换债券自发行结束之日起6个月后方可转换为公司股票，转股期限由公司根据可转换债券的存续期限及公司财务状况确定。

（二）票面利率

可转换公司债券的票面利率，是指可转换公司债券作为一种债券的票面年利率，由发行人根据当前市场利率水平、公司债券资信等级和发行条款确定，一般低于相同条件的不可转换债券。可转换债券应半年或1年付息一次，到期后5个工作日内应偿还未转股债券的本金及最后一期利息。

（三）转换比例或转换价格

转换比例是指一定面值的可转换公司债券可转换成普通股的股数。用公式表示为：

$$转换比例 = \frac{可转换公司债券面值}{转换价格}$$

转换价格是指可转换债券转换为每股普通股所支付的价格。用公式表示为：

$$转换价格 = \frac{可转换公司债券面值}{转换比例}$$

（四）赎回条款与回售条款

赎回是指发行人在发行一段时间后，可以提前赎回未到期的发行在外的可转换公司债券。赎回条件一般是当公司股票价格在一段时间内连续高于转换价格达到一定幅度时，公司可按照事先约定的赎回价格买回发行在外的尚未转股的可转换公司债券。

回售是指公司股票在一段时间内连续低于转换价格达到某一幅度时，可转换公司债券持有人按事先约定的价格将所持可转换公司债券卖给发行人的行为。

发行公司可以在可转换公司债券募集说明书上约定赎回条款，规定上市公司可按事先约定的条件和价格赎回尚未转股的可转换公司债券；也可以在募集说明书上约定回售条款，规定债券持有人可按事先约定的条件和价格将所持债券回售给上市公司。

（五）转换价格修正条款

转换价格修正是指发行公司在发行可转换公司债券后，由于公司的送股、配股、增发股票、分立、合并、拆细及其他原因导致发行人股份发生变动，引起公司股票名义价格下降时对转换价格所做的必要调整。

三、可转换公司债券的价值和价格

由于可转换公司债券既有一般债券的特征，又有转化成普通股的潜在可能，所以在不同的条件下具有不同的价值。主要有转换价值、理论价值及市场价格。

（一）可转换公司债券的转换价值

转换价值是可转换公司债券实际转换时按转换成普通股的市场价格计算的理论价值，等于每股普通股的市价乘以转换比例。因为可转换公司债券在普通股票价格上涨时转换较为有利，所以它的转换价值与所转换的股票价格有关，股票价格越高，转换价值越大。

（二）可转换公司债券的理论价值

1. 投资价值。将可转换公司债券视为一般的债券所具有的价值称为投资价值。这一价值相当于将未来一系列债息收入加上面值按一定市场利率折成的现值，即可转换债券的理论价值。

2. 理论价值。购买可转换公司债券的投资者并不希望债券到期还本，而是希望实现普通股的转换。因此，可转换公司债券的理论价值应为未来一系列债息收入与转换价值的现值。

（三）可转换公司债券的市场价格

可转换公司债券的市场价格以理论价值为基础并受供求关系的影响。在可转换公司债券到期以前，只要投资者对所转换的普通股票的价格看涨，可转换公司债券的市场价格就会高于它的转换价值。从理论上说，当市场价格与转换价值相同时，称为转换平价；当市场价格高于理论价值时，称为转换升水；当市场价格低于转换价值时，称为转换贴水。

四、分离交易的可转换公司债券

分离交易的可转换公司债券的全称是"认股权和债券分离交易的可转换公司债券"，它是债券和股票的混合融资品种。分离交易可转换公司债券属于附认股权证公司债券（Bond with Warrants）的范围，附认股权证公司债券指公司债券附有认股权证，持有人依法享有在一定期间内按约定价格（执行价格）认购公司股票的权利，也就是债券加上认股权证的产品组合。

上述认股权证与可转换债券之间存在以下区别：

1. 权利载体不同。可转换债券的权利载体是债券本身。因此，债券持有人即转股权所有人；而附权证债券的权利载体是权证，在可分离交易的情况下，权证持有人可能与债券持有人相分离，债券持有人拥有的是单纯的公司债券，不具有转股权。

2. 行权方式不同。可转换债券持有人在行使权利时，将债券按规定的转换比例转换为上市公司股票，债券将不复存在；而附权证债券发行后，权证持有人将按照权证规定的认股价格以现金认购标的股票，对债券不产生直接影响。

3. 权利内容不同。可转换债券持有人的转股权有效期通常等于债券期限，债券发行条款中可以规定若干修正转股价格的条款；而附权证债券的权证有效期仅规定不超过债券期限，只有在正股除权除息时才调整行权价格和行权比例。

【本章小结】

衍生证券是一种收益由其他资产证券的价格决定的证券，其价值由其他的标的资产的价格的变动而决定。衍生证券分为契约型和证券型两类。

金融期货是指交易双方在金融市场上，以约定的时间和价格，买卖某种金融工具的具有约束力的标准化合约。此合约是以金融工具为标的物的期货合约。金融期货一般分为三类：货币期货、利率期货和指数期货。金融期货具有跨期性、杠杆性、联动性、高风险性和风险的多样性的特点。金融期货交易的基本制度有保证金制度、每日无负债结算制度、价格限制制度、持仓限制制度、强行平仓制度、大户报告制度、结算担保金制度等。期货交易策略主要有套期保值、套利等。

金融期权是在期货基础上产生的一种金融衍生产品，是指以金融商品或金融期货合约为标的物的期权交易的合约。具体而言，其购买者在向出售者支付一定费用后，就获得了能在规定期限内以某一特定价格向出售者买进或卖出一定数量的某种金融商品或金融期货合约的权利。由于期权交易方式、方向、标的物等方面的不同，产生了众多的期权品种。按期权的权利划分，可分为看涨期权和看跌期权；按执行时间的不同，可分为欧式期权、美式期权与修正的美式期权；按期权合约上的标的划分，可分为股票期权、股指期权、利率期权、商品期权以及外汇期权。

存托凭证又称存券收据或存股证，是指在一国证券市场流通的代表外国公司有价证券的可转让凭证，属公司融资业务范畴的金融衍生工具。存托凭证按其发行或交易地点的不同，被冠以不同的名称，如美国存托凭证（ADR）、欧洲存托凭证（EDR）、全球存托凭证（GDR）、中国存托凭证（CDR）等。

可转换公司债券指发行人依照法定程序发行，在一定期限内依照约定的条件可以转换为股票的公司债券。可转换公司债券具有债权性、股票期权性和可转换性。

【关键词】

期货　期权　存托凭证　可转换公司债券　分离交易的可转换公司债券

【重要概念】

股指期货　国债期货　欧式期权　美式期权

【思考题】

1. 期货价格和现货价格的关系是什么?
2. 股指期货交易基本制度有哪些?
3. 金融期权与金融期货的区别是什么?
4. 可转换公司债券的基本要素有哪些?

第六章
证券发行市场

从 2020 年 5 月初传出中芯国际要冲刺 A 股的消息后，资本市场就一片欢呼。2020 年 6 月 1 日晚间，上交所网站披露了中芯国际招股说明书，此后，仅用了 29 天便获得了注册批文，刷新了科创板 IPO 的审核速度纪录。

中芯国际（00981.HK）发布公告，公司首次公开发行人民币普通股（A 股）并在科创板上市的申请已经上交所科创板股票上市委员会审议通过，并已经中国证监会同意注册（证监许可〔2020〕1278 号）。发行人的股票简称为"中芯国际"，股票代码为"688981"。发行人与联席主承销商根据初步询价结果，综合发行人基本面、所处行业及可比公司估值水平等因素，协商确定本次发行价格为 27.46 元/股。

在超额配售选择权及网上、网下回拨机制启动后，网下最终发行数量为 58 996.70 万股，占扣除最终战略配售数量后发行数量的 53.85%，占本次发行总量的 30.43%；网上最终发行数量为 50 568.60 万股，占扣除最终战略配售数量后发行数量的 46.15%，占本次发行总量的 26.09%。回拨机制启动后，网上发行最终中签率为 0.21196071%。本次发行的网上网下认购缴款工作已于 2020 年 7 月 9 日（T+2 日）结束。

称中芯国际是"募资王"一点都不为过，根据彭博汇总数据来看，中芯国际此次募资高达 532.03 亿元，在 A 股 IPO 历史上能排进前五位，在它之前的是建设银行和农业银行。

通过本章学习你将了解和掌握以下知识：
- 证券发行与证券发行市场；
- 证券的发行方式；
- 证券发行价格的确定；
- 我国股票及债券的发行条件。

由于证券发行市场发行的证券是初次面向市场，因此证券发行市场又被称为"初级市场"或"一级市场"。证券发行市场是证券市场的基础环节，是证券流通市场的前提，没有发行市场，就没有流通市场，从这个意义上说，证券发行市场是证券市场的首要环节，是实现社会资金转化为长期资本的决定因素。正是通过证券的发行，才使原本处于分散闲置状态的社会零散资金转化为可用于社会再生产活动的集合资金。

> 证券发行市场是证券发行人第一次将新发行的股票或债券等通过一定方式推销给投资人或购买人的一种买卖关系的统称。

第一节　证券的发行方式及发行制度

证券发行是整个证券市场行为的基础，证券交易是证券发行的延伸。证券发行人采取何种方法、通过何种渠道将拟发行的证券推销给证券投资者，就是证券发行方式。按照不同的标准划分，证券有不同的发行方式。

> 证券发行是指政府、企业（包括金融机构）等以募集资金为目的向投资者出售代表一定权利的有价证券的活动。

一、证券的发行方式

（一）公募发行与私募发行

按募集对象的不同，可将证券的发行方式分为公募发行和私募发行两种形式。

1. 公募发行。在公募发行情况下，所有合法的社会投资者都可以参加认购。为了保障广大投资者的利益，各国对公募发行都有严格的要求，如发行人要有较高的信用，并符合证券主管部门规定的各项发行条件，经批准后方可发行。采用公募发行方式发行证券的有利之处在于：

> 公募发行又称公开发行，是指发行人通过中介机构向不特定的社会公众广泛地发售证券。

（1）公募发行以众多的投资者为发行对象，筹集资金潜力大，适合于证券发行数量较多，筹资额较大的发行人；

（2）公募发行投资者范围大、可避免囤积证券或被少数人操纵；

（3）只有公开发行的证券方可申请在交易所上市，因此这种发行方式可增强证券的流动性，有利于提高发行人的社会信誉。

当然，公募发行方式也存在某些缺点，如发行过程比较复杂，登记核准所需时间较长、发行费用也较高。

2. 私募发行。私募发行的对象大致有两类：一类是个人投资者，例如公司老股东或发行机构自己的员工；另一类是机构投资者，金融机构如保险公司、共同基金等，或与发行人有密切往来关系的企业等。私募发行方式的优点是：私募发行手续简单，可以节约发行费用，节省发行时间或注册费用；私募发行有确定的投资人，因而不必担心发行失败等。私募发行的不足之处是投资者数量有限，流动性较差；需向投资人提供高于市场平均条件的特殊优厚条件；发行者的经营管理易受干预；证券难以转让也不利于提高发行人的社会信誉等。

> 私募发行又称私下发行、非公开发行或内部发行，是指面向少数特定的投资人发行证券的方式。

公募发行和私募发行各有优劣，一般而言，公募发行是证券发行中最基本、最常用的方式。然而在西方成熟的证券市场中，随着养老基金、共同基金和保险公司等机构投资者的迅速增长，私募发行近年来呈现出增长的趋势。目前，我国上市公司在增发新股时也有很多采用定向增发的私募形式。

（二）直接发行与间接发行

按照有无证券中介机构介入，证券发行可分为直接发行和间接发行。

1. 直接发行。直接发行（Direct Placement）是指证券发行人自己承担证券发行的一切事务和发行风险，直接向证券认购者推销出售证券的方式。直接发行时发行人直接向投资者推销、出售证券。直接发行适用于有既定发行对象或发行风险少、手续简单的证券。在一般情况下，不公开发行的证券或因公开发行有困难（如信誉低所导致的市场竞争力差、不能承担大额的发行费用等）的证券，或者实力雄厚，有把握实现巨额私募以节省发行费用的大股份公司证券，采用直接发行的方式。

2. 间接发行。间接发行（Indirect Placement）是指发行者委托证券发行中介机构代理证券发行的方式。这些中介机构作为证券的推销者，办理一切发行事务，承担一定的发行风险，并从发行中获取相应的收益。对发行人而言，采用间接发行的方式可在较短期内筹集到所需资金，发行风险较小，但需支付一定的手续费，发行成本较高。

一般情况下，间接发行是基本的、常见的证券发行方式。特别是公募发行，大多采用间接发行的方式，而私募发行则以直接发行的方式为主。

二、证券的承销方式

证券发行的最终目的是将证券推销给投资者。证券经营机构借助自己在证券市场上的信誉和营业网点，在规定的发行有效期限内将证券销售出去，这一过程称为承销。它是证券经营机构的基本职能之一。

发行人推销证券的方法有两种：一是自行销售，被称为"自销"；二是委托他人代为销售，被称为"承销"。一般情况下，公开发行以承销为主。承销是将证券销售业务委托给专门的证券经营机构（承销商）销售。按照发行风险的承担、所筹资金的划拨以及手续费的高低等因素，承销方式有代销和包销两种。

（一）代销

代销是指证券公司代发行人发售证券，在承销期结束时，将未售出的证券全部退还给发行人的承销方式。

证券承销商按照规定的发行条件，在约定的期限内尽力推销，到销售截止日期，证券如果没有全部售出，将未售出部分退还给发行人，承销商不承担任何发行风险。在代销过程中，承销机构与发行人之间是代理委托关系，证券承销机构不承担销售风险，因此代销佣金很低。代销发行比较适合于那些信誉好、知名度高、成功率高的证券，因为它们容易被社会公众所接受，用代销方式可以降低发行成本，承销费用为实际售出证券总金额的 $0.5\% \sim 1.5\%$。

（二）包销

包销是指证券公司将发行人的证券按照协议全部购入或者在承销期结束时将售后剩余证券全部自行购入的承销方式。对发行人而言，包销不必承担证券销售风险，而且可以迅速筹集资金，因而适用于那些资金需求量大、社会知名度低且缺乏证券发行经验的企业。与代销相比，包销的成本也相应较高，承销费为承销股票总金额的 $1.5\% \sim 3\%$。包销在实际操作中有全额包销和余额包销之分。

1. 全额包销。全额包销是指发行人与承销机构签订承销合同，由承销机构按一定价格买下全部证券，并按合同规定的时间将价款一次付给发行公司，然后承销机构以略高的价格向社会公众出售。在全额包销过程中，承销机构与证券发行人并非委托代理关系，而是买卖关系，即承销机构将证券低价买进然后高价卖出，赚取中间的差额。若有滞销证券，中介机构减价出售或自己持有。由于发行者可以快速获得全部所筹资金，而推销者则要全部承担发行风险，因此，包销费通常高于代销费。对发行人而言，采用全额包销方式既能保证如期得到所需要的资金，又无须承担发行过程中价格变动的风险。全额包销是西方成熟证券市场中最常见、使用最广泛的方式。

2. 余额包销。余额包销是指发行人委托证券承销机构在约定期限内发行证券，到销售截止日期，未售出的余额由证券承销商按协议价格认购。余额包销实际上是先代理发行，后全额包销，是代销和全额包销的结合。

证券间接发行时究竟采用哪一种方法，发行者和承销者考虑的角度是不同的，需要双方协商确定。一般而言，发行者主要考虑自己在市场上的信誉、用款时间、发行成本和对承销者的信任程度；承销者则主要考虑所承担的风险和所能获得的收益。

我国《证券法》规定，发行人向不特定对象发行的证券，法律、行政法规规定应当由证券公司承销的，发行人应当同证券公司签订承销协议。向不特定对象发行证券聘请承销团承销的，承销团应当由主承销和参与承销的证券公司组成。我国《上市公司证券发行管理办法》规定，上市公司发行证券，应当由证券公司承销；非公开发行股票，发行对象均属于原前十名股东的，可以由上市公司自行销售。我国《证券发行与承销管理办法》规定，上市公司非公开发行股票未采用自行销售方式或者上市公司配股的，应当采用代销方式发行。

三、证券的发行制度

证券市场的发行制度通常可分为注册制、审批制与核准制三种模式。

（一）注册制

注册制是美国、英国及中国香港特别行政区等证券市场发达的国家和地区所采取的制度。在注册制下，证券监管机构公布发行上市的必要条件，企业只要符合所公布的条件即可发行上市。发行人申请发行证券时，必须依法将公开的各种资料完全准确地向证券监管机构申报。证券中介机构负责判断发行人是否达标，证券监管机构只对申报文件的真实性、准确性、完整性和及时性进行合规性的形式审查。

注册制对市场参与主体、监管主体的综合素质及法制环境都有非常高的要求。其主要特征是发行申请人将法律规定的文件报送证券监管机构后，经过法定期间，主管机关若无异议，申请自动生效，申请人即可发行证券；监管机构一般不对文件内容进行实质性审查，只审查在形式上是否符合法律的规定。如果申请人所注册文件内容存在虚假，欺诈投资人，则另行追究申请人的相应法律责任。这种对证券发行的监督管理，一是靠公开制度来制约，二是靠事后监督来威慑。其管理理念的基础在于，法律认为投资者是成熟的"经济人"，能够作出理性的判断；并且认为对申请文件作出审计报告或出具法律意见书的专业性中介机构，能够真正负起"经济警察"的责任，切实保证申请人所提供资料的完整、准确、真实。实行注册制的基础是强制性信息公开披露原则。

（二）审批制

审批制是证券市场不发达国家通常采取的制度。审批制是我国在证券市场发展初期，为了维护上市公司的稳定和平衡复杂的社会关系，采用行政计划的方法分配上市指标，由地方政府或部门根据指标推荐企业发行上市的一种监管制度。审批制的特点是采取严格的额度计划管理、指标控制和实质审查。证券监管机构凭借行政权力行使实质性审批职能，不仅决定股票发行的审批，而且决定股票发行的方式、数量和价格。证券中介机构的主要职能是对发行人进行技术指导。在我国，它又是计划经济向市场经济转换、过渡时期的产物。其基本特征是：证券监管机构不仅对申请人的申请文件进行形式审查，还进行全面的实质性审查，并且对于即使符合法律规定条件的申请，也可以不予批准。

（三）核准制

核准制则介于注册制和审批制之间，是审批制向注册制过渡的一种中间形态。核准制指发行人在申请发行股票时，不仅要充分公开企业的真实情况，而且必须符合有关法律和证券监管机构规定的必备条件，证券监管机构有权否决不符合规定条件的股票发行申请。证券监管机构除对进行注册制所要求的形式进行审查外，还应对发行人的营业性质、财力、素质、发展前景、发行数量和发行价格等条件进行实质审查，并据此作出发行人是否符合发行条件的价值判断和是否核准申请的决定。证券中介机构负责判断发行人是否达到发行上市条件。在概念上，核准制也被称为"实质性管理"（Substantive Regulation），遵循的是实质性管理原则。它的基本特征之一便是仍然对申请人的申请文件进行实质审查。现在核准制已经从审批制开始走向注册制，具有了注册制的一些因素，具体表现为：一是它遵循准则主义，法律明确规定证券发行的条件。该条件既是形式性要件也是实质性要件，只要申请人所报文件在形式和实质上与其相符，监管机构就应该核准；二是强调公开原则。是否核准，应该透明化，而不应像审批制那样搞暗箱操作。核准制是证券市场发展到一定阶段、但又不够成熟的产物。但是，它又不能像注册制那样把证券发行完全交由市场调整。可以说，核准制体现了政府在证券市场发行监管上的矛盾心理，既是证券市场的"监管者"，又是"监护者"。它与审批制的区别不在于是否对申请文件进行实质审查，而在于它是否遵循了严格的准则主义和公开性制度。它也不同于注册制，它并没有放弃对发行申请的实质性审查，不能因为申请文件在形式上符合法律规定的条件就认为应当被核准。值得注意的是，即使是实行注册制的国家，政府对发行申请也不是绝对的形式审查，如我国一些企业申请在美国发行、上市时，美国的证监会同样进行了严格的实质性审查。

在证券发行制度的三种模式中，审批制由于是在计划经济体制下产生的，实行额度管理和指标控制，是一种完全计划发行的模式，所以带有非常浓厚的行政色彩，市场机制不能发挥任何调节作用；核准制介于审批制和注册制两者之间，是证券发行从审批制向注册制转化的过渡形态，它取消了额度管理和指标控制，促使行政色彩淡化，市场成分增加，核准制是证券发行制度市场化改革进程中迈出的重要一步；注册制则彻底消除了行政色彩，使得证券发行机制完全市场化，证券发行完全由市场机制来运作，注册制是我国证券发行制度市场化改革的最终目标。

2018年11月5日，习近平主席出席首届中国国际进口博览会开幕式并发表主旨演讲，宣布在上海证券交易所设立科创板并试点注册制。科创板及注册制的到来将增强我国资本市场的融资功能，扩大股票供给并丰富资本市场结构，为构建与中国大国经济相匹配的大国金融提供新的活力。上海科创板从 2019 年 6 月开始注册制试点，深圳创业板也从 2020 年 7 月正式开始注册制改革。

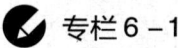
专栏 6-1
上海证券交易所设立科创板试点注册制改革

2018 年 11 月 5 日，国家主席习近平在首届中国国际进口博览会上宣布，将在上海证券交易所设立科创板并试点注册制。2019 年 1 月 23 日，中央深改委审议通过了《在上海证券交易所设立科创板并试点注册制总体实施方案》《关于在上海证券交易所设立科创板并试点注册制的实施意见》。2019 年 6 月 13 日，在第十一届陆家嘴论坛上，国务院副总理刘鹤、上海市委书记李强、证监会主席易会满、上海市市长应勇共同宣布科创板正式开板。

设立科创板试点注册制肩负着引领经济发展向创新驱动转型的使命，发挥着资本市场改革"试验田"的作用。权威专家评价，近一年多来，设立科创板并试点注册制改革坚持了市场化、法治化的方向，充分借鉴国际最佳实践，总体运行平稳，取得了初步成效。

试点注册制是科创板改革最大的制度突破。权威数据显示，目前，科创板从企业申请受理到完成注册平均用时 4 个多月，实际效果得到了市场认可。市场人士认为，科创板发行审核中通过多轮问询，督促发行人真实、准确、完整地披露信息，使投资者能够获得判断公司价值的必要信息；审核注册各个环节也更加公开透明，实现了审核标准、问询内容、回复内容、审核结果等全部向社会公开。

经过一段时间的实践，决策部门将把科创板行之有效的制度安排逐步向其他市场板块推广。下一步将稳步推行注册制改革，近期重点推进创业板改革并试点注册制。同时，相关部门将进一步完善资本市场基础制度：在发行承销环节压实中介机构责任；在交易环节放宽涨跌幅限制、配套完善市场稳定机制；在持续监管环节提高信息披露质量和针对性；在退市环节创新方式、优化指标，简化流程。同时还将优化融资融券机制，促进多空平衡。

第二节 股票的发行

一、股票发行的目的与条件

（一）股票发行的目的

发行股票的直接目的是筹集资金。但由于各个企业的实际情况千差万别，因此它们发行股票的主要原因和目的也不尽相同。具体而言，股票发行的目的主要包括：

1. 筹集资本，成立新公司。新的股份公司成立时，需要通过发行股票来筹集资本，达到预定的资本规模，从而为公司开展经营活动提供资金来源。

2. 追加投资，扩大经营。现有股份公司为了扩大经营规模、增加投资或筹措周转资金，可以通过发行股票筹措所需资金。这类股票发行称为增资发行。

3. 提高自有资本比率，改善财务结构。自有资本在资金来源中所占比率的高低是衡量一个公司财务结构和实力的重要指标。企业为了保证自有资本与负债的合理比率，提高企业的经营安全程度和竞争力，可以通过增发新股来提高自有资本比率，改善企业的财务结构。

4. 其他目的。如为了扩大产品销路，引进其他公司的先进生产技术，将新股发售给某些流通企业或战略合作者；又如用发放股票股利（通常称作"送股"）的方式代替现金分红；或通过增发股票用来换取其他公司的股票，实现换股兼并，等等。

（二）我国股票发行的条件

1. 主板市场首次公开发行股票的条件。中国证监会于2006年5月发布实施了《首次公开发行股票并上市管理办法》，后经多次修改，2018年6月进行了最新修改。首次公开发行股票的主体资格条件为：（1）发行人应当是依法设立且合法存续的股份有限公司。经国务院批准，有限责任公司在依法变更为股份有限公司时，可以采取募集设立方式公开发行股票。（2）发行人自股份有限公司成立后，持续经营时间应当在3年以上，但经国务院批准的除外。有限责任公司按原账面净资产值折股整体变更为股份有限公司的，持续经营时间可以从有限责任公司成立之日起计算。（3）发行人的注册资本已足额缴纳，发起人或者股东用作出资的资产的财产权转移手续已办理完毕，发行人的主要资产不存在重大权属纠纷。（4）发行人的生产经营符合法律、行政法规和公司章程的规定，符合国家产业政策。（5）发行人最近3年内主营业务和董事、高级管理人员没有发生重大变化，实际控制人没有发生变更。（6）发行人的股权清晰，控股股东和受控股股东、实际控制人支配的股东持有的发行人股份不存在重大权属纠纷。发行条件除了主体资格要求外，还有规范运行、财务与会计等方面的要求。

2. 创业板首次公开发行股票的条件。2009年5月1日颁布了《首次公开发行股票并在创业板上市管理暂行办法》，后经多次修改，2018年6月修订为《首次公开发行股票并在创业板上市管理办法》。发行人申请首次公开发行股票的条件为：（1）发行人是依法设立且持续经营三年以上的股份有限公司。有限责任公司按原账面净资产值折股整体变更为股份有限公司的，持续经营时间可以从有限责任公司成立之日起计算。（2）最近两年连续盈利，最近两年净利润累计不少于一千万元；或者最近一年盈利，最近一年营业收入不少于五千万元。净利润以扣除非经常性损益前后孰低者为计算依据。（3）最近一期末净资产不少于两千万元，且不存在未弥补亏损。（4）发行后股本总额不少于三千万元。

3. 科创板首次公开发行股票注册的条件。《科创板首次公开发行股票注册管理办法（试行）》于2019年3月1日经中国证券监督管理委员会第1次主席办公会议审议通过，自公布之日起施行。发行注册条件没有强制性盈利要求，主要包括：（1）发行人是依法设立且持续经营3年以上的股份有限公司，具备健全且运行良好的组织机构，相关机构和人员能够依法履行职责。有限责任公司按原账面净资产值折股整体变更为股份有限公司的，持续经营时间可以从有限责任公司成立之日起计算。（2）发行人会计基础工作规范，财务报表的编制和披露符合企业会计准则和相关信息披露规则的规定，在所有重大方面公允地反映了发行人的财务状况、经营成果和现金流量，并由注册会计师出具标准无保留意见的审计报告。（3）发行人业务完整,具有直接面向市场独立持续经营的能力。(4)发行人生产经营符合法律、行政法规的规定,符合国家产业政策。

4. "新三板"挂牌条件。三板市场起源于2001年"股权代办转让系统",最早承接两网公司和退市公司,称为"旧三板"。2006年,中关村科技园区非上市股份公司进入代办股份系统进行股份转让试点,称为"新三板"。2012年,经国务院批准,决定扩大非上市股份公司股份转让试点,首批扩大试点新增上海张江高新技术产业开发区、武汉东湖新技术产业开发区和天津滨海高新区。

2013年12月31日起股转系统面向全国接收企业挂牌申请,申请企业应符合下列条件:

(1)存续满两年。有限责任公司按原账面净资产值折股整体变更为股份有限公司的,存续期间可以从有限责任公司成立之日起计算。

(2)主营业务突出,有持续经营的记录。

(3)公司治理结构合理,运作规范。

有限责任公司须改制后才可挂牌。挂牌公司区域不再局限在四大园区,已经扩展到全国。

二、股票发行的方式

(一)设立发行与增资发行

1. 设立发行。设立发行指新公司成立为筹集资本首次发行股票的行为。公司设立分为发起设立和招股设立两种,因而,发行方式也相应分为发起设立发行与招股设立发行两种。实际上,公司设立的两种方式就是按其股份发行方式确立其内涵的。在公司设立时其股份由发起人全部认购,为发起设立发行;当发起人只认购首次发行总额的一部分,其余通过招股由社会公众认购时,则为招股设立发行。

2. 增资发行。增资发行指公司为扩大业务增加资本规模而发行股票的方式,包括以下三种具体形式。

(1)有偿增资发行。指投资者按照股票发行价,以现金或实物购股,使公司实收资本增加的发行方式。包括股东配股、增发新股等具体方式。

(2)无偿增资发行。指公司股东不需缴纳现金和实物而取得公司发行股票的一种增资方式。这一方式的目的不是直接筹集资金,而是为了调整资本结构和将积累资本化,因此,其发行对象只能是原股东,发行时一般采用内部转让方式配发新股票,从而使股本金增加,分配按原股东持股比例无偿赠与。无偿增资发行有四种具体形式:

一是积累转增资,即将法定公积金和资本准备金转为资本金,按比例向公司老股东配发。如德日等国都规定,股份公司必须提留法定准备金,法定准备金可转化为资本金,也可用于弥补亏损,但不能用作红利分配。积累转增资可以进一步明确产权关系,有助于投资者正确认识股票投资的意义。

二是红利转增资,即送红股。将当年应分派给股东的红利转为资本金,用新发的股票代替准备派发的红利股息,我国称为派送红股。其优点是:使现金派息应流出的资金保留在公司,把当年的股息红利转化为生产资金;对股东而言,既取得了参与分配盈利的同样效果,只是权益形式不同,又可免除个人所得税(大多数国家对收入转作投资免税,目前我国对红利转增资征税而对积累转增资则免税)。

三是股票分割,又称拆股,即股份公司将大面额股票分割为若干小面额股票。这是一种特殊的无偿增资。它只增加公司股份数量,并不增加股本金。分割后的股票便于流通,方便中小投资者投资。有些国家,如美国,当股票市价达到一定高度时,往往鼓励企业拆股。

四是债券转股票,即把公司发行的可转换债券转化为股票。可转换债券是一种潜在的股票,一旦转化为股票就实现了增资,就公司而言,并未实际增加资本,只是增加了股本金,减少了债务,转化的结果是公司财务结构得到了调整。这是近年来国外较为普遍采用的形式。

(3) 并行增资发行,即有偿增资与无偿增资的结合。发行新股时,股东只需交一部分现金,其余部分由公司以公积金充抵。

(二) 我国股票的发行方式

根据 2018 年 6 月 15 日修订的《证券发行与承销管理办法》的规定:首次公开发行股票,可以通过向网下投资者询价的方式确定股票发行价格,也可以通过发行人与主承销商自主协商直接定价等其他合法可行的方式确定发行价格。公开发行股票数量在 2 000 万股(含)以下且无老股转让计划的,可以通过直接定价的方式确定发行价格。发行人和主承销商应当在招股意向书(或招股说明书,下同)和发行公告中披露本次发行股票的定价方式。上市公司发行证券的定价,应当符合中国证监会关于上市公司证券发行的有关规定。

首次公开发行股票,网下投资者须具备丰富的投资经验和良好的定价能力,应当接受中国证券业协会的自律管理,遵守中国证券业协会的自律规则。首次公开发行股票采用询价方式定价的,符合条件的网下机构和个人投资者可以自主决定是否报价,主承销商无正当理由不得拒绝。网下投资者应当遵循独立、客观、诚信的原则合理报价,不得协商报价或者故意压低、抬高价格。网下投资者报价应当包含每股价格和该价格对应的拟申购股数,且只能有一个报价。非个人投资者应当以机构为单位进行报价。首次公开发行股票的价格(或发行价格区间)确定后,提供有效报价的投资者方可参与申购。

首次公开发行股票采用询价方式定价的,网下投资者报价后,发行人和主承销商应当剔除拟申购总量中报价最高的部分,剔除部分不得低于所有网下投资者拟申购总量的 10%,然后根据剩余报价及拟申购数量协商确定发行价格。剔除部分不得参与网下申购。公开发行股票数量在 4 亿股(含)以下的,有效报价投资者的数量不少于 10 家;公开发行股票数量在 4 亿股以上的,有效报价投资者的数量不少于 20 家。剔除最高报价部分后有效报价投资者数量不足的,应当中止发行。

首次公开发行股票采用询价方式定价的,公开发行后总股本在 4 亿股(含)以下的,网下初始发行比例不低于本次公开发行股票数量的 60%;公开发行后总股本超过 4 亿股的,网下初始发行比例不低于本次公开发行股票数量的 70%。其中,应当安排不低于本次网下发行股票数量的 40% 优先向通过公开募集方式设立的证券投资基金(以下简称公募基金)、全国社会保障基金(以下简称社保基金)和基本养老保险基金(以下简称养老金)配售;安排一定比例的股票向根据《企业年金基金管理办法》设立的企业年金基金和符合《保险资金运用管理暂行办法》等相关规定的保险资金（以下简称保险资金）配售。公募基金、社保基金、养老金、企业年金基金和保险资金有效申购不足安排数量的，发行人和主承销商可以向其他符合条件的网下投资者配售剩余部分。对网下投资者进行分类配售的，同类投资者获得配售的比例应当相同。公募基金、社保基金、养老金、企业年金基金和保险资金的配售比例应当不低于其他投资者。安排向战略投资者配售股票的，应当扣除向战略投资者配售部分后确定网下网上发行比例。

首次公开发行股票网下投资者申购数量低于网下初始发行量的，发行人和主承销商不得将网下发行部分向网上回拨，应当中止发行。网上投资者有效申购倍数超过50倍、低于100倍（含）的，应当从网下向网上回拨，回拨比例为本次公开发行股票数量的20%；网上投资者有效申购倍数超过100倍的，回拨比例为本次公开发行股票数量的40%；网上投资者有效申购倍数超过150倍的，回拨后无锁定期网下发行比例不超过本次公开发行股票数量的10%。本款所指公开发行股票数量应按照扣除设定限售期的股票数量计算。网上投资者申购数量不足网上初始发行量的，可回拨给网下投资者。

首次公开发行股票，持有一定数量非限售股份或存托凭证的投资者才能参与网上申购。首次公开发行股票的网下发行应和网上发行同时进行，网下和网上投资者在申购时无须缴付申购资金。投资者应当自行选择参与网下或网上发行，不得同时参与。

网下和网上投资者申购新股、可转换公司债券、可交换公司债券获得配售后，应当按时足额缴付认购资金。网上投资者连续12个月内累计出现3次中签后未足额缴款的情形时，6个月内不得参与新股、可转换公司债券、可交换公司债券申购。网下和网上投资者缴款认购的新股或可转换公司债券数量合计不足本次公开发行数量的70%时，可以中止发行。

三、股票发行的价格

（一）股票发行价格的种类

当股票发行公司计划发行股票时，需要根据不同情况，确定一个发行价格以推销股票。一般而言，股票发行价格有以下几种：面值发行、市价发行、中间价发行和折价发行。

1. 面值发行。面值发行即以股票的票面金额为发行价格。采用股东分摊的发行方式时一般按平价发行，不受股票市场行情的左右。由于市价往往高于面额，因此以面额为发行价格能够使认购者得到因价格差异而带来的收益，使股东乐于认购，又保证了股票公司顺利地实现筹措股金的目的。

2. 市价发行。市价发行即以流通市场上的股票价格（即市价）为基础确定发行价格。这种价格一般都高于票面额，二者的差价称溢价，溢价带来的收益归该股份公司所有。市价发行也不是与股票流通市场上的价格完全一致。在具体决定价格时，还要考虑股票销售难易程度、是否冲击原有股票价格、认购期间价格变动的可能性等因素，因此，一般将发行价格定在低于市价约5%~10%的水平上是比较合理的。

3. 中间价发行。中间价发行即股票的发行价格取票面额和市场价格的中间值。这种价格通常在市价高于面额，公司需要增资但又需要照顾原有股东的情况下采用。中间价格发行对象一般为原股东，在市价和面额之间采取一个折中的价格发行，实际上是将差价收益的一部分归原股东所有，一部分归公司所有用于扩大经营。因此，在进行股东分摊时要按比例配股,不改变原来的股东构成。

4. 折价发行。折价发行即发行价格低于票面额,是打了折扣的。折价发行有两种情况:一种是优惠性的,通过折价使认购者分享权益。例如,公司为了充分体现对现有股东优惠而采取搭配增资方式时,新股票的发行价格就为票面价格的某一折扣水平,折价不足票面额的部分由公司的公积金抵补。现有股东所享受的优先购买和价格优惠的权利就称作优先购股权。若股东自己不享用此权,可以将优先购股权转让出售。这种情况有时又称作优惠售价。另一种情况是该股票行情不佳,发行有一定困难,发行者与推销者共同议定一个折扣率,以吸引那些预测行情要上涨的投资者认购。由于各国规定发行价格不得低于票面额,因此,这种折扣发行需经过特许方能实行。

（二）股票发行价格的影响因素

1. 净资产。主要发起人经评估确认的净资产所折股数,以及上市前后各年度的每股税后利润可作为定价的重要参考。

2. 盈利水平。公司税后利润水平直接反映了一个公司的经营能力和上市时的价值,税后利润的高低直接关系着股票发行价格。在总股本和市盈率已定的前提下,税后利润越高,发行价格也越高。

3. 发展潜力。公司经营的增长率（特别是盈利的增长率）和盈利预测是关系股票发行价格的又一重要因素。在总股本和税后利润量既定的前提下,公司的发展潜力越大,未来盈利趋势越确定,市场所接受的发行市盈率也就越高,发行价格也就越高。

4. 发行数量。不考虑资金需求量,单从发行数量上考虑,若本次股票发行数量较大,为了能保证销售期内顺利地将股票全部出售,取得预定金额的资金,价格应适当定得低一些;若发行量小,考虑到供求关系,价格可定得高一些。

5. 行业特点。发行公司所处行业的发展前景会影响到公众对本公司发展前景的预期。同行业已经上市企业的股票价格水平剔除不可比因素以后,也可以客观地反映本公司与其他公司相比的优劣程度。如果本公司各方面均优于已经上市的同行业公司,则发行价格可定高一些;反之,则应低一些。此外,不同行业的不同特点也是影响股票发行价格的因素。

6. 股市状态。二级市场的股票价格水平直接关系到一级市场的发行价格。在制定发行价格时,要考虑到二级市场股票价格水平在发行期内的变动情况,若股市处于"熊市",定价太高则无人问津,使股票销售困难,因此要定得低一些;若股市处于"牛市",价格太低会使发行公司受损,股票发行后易出现投机现象,因此可以定得高一些。同时,发行价格的确定要给二级市场的运作留有余地,以免股票上市后在二级市场的定位发生困难,影响公司的声誉。

（三）确定股票发行价格的方法

1. 市盈率定价法。通过市盈率确定股票发行价格的方法称为市盈率定价法,它首先应根据注册会计师审核后的盈利预测计算出发行人的每股收益,然后可根据二级市场的平均市盈率、发行人的行业状况、发行人的经营状况及其成长性等拟订发行市盈率,最后依发行市盈率与每股收益之乘积决定发行价格。

$$发行价 = 每股收益 \times 发行市盈率 \qquad (6-1)$$

其中：

$$每股收益 = \frac{发行当年预测税后利润}{发行当年总股本数 + 本次公开发行数 \times \frac{12 - 发行月份}{12}} \quad (6-2)$$

2. 净资产倍率法。净资产倍率法又称资产净值法，是指通过资产评估和相关会计手段确定发行人拟募股资产的每股净资产值，然后根据证券市场的状况将每股净资产值乘以一定的倍率，以此确定股票发行价格的方法。其公式为：

$$发行价格 = 每股净资产值 \times 溢价倍率（或折扣倍率） \quad (6-3)$$

3. 竞价法。竞价法是指投资者在指定时间内通过证券交易场所交易网络，以不低于发行底价的价格并按限购比例或数量进行认购委托。申购期满后，由交易场所的交易系统将所有有效申购按照价格优先、同价位申报时间优先的原则，将投资者的认购委托由高价位向低价位排队，并由高价位到低价位累计有效认购数量，当累计数量恰好达到或超过本次发行数量的价格即为本次发行的价格。

4. 议价法。议价法是指股票的发行价格由发行人与承销的证券公司协商确定，并报证券监管当局核准。发行人应当根据经营业绩、净资产、发展潜力、发行数量、行业特点、股市状态，提供定价发行报告，说明确定发行价格的依据。一般包括固定价格方式与市场询价方式两种。

对股票发行价格的确定方法进行比较可以发现，竞价法和议价法都试图使新股的发行价格反映股票本身的价值和市场的供求关系。在用议价法定价时，新股发行价格是在股票投资价值的基础上进行反复修正后确定的，修正的主要依据是行业平均市盈率或者三至五家相似公司的平均市盈率以及路演时投资者对新股价格的反馈信息。在一个有效的资本市场上，平均市盈率水平基本反映了市场对该类股票的需求状况，而路演推介则是直接面向市场以征集市场需求量，从这个角度看，议价法可以看成以股票价值为基础，通过"模拟"市场需求状况来确定新股发行价格，定价的准确性很大程度上取决于主承销商的专业知识和经验。竞价法虽然有各种不同的方式，但都是以股票价值作为发行底价，以此为基础由承销商或者投资者进行竞价，是一种"直接"的市场化定价方式，只是参加定价的市场主体及其范围存在差异。

（四）股票发行费用

发行费用指发行公司在筹备和发行股票过程中发生的费用，该费用可在股票发行溢价中扣除，主要包括以下几种费用。

1. 承销费用。股票承销费用又称发行手续费，是指发行公司委托证券承销机构发行股票时支付给后者的佣金，在股票发行费用中所占的比重最大。承销费用一般按企业募集资金总额的一定百分比计算，由承销商在投资者付给企业的股款中扣除。决定和影响股票承销费的主要因素包括：

（1）发行总量。股票发行量的大小决定了承销机构业务量与承销费的高低，发行量越大，承销费越高。

（2）发行总金额。一般而言，承销费与股票筹资额成正比，股票筹资额越大，收取的承销费越多。

（3）发行公司的信誉。发行公司的信誉越好，发行股票的销路就好，收取的承销费就较低。

（4）发行股票的种类。不同种类股票的特点、风险互不相同，从而收取的承销费也不一样。

（5）承销方式。承销商在不同的承销方式下承担的责任和风险有所不同，因此发行人支付给承销商的承销费也不尽相同，通常以包销方式承销时的承销费要高于以代销方式承销时的承销费。

（6）发行方式。例如，网下发行的承销费用一般略高于上网定价发行的承销费用。

2. 其他中介机构费用。股票发行过程中必然会涉及评估、财务和复杂的法律问题，因此，企业自股票发行准备阶段起就必须聘请具有证券从业资格的评估师、会计师和律师参与发行工作。此类中介机构的费用也是股票发行过程中必须支付的，收费标准基本上按企业规模大小和工作难易程度来确定。

3. 印刷费用。企业必须为发行申报材料、招股说明书、上市公告书等文件的印刷支付印刷费用，这笔费用将依印刷频率、数量和质量而定。

4. 宣传广告费。在发行股票时，为了使股票能顺利发售出去，实现预定的筹资目标，发行公司往往会做一些广告、宣传工作。这无疑需要支出一定的费用。

5. 其他费用。除上述费用外，发行人在股票发行过程中可能还需支付其他一些费用，如采用上网定价发行方式的公司需支付上网发行费用；向代收款银行和股票登记托管机构支付费用；等等。

四、股票发行的程序

根据《中华人民共和国公司法》《中华人民共和国证券法》，中国证监会和证券交易所颁布的规章、规则等有关规定，企业公开发行股票并上市应该遵循以下程序。

1. 改制与设立：拟订改制方案，聘请保荐机构（证券公司）和会计师事务所、资产评估机构、律师事务所等中介机构对改制方案进行可行性论证，对拟改制的资产进行审计、评估、签署发起人协议和起草公司章程等文件，设置公司内部组织机构，设立股份有限公司。除法律、行政法规另有规定外，股份有限公司设立取消了省级人民政府审批这一环节。

2. 尽职调查与辅导：保荐机构和其他中介机构对公司进行尽职调查、问题诊断、专业培训和业务指导，学习上市公司必备知识，完善组织结构和内部管理，规范企业行为，明确业务发展目标和募集资金投向，对照发行上市条件对存在的问题进行整改，准备首次公开发行申请文件。目前已取消了为期一年的发行上市辅导的硬性规定，但保荐机构仍需对公司进行辅导。

3. 申请文件的申报：企业和所聘请的中介机构，按照证监会的要求制作申请文件，保荐机构进行内核并负责向中国证监会尽职推荐。符合申报条件的，中国证监会在5个工作日内受理申请文件。

4. 申请文件的审核：中国证监会正式受理申请文件后，对申请文件进行初审，同时征求发行人所在地省级人民政府和国家发改委意见，并向保荐机构反馈审核意见。保荐机构组织发行人和中介机构对反馈的审核意见进行回复或整改，初审结束后发行审核委员会审核前，进行申请文件预披露，最后提交股票发行审核委员会审核。

5. 路演、询价与定价：发行申请经发行审核委员会审核通过后，中国证监会进行核准，企业在指定报刊上刊登招股说明书摘要及发行公告等信息，证券公司与发行人进行路演，向投资者推介和询价，并根据询价结果协商确定发行价格。

6. 发行与上市：根据中国证监会规定的发行方式公开发行股票，向证券交易所提交上市申请，办理股份的托管与登记，挂牌上市，上市后由保荐机构按规定负责持续督导。

五、股票发行上市的保荐制度

保荐制度指的是由保荐人（券商）对发行人发行证券进行推荐和辅导，并核实公司发行文件中所载资料是否真实、准确、完整，协助发行人建立严格的信息披露制度，承担风险防范责任，并在公司上市后的规定时间内继续协助发行人建立规范的法人治理结构，督促公司遵守上市规定，完成招股计划书中的承诺，同时对上市公司的信息披露负有连带责任。

保荐制下，企业发行上市不但要有保荐机构进行保荐，还需要具有保荐代表人资格的从业人员具体负责保荐工作。保荐工作分为两个阶段，即尽职推荐和持续督导阶段。从中国证监会正式受理公司申请文件到完成发行上市为尽职推荐阶段。证券发行上市后，首次公开发行股票的，持续督导期间为上市当年剩余时间及其后两个完整会计年度。保荐机构和保荐代表人在向中国证监会推荐企业发行上市前，要对发行人进行尽职调查和专业辅导培训，保荐机构要在推荐文件中对发行人是否符合发行上市条件，申请文件不存在虚假记载、误导性陈述或重大遗漏等事项作出承诺。证券发行上市后，保荐机构要持续督导发行人履行规范运作、信守承诺、信息披露等义务。保荐制的核心内容是进一步强化和细化了保荐机构的责任，尤其是以保荐代表人为代表的证券从业人员的个人责任。实施证券发行上市保荐制度是深化发行审核制度改革的重大举措，是对证券发行上市建立市场约束机制的重要制度探索，将推动证券发行制度从核准制向注册制转变。

第三节 债券的发行

债券发行是发行人以借贷资金为目的，依照法律规定的程序向投资人要约发行代表一定债权和兑付条件的债券的法律行为。债券发行是证券发行的重要形式之一。

一、债券的发行方式

（一）定向发售

定向发售方式是指向养老保险基金、失业保险基金、金融机构等特定机构发行债券的方式，主要用于国家重点建设债券、财政债券、特种国债等品种。

（二）承购包销

承购包销指发行人与由商业银行、证券公司等金融机构组成的承销团通过协商条件签订承购包销合同，由承销团分销拟发行债券的发行方式。

承购包销方式始于1991年，主要用于发行不可流通的凭证式国债。它是由各地的国债承销机构组成承销团，通过与财政部签订承销协议来决定发行条件、承销费用和承销商的义务，因而是带有一定市场因素的国债发行方式。

（三）招标发行

招标发行是债券发行市场化的具体体现和发展方向。

由于招标发行是公开进行的，属于公募性质，因此招标发行也称为"公募招标"。招标发行条件由发行者与投标者通过市场竞争来决定，这样决定的发行条件最能体现公平合理的市场原则，也能真实地反映供求关系决定的市场利率，所以招标发行是一种市场化程度高、效率高、成本低的发行方式，因而被各国广泛采用。

> 招标发行方式是指债券发行者通过招标的方式来决定债券的投资者和债券的发行条件的发行方法。

1. 从招标竞争标的物看，有缴款期、价格和收益率招标3种形式。

（1）缴款期招标：投标人以缴款时间作为竞争标的物，发行主体按由近及远的原则确定中标者，直至募满发行额。该种形式多在发行价格或票面利率已定的条件下采用，一般适用于招标机制并不健全的情况。

（2）价格招标：投标人以发行价格为竞争标的物，发行者根据投标价格由高到低的顺序确定中标者和中标额。贴现债券多采用价格招标方式发行。

（3）收益率招标：投标人以债券投资收益率为投标竞争标的物，发行主体按由低到高的顺序确定中标者和中标额。不管是贴现债券还是附息债券均可采用收益率招标方式发行。其实，所有债券招标方式在本质上都是收益率招标，因为最后都体现在收益率的差异和变化上。

2. 从中标价格确定的规则看，有单一价格（荷兰式）招标与多种价格（美国式）招标。

（1）单一价格（荷兰式）招标。该招标方式是在招标规则中，发行主体按募满发行额止的最低中标价格作为全体中标人的最后中标价格，即每个中标人的认购价格是同一个。当以价格为竞争标的物时，最后中标认购价格为所有中标价格的最低价格；当以收益率为竞争标的物时，最后中标认购收益率为所有中标收益率的最高收益率。

（2）多种价格（美国式）招标。该招标方式是在招标规则中，发行主体按各投标人各自中标价格（或其最低中标价格）确定中标者及其中标认购数量。招标结果一般是各个中标人有各自不同的认购价格，各自的成本与收益率水平也不同。

例：当面值为100元、总额为200亿元的贴现国债招标发行时，若有A、B、C三个投标人，他们的出价和申报额如表6-1中所示，那么，A、B、C三者的中标额分别为90亿元、60亿元和50亿元。在"荷兰式"招标规则下，中标价都是75元；而在"美国式"招标规则下，中标价分别是自己的投标价85元、80元和75元。

表6-1 "荷兰式"招标与"美国式"招标中标价的比较

投标人	A	B	C
投标价（元）	85	80	75
投标额（亿元）	90	60	100

续表

投标人	A	B	C
中标额（亿元）	90	60	50
"荷兰式"招标中标价（元）	75	75	75
"美国式"招标中标价（元）	85	80	75

由表6-1可见，"荷兰式"招标的特点是"单一价格"，而"美国式"招标的特点是"多种价格"。我国目前短期贴现国债主要运用"荷兰式"价格招标方式予以发行。

二、债券的发行条件

债券发行的条件指债券发行者发行债券筹集资金时所必须考虑的有关因素，具体包括发行额、面值、期限、偿还方式、票面利率、付息方式、发行价格、发行费用、有无担保等。由于公司债券通常是以发行条件进行分类的，所以，确定发行条件的同时也就确定了所发行债券的种类。适宜的发行条件可使筹资者顺利地筹集到资金，使承销机构顺利地销售出债券，也使投资者易于作出投资决策。

1. 发行额。债券发行额指债券发行人一次发行债券时预计筹集的资金总量。企业应根据自身的资信状况、资金需求程度、市场资金供给情况、债券自身的吸引力等因素进行综合判断后再确定一个合适的发行额。发行额定得过高，会造成发售困难；发行额太小，又不易满足筹资的需求。

2. 债券的利率。债券利率对集资者而言，是筹集资金所付出的代价；对投资者而言，是付出货币投资债券的收益。债券利率既不能像银行的存款利率那样，只根据存款期长短不同而分别确定，也不能像股票的股息和红利那样根据企业经营状况、经济效益的高低事后确定。债券的利率是由以下多种因素决定的。

（1）发行单位信誉。发行单位的信誉是由债券发行单位经营状况、经营规模、财务状况、经济效益、发展前景以及在社会公众中的形象等多方面因素决定的。在一般情况下，政府债券、金融债券信誉高于企业债券；企业债券中，经济效益好、社会知名度高的企业信誉要高于经济效益一般且社会知名度低的企业。

（2）债券期限。期限长短是确定债券利率的又一重要因素。在通常情况下，期限短，利率低；期限长，利率高。期限短的债券灵活性强，债券可以及时收回本息，收益部分可以用于再投资，获得较高的实际收益；而期限长的债券投资者就得不到这些好处，且风险较大，因而必须通过高利率来进行弥补。

（3）同期的银行储蓄存款利率。在通常情况下，债券利率应高于同期银行储蓄存款利率。我国规定，债券的利率可以高于同期银行存款利率的40%。

（4）预期通货膨胀率。在经济发展中，物价的波动是难免的，因此，预期的通货膨胀率对于债券利率确定有着重要意义。在一般情况下，债券利率至少应高于通货膨胀率，否则投资者非但不能得到实际收益，相反随物价上升会使投资额相对贬值。

（5）市场债券发行总量。市场债券发行总量是指在某一时期某一地区的债券发行总规模。一般情况下，市场债券已发行量如果小于市场社会公众、企业的认购能力时，新发行债券可以适当降低利率；市场债券已发行量如果大于市场认购能力，由于投资者具有广泛的投资选择，此时，债券的利率就应适当高一些，以增强竞争能力。

(6) 税收。债券所得税税率对于债券的利率有着极为重要的意义。如果三种债券的票面利率相同，但一种债券收益免征个人收益调节税，一种享受10%的个人收益调节税优惠，另一种按规定缴纳20%的个人收益调节税，那么，对投资者而言，其实际投资收益率就相差很多。

(7) 债券的流动性。我国目前发行的债券有的规定不可上市转让，有的可以上市，由于不可上市的债券流动性差，投资者购买债券后，在债券到期前不能变为货币，只有到期才能取得本息，因此，其利率应高于可上市转让债券。

(8) 保值贴补率。在经济发展出现了较高的通货膨胀率的情况下，在发行一些较长期（一般为三年以上）债券时，需要实行保值贴补。这样，在发行有保值贴补的债券和非保值债券时，其利率水平高低也应区别对待，对非保值券种的利率要适当提高。

确定债券利率是一个比较复杂的问题，它是由许多因素决定的，在多种不同的条件下，各种因素的重要性各不相同，要取得各种因素的统一是比较困难的。发行债券时，只能根据当时的实际情况进行综合平衡，制定出合适的债券利率，达到既要降低集资成本，又要及时筹足所需资金的目的。

3. 债券面值。债券面值即债券票面上标出的金额，企业可根据不同认购者的需要，使债券面值多样化，既有大额面值，也有小额面值。

4. 债券的期限。从债券发行日起到偿还本息日止的这段时间称为债券的期限。企业通常根据资金需求的期限、未来市场利率走势、流通市场的发达程度、债券市场上其他债券的期限情况、投资者的偏好等确定发行债券的期限结构。一般而言，当资金需求量较大，债券流通市场较发达，利率有上升趋势时，可发行中长期债券，否则，应发行短期债券。

5. 债券的偿还方式。按照债券的偿还日期的不同，债券的偿还方式可分为期满偿还、期中偿还和延期偿还三种或可提前赎回和不可提前赎回两种；按照债券的偿还形式的不同，可分为以货币偿还、以债券偿还和以股票偿还三种。企业可根据自身实际情况和投资者的需求灵活作出决定。

6. 付息方式。付息方式一般可分为到期一次性付息、分期付息和贴现债券三种。企业可根据债券期限情况、筹资成本要求、对投资者的吸引力等确定不同的付息方式，如对中长期债券可采取分期付息方式，按年、半年或按季度付息；对短期债券可以采取到期一次性付息方式。贴现债券就是先将利息从债券发行额中扣除，按扣除利息后的余额发行，一般适用于短期债券。

7. 发行价格。债券的发行价格是指债券投资者认购新发行的债券时实际支付的价格。债券的发行价格分为平价发行、折价发行和溢价发行。在面值和票面利率一定的情况下，调整债券的发行价格，目的在于使投资者得到的实际收益率与市场收益率相同。

对于一次性还本付息、单利计息的债券而言，其发行价格的公式为：

$$P = \frac{M(1 + i \times n)}{(1 + r)^n} \qquad (6-4)$$

其中，P 为债券的发行价格，M 为债券的面值，i 为票面利率，n 为债券的期限，r 为市场收益率。

因而，债券的发行价格与债券的终值、市场收益率和债券的期限有关。

8. 发行方式。企业可根据市场情况、自身信誉和销售能力等因素，选择采取向特定投资者发行的私募方式，或是向社会公众发行的公募方式；是自己直接向投资者发行的直接发行方式，还是让证券中介机构参与的间接发行方式；是公开招标发行方式，还是与中介机构协商议价的非招标发行方式等。

9. 是否记名。记名公司债券转让时必须在债券上背书，同时还必须到发行公司登记，而不记名公司债券则无须如此。因此，不记名公司债券的流动性要优于记名公司债券。企业可根据市场需求等情况决定是否发行记名债券。

10. 担保情况。发行的债券有无担保，是债券发行的重要条件之一。一般而言，由信誉卓著的第三方担保或以企业自己的财产作抵押担保，可以增加债券投资的安全性，减少投资风险，提高债券的吸引力。企业可以根据自身的资信状况决定是否以担保形式发行债券。通常，大金融机构、大企业发行的债券多为无担保债券；而信誉等级较低的中小企业大多发行有担保债券。

11. 债券选择权。附有选择权的公司债券指在债券发行中，发行者给予持有者一定的选择权，如可转换公司债券、有认股权证的公司债券、可退还的公司债券等。一般而言，有选择权的债券利率较低，也易于销售。但可转换公司债券在一定条件下可转换成公司发行的股票；有认股权证的债券持有人可凭认股权证购买所约定的公司的股票等，因而会影响到公司的所有权；可退还的公司债券在规定的期限内可以退还给发行人，因而增加了企业的负债和流动性风险。企业可根据自身资金需求情况、资信状况、市场对债券的需求情况以及现有股东对公司所有权的要求等选择是否发行有选择权的债券。

12. 发行费用。债券发行费用，指发行者支付给有关债券发行中介机构和服务机构的费用。债券发行者应尽量减少发行费用，在保证发行成功和有关服务质量的前提下，选择发行费用较低的中介机构和服务机构。

三、债券的信用评级

（一）信用评级的原则及其意义

1. 信用评级的概念。信用评级是由专门从事信用评级的独立的社会中介机构，运用科学的指标体系、采用定量分析和定性分析相结合的方法，通过对企业、债券发行者、金融机构等市场参与主体的信用记录、企业素质、经营水平、财务状况、发展前景、外部环境以及可能出现的各种风险等进行客观、科学、公正的分析研究之后，就其信用能力（主要是偿还债务的能力及其可偿债程度）所做的综合评价，并用特定的等级符号标定其信用等级的一种制度。信用评级有广义与狭义之分，狭义的信用评级是对企业的偿债能力、履约状况、守信程度的评价；广义的信用评级则指各类市场的参与者（企业、金融机构和社会组织）及各类金融工具的发行主体履行各类经济承诺的能力及可信任程度。

2. 信用评级的原则。

（1）真实性原则。在评级过程中，必须保障评级基础数据和基础资料的真实、准确，采取一定的方法核实评级基础数据和基础资料的真实性。

（2）一致性原则。所采用的评级基础数据、指标口径、评级方法、评级标准要前后一致。

（3）独立性原则。评级人员在评级过程中要保持独立性，不能受评级对象及其他外来因素的影响，要根据基础数据和基础资料独立作出评判，运用自己的知识和经验客观、公正、公平地实施评级。

3. 信用评级的意义。

（1）方便投资者进行债券投资决策。投资者购买债券是要承担一定风险的。如果发行者到期不能偿还本息，投资者就会蒙受损失。发行者不能偿还本息是投资债券的最大风险，称为信用风险。债券的信用风险依发行者偿还能力不同而有所差异。对广大投资者，尤其是中小投资者而言，由于受到时间、知识和信息的限制，无法对众多债券进行分析和选择，因此需要专业机构对准备发行的债券的还本付息的可靠程度，进行客观、公正和权威的评定，也就是进行债券信用评级，以方便投资者决策。

（2）债券信用评级可以减少信誉高的发行人的筹资成本。一般而言，高等级的信用可以帮助企业较方便地得到投资者的信任，取得投资者的支持，能够扩大融资规模，降低融资成本。债券资信级别在很大程度上与其发行利率挂钩：资信等级越高的债券，越容易得到投资者的信任，能够以较低的利率出售；而资信等级低的债券，风险较大，只能以较高的利率发行。

（3）信用评级有助于企业防范商业风险。对客户的信用政策，成为企业竞争的有效手段之一。这些信用政策，包括信用形式、期限、金额等的确定，必须建立在对客户信用状况的科学评级分析基础上，才能达到既从与客户的交易中获取最大收益，又将客户信用风险控制在最低限度的目的。企业可以通过资信评级了解到竞争对手和合作伙伴的真实情况，降低企业的信息搜集成本。良好的资信等级可以提升企业的无形资产，高等级的信用是企业在市场经济中的"身份证"，它能够吸引投资人与客户大胆放心与之合作。在市场经济中，信誉正日益成为企业的生命。

4. 信用评级程序。信用评级工作程序指进行信用评级所遵循的操作步骤，包括评级准备、实地调研、业务例会、级别建议、级别评审、撰写报告、级别确认、级别公告、文件存档、跟踪监测等阶段。从程序中可以看出信用评级所包含的工作。

（二）企业债券（长期）信用等级及其含义

1. 企业债券信用等级的划分。目前国际上公认的最具权威性的信用评级机构主要有美国标准普尔公司和穆迪投资服务公司。这两家公司负责评级的债券很广泛，并占有详尽的资料，采用先进科学的分析技术，又有丰富的实践经验和大量专门人才，因此它们所作出的信用评级具有很高的权威性。

标准普尔公司信用等级标准从高到低可划分为：AAA级、AA级、A级、BBB级、BB级、B级、CCC级、CC级、C级和D级。穆迪投资服务公司信用等级标准从高到低可划分为：Aaa级、Aa级、A级、Baa级、Ba级、B级、Caa级、Ca级、C级和D级。两家机构信用等级划分大同小异。前四个级别债券信誉高，风险小，是"投资级债券"；第五级开始的债券信誉低，是"投机级债券"。

2. 企业债券信用等级的含义

表6-2 企业债券信用等级及其含义

级别分类	级别划等	级别次序	级别含义
投资级	一等	AAA	有极高还本付息能力，投资者没有风险
		AA	有很高的还本付息能力，投资者基本无风险
		A	有一定还本付息能力，采取措施后，有可能还本付息，风险较低
	二等	BBB	还本付息资金来源不足，企业应变能力差，有延期还本付息可能，有一定风险
		BB	还本付息能力弱，投资风险较大
		B	还本付息能力低，投资风险大
投机级	三等	CCC	还本付息能力很低，投资风险很大
		CC	还本付息能力极低，投资风险最大
		C	企业濒临破产，到期无还本付息能力，绝对有风险
		D	债务到期而发债人未能按期偿还债务

（三）国际著名评级机构及其业务

1. 穆迪投资服务有限公司。穆迪投资服务有限公司（Moody's Investors Services）是美国评级业务的先驱，也是当今世界评级机构中最负盛名的一个。它不仅对国内的各种债券和股票进行评级，还将评级业务推进到国际市场。1950年其评级对象包括加拿大、澳大利亚、世界银行等发行的债券；1970年又扩展到欧洲和日本的债券。目前，穆迪投资服务有限公司对政府和公司所发行的3万多种债券进行评级分析并公布结果。这些债券包括从传统的公司债券到现代的金融创新工具，如零息债券、经背书的抵押债券，以及银行的存款证书等。在美国的公司债券市场上，穆迪投资服务有限公司评级覆盖面约占99%以上，短期商业票据市场则约占100%；在欧洲市场上，先后为500家大公司发行的2 000多种债券进行评级。从1986年开始，对主权国家和地区所发行的债券予以主动评级，而不论发行人是否提出过评级的申请。

2. 标准普尔公司。标准普尔公司在合并之前只对企业债券评级，合并之后，则开始对市政债券评级。自1960年起，商业票据也被列入评级对象。目前，该公司已经具有评定1 700家企业、8 000家政府机构和700家公司债券信用评级的经验。

标准普尔公司对在美国境内发行的数额在1 000万美元以上的所有公共事业债券或优先股，不论其发行单位是否提出申请，都给予评定等级，但评级结果的公开权属于发行单位，一旦发行单位公开评级结果，标准普尔公司便拥有等级变化情况的公布权。一般情况下，标准普尔公司对经营期不满 5 年的企业长期债券以及未保险的银行存款单不给予评级；对在美国境外发行的长期债券，根据发行单位的请求，也给予评定等级。

3. 惠誉国际（菲奇公司）。惠誉国际（Fitch Ratings）是唯一的欧资国际评级机构，总部设在纽约和伦敦。信用评级范围目前已经覆盖了 75 个国家和 40 多个国际机构。信用等级评定涉及 1 600 家金融机构，1 000 多家企业债券和 3 300 家结构融资的信用监督业务和 17 000 种市政证券的评级，同时还对 69 个国家的主权及 800 多家保险公司进行了评级。

目前，穆迪投资服务有限公司、标准普尔公司和惠誉国际聚集了大量的证券、会计、统计、企业财务分析等方面的专家，积累了丰富的评级技术经验，他们对信用的评级主要集中于以下几点。

（1）将以往和未来可能具有的现金流量作为债务偿还能力评价的重要指标。

（2）被评对象的债务余额及其构成。

（3）在相当长一段时间里，被评对象现金流量的稳定性。

（4）在信息发布方面，除了通过出版物发布外，还充分利用了电子信息服务系统，如路透社的"QUICK"；同时，也在一些主要世界金融中心设立信息中心，例如，穆迪投资服务有限公司就在伦敦、巴黎、纽约、东京和新德里设有 5 个信息中心。

（5）复数评级制度的实施：即被评级对象对某一评级机构的评级结果感到不满意，可以另行选择其他评级机构，而信用情报购买者也可以自由选择。

（6）有偿评级制度的实施：从 1909 年开始，三大评级机构一直实行免费评级，只是到了 20 世纪 70 年代才开始实行有偿评级。评级收入包括向投资者出售评级情报和向被评对象收取评级手续费，同时办理与信用评级有关的业务。如企业财务信息服务和信用调查，从中获益。由于所有评级机构从不公开自己的财务内容，所以人们无从了解评级机构的收支情况。

◆ 专栏 6 – 2

国际三大信用评级机构比较

项目	穆迪	标准普尔	惠誉
所在地	纽约	纽约	纽约
代表者	J. A. Brrednner	Howard D. Hosback	Richard D. Caccione
股东	Dan & Bradstreet 100%	McGraww – Hill 100%	5 名个人股东（经营者）
债券分析人员数	150 人（职工总人数约 400 人）	135 人（职工总人数约 1 000 人）	21 人
分支机构	美国国内 21 所，多伦多 1 所，意大利 1 所，已进入中国	美国国内 25 所，巴西、蒙特利尔、东京各 1 所	美国国内 1 所（位于丹佛），已进入中国

续表

项目	穆迪	标准普尔	惠誉
评级对象	普通公司债券 可转换公司债券 地方政府债券 地方债券 CP CD 外债 优先股 金融机构的贷款债权 出口信用证（LC） 银行承兑票据（BA） 短期投资信托资产（MMF） SIMU 债券 结构融资	普通公司债券 可转换公司债券 地方政府债券 地方债券 CP CD 外债 优先股 金融机构的贷款债权 出口信用证（LC） 银行承兑票据（BA） 短期投资信托资产（MMF） SIMU 债券 结构融资	普通公司债券 可转换公司债券 地方政府债券 地方债券 CP CD 外债 优先股 金融机构的贷款债权 出口信用证（LC） 银行承兑票据（BA） 短期投资信托资产（MMF） SIMU 债券 结构融资
特点	综合评级机构，其审查能力获得广泛好评	综合评级机构，积极开展业务，销售能力较强（因为是出版业出身，其评级出版物有独到优势）	精兵强将的老字号评级机构，近年来更加积极地开展业务

【本章小结】

证券发行市场是证券发行人第一次将新发行的股票或债券等通过一定方式推销给投资人或购买人的一种买卖关系的统称。证券发行可分为直接发行和间接发行；公募发行和私募发行；定价发行、询价发行与竞价发行。

招标发行方式是债券发行者通过招标的方式来决定债券的投资者和债券的发行条件的发行方法。招标发行可分为缴款期招标、价格招标和收益率招标；单一价格（荷兰式）招标与多种价格（美国式）招标。

股票发行是股份有限公司出售股票以筹集资本的过程，发行股票必须符合一定的条件。股票发行可分为设立发行与增资发行。增资发行包括有偿增资发行、无偿增资发行和并行增资发行。

股票发行价格有面值发行、市价发行、中间价发行和折价发行。影响股票发行价格的因素主要有净资产、盈利水平、发展潜力、发行数量、行业特点和股票二级市场的状态。确定股票发行价格的方法有市盈率定价法、净资产倍率法、竞价法和议价法。企业公开发行股票并上市的程序为：改制与设立、尽职调查与辅导、申请文件的申报、申请文件的审核、路演、询价与定价、发行与上市。证券市场的股票发行制度通常可分为注册制、核准制与审批制三种模式。

债券发行是发行人以借贷资金为目的，依照法律规定的程序向投资人要约发行代表一定债权和兑付条件的债券的法律行为。债券发行的条件指债券发行者发行债券筹集资金时所必须考虑的有关因素，具体包括发行额、面值、期限、偿还方式、票面利率、付息方式、发行价格、发行费用、有无担保等。选择债券发行条件时，企业应根据债券发行条件的具体内容综合考虑，包括发行额、债券的利率、债券面值、债券的期限、债券的偿还方式、付息方式、发行价格等。

债券的发行价格分为平价发行、折价发行和溢价发行。

信用评级是由专门从事信用评级的独立的社会中介机构，运用科学的指标体系、采用定量分析和定性分析相结合的方法，通过对企业、债券发行者、金融机构等市场参与主体的信用记录、企业素质、经营水平、财务状况、发展前景、外部环境以及可能出现的各种风险等进行客观、科学、公平的分析研究之后，就其信用能力（主要是偿还债务的能力及其可偿债程度）所做的综合评价，并用特定的等级符号标定其信用等级的一种制度。信用评级的原则为真实性原则、一致性原则、独立性原则。常用的企业债券信用等级为 AAA、AA、A、BBB、BB、B、CCC、CC、C、D 级，其中 AAA、AA、A、BBB 级为投资级，BB、B、CCC、CC、C、D 级为投机级。

【关键词】

公募发行　私募发行　直接发行　间接发行　招标发行

【重要概念】

股票的首次公开发行　包销　路演　间接发行　招标发行　荷兰式招标　美国式招标

【思考题】

1. 简述证券的主要承销方式和发行方式。
2. 简述影响股票发行价格的主要因素。
3. 试比较直接发行与间接发行。
4. 简述确定股票发行价格的方法。
5. 债券发行有哪些基本条件？
6. 简述债券发行的方式及各种方式的特点。
7. 简述债券信用评级对债券发行和交易的意义。

【案例分析】

读者传媒首次公开发行股票发行公告

（一）本次发行概况

发行股票类型　人民币普通股（A 股）

发行股数　本次公开发行新股的股票数量合计 6 000 万股，不低于发行后总股本的 25%；本次发行不涉及公司股东公开发售股份情况。

每股面值　人民币 1.00 元

每股发行价格　人民币 9.77 元

预计发行日期　2015 年 12 月 1 日

拟上市的证券交易所　上海证券交易所

发行后总股本　不超过 24 000 万股

保荐人（主承销商）　华龙证券股份有限公司

招股说明书签署日期　2015 年 11 月 30 日

（二）发行公告

本次发行的基本情况

1. 股票种类：本次发行的股票为境内上市人民币普通股（A 股），每股面值 1.00 元。

2. 发行数量：本次发行数量为 6 000 万股，其中网下初始发行量为 3 600 万股，占本次发行数量的 60%；网上初始发行量为 2 400 万股，占本次发行数量的 40%。本次发行股份均为新股，不进行老股转让。若启动回拨机制，则网上、网下发行数量为回拨后的网上、网下实际发行数量。有关回拨机制的具体安排详见本公告"网上网下回拨机制"。

3. 发行价格：通过初步询价确定本次发行价格为 9.77 元/股，此价格对应的市盈率为：

（1）14.89 倍（每股收益按照 2014 年度经申报会计师审计的扣除非经常性损益前后孰低的净利润除以本次发行前总股本计算）；

（2）19.85 倍（每股收益按照 2014 年度经申报会计师审计的扣除非经常性损益前后孰低的净利润除以本次发行后总股本计算）。

4. 募集资金。若本次发行成功，发行人募集资金总额为 58 620 万元，扣除发行费用 8 225.50 万元后，本次预计募集资金净额为 50 394.50 万元，略低于发行人本次首发上市拟募集资金 50 407.61 万元。募集资金的使用计划等相关情况已于 2015 年 11 月 23 日（T - 6 日）在招股意向书中披露。

所有募集资金净额将存入募集资金专户，主承销商、存放募集资金的商业银行将与发行人一起对全部募集资金进行三方监管。

5. 发行方式与时间。本次网下发行由主承销商负责组织实施，配售对象通过申购平台进行申购；网上发行通过上交所交易系统实施，投资者以发行价格 9.77 元/股缴纳申购款。

网下发行申购时间：2015 年 11 月 30 日（9：30 ~ 15：00）和 2015 年 12 月 1 日（9：30 ~ 15：00）；

网上发行申购时间：2015年12月1日（T日）（9：30~11：30，13：00~15：00）。

6. 网上、网下回拨机制。本次发行网上、网下申购于2015年12月1日（T日）15：00同时截止。申购结束后，发行人和主承销商将根据网上投资者有效申购倍数决定是否启动回拨机制，对网下、网上发行的规模进行调节。有关回拨机制的具体安排如下：

（1）网下向网上的回拨：在网下发行获得足额认购且未出现中止发行的情况下，如网上投资者初始申购倍数在50倍以上但低于100倍（含），发行人和主承销商将从网下向网上回拨，回拨比例为本次公开发行股票数量的20%；如果网上投资者有效认购倍数在100倍以上，从网下向网上回拨的回拨比例为本次公开发行股票数量的40%；网上投资者有效申购倍数超过150倍的，回拨后网下发行比例不超过本次公开发行股票数量的10%；如果网上投资者有效认购倍数低于50倍（含），则不进行回拨。公开发行股票数量按照扣除设定12个月及以上限售期的股票数量计算。

网下发行认购不足，不得向网上进行回拨。

（2）网上向网下的回拨：在网下发行获得足额认购且未出现中止发行的情况下，如网上发行未能获得足额认购，则网上认购不足部分向网下回拨，由发行人和主承销商按照网下配售原则进行配售。回拨后有效报价投资者仍未能足额认购的，发行中止。

7. 本次发行的重要日期安排。

交易日	日期	发行安排
T-6日	11月23日	刊登《招股意向书摘要》和《重新启动发行安排及初步询价公告》；招股意向书及其他文件上网披露；接收网下投资者提交资质审核材料
T-5日	11月24日	网下投资者在协会完成备案（12:00前）；网下投资者向华龙证券提交资质审核材料电子版（周二12:00前）
T-4日	11月25日	初步询价（通过上交所网下申购电子化平台）
T-3日	11月26日	初步询价（通过上交所网下申购电子化平台，15:00截止）；网下投资者向华龙证券提交资质审核材料原件送达（15:00前）
T-2日	11月27日	确定发行价格、发行数量、可参与网下申购的股票配售对象数量及有效申报数量；刊登《网上路演公告》
T-1日	11月30日	刊登《投资风险特别公告》《发行公告》；网上路演
T日	12月1日	网下申购缴款截止日（9:30~15:00）；网上申购日（9:30~11:30, 13:00~15:00）
T+1日	12月2日	网上、网下申购资金验资；网上申购配号；确定是否启动回拨
T+2日	12月3日	刊登《网下发行结果及网上中签率公告》；网下未获配申购资金退款；网上发行摇号抽签
T+3日	12月4日	刊登《网上资金申购摇号中签结果公告》；网上申购资金解冻

结合案例，分析：

1. 从读者传媒的IPO案例中，可以反映出证券市场的哪些功能？
2. 在读者传媒股票的发行过程中，具体采用的是哪些发行方式？对这些发行方式进行评价。

第七章
证券流通市场

　　2020年第一季度，居"全网热搜公司榜"首位的是林园投资。林园投资创始人林园作为30年资本市场老将，塑造了众多民间股神传奇故事。虽然故事的真实性尚待时间检验，但林园的某些投资理念确实值得投资者借鉴。林园表示，所谓价值投资，就是抛开一切的私心杂念，在股市中频繁买卖的人，最终是赚不到钱的。林园运用一套统一的方法体系和思维模型（投资"垄断"和"成瘾"性商品，把行业方向视为投资的第一关键因素），投资了30年，其中具有代表性的核心投资品种累计复合涨幅均超过100倍。林园选股的基本纪律是：选自己熟悉的行业；买跟踪3年以上的企业；选未来3年"账好算"的企业，不买未来盈利不确定的公司。

　　资料来源：以上内容根据新浪财经2020年4月24日《从8 000元到百亿的"民间股神"林园有哪些炒股心经？》整理。

　　通过本章学习你将了解和掌握以下知识：
- 证券上市与证券流通之间的关系；
- 证券流通市场的类型；
- 证券场内交易的程序；
- 熟悉证券交易指令；
- 融资融券交易。

第一节　流通市场的含义及类型

一、证券流通市场的含义

　　证券流通市场与证券发行市场共同构成统一的证券市场体系，二者相辅相成，互相联系。流通市场是发行市场发展的条件和继续，没有发达高效的流通市场，发行市场就难以生存和发展。

> 证券流通市场是指已发行的证券进行转让交易的市场，故又称二级市场、次级市场。

二、证券流通市场的类型

（一）场内交易市场

1. 场内交易市场的内涵。场内交易市场又称证券交易所市场，是指由证券交易所组织的集中交易市场，有固定的交易场所和交易活动时间。在多数国家它还是全国唯一的证券交易场所，是全国最重要、最集中的证券交易市场。证券交易所是指经国家批准有组织、专门集中进行有价证券交易的有形场所。证券交易所接受和办理符合有关法令规定的证券上市买卖，投资者则通过证券商在证券交易所进行证券买卖。证券交易所实行"公平、公开、公正"的原则，交易价格由交易双方公开竞价确定，实行"价格优先、时间优先"的竞价成交原则。

2. 场内交易市场的特点。

第一，集中交易。场内交易市场集中在一个固定的地点（证券交易所），所有的买卖双方必须在证券交易所的管理之下进行证券买卖。

第二，公开竞价。场内交易市场证券的买卖是通过公开竞价的方式形成的，即多个买者对多个卖者以拍卖的方式进行讨价还价。

第三，经纪制度。在场内交易市场买卖证券活动必须通过专业的经纪人，这是多年形成的规矩。

第四，市场监管严密。在场内交易过程中，证券监督部门及证券交易所对从事证券交易的各种活动监管严密，以保证场内交易市场高效有序的运行。

3. 交易所的组织形式。证券交易所是证券市场的核心。证券交易所以何种形式设立，对于发挥它的功能作用是非常重要的。从西方各国证券交易所创建以来的历史和演进过程观察，证券交易所有两种基本的组织形式。

（1）公司制证券交易所。公司制证券交易所是按照股份制原则设立，以盈利为目的、为证券提供交易场所和服务的证券交易所组织形式。其特点是：一是证券交易所是独立的法律实体，虽然交易所可以由证券商投资兴办，但在法律上与证券商的地位相互独立。二是证券交易所是一个独立的经济实体，它只为证券商从事交易活动提供相关服务，自身不直接参与交易。三是交易所有权向上市公司索取证券上市费，并向证券商收取按证券成交额一定比例提取的交易费。四是在交易所交易者必须是与交易所订有契约和注册合格的证券商。由于以盈利为目的，交易中发生违约时，交易所负有赔偿责任，故须缴存保证金于国库。

公司制证券交易所由于按公司法原则设立，故在组织结构上与股份公司极其类似，通常设有股东大会、董事会、监事会、总经理等机构和职位。执行机构通常按职能分设上市稽核、交易交收、业务、财务、仲裁、研究、文秘、综合等部门，总经理由董事会聘任，负责日常业务活动，对董事会负责。

公司制交易所由于本身不参与交易，在交易中处于中立地位，故有助于保证交易的公平。同时，由于其主要职责是提供交易所需的设施、规则和服务，业务单纯，有利于促进市场效率。但公司制交易所由于其主要收入来自交易费，与其利益直接相关，可能会因增加收入，人为地推动某些交易活动，容易形成投机，影响交易正常运行。另外，还可能出现上市公司和投资者为避免昂贵的上市费和佣金，将上市证券转入场外市场交易。

（2）会员制证券交易所。会员制证券交易所是由证券商自愿组成的非营利性的法人组织。世界上许多著名的证券交易所都采用这种组织形式。其特点：一是会员制的证券交易所是一种非营利性的事业法人。为推动交易所的日常营业,只向证券商收取会员费,会费的数额和缴纳由证券交易所以章程形式确定。二是会员制交易所由证券商组成,可在交易所交易的只限于会员证券商,非会员不得在交易所内交易。三是证券交易所强调自律的管理方式。所谓自律管理是指证券交易所通过自行确定规则的方法实现对证券交易所的管理,立法机关和政府不予干预。20世纪30年代后,这种方式逐渐变化,逐步形成了自律自治和国家干预的双轨制管理体制,但与公司制交易所相比,更具有自律自治特点。四是因交易所不以营利为目的,交易中买卖双方发生违约时,交易所不负责任。

会员制证券交易所在组织形式上也有别于公司制证券交易所。由于交易所为会员制,其最高权力机构通常为会员大会,其执行机构为理事会,由理事会推选总经理。除此之外,总经理执行机构与公司制证券交易所相同。

由于交易所的会员制性质,证券交易佣金和证券上市费比较低,有利于扩大交易所的规模和上市证券的数量,防止证券交易流入场外市场。但由于交易所会员同时也是证券商,是证券交易的直接参加者,证券商的盈利性有可能导致证券交易中的非公正现象。此外,只有会员才能进场交易,非会员要进场交易首先必须获得会员资格,因而可能形成垄断,不利于公平竞争。

无疑,公司制和会员制各有利弊,接受任何形式的证券交易所,意味着同时接受这种交易所的利弊。传统的证券交易所多采用会员制方式,是非营利的互助性组织,只有会员才能直接进入交易系统进行交易。会员制交易所的所有权、控制权与交易权不可分割。在技术发展和全球化竞争的推动下,为降低会员与交易所的利益冲突、优化资源配置、强化决策效率,1933年瑞典斯德哥尔摩交易所率先实行公司化改制,改制的核心目标是采纳股份制的所有权模式和管理结构,把交易所塑造成为一个以客户和盈利为导向的商业机构,使交易所的利益和市场参与者的利益达到统一,并按照客户的要求提供产品和服务,作出快速反应。截至2008年年底,世界证券交易所联合会(World Federation of Exchanges,WFE)51家成员交易所中有75%实施了盈利导向的公司治理结构改革,其中上市公司市值或交易量排名较前的证券交易所基本采用了公司制,且各交易所在公司化过程中选择了不同的改制模式。目前证券交易所呈现出治理结构转向公司制、交易所趋向集中化和全球化整合、交易系统电子化和跨境联网等新特点。

我国的上海证券交易所和深圳证券交易所在性质上依然是会员制方式组成的非营利性的事业法人。2021年9月成立的北京证券交易所则采取公司制的组织形式。

(二) 场外交易市场

1. 场外交易市场的含义。场外交易市场即业界所称的OTC市场,又称柜台交易市场或店头市场,是指在证券交易所外进行证券买卖的市场。场外交易市场是一个分散的无形市场,分散于各地,规模大小不等,没有固定场所和时间,是抽象的市场。场外交易市场交易对象众多,不仅包括交易所市场不经营的所有非上市证券,还包括部分已上市证券;交易主要是通过电话、电脑、传真和计算机网络联系完成交易。场外交易市场是一个以议价方式进行证券交易的市场:场外交易市场上,证券买卖采取"一对一"交易方式,价格决定机制不是公开竞价,而是买卖双方协商议价;证券种类、数量、价格及交付条件都由买卖双方协议确定。场外交易市场的组织方式采取做市商制度。相对于场内交易市场，场外交易市场的管理比证券交易所宽松。

2. 场外交易市场的类型。如今的 OTC 市场已不仅仅是传统意义上的柜台交易市场，有些国家在柜台交易市场之外又形成了其他形式的场外交易市场。

（1）柜台交易市场。柜台交易市场是通过证券公司、证券经纪人的柜台进行证券交易的市场。该市场在证券产生之时就已存在，在交易所产生并迅速发展后，柜台市场之所以能够存在并得到发展，其原因有：交易所的容量有限，且有严格的上市条件，客观上需要柜台市场的存在；柜台交易比较简便、灵活，满足了投资者的需要；随着计算机和网络技术的发展，柜台交易也在不断地改进，其效率已和场内交易不相上下。

（2）第三市场。第三市场是指已上市证券的场外交易市场。第三市场产生于 1960 年的美国，原属于柜台交易市场的组成部分，但其发展迅速，市场地位提高，被作为一个独立的市场类型对待。第三市场的交易主体多为实力雄厚的机构投资者。第三市场的产生与美国的交易所采用固定佣金制密切相关，它使机构投资者的交易成本变得非常昂贵，场外市场不受交易所的固定佣金制约束，因而导致大量上市证券在场外进行交易，遂形成第三市场。

（3）第四市场。它是投资者绕过传统经纪服务，彼此之间利用计算机网络直接进行大宗证券交易所形成的市场。

3. 场外交易市场的特点。

（1）交易场所分散于各地，规模大小不等，没有交易大厅，是抽象的市场，没有固定场所和时间。投资者如果想买卖某些公司发行的、没有在证券交易所登记上市的证券，可以委托证券商进行。他们通过电脑、电话或网络直接联系完成交易。

（2）交易对象众多，不仅包括交易所市场不经营的所有非上市证券，还包括部分已上市证券。只有少数国家的证券交易原则上禁止会员证券公司对上市证券进行场外交易，非会员证券公司之间，非会员公司与一般客户之间则可以自由买卖上市证券。

（3）场外交易是"一对一"的相对交易，即证券公司和客户间或证券公司与证券公司间的交易。

（4）场外交易的证券种类、数量、价格及交付条件都由买卖双方协议确定。

（5）场外交易手续简便、交易成本较低。

场外交易市场与场内交易市场的主要不同点是，它的买卖价格是证券商之间通过直接协商决定的，而证券交易所的证券价格则是公开竞价的结果；它的证券交易不是在固定的场所和固定的时间内进行，而是主要通过电话成交。

美国的场外交易市场包括四个层次：纳斯达克（NASDAQ）全国资本市场、纳斯达克小型资本市场、场外柜台交易系统（OTCBB）市场和粉单（Pink Sheets）市场。

中国的场外交易市场主要包括银行间债券市场、全国中小企业代办股份系统（新三板）、债券柜台交易市场、各省份的区域股权托管中心，等等。

第二节 证券的上市制度

一、证券上市的含义与功能

证券上市特指交易所承认并接纳某种证券在交易所市场上挂牌交易。证券上市制度就是证券监管机构和交易所制定的有关证券上市的标准和程序的一系列规则，主要包括证券上市条件、上市申请程序、证券上市公告书的内容和格式、证券上市费用等的一系列规定和规则。

证券上市具有如下功能：

1. 证券上市可以推动企业建立完善、规范的经营管理机制，以市场为导向自主运作，完善公司治理结构，不断提高运行质量。

2. 证券上市后证券价格的变动，形成对公司业绩的一种市场评价机制。那些业绩优良、成长性好的公司的股价一直保持在较高的水平上，使公司能以较低的成本筹集大量资本，进入资本快速、连续扩张的通道，不断扩大经营规模，进一步培育和发展公司的竞争优势和竞争实力，增强公司的发展潜力和发展后劲。

3. 各国对公司证券上市都制定了明确的标准，证券能上市表明投资者对公司经营管理、发展前景等给予了积极的评价。同时，公司证券的交易等信息通过中介、报纸、电视台等各种媒介不断向社会发布，扩大了公司的知名度，提高了公司的市场地位和影响力，十分有助于公司树立产品品牌形象，扩大市场销售量，提高公司的业务扩张能力。

二、证券上市的条件

（一）证券上市的一般条件

证券上市后，证券发行公司的一举一动和千百万公众投资者的利益密切相连。因此，世界各国证券交易所都对公司股票上市作出了严格的规定，如必须有符合要求的业绩记录、最低的股本数额、最低的净资产值、最低的公众持股数和比例等。在严格的规定下，能够在证券交易所上市的公司事实上只是很小一部分。各证券交易所规定的股票上市条件各不相同，但都包括以下项目：

1. 资本额。一般规定上市公司的实收资本额不得低于某一数值。

2. 获利能力。一般用税后净收益占资本总额的比率来反映获利能力，这一比率一般不得低于某一数值。

3. 资本结构。一般用最近一年的资产净值占资产总额的比率来反映资本结构，这一比率一般不得低于某一数值。

4. 偿债能力。一般用最近一年的流动资产占流动负债的比率（即流动比率）来反映偿债能力，这一比率一般不得低于某一数值。

5. 股权分散情况。一般规定上市公司的股东人数不得低于某一数值。

（二）我国证券上市的条件

1. 股票上市的条件。

（1）主板市场上市条件。发行人首次公开发行股票后申请其股票在我国上海证券交易所和深圳主板市场上市,应当符合下列条件:①股票经国务院证券管理部门批准已向社会公开发行;②发行人最近三个会计年度净利润均为正且累计超过人民币三千万元;最近三个会计年度经营活动产生的现金流量净额累计超过人民币五千万元,或者最近三个会计年度营业收入累计超过人民币三亿元;③发行前股本总额不少于人民币三千万元;④向社会公开发行的股份不少于公司股份总数的25%;如果公司股本总额超过人民币4亿元的,其向社会公开发行股份的比例不少于10%;⑤公开发行人是依法设立且持续经营三年以上的股份有限公司。原国有企业依法改组而设立的,或者在《中华人民共和国公司法》实施后新组建成立的公司改组设立为股份有限公司的,其主要发起人为国有大中型企业的,成立时间可连续计算;⑥公司在最近3年内无重大违法行为,财务会计报告无虚假记载;⑦最近一期末无形资产(扣除土地使用权等)占净资产的比例不超过20%;⑧最近三年内公司的主营业务未发生重大变化;⑨最近三年内公司的董事、管理层未发生重大变化;⑩国家法律、法规、规章及交易所规定的其他条件。

(2)创业板上市条件。发行人申请股票在深圳证券交易所创业板上市,应当符合下列条件:①发行人是依法设立并且持续经营三年以上的股份有限公司;②最近两年持续盈利且净利润累计超过一千万元,或最近一年营业收入超过五千万元;③最近一期末净资产超过二千万元;④发行人注册资本已经足额缴纳;⑤发行人应主要经营一种业务,最近两年主营业务、董事、高级管理人员没有发生重大变化,实际控制人没有发生变更;⑥发行人股权清晰,股份不存在重大权属纠纷;⑦发行人有完善的公司治理结构,会计基础工作规范;⑧发行人及其控股股东、实际控制人最近三年内不存在重大违法行为;⑨董事、监事和高级管理人员应当具备行政法规和规章规定的资格;⑩发行之后的股本总额不少于三千万元。

(3)科创板市场上市条件。根据上海证券交易所于2019年3月1日发布的《关于发布〈上海证券交易所科创板股票上市规则〉的通知》,对科创板挂牌上市的条件作出了具体规定,除了需要符合一般上市公司应该具备的条件外,发行人申请在科创板上市,市值及财务指标应当至少符合下列标准中的一项:①预计市值不低于人民币10亿元,最近两年净利润均为正且累计净利润不低于人民币5 000万元,或者预计市值不低于人民币10亿元,最近一年净利润为正且营业收入不低于人民币1亿元;②预计市值不低于人民币15亿元,最近一年营业收入不低于人民币2亿元,且最近三年累计研发投入占最近三年累计营业收入的比例不低于15%;③预计市值不低于人民币20亿元,最近一年营业收入不低于人民币3亿元,且最近三年经营活动产生的现金流量净额累计不低于人民币1亿元;④预计市值不低于人民币30亿元,且最近一年营业收入不低于人民币3亿元;⑤预计市值不低于人民币40亿元,主要业务或产品需经国家有关部门批准,市场空间大,目前已取得阶段性成果。医药行业企业需至少有一项核心产品获准开展二期临床试验,其他符合科创板定位的企业需具备明显的技术优势并满足相应条件。

(4)北京证券交易所上市条件。根据2021年11月15日开始实施的《北京证券交易所股票上市规则(试行)》规定,发行人申请公开上市,应当符合下列条件:①发行人为在全国股转系统连续挂牌满12个月的创新层挂牌公司;②符合中国证券监督管理委员会规定的发行条件;③最近一年期末净资产不低于5 000万元;④向不特定合格投资者公开发行(以下简称公开发行)的股份不少于100万股,发行对象不少于100人;⑤公开发行后,公司股本总额不少于3 000万元;⑥公开发行后,公司股东人数不少于200人,公众股东持股比例不低于公司股本总额的25%；公司股本总额超过4亿元的，公众股东持股比例不低于公司股本总额的10%；⑦市值及财务指标符合本规则规定的标准；⑧本所规定的其他上市条件。

2. 债券上市的条件。根据《上海证券交易所公司债券上市规则》（2009年修订版）和2009年发布的《深圳证券交易所公司债券上市规则》，发行人申请其发行的债券在我国证券交易所上市，应当符合以下条件：（1）债券经中国证监会或国务院授权的部门核准或者批准并公开发行；（2）发行人申请债券上市时仍符合法定的债券发行条件；（3）债券期限为一年以上；（4）债券实际发行额不少于人民币五千万元；（5）债券须经资信评级机构评级，且债券的信用级别良好；（6）本所规定的其他条件。

3. 基金上市条件。根据《上海证券交易所证券投资基金上市规则》与《深圳证券交易所证券投资基金上市规则》，申请上市的基金必须符合下列条件：（1）经中国证监会批准设立并公开发行或经中国证监会核准募集且基金合同生效；（2）基金存续期不少于5年；（3）基金最低募集数额不少于人民币2亿元；（4）基金持有人不少于1 000人；（5）有经审查批准的基金管理人和基金托管人；（6）基金管理人、基金托管人有健全的组织机构和管理制度，财务状况良好，经营行为规范；（7）本所要求的其他条件。

三、证券上市的程序

公司股票上市程序包括：

1. 上市申请

根据《证券法》第四十六条规定：申请证券上市交易，应当向证券交易所提出申请，由证券交易所依法审核同意，并由双方签订上市协议。证券交易所根据国务院授权的部门的决定安排政府债券上市交易。

申请股票上市交易，应当向证券交易所报送以下文件：（1）上市报告书；（2）申请股票上市的股东大会决议；（3）公司章程；（4）公司营业执照；（5）依法经会计师事务所审计的公司最近3年的财务会计报告；（6）法律意见书和上市保荐书；（7）最近一次的招股说明书；（8）证券交易所上市规则规定的其他文件。

2. 上市审核

除政府债券由证券交易所根据国务院授权的部门决定安排上市交易外，证券上市的审核机构为证券交易所。证券交易所的上市规则中均明确规定，申请上市具备法律法规及证券交易所规定的必备条件时，证券交易所并不保证其上市申请一定能够获得同意。

3. 上市协议

证券交易所审核同意上市申请后，公司与证券交易所签订上市协议。上市协议明确了证券交易所和上市公司的权利义务，是调整双方之间法律关系的基础性文件，也为证券交易所对上市公司进行监管提供了重要法律依据。

4. 上市公告

上市公告是证券发行人向社会公众告知所发行证券获准上市交易的一系列行为的总和，也是证券上市交易的重要程序。

四、我国股票的特别处理与退市制度

1. 特别处理股票（ST股票）。上市公司出现财务状况或其他状况异常，导致投资者难以判断

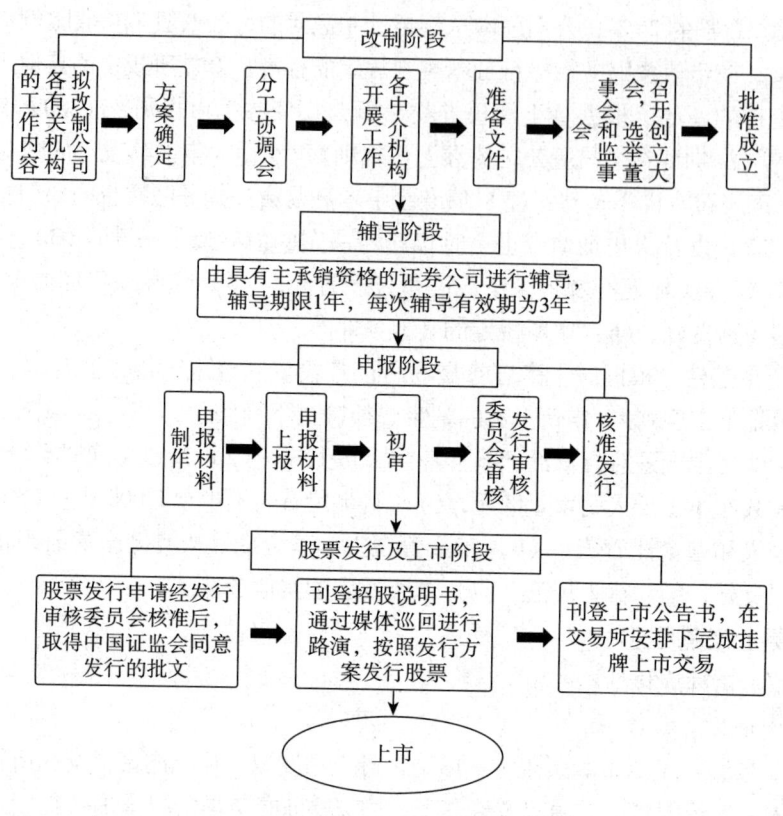

图7-1 证券上市流程图

公司前景,权益可能受到损害的,交易所将对公司股票交易实行特别处理。特别处理包括以下措施:(1)在公司股票及其衍生品种的证券简称前冠以"ST"字样;(2)股票报价的日涨跌幅限制为5%;(3)特别处理不属于对上市公司的处罚,上市公司在特别处理期间的权利和义务不变。

上市公司出现以下异常状况之一的,交易所对其股票实行特别处理:(1)由于自然灾害、重大事故等导致上市公司主要经营设施遭受损失,公司生产经营活动基本中止,在三个月以内不能恢复的;(2)公司涉及其可能负有赔偿责任的诉讼或仲裁案件,并已收到法院或仲裁机构的法律文书,且可能涉及的赔偿金额累计超过上市公司最近年度报告中列示的净资产的50%的;(3)公司主要银行账号被冻结,影响上市公司正常经营活动的;(4)公司出现其他异常情况,董事会认为有必要实行特别处理并作出决定的;(5)人民法院受理公司破产案件,可能依法宣告上市公司破产的;(6)公司股票被暂停上市,经中国证监会批准恢复上市的;(7)经交易所或中国证监会认定为状况异常的其他情形。

上市公司出现上述(1)~(4)项情形的,应当在两个工作日内向交易所提交报告。交易所在收到上述报告后五个工作日内,或者在报请中国证监会认可的期限内,决定是否对该公司股票实行特别处理。决定实行特别处理的,交易所公布有关决定。上市公司应当按照交易所的要求在实行特别处理之前的交易日作出公告,公告日其股票及衍生品种停牌,公告后第一个交易日复牌。自复牌之日起公司股票实行特别处理。

上市公司认为上述(1)~(5)项所列的异常状况已经消除,可以向交易所申请撤销特别处理，交易所将参照财务状况异常撤销特别处理的情况，决定是否取消特别处理。

因法院受理破产案件，上市公司可能被宣告破产而被实施特别处理的，公司股票在每个交易日上午交易。自法院发布受理上市公司破产案件的公告当日起，交易所对进入破产程序公司的股票实施停牌。公司应当在收到法院有关法律文书的当日，立即向交易所报告，经交易所审查后公告。公告日的第一个交易日公司股票复牌，并实施特别处理。

2. 退市风险警示"*ST"。退市风险警示特别处理的措施，是在存在终止上市风险的股票简称前冠以"*ST"标记。在风险警示特别处理期间，股票报价的日涨跌幅限制为5%，同时，上市公司在上述特别处理期间的权利义务不变。

有下列情况之一的，为存在股票终止上市风险的公司：（1）最近两年连续亏损的（以最近两年年度报告披露的当年经审计净利润为依据）；（2）因财务会计报告存在重大会计差错或虚假记载，被中国证监会责令改正或公司主动改正，对以前年度财务报告进行追溯调整，导致最近两年连续亏损的；（3）因财务会计报告存在重大会计差错或虚假记载，中国证监会责令其改正，在规定期限内未对虚假财务会计报告进行改正的；（4）在法定期限内未依法披露年度报告或半年度报告的；（5）处于股票恢复上市交易后至其披露恢复上市后的第一个年度报告期间的；（6）交易所规定的其他情形。

3. 上市公司退市。中国证监会发布了《亏损上市公司暂停上市和终止上市实施办法（修订）》，新的退市办法在暂停上市和终止上市的批准权限、批准程序、股票交易等方面进行了重要修改。在新的退市办法中，取消了PT制度，上市公司暂停上市后，股票即停止交易，证券交易所不提供转让服务。此外，现今实行的宽限期申请的有关程序也被取消，公司连续三年亏损，其股票即暂停上市，暂停上市后第一个半年度公司仍未扭亏，交易所将直接作出终止上市的决定。反之，如果公司实现盈利，可以按照办法规定的程序申请恢复上市。这标志着我国上市公司退市机制具备了更强的可操作性。

4. 退市整理期。上市公司股票被交易所作出终止上市决定后将进入退市整理期。在退市整理期，上市公司股票进入退市整理板（沪市称为风险警示板）交易。退市整理期间，上市公司股票原则上不停牌。公司因特殊原因申请其股票全天停牌的，累计停牌天数不得超过五个交易日。

退市整理期期限为三十个交易日，全天停牌的天数不计入退市整理期。退市整理期限届满后上海市场五个交易日内、深圳市场次一交易日，交易所对相关股票予以摘牌。退市整理期届满后四十五个交易日内，股票进入全国中小企业股份转让系统进行转让。退市整理期间，公司应当在首个交易日、前二十五个交易日的每五个交易日发布一次股票将被终止上市的风险提示公告，并在最后五个交易日内每日发布一次股票将被终止上市的风险提示公告。

第三节　证券的场内交易

一、证券流通市场的交易原则

1. "三公"原则。

（1）公开原则。公开原则指证券交易是一种面向社会的、公开的交易活动。公开原则核心要求是实现市场信息的公开化。因为只有这样,投资者对于其购买的证券才有可能具有充分、真实、准确、完整的了解。因此,这一原则要求证券交易参与各方应依法及时、真实、准确、完整地向社会发布自己的有关信息。

(2) 公平原则。公平原则是指参与证券交易的各方应当获得平等的机会。公平原则要求证券交易活动中的所有参与者都有平等的法律地位,各自的合法权益都能得到公平保护。对于各交易主体不能因为其不同条件而给予不公平的待遇或者受到某些方面的歧视。

(3) 公正原则。公正原则是指应公正地对待证券交易的参与各方以及公正地处理证券交易的事务。这样可以有利于证券交易正常、有序地进行。

2. 竞价成交原则。证券交易所市场所有的证券交易均按照价格优先、时间优先的原则进行竞价成交。所有的买卖申报由电脑交易主机按照公平、公正的原则自动撮合成交,并通过交易所的卫星和地面光缆通信系统,即时将行情向市场公开。

价格优先原则。较高价格买进申报优先于较低价格买进申报;较低价格卖出申报优先于较高价格卖出申报。

时间优先原则。买卖方向、价格相同的,先申报者优先于后申报者。先后顺序按交易主机接受申报的时间确定。

二、证券交易的程序

证券交易程序一般包括开户、委托买卖、成交、清算及交割、过户几个步骤。

图 7-2 证券交易流程图

(一) 开户

投资者买卖股票首先要开设证券账户和资金账户,只有开设了证券账户和资金账户之后,才能进行股票买卖。

1. 证券账户。证券账户相当于投资者的证券存折,用于记录投资者所持有的证券种类和数量。除了国家法规禁止的一些自然人和法人之外,其他任何自然人或法人持有效证件,到证券登记机构填写证券账户申请表,经审核后即可领取证券账户卡。这个过程俗称办股东代码卡。个人开户只需持公安机关颁发的有效居民身份证。未满18岁者不能开立个人证券账户。法人开户需提供的材料包括:(1) 有效法人证明文件(营业执照)及其复印件;(2) 法人代表证明书及其居民身份证。

在我国,投资者开立的证券账户包括上海股票账户和深圳股票账户。由于上海证券交易所和深圳证券交易所采用不同的证券交易托管制度,因此投资者买卖上海股票和深圳股票在涉及不同的交易地点时会有不同的处理办法。

2. 资金账户。资金账户是投资者在证券商处开设的资金专用账户,用于存放投资人买入股票所需的资金和卖出股票取得的价款等。已开设证券账户的投资者应当持证券账户、银行存折和身份证到自己选择的证券商处设立资金账户。资金账户是证券账户的支持账户。

（二）委托买卖

投资者买卖股票不能亲自到交易所办理时，必须通过证券交易所的会员证券商进行。委托是指投资者决定买卖股票时，以申报单、电话或信函等形式向证券商发出买卖指令。委托的内容包括证券名称、代码、买入或卖出的数量、价格等。在委托交易方式中，根据委托内容与委托要求的不同，可以有多种委托方式。

1. 按委托人委托的形式划分，委托方式有：

（1）当面委托。即委托人以面对面的形式当面委托证券商，确定具体的委托内容与要求，由证券商受理股票的买卖。

（2）电话委托。即委托人以电话形式委托证券商，确定具体的委托内容和要求，由证券商受理股票的买卖。

（3）电脑自助委托。即委托人使用证券公司设在营业大厅的电脑进行自助委托的方式。

（4）网上委托。在以计算机为基础的网络技术的推动下，证券市场的网络化已成为证券市场进一步发展的主要趋势。证券市场网络化发展的根本原因是网上交易具有明显的优势：一是突破了时空的限制，投资者可以随时随地交易；二是直观方便，不但可以在网上浏览实时交易行情和查阅历史资料（公告、年报、经营信息等），而且还可以在线咨询；三是成本低，无论是证券公司还是投资者，其成本都可以大大降低。正是由于网上交易较之传统交易方式具有以上优势，所以，证券市场的网络化在短短几年内便获得了迅猛的发展，且呈现出加速发展的态势。相信在不久的将来，越来越多的投资者将在网上进行证券交易。

（5）手机委托。目前通过手机连接互联网进行委托已经成为一种新的委托方式。

2. 以委托人委托的价格条件划分，委托方式有以下两种。

（1）限价委托指令（Limit Order）。限价委托指令是交易所明确规定的只有在某一价格水平才可以执行的客户交易指令，即以指定价格买进或卖出的指令。客户指定一个特定的价格，经纪人必须以该价格，或比该价格更好的价格进行交易。投资者向证券经纪商发出买卖某种股票的指令时，不仅提出买卖的数量，而且对买卖的价格作出限定，即在买入股票时，限定一个最高价，只允许证券经纪人按其规定的最高价或低于最高价的价格成交；在卖出股票时，限定一个最低价，只允许证券经纪人按其规定的最低价或高于最低价的价格成交。限价委托的一个最大特点是，股票的买卖可以按照投资人希望的价格或者更好的价格成交，有利于投资人实现预期投资计划，谋求最大利益。

（2）市价委托指令（Market Order）。市价委托指令只指定交易数量而不给出具体的交易价格，但要求按该委托进入交易大厅或交易撮合系统时当时市场上最好的价格进行交易。市价委托的好处在于它能保证即时成交，相对于限价委托报价方式而言，它消除了因价格限制不能成交时所产生的价格风险。根据各国股市交易的经验，机构投资者基于对市场信息的判断而对交易的即时性要求很高，这类投资者普遍采用市价委托报价方式。从买卖双方的交易比例来看，卖出时使用市价委托的比例要高于买进时的比例，表明投资者在卖出时对时机的即时性要求较高，而买入时更多地使用限价委托。

3. 以委托人的委托期限划分，委托方式有：

（1）当日有效委托。当日有效委托指委托人的委托期限只于当日有效的委托。

（2）撤销前有效委托。撤销前有效委托即指客户未通知撤销，则始终有效的委托。

4. 以委托数量为标准来划分，委托方式有整数委托与零数委托。整数委托指委托的数量是交易所规定的成交单位或其倍数。证券交易中常用"手"作为标准单位。通常 100 股为一标准手；若是债券，则以 1 000 元为一手。零数委托指委托的数量不足交易所规定的成交单位。

5. 以委托性质来划分，委托方式有买进委托和卖出委托。买进委托指客户委托证券商买进某种证券，卖出委托指客户委托证券商卖出某种证券。

（三）竞价成交

1. 竞价原则。

（1）价格优先：即较高价格买入申报优先于较低价格买入申报；较低价格卖出申报优先于较高价格卖出申报。

（2）时间优先：即买卖方向、价格相同的，先申报者优先于后申报者。先后顺序按交易主机接受申报的时间确定。

2. 竞价方式。

（1）集合竞价。集合竞价指对在规定的一段时间内接受的买卖申报一次性集中撮合的竞价方式。集合竞价确定成交价的原则：①可实现最大成交量的价格；②高于该价格的买入申报与低于该价格的卖出申报全部成交的价格；③与该价格相同的买方或卖方至少有一方全部成交的价格。

（2）连续竞价。连续竞价指对买卖申报逐笔连续撮合的竞价方式。按照我国证券交易所的有关规定，在无撤单的情况下，委托当日有效。另外，开盘集合竞价期间未成交的买卖申报，自动进入连续竞价。深圳证券交易所还规定，连续竞价期间未成交的买卖申报，自动进入收盘集合竞价。

（3）我国证券交易所竞价方式。目前，我国证券交易所交易采用竞价交易方式的，每个交易日的 9：15～9：25 为开盘集合竞价时间，9：30～11：30、13：00～14：57 为连续竞价时间，14：57～15：00 为收盘集合竞价时间。

（四）清算及交割

1. 清算。清算是将买卖股票的数量和金额分别予以抵消，然后通过证券交易所交割净差额股票或价款的一种程序。清算的目的在于减少通过证券交易所实际交割的股票与价款，节省大量的人力、物力和财力。

证券交易所的清算业务按"净额交收"的原则办理，即每一个证券商在一个清算期（每一个开市日为一个清算期）中，证券交易所清算部首先要核对场内成交单有无错误，为每一个证券商填写清算单。对买卖价款的清算，其应收、应付价款相抵后，只计轧差后的净余额。对买卖股票的清算，其同一股票应收、应付数额相抵后，只计轧差后的净余额。清算工作由证券交易所组织，各证券商统一将证券交易所视为中介人来进行清算，而不是各证券商和证券商相互间进行轧抵清算。交易所作为清算的中介人，在价款清算时，向股票卖出者付款，向股票买入者收款；在股票清算时，向股票卖出者收进股票，向股票买入者付出股票。

2. 交割。交割即证券买卖成交后现金与证券兑付的过程，也就是买卖双方通过结算系统实现一手交钱、一手交货。投资者在委托买进证券并成交后，必须交纳所需款项，才能领取所买进的股票。同样，投资者在委托卖出股票并成交后，应交纳卖出的股票才能领取应得的价款。股票清算后，即办理交割手续。

(1) 证券的交割方式。证券交易一般有下列交割方式。

①当日交割：指买卖双方在成交后的当日就办理完成交割事宜，也称 T+0 交割。

②次日交割：指成交后的下一个营业日办理完成交割事宜，如逢法定节假日，则顺延一天，也称 T+1 交割。

③例行交割：即自成交日起算，在第五个营业日内办理完成交割事宜。这是标准的交割方式。一般情况下，如果买卖双方在成交时未说明交割方式，即一律视为例行交割方式。

(2) 证券交割的程序。交割程序一般包括下列环节。

①证券商的交割。证券交易所清算部每日闭市时，依据当日"场内成交单"所记载各证券商买卖各种证券的数量、价格，计算出各证券商应收应付价款轧差后的净额及各种证券应收、应付相抵后的净额，编制当日"清算交割汇总表"和各证券商的"清算交割表"，分送各证券商清算交割人员。各证券商清算人员接到"清算交割表"核对无误后，须编制本公司当日的"交割清单"，办理交割手续。由于交易所往往设立了集中保管制，所以证券的交割可通过交易所库存账目划转完成。

②证券商送客户买卖确认书。证券商的出市代表在交易所成交后，应立即通知其证券商，填写买进（卖出）确认书。买卖一经成交，出市代表应尽快通知其营业处所，以制作买卖报告书，于成立后的第二个营业日通知委托人（或以某种形式公告），并于该日下午办理交割手续。买卖报告书应按交易所规定的统一格式制备。买进者以红色印制，卖出者以蓝色印制。买卖报告书应记载委托人姓名、股东代码、成交日期、证券种类、股数或面额、单价、佣金、手续费、代缴税款、应收或应付金额、场内成交单号码等事项。

(五) 过户

股票过户是指投资者买入股票后，办理变更股东名称的手续。随着交易的完成，当股票从卖方转给（卖给）买方时，就表示原有股东拥有权利的转让，新的股票持有者则成为公司的新股东，老股东（原有的股东，即卖主）丧失了他们卖出的那部分股票所代表的权利，新股东则获得了他所买进那部分股票所代表的权利。然而，由于原有股东的姓名及持股情况均记录于股东名簿上，因而必须变更股东名簿上相应的内容，这就是通常所说的过户手续。所以，证券和价款清算与交割后，并不意味着证券交易程序的最后了结。目前，我国三家证券交易所均采用 T+1 的过户制度。

三、融资融券交易

在融资融券交易方式下，股票的买卖者通过交付一定的保证金得到证券公司或金融机构的信用，即由证券公司或金融机构垫付资金或证券，来进行证券的买卖交易。

> 融资融券交易又叫信用交易或保证金交易，是指证券公司或金融机构提供信用，使投资人可以从事买空、卖空的一种证券交易制度。

各国因法律不同，保证金数量也不同，大都在30%左右。一些股票交易所，又把这种交付保证金，由证券公司或金融机构提供融资或融券，进行股票买卖的方式，称为保证金交易。在发达国家的证券市场中信用交易非常普遍，但对信用交易都有严格的法律规定并进行严密监管。

（一）信用交易的两种基本形式

1. 买空。在买空（Buy Long）交易中，如果投资者认定某一证券价格将上升，想多买一些该证券但手头资金不足时，可以通过交纳保证金向证券商借入资金买进证券，等价格上涨到一定程度时再卖出以获取价差。由于这一交易方式中投资者以借入的资金买进证券，而且要将买入的证券作为抵押物存放在经纪人手中，投资者手里既无足够的资金，也不持有证券，所以称为买空交易或做多头。

操作上，买空交易包括三个主要步骤：（1）投资者与证券商订立开户契约书，开立信用交易账户。（2）投资者按法定比例向证券商缴纳买入证券所需要的保证金，证券商按客户指定买入证券，并为客户垫付买入证券所需的其余资金，完成交易和交割。融资期间，证券商对客户融资买入的证券有控制权，当融资买入的证券价格下跌到一定程度时，客户要在规定时间内补交维持保证金，否则证券商可以代客户平仓了结。（3）在融资期内，客户可以随时委托证券商卖出融资买进的证券，以所得价款偿还融资本息，这一交易过程称为多头出清。若客户到期无法归还融资本息，则券商有权强制平仓了结。

2. 卖空。在卖空（Short Selling）交易中，当投资者认定某种证券价格将下跌时，可以通过缴纳一定的保证金向证券商借入证券卖出，等价格跌到一定程度后再买回同样证券交还出借者，以牟取价差。由于这一交易方式中投资者手里没有真正的证券，交易过程是先卖后买，故称为卖空或做空头。

卖空交易一般包括以下几个步骤：（1）开立信用交易账户。（2）客户进行融券委托，并按法定比例向证券商缴纳保证金，证券商为客户卖出证券，并以出借给客户的证券完成交割。卖出证券所得存在证券商处作为客户借入证券的押金。委托卖出的证券价格上涨到一定程度时，证券商要向卖空客户追收增加的保证金，否则将以抵押金购回证券平仓。（3）当证券跌到客户预期的价格时，客户买回证券，并归还给证券商，这一交易过程被称为空头补进（Short Cover）。若客户不能按时偿还所借证券，证券商可以强行以抵押金代其购回证券平仓。

（二）信用交易对投资者的意义

1. 客户能够用超出自身所拥有的资金力量进行大宗的交易，甚至使得手头没有任何证券的客户也可以从事证券买卖，这样就大大便利了客户。因为在进行证券交易时通常有这样一种情况：当客户预测到某股票价格将要上涨，希望买进一定数量的该股票时，但手头却无足够的资金；或者预测到某股票价格将下跌时，希望抛售这种股票，可手中又恰好没有这类股票，很显然如采用一般的交易方式，这时无法进行任何交易。而信用交易，在证券公司和客户之间引进信用方式，解决了客户因资金不足或没有持有证券而不能参与证券交易的困难。通过这些方式满足了客户的需要，活跃了市场交易。

2. 具有较大的杠杆作用。这是指信用交易能使客户以较少的资本，达成较大金额的交易，有了较大的获利机会。

例如，假定某客户有资本10万元，他预计A股票的价格将要上涨，于是他按照目前每股100元的市价用自有资本购入1 000股。过了一段时间后，A股票价格果然从100元上升到200元，1 000股A股票的价值就变成20万元（200元×1 000股），客户获利10万元，其盈利与自有资本比率为100%。如果，该客户采用信用交易方式，将10万元资本作为保证金支付给证券公司，再假定保证金比率为50%（即支付50元保证金，可以购买价值100元的证券），这样客户就能购买A股票2 000股。当价格如上所述上涨后，2 000股A股票价值便达到40万元，扣除证券公司垫款10万元和资本金10万元后，可获得20万元（有关的利息，佣金和所得税暂且不计），盈利与自有资本之比率为200%。显然采用信用交易，可以给客户带来更高的利润。但是，如果股票行市未按客户预料的方向变动，那么采用信用交易给客户造成的损失同样也是巨大的。

当然，信用交易的弊端亦很多，主要是风险较大。仍以上面的例子为例：假如A股票的价格不是像该客户预计的那样上涨，而是一直下跌，从每股100元下跌到50元。如果该客户不使信用交易方式，则只损失了5万元（100元×1 000股－50元×1 000股），其损失率为50%；如果该客户使用信用交易方式，他的损失就为10万元（100元×2 000股－50元×2 000股），证券公司垫款的利息及费用暂时不计，其损失率为100%。信用交易方式的损失大大高于现货交易。因此，信用交易方式有较高的风险，应该谨慎地运用。

另外，从整个市场看，过多使用信用交易，会造成市场虚假供求，人为地形成股价波动。为此，各国对信用交易都进行严格的管理。例如，美国从1934年开始，由联邦储备银行负责统一管理。该行的监理委员会，通过调整保证金比率的高低来控制证券市场的信用交易量。此外，各证券交易所也都制定了追加保证金的规定。例如当股票价格下跌到维持保证金比率之下时，经纪人有权要求客户增加保证金，使之达到规定的比率，否则，经纪人就有权出售股票，其损失部分由客户负担。同时，证券公司为了防止意外，当客户采用信用交易时，除了要求他们支付保证金外，证券公司还要求他们提供相应的抵押品，通常被用作低押品的就是交易中委托买入的股票，以确保安全。尽管如此，信用交易仍是当前西方国家金融市场上最受客户欢迎的、使用最广泛的交易方式之一。

（三）融资融券交易中的风险控制

1. 保证金管理。保证金管理是对融资融券交易的风险进行控制的重要内容。券商向客户融资、融券，应当向客户收取一定比例的保证金。充抵保证金的有价证券，在计算保证金金额时应当以证券市值按下列折算率进行折算：（1）上证180与深证100指数成分股股票折算率最高不超过70%，其他股票折算率最高不超过65%；（2）交易所交易型开放式指数基金折算率最高不超过90%；（3）国债折算率最高不超过95%；（4）其他上市证券投资基金和债券折算率最高不超过80%。

按照我国的现行规定，投资者融资买入证券时，融资保证金比例不得低于50%；投资者融券卖出时，融券保证金比例不得低于50%。

维持保证金，是投资者保证金账户中的权益在总市场价值中的最小比率，也即客户必须保持其保证金账户内的最低保证金金额。如果投资者的保证金账户降至低于最低维持保证金时，投资者会收到来自经纪商的保证金催付通知，指明应向保证金账户中追加的现金数额，如果投资者没能存入追加现金，经纪商有权卖出投资者账户中的证券。维持保证金没有具体计算公式，一般通过维持担保比例来控制账户风险。

维持担保比例 =（现金 + 信用证券账户内证券市值总和）/

（融资买入数量 + 融券卖出证券数量 × 当前市价 + 利息及费用总和）

2. 融资融券标的证券的规定。例如,《上海证券交易所融资融券交易实施细则》规定,作为融资买入或融券卖出的标的证券必须是:经本所认可,可作为融资买入或融券卖出的标的证券(以下简称标的证券):(1)符合本细则第二十四条规定的股票;(2)证券投资基金;(3)债券;(4)其他证券。

其中第二十四条规定,标的证券为股票的,应当符合下列条件:

(1) 在本所上市交易超过3个月;

(2) 融资买入标的股票的流通股本不少于1亿股或流通市值不低于5亿元,融券卖出标的股票的流通股本不少于2亿股或流通市值不低于8亿元;

(3) 股东人数不少于4 000人;

(4) 在过去3个月内没有出现下列情形之一:

①日均换手率低于基准指数日均换手率的15%,且日均成交金额小于5 000万元;

②日均涨跌幅平均值与基准指数涨跌幅平均值的偏离值超过4%;

③波动幅度达到基准指数波动幅度的5倍以上。

(5) 股票发行公司已完成股权分置改革;

(6) 股票交易未被本所实行特别处理;

(7) 本所规定的其他条件。

其中第二十五条规定,标的证券为交易所交易型开放式指数基金的,应当符合下列条件:

(1) 上市交易超过三个月;

(2) 近三个月内的日平均资产规模不低于20亿元;

(3) 基金持有户数不少于4 000户。

本所另有规定的除外。

四、证券流通市场价格——股票价格指数

投资者进行股票投资决策,要先了解股价水平高低,股价水平包括个别股价水平和整个市场的股价水平。衡量整个市场股价水平的指标有股价平均数和股票价格指数。

(一) 股价平均数

股价平均数反映一定时点的上市股票价格的绝对水平,它分为简单算术股价平均数、修正的股价平均数、加权股价平均数三类。人们通过对不同时点股价平均数的比较,可以看出股票价格的变动情况及趋势。

1. 简单算术股价平均数。简单算术股价平均数是将样本股票每日收盘价之和除以样本数得出的,即:

$$简单算术股价平均数 = (P_1 + P_2 + P_3 + \cdots + P_n)/n$$

世界上第一个股票价格平均数——道琼斯股价平均数在1928年10月1日前就是使用简单算术平均法计算的。

2. 修正的股价平均数。修正的股价平均数有两种。

一是除数修正法,又称道式修正法。这是美国道琼斯在1928年提出的一种计算股价平均数的方法。该法的核心是求出一个常数除数,以修正因股票分割、增资、发放红股等因素

造成的股价平均数的变化,以保持股价平均数的连续性和可比性。具体做法是以新股价总额除以旧股价平均数,求出新的除数;再以计算期的股价总额除以新除数,从而得出修正的股价平均数。即:

$$新除数 = 变动后的新股价总额 / 旧的股价平均数$$

$$修正的股价平均数 = 报告期股价总额 / 新除数$$

二是股价修正法。股价修正法就是将股票分割等变动后的股价还原为变动前的股价,使股价平均数不会因此而变动的方法。美国《纽约时报》编制的 500 种股价平均数就采用股价修正法来计算股价平均数。

3. 加权股价平均数。加权股价平均数是根据各种样本股票的相对重要性进行加权平均计算而得到的股价平均数,其权数(Q)可以是成交股数、股票总市值、股票发行量等。

(二)股票价格指数

股票指数的计算方法有三种:一是相对法,二是综合法,三是加权法。

{ 股票价格指数是由证券交易所或金融服务机构编制的表明股票行市变动的一种供参考的指示数字,是表明股票行市变动情况的价格平均数。

1. 相对法。相对法又称平均法,就是先计算各样本股票指数,再加总求总的算术平均数。其计算公式为:

$$股票指数 = n 个样本股票指数之和 / n$$

英国的《经济学人》普通股票指数就使用这种方法来计算。

2. 综合法。综合法是先将样本股票的基期和报告期价格分别加总,然后相比求出股票指数。即:

$$股票指数 = 报告期股价之和 / 基期股价之和$$

代入数字得:

$$股价指数 = (8 + 12 + 14 + 18)/(5 + 8 + 10 + 15) = 52/38 = 136.8\%$$

即报告期的股价比基期上升了 36.8%。

3. 加权法。加权法是根据各期样本股票的相对重要性予以加权,其权数可以是成交股数、股票发行量等。按时间划分,权数可以是基期权数,也可以是报告期权数:以基期成交股数(或发行量)为权数的指数称为拉斯拜尔指数;以报告期成交股数(或发行量)为权数的指数称为派许指数。目前世界上大多数股票指数都是派许指数。

(三)世界上著名的股票指数

1. 道琼斯股票指数。道琼斯股票指数是世界上历史最为悠久的股票指数,它是一种股票价格平均数,1884 年由道琼斯公司的创始人查理斯·道开始编制。最初的道琼斯股票价格平均指数是根据 11 种具有代表性的铁路公司的股票,采用算术平均法进行计算编制而成,发表在查理斯·道自己编辑出版的《每日通讯》上。目前,道琼斯股票价格平均指数共分四组:第一组是工业股票价格平均指数。它由 30 种有代表性的大工商业公司的股票组成,大致可以反映美国整个工商业股票的价格水平,这也就是人们通常所引用的道琼斯工业股票价格平均指数。第二组是运输业股票价格平均指数。它包括 20 种有代表性的运输业公司的股票,即 8 家铁路运输公司、8 家航空公司和 4 家公路货运公司。第三组是公用事业股票价格平均指数，是由代表着美国公用事业的 15 家煤气公司和电力公司的股票所组成。第四组是平均价格综合指数。

从 1996 年 5 月 25 开始，针对我国的股票市场编制了道琼斯中国股票指数。截至 1998 年 4 月 1 日，沪深两市共有 88 只股票作为其成分股入选，故称为道琼斯中国 88 股票指数。

2. 标准普尔股票价格指数。标准普尔股票价格指数是美国最大的证券研究机构即标准普尔公司编制的股票价格指数，于 1923 年开始编制发表。最初采选了 230 种股票，编制两种股票价格指数。到 1957 年，这一股票价格指数的范围扩大到 500 种股票，分成 95 种组合。其中最重要的四种组合是工业股票组、铁路股票组、公用事业股票组和 500 种股票混合组。从 1976 年 7 月 1 日开始，改为 400 种工业股票，20 种运输业股票，40 种公用事业股票和 40 种金融业股票。几十年来，虽然有股票更迭，但始终保持 500 种股票。标准普尔公司股票价格指数以 1941—1943 年抽样股票的平均市价为基期，以上市股票数为权数，按基期进行加权计算，其基点数为 10。以目前的股票市场价格乘以股票市场上发行的股票数量为分子，用基期的股票市场价格乘以基期股票数为分母，相除之数再乘以 10 就是股票价格指数。

3. 纳斯达克指数。纳斯达克（National Association of Securities Dealers Automated Quotations，NASDAQ）是美国全国证券交易商协会于 1968 年着手创建的自动报价系统。纳斯达克的特点是收集和发布场外交易非上市股票的证券商报价。它现已成为全球最大的证券交易市场之一。截至 2021 年，纳斯达克的上市公司超过 3 000 多家。纳斯达克又是世界第一个采用电子交易的股市，它在 55 个国家和地区设有 26 万多个计算机销售终端。纳斯达克指数是反映纳斯达克证券市场行情变化的股票价格平均指数，基本指数为 100。纳斯达克的上市公司涵盖所有新技术行业，包括软件和计算机、电信、生物技术、零售和批发贸易等行业。主要由美国的数百家发展最快的先进技术、电信和生物公司组成，包括微软、英特尔、美国在线、雅虎这些家喻户晓的高科技公司，因而成为美国"新经济"的代名词。因为有着广泛的基础，纳斯达克指数已成为最有影响力的证券市场指数之一。

4. 日经道琼斯股价指数（日经平均股价）。日经道琼斯股价指数是由日本经济新闻社编制并公布的反映日本股票市场价格变动的股票价格平均数。该指数从 1950 年 9 月开始编制。最初根据在东京证券交易所第一市场上市的 225 家公司的股票价格算出修正平均股价，当时称为"东证修正平均股价"。1975 年 5 月 1 日，日本经济新闻社向道琼斯公司买进商标，采用美国道琼斯公司的修正法计算股价指数，这种股票价格指数也就改称"日经道琼斯平均股价"。1985 年 5 月 1 日在合同期满 10 年时，经两家商议，将名称改为"日经平均股价"。按计算对象的采样数目不同，该指数分为两种，一种是日经 225 种平均股价。其所选样本均为在东京证券交易所第一市场上市的股票，样本选定后原则上不再更改。1981 年定位为制造业 150 家，建筑业 10 家，水产业 3 家，矿业 3 家，商业 12 家，陆运及海运 14 家，金融保险业 15 家，不动产业 3 家，仓库业、电力和煤气 4 家，服务业 5 家。由于日经 225 种平均股价从 1950 年一直延续下来，因而其连续性及可比性较好，成为考察和分析日本股票市场长期演变及动态的最常用和最可靠的指标。该指数的另一种是日经 500 种平均股价。这是从 1982 年 1 月 4 日起开始编制的。由于其采样包括 500 种股票，其代表性就相对更为广泛，但它的样本是不固定的，每年 4 月要根据上市公司的经营状况、成交量和成交金额、市价总值等因素对样本进行更换。

5.《金融时报》股票价格指数。《金融时报》股票价格指数的全称是"伦敦《金融时报》工商业普通股股票价格指数"，是由英国《金融时报》公布发表的。该股票价格指数包括在英国工商业中挑选出来的具有代表性的 30 家公开挂牌的普通股股票。它以 1935 年 7 月 1 日作为基期，其基点为 100 点。该股票价格指数以能够及时显示伦敦股票市场情况而闻名于世。

6. 香港恒生指数。香港恒生指数是香港股票市场上历史最久、影响最大的股票价格指数，由香港恒生银行于 1969 年 11 月 24 日开始发表。恒生股票价格指数以从香港 500 多家上市公司中挑选出来的 33 家有代表性且经济实力雄厚的大公司股票作为成分股，并将其分为四大类：4 种金融业股票、6 种公用事业股票、9 种地产业股票和 14 种其他工商业（包括航空和酒店）股票。恒生股票价格指数的编制是以 1964 年 7 月 31 日为基期，基点确定为 100 点。其计算方法是将 33 种股票按每天的收盘价乘以各自的发行股数为计算日的市值，再与基期的市值相比较，乘以 100 就得出当天的股票价格指数。

（四）我国的股票指数

1. 上交所指数体系。

（1）上证综合指数（以下简称上证综指）。上证综指是反映上海证券交易市场的总体走势、由上海证券交易所编制的股票指数，以 1990 年 12 月 19 日为基期，基数值为 100。该股票指数的样本为所有在上海证券交易所挂牌上市的股票，其中新上市的股票在挂牌的第二天纳入股票指数的计算范围。该股票指数的权数为上市公司的总股本。由于我国上市公司的股票有流通股和非流通股之分，其流通量与总股本并不一致，所以总股本较大的股票对股票指数的影响就较大。上海证券交易所股票指数的发布几乎是和股票行情的变化相同步的，它是我国股民和证券从业人员研判股票价格变化趋势必不可少的参考依据。

上海证券交易所与中证指数有限公司自 2020 年 7 月 22 日起修订上证综合指数的编制方案，修订内容如下：指数样本被实施风险警示的，从被实施风险警示措施次月的第二个星期五的下一交易日起将其从指数样本中剔除。被撤销风险警示措施的证券，从被撤销风险警示措施次月的第二个星期五的下一交易日起将其计入指数；日均总市值排名在沪市前 10 位的新上市证券，于上市满三个月后计入指数，其他新上市证券于上市满一年后计入指数；上海证券交易所上市的红筹企业发行的存托凭证、科创板上市证券将依据修订后的编制方案计入上证综合指数。

（2）上证 50 指数。上证 50 指数是根据科学客观的方法，挑选上海证券市场中规模大、流动性好的、最具代表性的 50 只股票组成样本股，以综合反映上海证券市场最具市场影响力的一批优质大盘企业的整体状况。上证 50 指数简称为上证 50，指数代码 000016，基日为 2003 年 12 月 31 日。依据样本稳定性和动态跟踪相结合的原则，每半年调整一次成分股，调整时间与上证 180 指数一致。特殊情况时也可能对样本进行临时调整。每次调整的比例一般情况下不超过 10%。样本调整设置缓冲区，排名在 40 名之前的新样本优先进入，排名在 60 名之前的老样本优先保留。

(3) 上证 180 指数。上海证券交易所于 2002 年 7 月 1 日正式对外发布上证 180 指数，用于取代原来的上证 30 指数。上证 180 指数按照行业市值占全市场市值比例分配各行业样本数，然后在各行业中按市值、流动性等加权数值排序以选取样本。新编制的上证 180 指数的样本数量扩大到 180 家，入选的个股均是一些规模大、流动性好、行业代表性强的股票。该指数不仅在编制方法的科学性、成分选择的代表性和成分的公开性上有所突破，同时也恢复和提升了成分指数的市场代表性，从而能更全面地反映股价的走势。

2. 深交所指数体系。

(1) 深证成分指数。深证成分股指数是深圳证券交易所编制的一种成分股指数，深证成分指数以 1994 年 7 月 20 日为基日，基日指数为 1 000 点。最初从上市的所有股票中抽取具有市场代表性的 40 家上市公司的股票作为计算对象，并以流通股为权数计算得出加权股价指数。2015 年 5 月 20 日，深交所对深证成分指数正式实施样本股扩容。扩容后，指数样本数量从 40 家扩大到 500 家。

(2) 创业板指数。创业板指数是从创业板股票中选取 100 只组成样本股，反映创业板市场层次的运行情况。在早期可选样本不足 100 只时，新上市股票于第 11 个交易日纳入指数计算；当样本数量达到 100 只后，样本数量锁定为 100 只，每季度进行样本股调整。创业板指数以 2010 年 5 月 31 日为基日，基点为 1 000 点，于 2010 年 6 月 1 日发布。创业板价格指数的代码为 399006，创业板收益指数的代码为 399606。此外，每日收盘指数还将通过各类媒体定期对外发布。

(3) 深证 100 指数。深证 100 指数（又称深证 100 总收益指数）是中国证券市场第一只定位投资功能和代表多层次市场体系的指数。由深圳证券交易所委托深圳证券信息公司编制维护，此指数包含了深圳市场 A 股流通市值最大、成交最活跃的 100 只成分股。深证 100 指数的成分股代表了深圳 A 股市场的核心优质资产，成长性强，估值水平低，具有很高的投资价值。深证 100 指数是以深圳市场全部正常交易的股票（包括中小企业板）作为选样范围，选取 100 只 A 股作为样本编制而成的成分股指数，并保证中小企业成分股数量不少于 10 只，属于描述深市多层次市场指数体系的核心指数。

3. 沪深 300 指数。沪深 300 指数是沪深证券交易所于 2005 年 4 月 8 日联合发布的反映 A 股市场整体走势的指数。沪深 300 指数是由上海和深圳证券市场中选取 300 只 A 股作为样本编制而成的成分股指数；以 2004 年 12 月 31 日为基日，基点为 1 000 点；以调整股本为权重，采用派式加权综合价格指数公式进行计算。沪深 300 指数编制目标是反映中国证券市场股票价格变动的概貌和运行状况，并能够作为投资业绩的评价标准，为指数化投资和指数衍生产品创新提供基础条件。沪深 300 指数样本覆盖了沪深市场六成左右的市值，具有良好的市场代表性。沪深 300 指数是沪深证券交易所第一次联合发布的反映 A 股市场整体走势的指数。它的推出丰富了市场现有的指数体系，增加了一项用于观察市场走势的指标，有利于投资者全面把握市场运行状况，也进一步为指数投资产品的创新和发展提供了基础条件。

第四节　我国多层次资本市场的建立

一、我国多层次资本市场的现状

中国资本市场从无到有，从小到大，逐渐发展成为社会主义市场经济体系的重要组成部分，对推动国民经济和社会发展，促进社会资源配置方式的变革作出了积极的贡献。资本市场的分层化包括向上拓展和向下拓展两个方向。目前国内的 A 股市场属于高层的资本市场（主板）。向上拓展就是发展金融衍生产品市场，向下拓展就是发展创业板（二板）、"代办股份转让系统"（三板）、产权市场等较低层次的资本市场，形成"金融衍生产品市场、主板、二板、三板、产权市场"组成的多层次资本市场体系。

从 1990 年 12 月 19 日上交所对外营业、1991 年 7 月 3 日深交所对外营业，2021 年 11 月 15 日北交所对外营业，秉承"法制、监管、自律、规范"的八字方针，我国证券交易所致力于创造透明、开放、安全、高效的市场环境，切实保护投资者权益。其主要职能包括：提供证券交易的场所和设施；制定证券交易所的业务规则；接收上市申请，安排证券上市；组织、监督证券交易；对会员、上市公司进行监管；管理和公布市场信息。

2004 年 5 月 28 日，中小企业板正式启动，首只股票新和成发行，并于 2004 年 6 月 25 日上市交易。中小企业板是设置在深圳证券交易所的主板市场内部，专门为中小企业提供股权流通的交易场所。

为妥善解决原 STAQ、NET 系统挂牌公司流通股的转让问题，2001 年 6 月 12 日经中国证监会批准，中国证券业协会发布《证券公司代办股份转让服务业务试点办法》，代办股份转让工作正式启动，7 月 16 日第一家股份转让公司挂牌。为解决退市公司股份转让问题，2002 年 8 月 29 日起退市公司纳入代办股份转让试点范围。2006 年 1 月，中国证券业协会赋予"代办股份转让系统"（旧三板）非上市股份报价转让的新功能（新三板），为探索科技型非上市公司的股份转让、鼓励投资科技型企业奠定了制度基础。代办股份转让是独立于证券交易所之外的一个系统，中国证券业协会委托深圳证券交易所对股份转让行为进行实时监控。中国证券业协会履行自律管理职责，对证券公司代办股份转让业务实施监督管理。2006 年，中关村科技园区非上市股份公司进入代办转让系统进行股份报价转让，称为"新三板"。随着新三板市场的逐步完善，我国将逐步形成由主板、创业板、场外柜台交易网络和产权市场在内的多层次资本市场体系。新三板与老三板最大的不同是配对成交，设置 30% 幅度，超过此幅度要公开买卖双方信息。2012 年，经国务院批准，决定扩大非上市股份公司股份转让试点，首批扩大试点新增上海张江高新技术产业开发区、武汉东湖新技术产业开发区和天津滨海高新区。2013 年 12 月 31 日起股转系统面向全国接收企业挂牌申请。

2009 年 9 月 30 日，首批创业板 8 家公司发行股票。10 月 30 日，创业板开板，首批 28 家公司上市交易。创业板同样是设置在深圳证券交易所的主板市场内部，专门为新兴创新型高科技企业提供股权流通的交易场所。

2006 年 9 月 8 日，中国金融期货交易所在上海成立，2010 年 4 月 16 日推出沪深 300 指数股指期货。

2019年6月13日，在第十一届陆家嘴论坛开幕式上，中国证监会和上海市人民政府联合举办了上海证券交易所科创板开板仪式。科创板在基础制度上做了诸多创新，也创造了资本市场中多个历史第一。除允许未盈利企业上市之外，科创板还允许同股不同权企业、红筹企业上市。科创板的制度创新也已经开始为其他板块提供借鉴。创业板注册制改革已经启动，在主要制度规则征求意见稿中，已经明确允许符合条件的特殊股权结构企业和红筹企业在创业板上市，并且为未盈利企业上市预留了空间。

2021年9月3日，北京证券交易所注册成立，这是经国务院批准设立的中国第一家公司制证券交易所。11月15日，北京证券交易所在北京市西城区金融街金阳大厦正式开市。开市首日，北交所上市公司数量达81家，包括新三板精选层的71家挂牌公司和10家公开发行的公司。北京证券交易所定位于为创新型中小企业提供股权转让服务。

二、完善我国多层次资本市场

在资本市场上，投资者与融资者对投融资金融服务的多样化需求决定了资本市场应该是一个多层次的市场经济体系。我国资本市场经过三十多年发展，大致形成了多层次资本市场体系。其中，场内市场包括上海、深圳证券交易所的主板（含中小板）、科创板、创业板以及2021年推出的北京证券交易所。场外市场主要包括全国中小企业股份转让系统中的创新层和基础层、各省市的区域性股权交易市场以及证券公司主导的柜台市场。场内市场和场外市场共同组成了我国多层次资本市场体系。

多层次资本市场发展首先要进一步完善和发展上海和深圳证券交易所的主板市场，逐渐实现全面注册制改革。吸引更多优质的规模相对较大的企业在主板市场上市，重视蓝筹股的市场定价核心功能，从而提升上市公司的整体质量，做大做强主板市场的品牌效应，使主板投资者能够获得长期稳定的投资回报。

其次，进一步发展和完善科创板和创业板市场，同时将北京证券交易所市场办出真正的特色。为更多的自主创新、高成长性的中小企业，特别是能够为解决我国某些"卡脖子"技术的高科技企业提供融投资渠道。同时，建立完善退市制度，保持市场的持续活力。

再次，发展场外交易市场，选择重点地区的区域性交易市场推进示范化建设。加快发展代办股份转让系统中的创新层和基础层建设，积极探索转板机制，激发场外市场企业挂牌以及合格投资者交易的热情。同时，积极规范地区性股权交易中心。中央应将各地的地方性股权交易规范化、合法化，为我国中小企业的健康发展开辟了一条新的融资渠道。

除此之外，应尽快提高债券市场在资本市场所占份额。当前，债券市场特别是公司债券市场规模在债券市场中占比相对偏低，高收益债券市场基本缺位，导致企业直接融资渠道狭窄，融资成本偏高，融资效率降低。这种失衡的资本市场结构也难以满足各类投资者的多样化投资需求，并限制了投资者根据自身需求和风险偏好进行资产配置的效率。

最后，完善多层次资本市场可以适当放宽相关市场财务准入要求，提供更为灵活的公司治理和信息披露制度安排。

【本章小结】

证券流通市场是指已发行的证券进行转让交易的市场。证券流通市场分为场内交易市场与场外交易市场两种类型。证券交易所有两种基本的组织形式,即公司制和会员制。

证券上市指交易所承认并接纳某种证券在交易所市场上挂牌交易。证券上市制度就是证券监管机构和交易所制订的有关证券上市的标准和程序的一系列规则。世界各证券交易所规定的证券上市条件各不相同,但都包括资本额、获利能力、资本结构、偿债能力和股权分散情况等。我国证券上市也有一定的条件限制。

上市公司出现财务状况或其他状况异常,导致投资者难以判断公司前景,权益可能受到损害的,交易所将对公司股票交易实行特别处理的措施。

证券流通市场的交易实行"三公"原则,即公开原则、公平原则和公正原则。证券交易所市场所有的证券交易均按照价格优先、时间优先的原则进行竞价成交。证券交易程序一般包括开户、委托买卖、成交、清算及交割、过户几个步骤。

融资融券交易又叫信用交易或保证金交易,是指证券公司或金融机构提供信用,使投资人可以从事买空、卖空的一种证券交易制度。

股票价格指数是由证券交易所或金融服务机构编制的表明股票行市变动的一种供参考的指示数字,是表明股票行市变动情况的价格平均数。

世界上著名的股票指数有道琼斯股票指数、标准普尔股票价格指数、纳斯达克指数、日经道琼斯股价指数(日经平均股价)和《金融时报》股票价格指数。我国的重要的股票指数有上证综指、深证成分指数、上证50指数、创业板指数和沪深300指数以及香港恒生指数。

中国资本市场从无到有,从小到大,逐渐发展成为社会主义市场经济体系的重要组成部分,对推动国民经济和社会发展,促进社会资源配置方式的变革作出了积极的贡献。但中国必须进一步改革、发展和创新中国资本市场。

【关键词】

流通市场　证券交易所　证券上市　股价指数　融资融券

【重要概念】

连续竞价　竞价交易　保证金交易　特别处理制度

【思考题】

1. 简述证券上市的条件。

2. 简述证券交易程序。
3. 简述融资融券交易的特点。
4. 什么是股票价格指数?
5. 全球及我国主要的股票价格指数包括哪些?
6. 目前我国多层次资本市场的基本构成是怎样的?

【案例分析】

昌九生化融资融券交易爆仓事件

2013年9月6日,深沪两市交易所发布《关于扩大融资融券标的股票范围的通知》,上海新增104只融资融券标的股,昌九生化成功入选。在首日昌九生化就出现近3 994万元融资买入额,占当天2.06亿元总成交额的近两成,偿还161万元后,当天融资余额大增至3 833万元。

或是受融资火爆的刺激,该股在当天消息面并无明显利好情况下跳空放量大涨5.6%。此后尽管股价震荡反复,但融资资金依然非常活跃。9月26日昌九生化突然涨停,当天其融资买入额由前一天不足2 000万元激增至5 536万元;27日股价继续大涨4.57%,当天融资买入额也攀升至5 983万元,达到阶段新高。相应地,该股融资余额也持续增长,即使是10月29日的跌停也并未改变这一趋势,直到本次连续跌停的前一个交易日——11月1日,融资余额达到最高点3.54亿元。

但到11月4日,因赣州稀土借壳泡沫破灭,昌九生化开始跌停之旅,到13日收盘已连收7个跌停。其融资余额也同步逐日下降,不过或是因为一直缩量跌停,融资余额却降幅缓慢。券商强制平仓,大量资金的出逃欲望反过来助跌股价。

而事实上,"一字"排开的7个跌停板,买盘几近于无。7天的总成交额仅有6 587.1万元,仅是赣州稀土"改嫁"之前一天成交额的八成。如果某客户单一持仓昌九生化,且不追加担保物,几天的跌停早已将担保比例拉低至100%以下,这意味着券商即使把客户所持昌九生化全部卖出,仍旧资不抵债。

从昌九生化的事件中,请思考下列问题:
1. 融资融券交易有什么好处?又会带来什么问题?
2. 融资融券标的物的选择应该考虑什么因素?
3. 融资融券风险应该如何控制?

第八章
证券市场监管

2020年10月9日,深交所披露了2020年9月25日至9月30日的监管动态,在这期间,对4宗违规行为进行纪律处分。一是加加食品集团股份有限公司存在违规对外提供担保的行为。根据有关规定,对公司控股股东湖南卓越投资有限公司,公司实际控制人之一、时任董事长杨振给予公开谴责的处分;对公司及公司时任总经理刘永交、时任财务总监段维嵬给予通报批评的处分。二是浙江众成包装材料股份有限公司及其子公司在未履行审议程序及信息披露义务的情况下,通过资金拆借向控股股东、实际控制人陈大魁转出资金合计8 000万元。根据有关规定,对公司及公司控股股东、实际控制人陈大魁,公司董事长兼总经理陈健、财务负责人董卫平给予通报批评的处分。三是深圳市新纶科技股份有限公司存在虚构贸易业务虚增收入及利润、未按规定披露关联关系及关联交易等违规行为。根据有关规定,对公司及公司董事长侯毅、时任副董事长兼总裁傅博、时任副总裁兼董事会秘书高翔、时任财务总监马素清给予公开谴责的处分;对公司时任董事兼副总裁吴智华、傅加林、王凤德,时任董事杨利,时任独立董事吉明、宁钟、张天成,监事厚飞、张冬红,时任监事曾继缨,副总裁侯海峰、翁铁建,时任副总裁王友伦、肖鹏,时任董事会秘书张桥给予通报批评的处分。四是北京晓程科技股份有限公司实际控制人、董事长兼总经理程毅在公司2019年度业绩快报披露前十日内减持公司股份,构成敏感期交易。根据有关规定,对程毅给予通报批评的处分。

2020年10月10日,证监会广东监管局网站公布的关于对郭帅采取出具警示函措施的决定(〔2020〕151号)显示,经查,郭帅在第一创业证券股份有限公司(简称"第一创业")广州分公司任职期间,向开通新三板交易权限的客户提供知识测评答案,承诺新三板新股申购收益,并谋取不当利益。广东监管局决定对郭帅采取出具警示函的监督管理措施。

这些监管事件主要涉及证券市场监管中哪些方面的内容?具体有哪些规定?

通过本章的学习你将了解和掌握以下知识:

- 证券监管的目标及证券监管的内容;
- 证券监管主体与监管对象;
- 证券监管的原则;
- 证券监管的形式与手段;
- 证券发行市场的资格审核制度;
- 证券从业人员、证券经营机构和证券投资者的监管等。

第一节　证券市场监管概述

证券市场监管是一国宏观经济监督体系中不可缺少的组成部分，对证券市场的健康发展意义重大。

一、证券市场监管的含义及内容

（一）证券市场监管的含义

证券市场监管是指一国政府或政府的代理机构对证券市场机构和证券市场行为实施的各种监督和管制，包括对证券机构市场准入、业务范围、市场退出等方面的限制性规定，对证券机构内部组织结构、风险管理和控制等方面的合规性、达标性的要求，对各类证券市场行为的监督，以及一系列相关的立法和执法体系与过程。证券市场监管是一个实践性很强的问题。证券市场监管是一国宏观经济监督体系中不可缺少的组成部分，对证券市场的健康发展意义重大。

（二）证券市场监管的目标

1. 证券市场监管的根本目标。证券市场监管的根本目标，尽管各个国家表述不一定相同，但通过证券监管维持证券市场原本功能的发挥，以促进国民经济的稳定和发展这一条是相同的。国际证监会组织（International Organization of Securities Commissions，IOSCO）公开网页中明确指出：证券监管应当促进资本形成和经济增长。因此，从长远和最终目标而言，应保证证券市场持续、健康、稳定、高效，以促进整个国民经济的稳定和发展，有利于社会安定、和谐和健康发展。

我国《证券法》指出："为了规范证券发行和交易行为，保护投资者的合法权益，维护社会经济秩序和社会公共利益，促进社会主义市场经济的发展，制定本法。"根据我国《证券法》的规定，我国证券市场监管的根本目标是，矫正市场失灵，促进证券市场机制的正常运行，促进证券市场稳定、持续、健康、高效地发展，以促进整个国民经济的稳定和发展；保护投资者利益，维护社会秩序，促进社会安定、和谐和健康发展。

2. 证券市场监管的具体目标。对于证券市场监管的具体目标，人们的认识并不完全一致，各国的要求也不相同。国际证监会组织在《证券监管的目标和原则（1998）》中提出证券监管的三个目标：保护投资者；确保市场的公平、高效、透明；降低系统风险。保护投资者是核心和精髓，后两个目标也是保护投资者的间接手段。

《美国1933年证券法》确立的两个基本目标是：第一，向投资者提供有关证券公开发行的实质性（Material）信息。第二，禁止证券售卖过程中的误导、虚假和其他欺诈行为。显然，投资者的利益保护是美国证券立法的宗旨。《美国1986年政府证券立法》更加明确和突出了投资者利益保护这个目标，"国会决定政府证券交易受公众利益的影响，为此必须使：第一，为这种交易和相关的事宜和活动提供统一性、稳定性和效率。第二，对证券中间商和证券交易商普遍实行适当的管理。第三，规定相应的金融责任、账务记录、报告及有关的管理办法；从而保护投资者并保证这些证券的公平、正当和流动性的市场。"

日本 1948 年的《证券交易法》规定："为使有价证券的发行、买卖及其他交易能够公正进行，并使有价证券顺利流通，以保证国民经济的正常运行及保护投资者利益，特制定本法律。"

韩国 1962 年的《证券和交易法》写明："本法旨在通过维护证券广泛的和有条不紊的流通，通过保护投资者进行公平的保险、购买、销售或其他证券交易，促进国民经济的发展。"

中国香港 1989 年颁布的《证券及期货事务监察委员会条例》第四条指出证券市场监管的目标是：使证券市场有足够的流通量，并公平、有秩序和有效率地运作；控制和减低交易系统风险，避免市场失灵和适当地管理风险，以确保一个市场的危机不致影响其他的金融范畴；保护投资者；促进一个有利于投资和经济增长的经济环境的设立。

根据我国《证券法》的规定："为了规范证券发行和交易行为，保护投资者的合法权益，维护社会经济秩序和社会公共利益，促进社会主义市场经济的发展，制定本法。"

比较国际证监会组织、美国、日本、韩国、中国香港地区及我国对证券监管的目标，我国证券市场监管的具体目标是：保护市场参与者（特别是投资者，尤其是中小投资者）的合法权益，保证证券市场的"公开、公平、公正"以及透明与高效，降低市场的系统风险，维护证券市场的正常秩序，促进社会主义市场经济的发展。

国际证监会组织公布了证券监管的三个目标：一是保护投资者；二是透明和信息公开；三是降低系统风险。

（三）证券市场监管的内容

证券市场监管的内容涉及整个证券市场，按照证券市场的特征和参与的主体，证券市场的监管对象大致可分为六个方面，即发行市场、证券交易、证券交易市场、证券经营机构、证券从业人员和证券投资者。

二、证券市场监管的原则

（一）依法管理原则

依法管理原则是指证券市场监管部门必须加强法制建设，明确划分各方面的权利与义务，保护市场参与者的合法权益。即证券市场管理必须有充分的法律依据和法律保障。

（二）保护投资者利益原则

由于投资者是用自己的收入来购买证券，且大多数投资者缺乏证券投资的专业知识和技巧，只有在证券市场管理中采取相应措施，使投资者得到公平的对待，维护其合法权益，才能更有力地促使人们增加投资。

（三）"三公"原则

"三公"原则即在第七章中涉及的公开、公平、公正的原则。

"三公"原则是贯穿证券市场整个运行过程的基本原则，三者是相互影响、密不可分的统一体。公开原则是公平原则和公正原则的基础和前提。只有公开地发布和传播有关信息，投资者才能公平地作出投资决策，防止各种证券欺诈和内幕交易行为，保障市场公正。公平原则是实行公开和公正原则的目的和结果；公正原则是实现公开和公平原则的保障。维护公开、公平、公正的原则，是规范证券市场的基本要求，也是保障投资者利益的前提和基础。

(四) 监督与自律相结合的原则

监督与自律相结合的原则是指在加强政府、证券主管机构对证券市场监管的同时，也要加强从业者的自我约束、自我教育和自我管理。国家对证券市场的监管是管好证券市场的保证，而证券从业者的自我管理是管好证券市场的基础。国家监督与自我管理相结合的原则是世界各国共同奉行的原则。

三、证券市场的监管形式与手段

证券监管手段是实现证券监管目标的工具，是证券监管主体得以行使其职责的工具。虽然证券监管的权威是来自国家的政治权力或者公众所认可的某种权力，从原则上说，证券监管的手段和工具几乎是不受限制的。但是，如果考虑到证券监管效果和成本，考虑到证券产品和证券市场的特殊性，考虑到各国证券市场的发展水平和具体的监管环境，就必然会涉及不同监管手段和工具的选择问题。对于证券监管而言，在选择什么样的监管手段和监管工具时，除了要考虑一般市场监管所必须考虑的监管成本和效果问题之外，更为重要的一点是要考虑到证券监管的特殊要求和不同证券市场的监管条件和监管环境。

（一）证券市场监管的形式

一般而言，经济政策的代价最小，监管次之，直接介入市场的代价最大。因此，能够通过经济政策解决的证券市场失灵问题，通常就选择经济政策手段；通过经济政策手段不能解决的证券市场失灵问题，再考虑监管手段和政府直接介入市场的手段。为了消除证券市场失灵的负面作用，政府对证券市场的干预可以采取三种形式：

1. 直接对证券市场的活动和行为进行干预和规范。证券监管者可以通过制定各种规定，限制进入证券业企业的数量，或者通过直接给某种证券产品或者证券服务规定一个价格或利润率来达到控制该证券产品或证券服务供应量的目的，即通过证券监管的手段来实现对证券市场的干预。

2. 先对影响证券市场参与者行为和活动的各种因素进行干预，以改变这些因素的作用方向或者作用程度，然后间接地影响证券市场参与者的行为和活动。监管者也可以先通过税收、利率等财政金融政策来影响证券市场参与者的投资和筹资行为，从而间接地达到控制某种证券产品或证券服务供应量的目的，即通过经济政策的手段来完成对证券市场的干预。

3. 政府直接在证券市场上买卖证券产品和提供证券服务以及证券信用。政府作为市场的直接参与者，通过直接向其他市场参与者提供证券服务、提供融资融券以及买进或抛出证券来实现改变证券产品和证券服务价格、调控证券市场供求关系的目的。

（二）证券市场监管的手段

证券市场监管的手段包括法律手段、经济手段和行政手段。

1. 法律手段。法律手段是通过证券方面的法律与法规来实现对证券市场的监管。这是监管部门使用的主要手段，约束力强。

2. 经济手段。经济手段是指通过运用利率政策、公开市场业务、税收政策等经济手段，对证券市场进行干预。这种手段相对比较灵活，但调节过程可能较慢，存在时滞。

3. 行政手段。行政手段是指通过制订计划、政策等对证券市场进行行政性的干预。行政手段比较直接，但运用不当可能违背市场规律，无法发挥作用，甚至受到惩罚。一般多在证券市场发展初期，法制尚不健全、市场机制尚未理顺或遇突发性事件时使用。

第二节 证券市场信息披露制度

一、初始信息披露制度

证券的初始信息披露主要是指证券发行及上市交易前的信息披露,信息披露的内容主要是招股说明书和上市公告书,公告的目的是帮助投资者对股票发行人的经营状况和发展潜力进行细致评估,方便投资人进行投资决策。证券市场中发行市场的初始信息披露文件包括招股说明书和上市公告书。

(一) 招股说明书

招股说明书是公司发行股票时就发行中的有关事项向社会公众作出披露,说明发起人和将要设立公司的情况,以及公司股份发行的有关事宜,以指导投资者决策的要约文件。招股说明书应按照中国证监会的有关规定编写和披露。招股说明书应当附有发起人制定的公司章程,并载明下列事项:发起人认购的股份数,每股的票面金额和发行价格,无记名股票的发行总数,募集资金的用途,认股人的权利、义务,本次募股的起止期限及逾期未募足时认股人可以撤回所认股份的说明。

(二) 上市公告书

上市公告书是公司股票上市前,按照证券法规和证券交易所业务规则的要求,就公司自身情况及证券上市的有关事宜,通过中国证监会指定的报刊和指定的网站向社会公众公布的宣传和说明材料。上市公告书一般包括以下内容:股票的代号、发行总数、流通限制等股票基本信息,发行人的基本情况、历史沿革和主要经营情况,股票上市前首次公开发行股票的情况,本次股票上市前首次公开发行股票的承销情况,注册会计师对本次上市前首次公开发行股票所募资金的验资报告,上市前股权结构及各类股东的持股情况,同业竞争与关联交易,上市推荐人及其意见,其他重大事项等。

二、持续性信息披露制度

信息持续披露制度是公开原则在证券市场的集中体现。信息持续披露文件包括上市公司的年度报告书、中期报告书等定期报告文件以及临时报告书和为执行证券交易所及时公开政策而公开的各类报告文件。信息持续披露的内容主要是证券法规和交易所规定所要求的信息持续披露文件中应该包括的内容。

> *上市公司的信息持续披露指上市公司在其股票上市交易后按照规定对公司的经营业绩、重大变动、重要决策等相关内容进行定期报告和临时报告。*

我国《证券法》和《公开发行股票公司信息披露的内容与格式准则》对信息持续披露作了如下规定。

(一) 定期报告

定期报告是股票或者公司债券上市交易的公司进行持续信息披露的最主要的形式之一。定期报告应当符合国家的会计制度和国务院证券监督管理机构的有关规定,由上市公司授权的董事或者经理签字,并由上市公司盖章。定期报告包括季度报告、中期报告和年度报告。

1. 季度报告。从 2002 年起，我国所有上市公司必须编制并披露季度报告。季度报告是中期报告的一种，应按照相关法律法规的要求编制并披露。季度报告注重披露公司所发生的重大事项，一般不重复已披露过的信息。对已在前一定期报告或临时报告中披露过的重大事项，只需注明该报告刊载的报刊、互联网网站的名称与刊载日期。季度报告应当在每个会计年度前三个月、九个月结束后的一个月内完成编制，并将报告正文刊载于中国证监会指定的报纸和互联网网站上，并在披露季度报告后的 10 日内，将季度报告文本一式两份及备查文件分别报送股票挂牌交易的证券交易所和公司所在地的证券监管派出机构。第一季度报告的披露时间不得早于上一年度年度报告的披露时间。

2. 中期报告。中期报告应当在每个会计年度的上半年结束之日起两个月内完成编制，并在该期限内将报告全文刊登于中国证监会指定的互联网网站，将中期报告摘要刊登于至少一种中国证监会指定的报纸上。中期报告应按《证券法》《公司法》等有关法律法规的规定编制。中期报告主要应记载以下内容：公司财务会计报告和经营情况；涉及公司的重大诉讼事项；已发行的股票、公司债券变动情况；提交股东大会审议的重要事项；国务院证券监督管理机构规定的其他事项。

3. 年度报告。年度报告应当在每个会计年度结束之日起四个月内完成编制，向国务院证券监督管理机构和证券交易所提交，并在国务院证券监督管理机构指定的报刊和国际互联网网站上公布。年度报告应按《证券法》、《公司法》和《公开发行证券的公司信息披露内容与格式准则第 2 号——年度报告的内容与格式》（2021 年修订）编制。年度报告主要应记载如下内容：公司概况；公司财务会计报告和经营情况；董事、监事、高级管理人员简介及其持股情况；已发行的股票、公司债券情况，包括持有公司股份最多的前十名股东的名单和持股数额；公司的实际控制人；国务院证券监督管理机构规定的其他事项。

（二）临时报告

《证券法》要求当发生可能对上市公司、股票以及债券在国务院批准的其他全国性证券交易场所交易的公司的股票交易价格产生较大影响的重大事件，投资者尚未得知时，公司应当立即将有关该重大事件的情况向国务院证券监督管理机构和证券交易场所报送临时报告，并予公告，说明事件的起因、目前的状态和可能产生的法律后果。

根据《证券法》的规定，对于股票而言，重大事件包括：(1) 公司的经营方针和经营范围的重大变化；(2) 公司的重大投资行为，公司在一年内购买、出售重大资产超过公司资产总额百分之三十，或者公司营业用主要资产的抵押、质押、出售或者报废一次超过该资产的百分之三十；(3) 公司订立重要合同、提供重大担保或者从事关联交易，可能对公司的资产、负债、权益和经营成果产生重要影响；(4) 公司发生重大债务和未能清偿到期重大债务的违约情况；(5) 公司发生重大亏损或者重大损失；(6) 公司生产经营的外部条件发生的重大变化；(7) 公司的董事、三分之一以上监事或者经理发生变动，董事长或者经理无法履行职责；(8) 持有公司百分之五以上股份的股东或者实际控制人，其持有股份或者控制公司的情况发生较大变化，公司的实际控制人及其控制的其他企业从事与公司相同或者相似业务的情况发生较大变化；(9) 公司分配股利、增资的计划，公司股权结构的重要变化，公司减资、合并、分立、解散及申请破产的决定，或者依法进入破产程序、被责令关闭；(10) 涉及公司的重大诉讼、仲裁，股东大会、董事会决议被依法撤销或者宣告无效；（11）公司涉嫌犯罪被依法立案调查，公司的控股股东、实际控制人、董事、监事、高级管理人员涉嫌犯罪被依法采取强制措施；（12）国务院证券监督管理机构规定的其他事项。公司的控股股东或者实际控制人对重大事件的发生、进展产生较大影响的，应当及时将其知悉的有关情况书面告知公司，并配合公司履行信息披露义务。

对于公司债券而言，重大事件包括：（1）公司股权结构或者生产经营状况发生重大变化；（2）公司债券信用评级发生变化；（3）公司重大资产抵押、质押、出售、转让、报废；（4）公司发生未能清偿到期债务的情况；（5）公司新增借款或者对外提供担保超过上年末净资产的百分之二十；（6）公司放弃债权或者财产超过上年末净资产的百分之十；（7）公司发生超过上年末净资产百分之十的重大损失；（8）公司分配股利，作出减资、合并、分立、解散及申请破产的决定，或者依法进入破产程序、被责令关闭；（9）涉及公司的重大诉讼、仲裁；（10）公司涉嫌犯罪被依法立案调查，公司的控股股东、实际控制人、董事、监事、高级管理人员涉嫌犯罪被依法采取强制措施；（11）国务院证券监督管理机构规定的其他事项。

由于定期报告信息的滞后性与临时报告提交的特定事件的限定性无助于投资者判断，所以，以证券交易所的信息公开政策作为证券公开制度的必要补充手段，一方面可以提高证券交易市场的透明度，另一方面，也可以达到防止内幕交易的作用。我国《证券法》规定，依照法律、行政法规规定必须作出的公告，应当在国家有关部门规定的报刊上或者在专项出版的公报上刊登，同时将其置于公司住所、证券交易所，供社会公众查阅。

国务院证券监督管理机构对上市公司年度报告、中期报告、临时报告以及公告的披露情况进行监督，对上市公司分派或者配售新股的情况进行监督，对有重大违法行为或者不具备其他上市条件的上市公司取消其上市资格的，应当及时作出公告。证券交易所依照授权对有重大违法行为或者不具备其他上市条件的公司取消其上市资格时，也应及时作出公告，并报国务院证券监督管理机构备案。

证券监督管理机构、证券交易所、承销的证券公司及有关人员，对公司依照法律、行政法规规定必须作出的公告，在公告前不得泄露其内容。

第三节　证券市场主体的监管

一、对证券交易行为的监管

（一）反内幕交易

内幕交易行为人为达到获利或避损的目的，利用其特殊地位或机会获取内幕信息进行证券交易，违反了证券市场"公开、公平、公正"的原则，侵犯了投资公众的平等知情权和财产权益。内幕交易使证券价格和指数的形成过程失去了时效性和客观性，它使证券价

> 内幕交易是指内幕人员和以不正当手段获取内幕信息的其他人员违反法律、法规的规定，泄露内幕信息，根据内幕信息买卖证券或者向他人提出买卖证券建议的行为。

格和指数成为少数人利用内幕信息炒作的结果，而不是投资大众对公司业绩综合评价的结果，最终会使证券市场丧失优化资源配置及作为国民经济晴雨表的作用。反内幕交易是证券市场"三公"原则的基本要求。为了维护证券市场的正常秩序，保护投资者的合法权益和社会公共利益，必须禁止以获取利益减少损失为目的利用证券内幕消息进行证券交易活动。

证券交易活动中，涉及发行人的经营、财务或者对该发行人证券的市场价格有重大影响的尚未公开的信息，为内幕信息。前面关于股票、债券的重大事件，均属于内幕信息。

证券交易内幕信息的知情人包括：发行人及其董事、监事、高级管理人员；持有公司百分之五以上股份的股东及其董事、监事、高级管理人员，公司的实际控制人及其董事、监事、高级管理人员；发行人控股或者实际控制的公司及其董事、监事、高级管理人员；由于所任公司职务或者因与公司业务往来可以获取公司有关内幕信息的人员；上市公司收购人或者重大资产交易方及其控股股东、实际控制人、董事、监事和高级管理人员；因职务、工作可以获取内幕信息的证券交易场所、证券公司、证券登记结算机构、证券服务机构的有关人员；因职责、工作可以获取内幕信息的证券监督管理机构工作人员；因法定职责对证券的发行、交易或者对上市公司及其收购、重大资产交易进行管理可以获取内幕信息的有关主管部门、监管机构的工作人员；国务院证券监督管理机构规定的可以获取内幕信息的其他人员。

国外对防止内幕交易有一些非常成功的经验。比如美国对发行公司经理以上的负责人和持有公司股份10%以上的大股东实行"内幕人员的交易注册制度"，要求这些人员必须向证券交易委员会进行证券交易的个人注册，并随时向证券交易委员会报告其证券买进、卖出的情况，包括证券买卖的数量、价格、附加条件以及成交的时间、地点等。证券交易委员会还严格规定了内幕交易人员必须承担的民事责任和罚责等。

证券交易内幕信息的知情人和非法获取内幕信息的人，在内幕信息公开前，不得买卖该公司的证券，或者泄露该信息，或者建议他人买卖该证券。内幕交易行为给投资者造成损失的，应当依法承担赔偿责任。

禁止证券交易场所、证券公司、证券登记结算机构、证券服务机构和其他金融机构的从业人员、有关监管部门或者行业协会的工作人员，利用因职务便利获取的内幕信息以外的其他未公开的信息，违反规定，从事与该信息相关的证券交易活动，或者明示、暗示他人从事相关交易活动。利用未公开信息进行交易给投资者造成损失的，应当依法承担赔偿责任。

（二）反垄断操纵

禁止任何人以下列手段操纵证券市场，影响或者意图影响证券交易价格或者证券交易量：（1）单独或者通过合谋，集中资金优势、持股优势或者利用信息优势联合或者连续买卖；（2）与他人串通，以事先约定的时间、价格和方式相互进行证券交易；（3）在自己实际控制的账户之间进行证券交易；（4）不以成交为目的，频繁或者大量申报并撤销申报；（5）利用虚假或者不确定的重大信息，诱导投资者进行证券交易；（6）对证券、发行人公开作出评价、预测或者投资建议，并进行反向证券交易；（7）利用在其他相关市场的活动操

> 垄断操纵，是指参与证券交易的机构或个人以获取利益减少损失为目的，利用其资金、信息的优势，或者滥用职权操纵市场，哄抬或者打压证券价格，故意造成证券价格波动，制造证券市场假象，诱导或致使投资者在不了解事实真相的情况下作出证券投资决定，扰乱证券市场秩序的行为。

纵证券市场；（8）操纵证券市场的其他手段。

操纵证券市场行为给投资者造成损失的，应当依法承担赔偿责任。

在反垄断操纵的市场行为中，要正确把握反垄断操纵的界限，区别正常的证券买卖行为和造成垄断价格的证券买卖行为。这牵涉两个政策性的问题：一是是否允许证券经营机构为稳定证券市场价格而进行大宗的自营买卖；二是是否允许证券发行公司为维持本公司证券价格而买进本公司证券。美国证券交易委员会对此问题的管理办法是：既肯定证券经营机构与证券发行公司在适当的时候买进证券的合法性，又对此加以一定的限制：投资银行在买进证券之前，必须向证券交易委员会递交详细的"行动说明书"，并将全部的交易过程置于证券交易委员会的监督之下；对发行公司购买本公司的证券实行限额控制，即任何公司不得超过本公司每天证券交易额的15%或每周证券交易额的10%买进本公司证券。

（三）反欺诈、假冒

反欺诈、假冒的核心问题，是禁止证券交易过程中的虚假陈述、损害客户利益等行为。

禁止任何单位和个人编造、传播虚假信息或者误导性信息，扰乱证券市场。禁止证券交易场所、证券公司、证券登记结算机构、证券服务机构及其从业人员，证券业协会、证券监督管理机构及其工作人员，在证券交易活动中作出虚假陈述或者信息误导。各种传播媒介传播证券市场信息必须真实、客观，禁止误导。传播媒介及其从事证券市场信息报道的工作人员不得从事与其工作职责发生利益冲突的证券买卖。编造、传播虚假信息或者误导性信息，扰乱证券市场，给投资者造成损失的，应当依法承担赔偿责任。

《证券法》第五十七条规定，禁止证券公司及其从业人员从事下列损害客户利益的行为：（1）违背客户的委托为其买卖证券；（2）不在规定时间内向客户提供交易的确认文件；（3）未经客户的委托，擅自为客户买卖证券，或者假借客户的名义买卖证券；（4）为牟取佣金收入，诱使客户进行不必要的证券买卖；（5）其他违背客户真实意思表示，损害客户利益的行为。违反规定给客户造成损失的，应当依法承担赔偿责任。

二、对上市公司的监管

为了保护投资者的合法权益，维护证券市场秩序，必须加强对上市公司的监督和管理。对上市公司监管的具体内容一般都由《公司法》和其他法规的有关条款所组成，主要包括：对公司招股说明书的确认；对公司财务和业绩报告的审计与验证；对公司发生重大交易、重要交易、股份交易以及经营管理重大变更的监管；对公司合并、分立、破产、解散和清算事项的管理规定；对公司内部管理与股份事务的监管以及法律责任的确定，等等。

对上市公司的管理权属国家证券管理部门，经授权，证券交易所处理上市公司的日常性监督事务，实施对上市公司的具体管理。信息公开制度是对上市公司实行社会监督的最好形式，它通过二级市场的价格机制形成对上市公司强有力的社会约束，促进上市公司按照国家有关法令的要求规范自己的企业行为。

三、对证券中介机构的监管

（一）对证券公司的监管

设立证券公司，应当具备下列条件，并经国务院证券监督管理机构批准：（1）有符合法律、行政法规规定的公司章程；（2）主要股东及公司的实际控制人具有良好的财务状况和诚信记录，最近三年无重大违法违规记录；（3）有符合本法规定的公司注册资本；（4）董事、监事、高级管理人员、从业人员符合本法规定的条件；（5）有完善的风险管理与内部控制制度；（6）有合格的经营场所、业务设施和信息技术系统；（7）法律、行政法规和经国务院批准的国务院证券监督管理机构规定的其他条件。未经国务院证券监督管理机构批准，任何单位和个人不得以证券公司名义开展证券业务活动。

经国务院证券监督管理机构核准，取得经营证券业务许可证，证券公司可以经营下列部分或者全部证券业务：证券经纪；证券投资咨询；与证券交易、证券投资活动有关的财务顾问；证券承销与保荐；证券融资融券；证券做市交易；证券自营；其他证券业务。

证券公司经营证券资产管理业务的，应当符合《中华人民共和国证券投资基金法》等法律、行政法规的规定。除证券公司外，任何单位和个人不得从事证券承销、证券保荐、证券经纪和证券融资融券业务。证券公司从事证券融资融券业务，应当采取措施，严格防范和控制风险，不得违反规定向客户出借资金或者证券。

证券公司的自营业务必须以自己的名义进行，不得假借他人名义或者以个人名义进行。证券公司的自营业务必须使用自有资金和依法筹集的资金。证券公司不得将其自营账户借给他人使用。

证券公司客户的交易结算资金应当存放在商业银行，以每个客户的名义单独立户管理。证券公司不得将客户的交易结算资金和证券归入其自有财产。禁止任何单位或者个人以任何形式挪用客户的交易结算资金和证券。证券公司破产或者清算时，客户的交易结算资金和证券不属于其破产财产或者清算财产。非因客户本身的债务或者法律规定的其他情形，不得查封、冻结、扣划或者强制执行客户的交易结算资金和证券。

证券公司办理经纪业务，不得接受客户的全权委托而决定证券买卖、选择证券种类、决定买卖数量或者买卖价格。证券公司不得允许他人以证券公司的名义直接参与证券的集中交易。证券公司不得对客户证券买卖的收益或者赔偿证券买卖的损失作出承诺。

（二）对登记结算机构的监管

设立证券登记结算机构必须经国务院证券监督管理机构批准。证券登记结算机构为证券交易提供集中登记、存管与结算服务，不以营利为目的，依法登记，取得法人资格。

设立证券登记结算机构，应当具备下列条件：（1）自有资金不少于人民币两亿元；（2）具有证券登记、存管和结算服务所必需的场所和设施；（3）国务院证券监督管理机构规定的其他条件。

证券登记结算机构履行下列职能：（1）证券账户、结算账户的设立；（2）证券的存管和过户；（3）证券持有人名册登记；（4）证券交易的清算和交收；（5）受发行人的委托派发证券权益；（6）办理与上述业务有关的查询、信息服务；（7）国务院证券监督管理机构批准的其他业务。

在证券交易所或者国务院批准的其他全国性证券交易场所交易的证券，应当全部存管在证券登记结算机构。证券登记结算机构不得挪用客户的证券。

（三）对证券服务机构的监管

证券服务机构包括会计师事务所、律师事务所以及从事证券投资咨询、资产评估、资信评级、财务顾问、信息技术系统服务的证券服务机构。这些机构应当勤勉尽责、恪尽职守，按照相关业务规则为证券的交易及相关活动提供服务。

从事证券投资咨询服务业务，应当经国务院证券监督管理机构核准；未经核准，不得为证券的交易及相关活动提供服务。从事其他证券服务业务，应当报国务院证券监督管理机构和国务院有关主管部门备案。

证券投资咨询机构及其从业人员从事证券服务业务不得有下列行为：（1）代理委托人从事证券投资；（2）与委托人约定分享证券投资收益或者分担证券投资损失；（3）买卖本证券投资咨询机构提供服务的证券；（4）法律、行政法规禁止的其他行为。违反规定给投资者造成损失的，应当依法承担赔偿责任。

四、对证券从业人员的监管

加强对从业人员的监督管理，提高证券从业人员的素质，特别是增强其风险防范意识是证券市场风险管理的重要环节。2002年10月22日中国证券监督管理委员会颁布《证券业从业人员资格管理办法》，并于2003年1月1日起实施，对从业人员的申请条件、资格培训和考试、申请程序、资格维持、违规处罚等作出规定。

（一）从业人员的分类

证券从业人员是指证券经营机构和中介机构（包括证券公司、信托投资公司、证券登记结算机构、证券投资咨询机构以及其他可经营证券相关业务的机构）中一些特定岗位的人员，可以大致分为以下两类。

1. 管理人员。管理人员包括证券中介机构的总经理及负责证券业务的副总经理；证券经营、登记结算、投资咨询机构内设各证券业务部门的正、副经理；以及证券经营机构下设的证券营业部的正、副经理。

2. 专业人员。专业人员包括证券经营机构中从事证券代理发行、自营业务和投资咨询业务的人员，出市代表和各证券中介机构的计算机管理人员。中国证监会还可对认为有必要进行资格确认的人员提出要求。

（二）资格考试与注册制度

我国证券市场规范化建设的一项重要内容，就是通过职业化教育和专业资格考试培训，使证券业从业人员具有较强的法律意识、规范的职业道德和良好的业务素质。根据国际通行的做法，实行从业人员资格管理制度，证券业从业人员进行资格考试，并取得相应从业资格证及执业资格证。

《证券业从业人员资格管理办法》要求，年满18周岁，具有高中以上文化程度和完全民事行为能力的人员，可以参加资格考试，考试合格的，取得从业资格。从业资格不实行专业分类考试。资格考试内容包括一门基础性科目和一门专业性科目。取得从业资格的人员，符合下列条件的，可以通过机构申请执业证书：（1）已被机构聘用；（2）最近三年未受过刑事处罚；（3）不存在《中华人民共和国证券法》第一百二十六条规定的情形；（4）未被中国证监会认定为证券市场禁入者，或者已过禁入期的；（5）品行端正，具有良好的职业道德；（6）法律、行政法规和中国证监会规定的其他条件。

申请人符合规定条件的，中国证券业协会应当自收到申请之日起三十日内，向中国证监会备案，颁发执业证书；不符合本办法规定条件的，不予颁发执业证书，并应当自收到申请之日起三十日内书面通知申请人或者机构，并书面说明理由。

执业证书不实行分类。取得执业证书的人员，经机构委派，可以代表聘用机构对外开展本机构经营的证券业务。机构不得聘用未取得执业证书的人员对外开展证券业务。

> **专栏 8-1**
> **2015 年证券从业资格考试改革**
>
> 为适应资本市场创新发展，中国证券业协会决定对证券业从业人员资格考试测试制度实施改革，并将根据证券市场法规变化情况和从业人员管理工作需要适时调整（详见中证协发〔2015〕147 号）。本次考试测试改革包括但不限于以下内容：
>
> 一、类别
>
> 证券业从业资格考试测试划分为一般从业资格考试、专项业务类资格考试和管理类资格考试三种类别。
>
> 一般从业资格考试，即"入门资格考试"，主要面向即将进入证券业从业的人员，具体测试考生是否具备证券从业人员执业所需专业基础知识，是否掌握基本证券法律法规和职业道德要求。
>
> 专项业务类资格考试，即"专业资格考试"，主要面向已经进入证券业从业的人员，主要测试考生是否具备从事证券业务的专业人员履行法定职责所必备的专业知识、专业技能和专业操守。
>
> 管理类资格考试，即"管理资质测试"，主要面向拟任证券经营机构高级管理人员，主要测试考生是否掌握在证券经营机构履行经营管理职责所必备的管理流程和管理标准。
>
> 二、科目
>
> 入门资格考试科目设定两门，名称分别为《证券市场基本法律法规》和《金融市场基础知识》。
>
> 各专业资格考试设相应考试科目 1 门。保荐代表人胜任能力考试、证券分析师胜任能力考试和证券投资顾问胜任能力考试的考试科目分别对应为《投资银行业务》、《发布证券研究报告业务》和《证券投资顾问业务》。
>
> 各管理资质测试的考试科目均设 1 门，分别为《证券公司高级管理人员资质测试》、《证券评级业务高级管理人员资质测试》和《证券公司合规管理人员胜任能力测试》。
>
> 三、题型题量
>
> 入门资格考试的两个科目，考试时间均为 120 分钟，考试题型均为选择题，考试题量均为 100 题。
>
> 各专业资格考试科目，考试时间均为 180 分钟，考试题型均为选择题，考试题量均为 120 题。
>
> 各管理资质测试的考试科目，考试时间均为 120 分钟，考试题型均为选择题，考试题量均为 120 题。
>
> 四、合格标准
>
> 入门资格考试注重考查必需的专业基础知识和基本法律法规，以应知为主，通过入门资格考试人员应基本具备证券业务素质和证券业务操守。
>
> 专业资格考试突出考查必备的业务流程、业务标准和业务技能，以应会为主，通过专业资格

考试人员应基本胜任业务工作。

管理资质测试集中考查法定的管理流程和管理标准，以合规为主，通过管理资质测试人员应掌握主要的监管规定和监管要求。

五、合格成绩有效期

各类资格考试测试满分均为 100 分；达到 60 分及 60 分以上的考试测试成绩，视为合格成绩。合格成绩的有效期实行分类管理：

1. 入门资格考试合格成绩长期有效。
2. 考生取得专业资格考试合格成绩后，应当每年参加并完成中国证券业协会组织的相应业务培训；未按要求完成相应业务培训的，其合格成绩不再有效。
3. 管理资质测试的合格成绩有效期维持 3 年不变。

六、报名条件

年满 18 周岁、具有高中以上文化程度和完全民事行为能力的人员，都可报名参加入门资格考试。入门资格考试合格的，均可参加专业资格考试和管理资质测试。

七、实施日期

自 2015 年 7 月 1 日起，开始实施新的考试测试制度。现行考试测试制度继续实施至 2015 年 12 月 31 日止。2015 年 7 月 1 日至 12 月 31 日期间，考生可以自主选择按新的考试测试制度或现行考试测试制度报名参加考试测试。

自 2016 年 1 月 1 日起，所有考生按新的考试测试制度报名参加考试测试。

【本章小结】

证券市场监管是指一国政府或政府的代理机构对证券市场机构和证券市场行为实施的各种监督和管制，包括对证券机构市场准入、业务范围、市场退出等方面的限制性规定，对证券机构内部组织结构、风险管理和控制等方面的合规性、达标性的要求，对各类证券市场行为的监督，以及一系列相关的立法和执法体系与过程。

证券市场监管的原则包括依法管理原则、保护投资者利益原则、"三公"原则、监督与自律相结合的原则。

为了消除证券市场失灵的负面作用，政府对证券市场的干预可以采取三种形式：直接对证券市场的活动和行为进行干预和规范；先对影响证券市场参与者行为和活动的各种因素进行干预，以改变这些因素的作用方向或者作用程度，然后间接地影响证券市场参与者的行为和活动；政府直接在证券市场上买卖证券产品和提供证券服务以及证券信用。证券市场监管的手段包括法律手段、经济手段和行政手段。

证券市场监管的内容主要包括六个方面，即发行市场、证券交易、证券交易市场、证券经营机构、证券从业人员和证券投资者。

对证券发行市场的监管是指证券监管部门对新证券发行的审查、控制和监督，以及证券发行的初始信息披露。

对证券交易的监管是指在上市公司的证券上市交易期间,对有关证券交易过程中上市公司和证券交易所的责任和义务的规定,以及对可能出现的问题和违规行为进行的监管。

对证券交易市场的监管包括对证券交易所和场外交易市场的监管。

对证券经营机构的监管主要包括对机构的设立进行审批,对机构高级经营管理人员的任职资格进行审查,对机构的经营业务进行日常监督、检查,对机构及其违法违规行为进行查处等。

【关键词】

证券市场监管

【重要概念】

证券市场监管　信息披露制度　初始信息披露　持续性信息披露　内幕交易　操纵市场　虚假陈述

【思考题】

1. 简述证券市场监管的原则。
2. 简述证券市场信息披露中关于重大事项的规定。
3. 简述对证券交易行为的规定。
4. 简述对证券从业人员管理的具体规定。
5. 我国现行的证券监管体制是什么?
6. 谈谈我国现行证券监管体制的特点。

【案例分析】

袁志敏等人内幕交易案

中国证监会近日公布的行政处罚决定书(〔2019〕63号)显示,中国证监会对广州金发科技股份有限公司(以下简称金发科技,600143.SH)董事长袁志敏、王宗明内幕交易金发科技行为进行了立案调查、审理,现已调查、审理终结。

2015年12月21日,袁志敏向上海本尧建筑劳务有限公司的实际控制人朱某明借款。2016年1月29日至2月2日,上海本尧建筑劳务有限公司将3 200万元直接或者通过"汤某""王某慧""李某玲"等账户汇入王宗明银行账户。2016年2月2日,王宗明将前述银行账户部分资金转入王宗明和李某玲以本人名义开立的证券账户。内幕信息敏感期内"王宗明""李某玲"证券账户买入金发科技的资金全部来自袁志敏。

在内幕信息敏感期内,王宗明操作"王宗明""李某玲"两个账户买入金发科技262.09万股,占该期间两个账户股票资产的100%,成交金额1 547.17万元,以金发科技复牌日(2016年3月1日)收盘价(6.04元)计算,上述两账户账面盈利32.73万元。

依据《证券法》的规定,中国证监会决定:责令王宗明依法处理"王宗明""李某玲"账户下非法持有的金发科技,没收袁志敏、王宗明违法所得32.73万元,并对袁志敏处以58.91万元罚款,对王宗明处以39.28万元罚款。

结合上述案例,说明:

1. 为什么要对证券市场进行反内幕交易?
2. 什么是内幕交易?内幕交易对证券市场有何危害?

第九章
证券投资宏观分析

2013年3月5日的纽交所显得格外有人气,下午4点收盘之前大厅里都挤满了人。还有交易员站在高处看着道指跳动的大屏幕开始鼓掌,热烈的气氛足以说明股市到底多么有魅力。能让这么多人兴奋的时刻是一个历史性的时刻,道琼斯工业指数盘内和收盘都创出了新高。当天盘内出现了道指的新高点14 286点,这个点位完胜2007年10月11日的道指历史次高点14 198点。众所周知,上次道指高点之后,美国经济逐渐陷入"次贷危机"引发的金融危机。2008年,金融危机蔓延,全球股市暴跌。2009年,为了挽救美国金融业和美国经济,美联储开始实施量化宽松政策,总共经历了QE1、QE2、QE3时代,2014年10月29日,美国结束了维持两年之久的第三轮量化宽松政策,但重申将会在相当长一段时间内保持利率在当时低位。由于货币供应一直处于相对宽松的环境,基准利率水平接近于零,使得道琼斯指数一路走高,2015年已到达18 000点以上的高位。到底是不是量化宽松政策推升了这次股市的新高点呢?虽然推动美股上涨的原因很多,但毫无疑问,货币政策的宽松是其中的重要原因之一。

量化宽松(Quantitative Easing,QE)是一种货币政策,主要指各国央行通过公开市场购买政府债券、银行金融资产等做法。量化宽松直接导致市场的货币供应量增加,可视为变相"印钞"。市场流动性的改善可降低利息,而低息环境又为实体经济发展提供了优越的融资环境,因此美国2008年爆发金融危机后,美联储推出多轮量化宽松政策,借此刺激经济发展。有分析人士认为,美国推出QE的直接结果之一,便是美国证券市场流动性充裕,导致了美国三大指数出现了长达7年的上涨,道琼斯指数一再创出新高。宽松的货币政策所采用的低利率水平与股票市场价格理论上是反方向运动的,但存在递减效应。货币政策属于宏观经济政策的范畴,属于宏观分析的重要组成部分。

资料来源:郑桂兰.4年QE缔造道指新高 资产泡沫还是经济转暖[N].华夏时报,2013-03-07.

通过本章学习你将了解和掌握以下知识:

- 评价宏观经济的基本变量;
- 货币政策对证券市场的影响;
- 财政政策对证券市场的影响;
- 国际金融市场环境对证券市场的影响;
- 通货膨胀对证券市场的影响。

宏观经济分析是对一国经济的总体形势和所处发展阶段的分析，也是对影响整个证券市场的外部宏观因素进行的分析。一国经济的总体形势和所处发展阶段是影响该国证券市场最根本的因素，也是作用于该国证券市场的长期因素。从长期来看，一国实际经济发展水平与证券市场价格之间为正相关关系，尽管短期内证券市场的发展可能会受政策性因素的影响而偏离实际经济的发展水平。因此，投资者在进行证券投资决策时，必须对影响证券市场的总体经济形势和经济发展阶段有一个正确的认识，在这个前提下来选择投资时机和投资对象。

第一节 评价宏观经济形势的基本变量

宏观经济变量可能是个量相加得到的总和，如总消费是每个消费者消费量的总和，总投资是每个厂商投资的总和；也可能是个量的平均量，如价格水平是各种商品价格的平均数。

> 宏观经济变量是指经济学中各种变化的参数模型。利用宏观经济变量，能够对宏观经济变动的大致轮廓给予描述和分析。

主要宏观经济变量包括国民经济总体指标、投资指标、消费指标、金融指标和财政指标等。

一、国民经济总体指标

（一）国民生产总值与国内生产总值

1. 国民生产总值。国民生产总值（Gross National Product，GNP）是指一个国家或地区范围内的所有常住单位，在一定时期内实际收到的原始收入（指劳动者报酬、生产税净额、固定资产折旧和营业盈余等）总和价值。GNP 是与所谓国民原则联系在一起的。按照这一原则，凡是本国国民（包括本国公民以及常驻外国但未加入外国国籍的居民）所创造的收入，不管生产要素是否在国内，都被计入本国的 GNP，而外国公司在该国子公司的利润收入则不应被计入该国的 GNP。

2. 国内生产总值。国内生产总值（Gross Domestic Product，GDP）是按市场价格计算的国内生产总值。一国的国内生产总值是指在一国的领土范围内，本国居民和外国居民在一定时期内所生产的、以市场价格表示的产品和劳务的总值。GDP 是与所谓国土原则联系在一起的。按照这一原则，凡是在本国领土上创造的收入，不管是不是本国国民，都被计入本国的 GDP。GNP 与 GDP 的关系用公式表示为：

$$GNP = GDP + 对外要素收入净额$$

（二）工业增加值

工业增加值是指工业企业在报告期内以货币形式表现的工业生产活动的最终成果；是工业企业全部生产活动的总成果扣除在生产过程中消耗或转移的物质产品和劳务价值后的余额；是工业企业生产过程中新增加的价值。工业增加值是衡量国民经济的重要统计指标之一。工业增加值率则是指一定时期内工业增加值占工业总产值的比重，反映降低中间消耗的经济效益。

（三）失业率

失业率是指失业人口占劳动力人口的百分比，劳动力是指年龄在 16 岁以上具有劳动能力的人的全体。失业率上升与下降是以 GNP 相对于潜在 GNP 的变动为背景的,而其本身是现代社会的一个主要问题。当失业率很高时,资源被浪费,人们收入减少,在此期间,经济的问题还可能影响人们的情绪和家庭生活,进而引发一系列的社会问题。通常所说的充分就业是指对劳动力的充分利用,但不是完全利用,因此在实际的经济生活中不可能达到失业率为零的状态。在充分就业情况下也会存在一部分"正常"的失业,如劳动力结构不适应劳动力需求导致的结构性失业。一般而言,失业率达到一个很低的水平就可以认为达到了充分就业。

(四) 通货膨胀

当货币数量的增长速度大于实物数量的增长速度时,就会出现通货膨胀。一般采用居民消费价格指数测算通货膨胀率。通货膨胀的反义为通货紧缩。按价格上涨幅度加以区分,通货膨胀可分为温和的通货膨胀、严重的通货膨胀和恶性通货膨胀三种类型。

> 通货膨胀是在纸币流通条件下,因货币供给大于货币实际需求,即现实购买力大于产出供给,导致货币贬值,而引起的一段时间内一般商品价格水平持续而普遍上涨的现象。其实质是社会总需求大于社会总供给。

(五) 国际收支

国际收支是指一个国家在一定时期从国外收进的全部货币资金和向国外支付的全部货币资金之间的对比关系。收支相等称为国际收支平衡;收入大于支出称为国际收支顺差;支出大于收入称为国际收支逆差。一个国家保持国际收支平衡是一个国家经济状况稳定的表现。

二、投资指标

投资指标是指固定资产投资额,是以货币表示的建造和购置固定资产活动的工作量,它是反映一定时期内固定资产投资规模、速度、比例关系和投资方向的综合性指标。按照管理渠道,全社会固定资产投资总额分为基础建设投资、更新改造投资、房地产开发投资和其他固定资产投资四个部分。按照投资主体划分,投资分为政府投资、企业投资和外商投资。

三、消费指标

(一) 社会消费品零售总额

社会消费品零售总额是指国民经济各行业通过多种商品流通渠道向城乡居民和社会集团供应的消费品总额,是研究国内零售市场变动情况、反映经济景气程度的重要指标。社会消费品零售总额的大小和增长速度也反映了城乡居民与社会集团消费水平的高低、居民消费意愿的强弱。

(二) 城乡居民储蓄存款余额

居民储蓄存款是居民可支配收入扣除消费支出以后形成的。居民储蓄量的大小首先决定于可支配收入的多少,同时又受可支配收入中消费支出比例的限制。储蓄扩大的直接效果就是投资需求扩大和消费需求减少。

四、金融指标

(一) 货币供应量

货币供应量是单位和居民个人在银行的各项存款和手持现金之和,其变化反映着中央银行货币政策的变化,对企业生产经营、金融市场,尤其是证券市场的运行和居民个人的投资行为有重大的影响。中央银行根据宏观监测和宏观调控的需要，一般根据流动性的大小将货币供应量划分为不同的层次。我国现行货币统计制度将货币供应量划分为三个层次：第一层次为流通中现金（M_0）；第二层次为狭义货币供应量（M_1）；第三层次为广义货币供应量（M_2）。

表9-1 我国现行货币供应量层次划分一览表

表示符号	名称	内容
M_0	流通中现金	企业库存现金和居民手持现金之和
M_1	狭义货币供应量	M_0+活期存款
M_2	广义货币供应量	M_1+定期存款和储蓄存款和单位其他存款
M_2-M_1	准货币	定期存款和储蓄存款、单位其他存款之和

M_2与M_1的差额，即单位的定期存款和个人的储蓄存款之和，称为准货币。

中央银行可以通过增加或减少货币供应量控制货币市场，实现对经济的干预。货币供应量的变动会影响利率，中央银行可以通过对货币供应量的管理来调节信贷供给和利率，从而影响货币需求并使其与货币供给相一致，以进一步影响宏观经济活动水平的经济政策。

（二）利率

利率（或称"利息率"）是指在单位借贷期内所形成的利息额与本金的比率。利率直接反映的是信用关系中债务人使用资金的代价，也是债权人出让资金使用权的报酬。从宏观经济分析的角度看，利率的波动反映出市场资金供求的变动状况。在经济发展的不同阶段，市场利率有不同的表现：在经济持续繁荣增长时期，资金供不应求，利率上升；当经济萧条市场疲软时，利率会随着资金需求的减少而下降。利率还影响人们的储蓄、投资和消费行为；利率结构也影响着居民对金融资产的选择，影响着证券的持有结构。

（三）汇率

汇率变动是国际市场商品和货币供求关系的综合反映。汇率波动又会影响一国的进出口额和资本流动，并影响一国的经济发展。当汇率上升时，本币贬值，国外的本币持有人就会

> 汇率是一国货币与他国货币相互交换的比率。一般而言，国际金融市场上的外汇汇率是由一国货币所代表的实际社会购买力平价和自由市场对外汇的供求关系决定的。

抛出本币，或者加快从国内市场购买商品的速度。对于国内而言，一方面是流回国内的本币增多，另一方面是从国内流出的商品增多，出口量扩大，这就形成了国内需求的扩大和供给的减少。当汇率下降时，本币升值，国外对本币的需求增大以及流出增加，国内的进口增加，这就使国内需求减少，使国内供给增加。汇率变动的总体效应是：提高汇率会扩大国内总需求，降低汇率会缩减国内总需求。

（四）外汇储备

外汇储备是一国对外债权的总和，用于偿还外债和支付进口，是国际储备的一种。国际储备除了外汇储备，还包括黄金储备、特别提款权（SDRs）和国际货币基金组织（IMF）的储备头寸。当国际收支发生顺差时，流入国内的外汇量大于流出的外汇量，外汇储备就会增

加；当发生逆差时，外汇储备就会减少。

我国的国际储备主要由黄金储备和外汇储备构成。

五、财政指标

（一）财政收入

财政收入指国家财政参与社会产品分配所取得的收入，是实现国家职能的财力保证。财政收入所包括的内容几经变化，目前主要包括以下几项。

1. 各项税收：包括增值税、营业税、消费税、土地增值税、城市维护建设税、资源税、城市土地使用税、印花税、个人所得税、企业所得税、关税、农牧业税和耕地占用税等。

2. 专项收入：包括征收排污费收入、征收城市水资源费收入、教育费附加收入等。

3. 其他收入：包括基本建设贷款归还收入、基本建设收入、捐赠收入等。

4. 国有企业计划亏损补贴：这项为负收入，冲减财政收入。

（二）财政支出

财政支出是指国家财政将筹集起来的资金进行分配使用，以满足经济建设和各项事业的需要，主要包括两部分：一部分是经常性支出，包括政府的日常性支出、公共消费产品的购买、经常性转移等；另一部分是资本性支出，就是政府的公共性投资支出，包括政府在基础设施上的投资、环境改善方面的投资以及政府储备物资的购买等。

（三）赤字和结余

财政收入与财政支出的差额即为赤字（差值为负时）或结余（差值为正时）。核算财政收支总额主要是为了进行财政收支状况的对比。财政收入大于支出表现为结余，财政收不抵支则出现赤字。如果财政赤字过大，就会引起社会总需求的膨胀和社会总供求的失衡。

第二节 宏观经济运行与证券市场波动的关系

一、宏观经济运行对证券市场的影响

宏观经济运行对证券市场的影响从两个方面来分析。

（一）证券市场是宏观经济的晴雨表

证券市场是宏观经济的晴雨表，其含义包括两方面：一是证券市场是宏观经济的先行指标，证券市场的走向预示了宏观经济走向；二是宏观经济的走向决定证券市场走向。

（二）宏观经济因素是影响证券市场长期走势的唯一因素

一些非经济因素可以暂时改变证券市场的中期和短期走势，但改变不了证券市场的长期走势。宏观经济运行通过四个途径影响证券市场。

1. 公司经营效益。宏观经济环境是决定企业经济效益的根本因素，因此，宏观经济运行趋好—企业效益提高—股票价值上涨—证券市场繁荣。

2. 居民收入水平。宏观经济上升—居民收入水平提高—拉动消费需求增加—企业效益提高—股票价值上涨—证券市场繁荣。

3. 投资者对股价的预期。宏观经济趋好—投资者预期收入提高—企业效益上升—预期股

价上升—投资者增加股市投资—股市人气旺盛—推动股价上升。

4. 资金成本。宏观政策变化影响居民和企业的资金成本。降低利率，征收利息税将导致储蓄成本提高，居民就会将银行储蓄转变为股市投资，从而推动股市的繁荣。

二、GDP 变动对证券市场波动的影响

国内生产总值是一国经济成就的根本反映，从长期看，在上市公司的行业结构与该国产业结构基本一致的情况下，股票平均价格的变动与 GDP 的变化趋势是吻合的。具体而言，GDP 变动对证券市场波动的影响可以分为五种情况进行考察。

表9-2 GDP 变动对证券市场价格的影响

GDP 变动	证券市场相应变动	GDP 变动对证券市场影响机制
持续、稳定、高速的 GDP 增长	证券价格上涨	公司经营效益上升；投资者信心上升；居民收入上升
高通胀下的 GDP 增长	证券价格下跌	企业经营困难，居民收入降低
宏观调控下的 GDP 减速增长	证券市场平稳渐升	经济矛盾得到缓解，为进一步增长创造了有利条件
转折性的由负增长向正增长转变	证券市场由下跌转为上升	恶化的经济环境逐步得到改善
恶化的经济环境逐步得到改善，向高增长 GDP 变动	证券价格快速上涨	新一轮经济高速增长已经来临

三、周期性波动对证券市场波动的影响

（一）经济周期的四个阶段

经济周期也称商业周期、景气循环，指经济运行中周期性出现的经济扩张与经济紧缩交替更迭、循环往复的一种现象；也是国民收入或总体经济活动扩张与紧缩的交替或周期性波动变化。经济周期可以分为繁荣、衰退、萧条和复苏四个阶段，或者衰退、谷底、扩张和顶峰四个阶段。

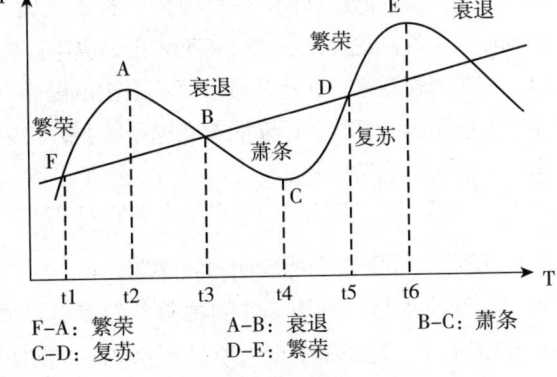

图 9-1 经济周期

1. 当经济持续衰退至尾声——萧条时期，百业不振，投资者已远离股票市场，每日成交寥寥无几。此时，那些有眼光，而且在不停搜集和分析有关经济形势并作出合理判断的投资者已在默默吸纳股票，股价已缓缓上升。

2. 当各种媒介开始传播萧条已去，经济日渐复苏时，股价实际上已经升至一定水平。随着人们普遍认同以及投资者自身的境遇亦在不断改善，股市日渐活跃，需求不断扩大，股价不停地攀升，股价累创新高。

3. 而那些有识之士在综合分析经济形势的基础上，认为经济将不会再创热潮时，已悄然抛出股票。股价虽然还在上涨，但供需力量逐渐发生转变。

4. 当经济形势逐渐被更多的投资者所认识,供求趋于平衡直至供大于求时,股价便开始下跌。当经济形势发展按照人们的预期走向衰退时,与上述相反的情况便会发生。

(二) 证券价格波动对周期性波动具有先行关系

用经济周期来分析证券价格的波动是宏观研究的方法之一。一般而言,证券市场是宏观经济的先行指标(即"宏观经济的晴雨表"),证券市场通常先于宏观经济达到底部,也先于宏观经济达到顶部。

专栏 9-1
经济周期的两阶段划分法

经济周期波动以经济中的许多成分普遍而同期地扩张和收缩为特征,持续时间通常为 2~10 年。现代宏观经济学中,经济周期发生在实际 GDP 相对于潜在 GDP 上升(扩张)或下降(收缩或衰退)的时候。每一个经济周期都可以分为上升和下降两个阶段。上升阶段也称为繁荣,最高点称为顶峰。然而,顶峰也是经济由盛转衰的转折点,此后经济就进入下降阶段,即衰退。衰退严重则经济进入萧条,衰退的最低点称为谷底。当然,谷底也是经济由衰转盛的一个转折点,此后经济进入上升阶段。经济从一个顶峰到另一个顶峰,或者从一个谷底到另一个谷底,就是一次完整的经济周期。现代经济学关于经济周期的定义,建立在经济增长率变化的基础上,指的是增长率上升和下降的交替过程。

经济周期波动的扩张阶段,是宏观经济环境和市场环境日益活跃的时候。这时,市场需求旺盛,订货充足,商品畅销,生产趋升,资金周转灵便。企业的供、产、销和人、财、物都比较好安排。企业处于较为宽松有利的外部环境中。

经济周期波动的收缩阶段,是宏观经济环境和市场环境日趋紧缩的时候。这时,市场需求疲软,订货不足,商品滞销,生产下降,资金周转不畅。企业在供、产、销和人、财、物方面都会遇到很多困难。企业处于较恶劣的外部环境中。经济的衰退既有破坏作用,又有"自动调节"作用。在经济衰退中,一些企业破产,退出商海;一些企业亏损,陷入困境,寻求新的出路;一些企业顶住恶劣的气候,在逆境中站稳了脚跟,并求得新的生存和发展。这就是市场经济下"优胜劣汰"的企业生存法则。

(三) 经济周期所处阶段的判断

宏观波动是一种周期性的由萧条到复苏再到高潮的循环变动,运用经济周期分析把握证券投资时机,关键在于识别所处经济周期的阶段位置。如何判断经济处在经济周期的哪一阶段?一般采用先行指标、同步指标、滞后指标进行分析。先行指标用来预测,同步指标和滞后指标用来验证。

(1) 先行指标。先行指标(又称领先指标或超前指标)是指在总体经济活动达到高峰或低谷之前,先行出现高峰或低谷的指标。先行指标是经济景气分析的有力工具,利用它们的变动特征和它们与总体经济变动之间的超前关系,可以分析预测总体经济何时扩张,达到高峰;何时收缩,落至低谷。通常当先行指标连续几个月下降时,我们就有理由预测整个经济也可能出现下滑。例如，当货币当局减少货币供应量时，它一方面显示了当局的政策意图，暗含着目前经济中的过热趋向；另一方面会造成利率的提高，利率的提高会带来企业成本的上升，盈利减少，从而降低了对投资者的吸引力；利率提高增加了股票投资的机会成本，因而必然导致投资的减少进而引起股票价格的下降。先行指标主要包括货币供应量、股票价格指数、金融机构新增贷款、企业订货指数、房地产业土地购置面积、开发面积等。

（2）同步指标。同步指标（又称一致指标）是指其达到高峰或低谷的时间与总体经济出现高峰或低谷的时间大致相同的指标。同步指标可描述总体经济的运行轨迹，确定总体经济运行的高峰或低谷位置。它是分析现实经济运行态势的重要指标。主要的经济同步指标包括国内生产总值、工业总产值、社会消费品零售总额等。

（3）滞后指标。滞后指标（又称落后指标）是指其高峰或低谷出现的时间晚于总体经济出现高峰或低谷的时间的指标。它有助于分析前一经济循环是否已结束，下一循环将会如何变化。滞后指标一般包括财政收入、工业企业实现利税总额、城市居民人均可支配收入、银行短期商业贷款利率、工商业未还贷款等。

表9-3　先行指标、同步指标、滞后指标一览表

项目	含义	选取标准	举例
先行指标	在经济全面增长或衰退尚未来临之前就率先发生变动的指标，可以预示经济周期中的转折点和估计经济活动升降的幅度，推测经济波动的趋向	从经济意义上分析，有明确、肯定的先行关系；与基准循环峰值相比，其峰值至少领先3个月以上，且在最近的连续3次周期波动中，至少有两次保持先行，领先3个月以上	股票价格指数 货币供应量（M_2） 投资品价格指数 消费品价格指数
同步指标	伴随经济的涨落而变化的指标，又称为一致指标，其峰与谷出现的时间与经济运行峰与谷出现的时间一致，综合反映了经济总体所处状态	从经济意义上分析，同步指标应与其基准循环有明显同步特征；与基准循环的峰值接近，峰值差别在2个月以内	商品销售额 劳动力失业率
滞后指标	在经济波动发生后滞后显示的指标，是对总体经济运行中已经出现的峰和谷的确认，可以对先行指标显示的信号进行验证	从经济意义上分析，应与其基准循环有肯定的滞后关系；与基准循环相比，峰值要滞后3个月以上	城乡居民储蓄额 商品库存 职工工资总额

四、通货变动对证券市场波动的影响

通货变动包括通货膨胀和通货紧缩。

（一）通货膨胀对证券市场的影响

1. 温和的、稳定的通货膨胀对股价的影响较小。通货膨胀提高了投资者对债券的收益率的要求，从而引起债券价格下跌。

2. 如果通货膨胀在一定的可容忍范围内增长，而经济处于景气（扩张）阶段，产量和就业都持续增长，那么股价也将持续上升。

3. 严重的通货膨胀是很危险的，经济将被严重扭曲，货币快速贬值，这时人们将会囤积商品，购买房屋以期对资金的保值。这可能从两个方面影响股价：其一，资金流出金融市场，引起股价下跌；其二，经济扭曲和失去效率，企业一方面筹集不到必需的生产资金，另一方面，原材料、劳务价格等成本飞涨，使企业经营严重受挫，盈利水平下降，甚至倒闭。

4. 政府往往不会长期容忍通货膨胀存在，因而必然会使用某些宏观经济政策工具来抑制通货膨胀，这些政策必然对经济运行造成影响。

5. 通货膨胀时期，并不是所有价格和工资都按同一比率变动，只是相对价格发生变化。这种相对价格变化引致财富和收入的再分配，产量和就业的扭曲，因而某些公司可能从中获利，而另一些公司可能蒙受损失。与之相对应的是获利公司的股票上涨；相反，受损失的公司股票下跌。

6. 通货膨胀不仅产生经济影响，还可能产生社会影响，并影响投资者的心理和预期，从而对股价产生影响。

7. 通货膨胀使得各种商品价格具有更大的不确定性，也使得企业未来经营状况具有更大的不确定性，从而影响市场对股息的预期，并增大获得预期股息的风险，从而导致股价下跌。

8. 通货膨胀之初，"税收效应""负债效应""存货效应""波纹效应"有可能刺激股价上升。但长期的通货膨胀，必然恶化经济环境、社会环境，股价必然受大环境驱使而下跌，短期效应的表现便不复存在。

（二）通货紧缩对证券市场的影响

1. 通货紧缩将损害消费者和投资者的积极性，造成经济衰退和经济萧条，证券价格下降。从消费者的角度来说，通货的持续紧缩，使消费者对物价的预期值下降，而更多地持币待购，推迟购买。对投资者而言，通货紧缩将使目前的投资在将来投产后，产品价格比现在的价格还低，并且投资者预期未来工资下降，成本降低，这些会促使投资者更加谨慎，或推迟原有投资计划。消费和投资的下降减少了总需求，使物价继续下降，从而步入恶性循环。

2. 从利率角度分析，通货紧缩形成了利率下调的稳定预期。由于真实利率为名义利率减通货膨胀率，下调名义利率降低了社会的投资预期收益率，导致有效需求和投资支出进一步减少，工资降低，失业增多，企业的效益下滑，居民收入减少，引致物价更大幅度的下降。可见，因通货紧缩带来的经济负增长，使得股票债券及房地产等资产价格大幅下降，银行资产状况严重恶化。而经济危机与金融萧条的出现反过来又大大影响了投资者对汇率与证券市场走势的信心。

第三节 宏观经济政策分析

一、财政政策

（一）财政政策的手段及其对证券市场的影响

财政政策手段包括国家预算、税收、国债、财政补贴、财政管理体制、转移支付制度等。

1. 国家预算。国家预算指国家基本收支计划，是财政政策的主要手段。首先，国家预算收支规模和收支平衡状态可以对社会供求的总量平衡产生影响，在一定时期当其他社会需求总量不变时，财政赤字政策具有扩张社会总需求的功能；财政结余政策具有缩小社会总需求的功能。其次，国家预算的支出方向可以调节社会总供求的结构平衡。财政投资主要运用于能源、交通及重要的基础产业、基础设施的建设，财政投资的数额和投资方向直接影响和制约国民经济的部门结构，因而具有造就未来经济结构框架的功能，也有矫正当期结构失衡状态的功能。

> 财政政策是国家根据一定时期政治、经济、社会发展的任务而规定的财政工作的指导原则，国家通过财政支出与税收政策来调节社会总需求。

2. 税收。税收是国家凭借政治权力参与社会产品分配的重要形式，具有强制性、无偿性和固定性特征，既是筹集财政收入的主要方式，又是调节宏观经济的重要手段：首先，税制的设置可以调节和制约不同企业之间的税负水平；其次，税收还可以根据消费需求和投资需求的不同对象设置税种或同一税种中实行差别税率，以控制需求数量和调节供求结构；最后，对出口产品的退税政策可用来鼓励出口，进口关税的设置用来调节进口商品的品种和数量。

3. 国债。国债是国家按照有偿和信用的方式筹措资金的一种形式，是实现财政政策、进行宏观调控的重要工具：首先，通过扩大或减少国债发行，降低或提高国债利率和贴现率以及公开市场业务来调节资金供求和货币流通量；其次，国债可以调节国民收入的使用结构和产业结构，用于农业、能源、交通和基础设施等国民经济的薄弱部门和瓶颈产业的发展，可以促进经济结构的合理化；最后，国债的发行可以影响证券市场的资金流向，大量发行国债可以分流证券市场的资金，导致证券价格下跌。

4. 财政补贴。财政补贴是国家为了某种特定需要，将一部分财政资金无偿补助给企业和居民的一种再分配形式。我国财政补贴主要包括价格补贴、企业亏损补贴、财政贴息、房租补贴、职工生活补贴和外贸补贴等。

5. 财政管理体制。财政管理体制是中央与地方、地方各级政府之间以及国家与企事业单位之间资金管理权限和财力划分的一种根本制度。其主要功能是调节各地区、各部门之间的财力分配。

6. 转移支付制度。转移支付制度是中央财政将集中的一部分财政资金，按一定的标准拨付给地方财政的一项制度。其主要功能是调整中央政府与地方政府之间的财政纵向不平衡，以及调整地区间的财政横向不平衡。

（二）财政政策的种类及其对证券市场的影响

按照财政政策对经济发展的影响，可以划分为扩张性财政政策、紧缩性财政政策和中性财政政策。扩张性财政政策刺激经济发展，推动证券市场走强；紧缩性财政政策抑制经济发展，使得证券市场走弱。

扩张性财政政策对证券市场的影响如下。

1. 减少税收，降低税率，扩大减免税范围。减税一方面可以增加企业收入，直接引起证券市场价格上涨；另一方面可以增加居民收入，居民增加投资需求和消费需求又会拉动社会总需求，从而促使股票价格上涨，债券价格也将上扬。

2. 扩大财政支出,加大财政赤字。政策效应是扩大社会总需求,从而刺激投资,扩大就业。政府通过购买和公共支出增加商品和劳务需求,激励企业增加投入,提高产出水平,于是企业利润增加,经营风险降低,将使得股价和债券价格上升。同时居民在经济复苏中增加了收入,持有货币增加,景气的趋势更增加了投资者信心,股市和债市趋于活跃,价格自然上扬。特别是与政府购买和支出相关的企业将最先、最直接从财政政策中获益,因而有关企业的股价和债券价格将率先上涨。

3. 减少国债发行(或回购部分短期国债)。

4. 增加财政补贴。财政补贴往往使财政支出扩大。其政策效应是扩大社会总需求和刺激供给增加,从而使整个证券市场的总体价格水平趋于上涨。

紧缩性财政政策的经济效应及其对证券市场的影响与上述分析相反。

二、货币政策

(一) 货币政策及其作用

货币政策对经济的调控是总体上和全方位的,货币政策的调控作用突出表现在以下几点。

> 所谓货币政策,是指政府为实现一定的宏观经济目标所制定的关于货币供应和货币流通组织管理的基本方针和基本准则。

1. 调控供求。通过调控货币供应总量保持社会总供给与总需求的平衡。社会总需求表现为具有货币支付能力的总需求。货币政策可通过调控货币供应量达到对社会总需求和总供给两方面的调节,使经济达到均衡。当总需求膨胀导致供求失衡时,可通过控制货币量达到对总需求的抑制;当总需求不足时,可通过增加货币供应量,提高社会总需求,使经济继续发展。同时,货币供给的增加有利于贷款利率的降低,可减少投资成本,刺激投资增长和生产扩大,从而增加社会总供给。

2. 稳定物价。通过调控利率和货币总量控制通货膨胀,保持物价总水平的稳定。通货膨胀表现为流通中的货币超过社会在不变价格下所能提供的商品和劳务总量。提高利率可使现有货币购买力推迟,减少即期社会需求,同时也使银行贷款需求减少;降低利率的作用则相反。中央银行还可以通过金融市场直接调控货币供应量。

3. 调节比例。调节国民收入中消费与储蓄的比例。货币政策通过对利率的调节能够影响人们的消费倾向和储蓄倾向。低利率鼓励消费,高利率有利于吸收储蓄。

4. 引导投资。引导储蓄向投资的转化并实现资源的合理配置。储蓄是投资的来源,但储蓄不能自动转化为投资,储蓄向投资的转化依赖于一定的市场条件。货币政策可以通过利率的变化影响投资成本和投资的边际效率,提高储蓄转化的比重,并通过金融市场的有效运作实现资源的合理配置。

(二) 货币政策工具

货币政策工具可分为一般性政策工具和选择性政策工具。

一般性政策工具是指中央银行经常采用的三大政策工具,即法定存款准备金率、再贴现政策和公开市场业务。选择性政策工具主要有两类:直接信用控制和间接信用指导。

(三) 货币政策的运作

货币政策的运作主要是指中央银行根据客观经济形势采取适当的政策措施调控货币量和

信用规模，使之达到预定的货币政策目标，并以此影响经济运行的运作。根据运作方向，将货币政策的运作分为紧的货币政策和松的货币政策。紧的货币政策其主要政策手段是：减少货币供应量，提高利率，加强信贷控制；松的货币政策其主要政策手段是：增加货币供应量，降低利率，放松信贷控制。

（四）货币政策对证券市场的影响

存款准备金是指金融机构为保证客户提取存款和资金清算的需要而准备的在中央银行的存款。提高法定存款准备金率，商业银行存入中央银行的准备金就增加，市场流动性就缩小，这对股市来说是利空，一般情况下股市应看跌。再贴现政策是指中央银行通过制定或调整再贴现利率，干预和影响市场利率及货币市场的供应和需求，从而调节市场货币供应量的一种金融政策。再贴现是指商业银行或其他金融机构将贴现所获得的未到期票据向中央银行转让。提高再贴现率，增加了存款货币银行从中央银行借款的成本，相当于收缩了流动性，对股市来说是利空，一般情况下股市应看跌。公开市场业务是指中央银行通过买进或卖出有价证券，吞吐基础货币，调节货币供应量。与一般金融机构从事的证券买卖不同，中央银行买卖证券的目的不是盈利，而是调节货币供应量。当中央银行认为市场流动性不足，需要刺激经济发展时，就会放松银根，买进有价证券，扩大基础货币供应量，直接增加金融机构可用资金的数量，从而达到向市场"输血"，刺激经济发展的作用。中央银行在公开市场上买入债券，相当于为市场提供流动性，对股市来说是一个利好，一般情况下股市应看涨。

表9-4 货币政策对证券市场影响一览表

货币政策种类	货币政策手段	对证券市场影响
紧的货币政策	利率上升	证券价格下降
	公开市场业务大量卖出	证券价格下降
	减少货币供应量	证券价格下降
	从紧的选择性货币政策	证券价格下降
松的货币政策	利率下降	证券价格上升
	公开市场业务大量买进	证券价格上升
	增加货币供应量	证券价格上升
	从松的选择性货币政策	证券价格上升

专栏9-2

利率与股票价格的关系

对股票市场及股票价格产生影响的种种因素中，最敏锐者莫过于金融因素。在金融因素中，利率水准的变动对股市行情的影响又最为直接和迅速。一般而言，利率下降时，股票的价格就上涨；利率上升时，股票的价格就会下跌。因此，利率的高低以及利率同股票市场的关系，也成为股票投资者据以买进和卖出股票的重要依据。

为什么利率的升降与股价的变化呈上述反向运动的关系呢？主要有三个原因：

1. 利率的上升，不仅会增加公司的借款成本，而且还会使公司难以获得必需的资金，这样，公司就不得不削减生产规模，而生产规模的缩小又势必会减少公司的未来利润。因此，股票价格就会下降。反之，股票价格就会上涨。

2. 利率上升时，投资者据以评估股票价值所在的折现率也会上升，股票价值因此会下降，从而，也会使股票价格相应下降；反之，利率下降时，股票价格就会上升。

3. 利率上升时，一部分资金从投向股市转向到银行储蓄和购买债券，从而会减少市场上的股票需求，使股票价格出现下跌。反之，利率下降时，储蓄的获利能力降低，一部分资金就可能回到股市中来，从而扩大对股票的需求，使股票价格上涨。

上述利率与股价运动呈反向变化是一般情况，我们也不能将此绝对化。在股市发展的历史上，也有一些相对特殊的情形。当形势看好，股票行情暴涨的时候，利率的调整对股价的控制作用就不会很大。同样，当股市处于暴跌的时候，即使出现利率下降的调整政策，也可能会使股价回升乏力。美国在1978年就曾出现过利率和股票价格同时上升的情形。当时出现这种异常现象主要有两个原因：一是许多金融机构对美国政府当时维持美元在世界上的地位和控制通货膨胀的能力没有信心；二是当时股票价格已经下降到极低点，远远偏离了股票的实际价格，从而使大量的外国资金流向了美国股市，引起了股票价格上涨。在中国香港，1981年也曾出现过同样的情形。当然，这种利率和股票价格同时上升和同时回落的现象至今为止也还是比较少见的。

既然利率与股价运动呈反向变化是一种一般情形，那么投资者就应该密切关注利率的升降，并对利率的走向进行必要的预测，以便在利率变动之前，抢先一步对股票买卖进行决策。

对利率的升降走向进行预测，在我国应侧重注意以下几个因素的变化情况：

1. 贷款利率的变化情况。由于贷款的资金是由银行存款来供应的，因此，根据贷款利率的下调可以推测出存款利率必将出现下降。

2. 市场的景气动向。如果市场过旺，物价上涨，国家就有可能采取措施来提高利率水准，以吸引居民存款的方式来减轻市场压力。相反地，如果市场疲软，国家就有可能以降低利率水准的方法来推动市场。

3. 资金市场的银根松紧状况和国际金融市场的利率水准。国际金融市场的利率水准往往也能影响到国内利率水准的升降和股市行情的涨跌。在一个开放的市场体系中是没有国界的，如果海外利率水准低，一方面会对国内的利率水准产生影响，另一方面，也会引致海外资金进入国内股市，拉动股票价格上扬。反之，如果海外的利率水准上升，则会发生与上述相反的情形。

三、收入政策

与财政政策、货币政策相比，收入政策具有更高层次的调节功能，它制约着财政政策和货币政策的作用方向和作用力度，而且收入政策最终也要通过财政政策和货币政策来实现。

> 收入政策是国家为实现宏观调控总目标和总任务在分配方面制定的原则和方针。

收入政策目标包括收入总量目标和收入结构目标。收入总量目标着眼于近期的宏观经济总量平衡，根据供求不平衡的两种状况分别选择分配政策和超分配政策。收入政策的结构目标则着眼于中长期的产业结构优化和经济与社会协调发展，着重处理积累与消费、公共消费与个人消费、各种收入的比例、个人收入差距等的关系。收入总量调控政策主要通过财政、货币机制来实施，还可以通过行政干预和法律调整等机制来实施。财政机制通过预算控制、税收控制、补贴调控和国债调控等手段贯彻收入政策。货币机制通过调控货币供应量、调控货币流通量、调控信贷方向和数量、调控利息率等贯彻收入政策。

随着社会主义市场经济体制的建立和完善，我国收入分配结构发生了根本性的变化，从而导致了我国民间金融资产大幅度增加，并具有相当规模，增加了证券市场需求，促进了证券市场规模的发展和价格水平的逐步提高。

第四节　国际经济金融分析

一、国际经济局势对证券市场的影响

国际经济形势稳定并且发展良好，国际贸易繁荣，商品市场、证券市场充满投资机会，证券市场的价格呈上涨之势；如果国际经济形势面临通胀风险或是进入衰退，证券价格呈下降趋势。萧条期是经济最艰难的一个时期，越来越多人失业，人们对物品及服务的需求下降，实际本地居民生产总值的增长很低，甚至出现负增长，证券价格会出现下降的走势；而在复苏期，证券价格则会逐步提升。

二、国际金融市场动荡对证券市场的影响

随着国际金融市场一体化的趋势日益凸显，以及全球性互联网络的不断延伸和发展，资本的本性决定了它必然会跨越国家的疆域，在全球范围内寻求最能增值的场所。作为国际金融市场的重要组成部分，全球证券市场已初步形成一个相互关联的统一整体，因此，国际金融市场环境必将影响一国证券市场。国际金融市场对我国证券市场的影响主要通过以下途径。

（一）国际金融市场动荡通过汇率预期影响证券市场

汇率对证券市场的影响是多方面的。一般而言，一国的经济越开放，证券市场的国际化程度越高，证券市场受汇率的影响越大。此处所说汇率用单位外币的本币标值来表示。

1. 汇率上升，本币贬值，本国产品竞争力强，出口型企业将增加收益，因而企业的股票和债券价格将上涨；相反，依赖于进口的企业成本增加，利润受损，股票和债券价格将下跌。

2. 汇率上升，本币贬值，将导致资本流出本国，资本的流失将使得本国证券市场需求减少，从而市场价格下跌。

3. 汇率上升，本币贬值，本币表示的进口商品价格提高，进而带动国内物价水平上涨，引起通货膨胀。通货膨胀对证券市场的影响需根据当时的经济形势和具体企业以及政策的对策行为进行分析。

4. 汇率上升，为维持汇率稳定，政府可能动用外汇储备，抛售外汇，从而减少本币的供应量，使得证券市场价格下跌，直到汇率回落恢复均衡；反面效应可能使证券价格回升。

5. 汇率上升时，政府可能利用债市与汇市联动操作达到既控制汇率的升势又不减少货币供应量的目的，即抛售外汇，同时回购国债，则将使得国债市场价格上扬。

(二) 国际金融市场动荡通过宏观面间接影响一国证券市场

1. 国际金融市场动荡导致出口增幅下降、外商直接投资下降，从而影响经济增长率，失业率随之上升，宏观经济环境的恶化导致上市公司业绩下降和投资者信心不足，最终使证券市场价格下跌。其中，国际金融市场的动荡对外向型上市公司和外贸行业上市公司的业绩影响最大，对其股价的冲击也最大。

2. 国际金融市场动荡对证券市场的影响。从我国的市场结构来看具有差异性，国际金融市场动荡对于A股证券市场的影响比较小；但对于以境外投资者为投资主体的B股证券市场影响比较大。

(三) 国际金融市场动荡通过微观面直接影响一国证券市场

国际金融市场的动荡对外向型上市公司和外贸行业上市公司的业绩影响最大，对其股价的冲击也最大。

专栏9-3
解读美国经济指标

美国政府公布的经济指标可以分为3类：先行指标、同步指标和滞后指标。

1. 先行指标（Leading Indicator）。先行指标是对未来的经济发展产生影响的经济指标的统计。市场分析者常参考这些指标分析未来经济发展的状况及其对今后汇率发展方向的影响。美国国家经济研究局进行经济周期监测所确定的先行指标主要有：制造业平均每周工作时间、每周申领失业救济金人口、消费品新增订单、卖方状况、工厂和设备订单、建筑许可、未完成的耐用消费品订单的变化、敏感的物质价格、标准普尔500的股票价格指数、真实的货币供应M_2和消费者预期指数。

2. 同步指标和滞后指标（Concurrent Indicator & Lagging Indicator）。同步指标的变动时间与一般经济情况基本一致，滞后指标的变动时间则往往落后于一般经济情况的变动。这两类指标可以显示经济发展的总趋势，并确定或否定先行指标预示的经济发展趋势，而且通过它们还可以看出经济变化的深度。较重要的同步指标和滞后指标有：国民生产总值及价格平减指数（GNP&GNP Deflator）、失业率（Unemployment Rate）、零售指数（Retail Sales Index）、个人收入（Personal Income）、个人消费支出（Personal Consumption Expenditures）、工业生产指数（Industrial Production Index）、全国采购经理协会指数（NAPM）、商业库存（Business Inventory）、设备开工率（Housing Starts）、工厂订单（Factory Order）、住房开工率（Housing Starts）、商品贸易收支（Merchandise Trade Balance）、消费物价指数（Consumer Price Index，CPI）。消费物价指数主要反映消费者购买的商品或劳务的价格变化情况，即通货膨胀水平的变化情况、生产物价指数（Producer Price Index，PPI）等。

【本章小结】

宏观经济变量包括国民经济总体指标、投资指标、消费指标、金融指标和财政指标五类。宏观经济运行对证券市场的影响从两个方面来分析，一是证券市场是宏观经济的晴雨表，二是宏观经济因素是影响证券市场长期走势的唯一因素，一些非经济因素可以暂时改变证券市场的中期和短期走势，但改变不了证券市场的长期走势。宏观经济运行通过四个途径影响证券市场。

GDP 变动对证券市场波动的影响可以分为五种情况。经济周期是经济运行中周期性出现的经济扩张与经济紧缩交替更迭、循环往复的一种现象。证券价格波动对周期性波动具有先行关系。通货变动包括通货膨胀和通货紧缩。不同类型的通货膨胀对证券市场的影响有所不同。

财政政策手段包括国家预算、税收、国债、财政补贴、财政管理体制、转移支付制度等。扩张性财政政策刺激经济发展，推动证券市场走强；紧缩性财政政策抑制经济发展，证券市场走弱。

货币政策指政府为实现一定的宏观经济目标所制定的关于货币供应和货币流通组织管理的基本方针和基本准则。货币政策的调控作用突出表现在调控供求、稳定物价、调节比例、引导投资。从紧的货币政策导致证券价格下跌，适度宽松的货币政策促进股价上涨。

国际经济形势稳定且发展良好，证券市场价格呈上涨之势；反之，呈下降趋势。国际金融市场对一国证券市场的影响主要通过以下途径：一是国际金融市场动荡通过汇率预期影响证券市场；二是国际金融动荡通过宏观面间接影响一国证券市场；三是国际金融市场动荡通过微观面直接影响一国证券市场。

【关键词】

经济周期　财政政策　货币政策

【重要概念】

通货膨胀　收入政策　汇率　利率　先行指标　同步指标　滞后指标

【思考题】

1. 宏观经济总量指标有哪些？其如何反映宏观经济的发展状况？
2. 利率、汇率与国际储备的含义及其对证券市场的影响如何？
3. 简述证券市场波动与宏观经济周期的关系。
4. 简述财政政策、货币政策、收入政策及其对证券市场的影响作用。
5. 简述通货膨胀对证券市场的影响。
6. 简述国际经济金融对证券市场价格的影响。

第十章
行业及板块分析

2020年10月9日,国务院常务会议通过《新能源汽车产业发展规划》(以下简称《规划》),明确充分发挥市场在资源配置中的决定性作用,强化企业在技术路线选择等方面的主体地位,更好发挥政府在标准法规制定、质量安全监管等方面的作用,引导新能源汽车产业有序发展,推动建立全国统一市场,提高产业集中度和市场竞争力。《规划》指出了四个关键要点:一要加大关键技术攻关,鼓励车用操作系统、动力电池等的开发创新。支持新能源汽车与能源、交通、信息通信等产业深度融合,推动电动化与网联化、智能化技术互融协同发展,推进标准对接和数据共享。二要加强充换电、加氢等基础设施建设,加快形成快充为主的高速公路和城乡公共充电网络。对作为公共设施的充电桩建设给予财政支持。鼓励开展换电模式应用。三要鼓励加强新能源汽车领域的国际合作。四要加大对公共服务领域使用新能源汽车的政策支持。2021年起,国家生态文明试验区、大气污染防治重点区域新增或更新公交、出租、物流配送等公共领域车辆时,新能源汽车比例不低于80%。在这个消息的带动下,新能源汽车板块走出了一波不错的行情。

再看看每年两会期间,股市中的农业、环保等行业均有不错的表现。那么,是什么因素导致这些行业及板块的波动?这些行业与板块之间的涨跌是否有一定的规律可循呢?本章将力图告诉你答案。

通过本章学习你将了解和掌握以下知识:
- 行业及行业的分类;
- 行业市场结构分析和行业区域分析;
- 行业的生命周期及影响行业兴衰的主要因素;
- 板块联动及板块轮动规律;
- 行业投资选择的目标与方法。

证券投资的行业及板块分析是介于宏观经济分析与公司分析之间的中观层次的分析,包括行业分析、区域分析与板块分析三个方面。在宏观经济分析为证券投资提供了背景条件之后,我们还需要对行业、区域和板块的市场表现进行分析,以便更好地解决如何投资的问题。

第一节 证券投资的行业分析

一、行业分析的意义与行业的划分

（一）行业的含义

在证券市场上，每一家上市公司都可以划归为某一特定的行业。一家上市公司的股票是与该公司所处行业的目前和未来状况密切相关的，因此，投资者在选择投资的股票时，不仅要考虑所投资证券的发行公司的状况和未来的发展前景，而且要分析该公司所属行业的兴衰和前景。

> 行业是这样的一个企业群体：这个企业群体的成员由于其产品（包括有形与无形）在很大程度上的可相互替代性而处于一种彼此紧密联系的状态，并且由于产品可替代性的差异而与其他企业群体相区别。

（二）行业分析的价值

进行企业分析，我们可以知道某个企业的经营状况和财务状况，但不能知道其他同类企业的状况，无法通过比较知道企业在同行业中的位置。而这在充满着高度竞争的现代经济中是非常重要的。另外，行业所处生命周期的位置制约着或决定着企业的生存和发展。因此，投资者在作出证券投资决策时要进行行业分析。

行业分析的价值在于：

1. 行业特征是直接决定公司投资价值的重要因素之一。行业分析是上市公司分析的前提，是连接宏观经济分析和上市公司分析的桥梁。

2. 行业分析旨在界定行业本身所处的发展阶段及其在国民经济中的地位，同时对不同的行业进行横向比较，为最终确定投资对象提供准确的行业背景。

3. 行业分析的目的是挖掘最具投资潜力的行业，进而选出最具投资价值的上市公司。总之，只有进行行业分析，我们才能更加明确地知道某个行业的发展状况，以及它所处的行业生命周期的位置，并据此作出正确的投资决策。

（三）行业的划分方法

1. 道琼斯分类法。道琼斯分类法是在19世纪末为选取在纽约证券交易所上市的有代表性的股票而对各公司进行的分类，是证券指数统计中最常用的分类方法之一。道琼斯分类法将大多数股票分为三大类：工业、运输业、公用事业。然后在三大类中选取有代表性的股票，虽然选取的股票并不包括这类产业中的全部股票，但所选择的这些股票足以表明产业的发展趋势。在道琼斯指数中，工业类股票选取了30家公司，包括了采掘业、制造业和商业；运输业包括航空、铁路、汽车运输和航运业；公用事业类包括电话公司、煤气公司和电力公司。道琼斯股价指数的股票类别中，公用事业类直到1929年才被确认添加进来。

2. 标准行业分类法。为了传递经济活动的海量信息，美国联邦政府建立了一种非常复杂的产业分类系统，并运用有序的方式来收集信息。标准产业分类体系是根据企业所从事的主要活动来进行产业分类的。首先，它将各种经济生产活动划分为10个部门，例如，第一个部门为农业、林业与渔业，第二个部门为采掘业等。其次，再将各部门划分为许多产业，在每一层次上,该产业的主要活动都能得到更精确的描述。标准产业分类体系不仅对产业进行划分归类,而且还提供信息,诸如产业中的企业数量、该产业中的雇员和生产规定、产品的总值及其他重要的数据材料。在美国,这些信息大多通过统计局的《制造业调查报告》公布,以便投资者都能据以估计各产业在不同时期的规模和范围。

3. 三次产业分类法。按三次产业分类法,国民经济各部门可以分为第一产业、第二产业和第三产业。第一产业是以自然存在物为对象进行经济活动的产业,它包括农、林、牧、渔等各个行业;第二产业为采矿业、制造业、建筑业、煤炭业、电力及供水等工业产业;第三产业则是除了工业、农业、建筑业以外各行业的总称,具体可以细分为:流通部门,包括交通运输业、邮电通信业、商业、贸易、公共饮食业、仓储业等;为生产服务的部门,包括银行、保险、房地产、公用事业、旅游业、信息咨询业、技术服务业、福利业等;为提高科学文化水平和居民素质服务的部门,包括文化教育、文学艺术、广播电影、体育、社会福利等。

> **专栏10-1**
> **第四产业**
>
> 第四产业是一种新的产业分类法中的一个产业层次,是人类产业经济的第四次分类。第四产业又称知识产业或信息产业。
>
> 随着信息化和电子技术的广泛应用,以信息和知识为主体的产业更加引人注目,因而出现了"第四产业"的提法。1977年,美国经济学家、信息专家马克·波拉特等人撰写的《信息经济》一书中,提出了国民经济活动的"四产业划分法",即农业、工业、服务业和信息业。该书按产业分类和各类产业发展速度,采用了第一产业、第二产业、第三产业、第四产业的提法。这种方法正在被越来越多的人所接受。
>
> 信息产业,来源于英文Information Trade,又称IT产业,是指从事信息产品和服务的生产、信息系统的建设、信息技术装备的制造等活动的企事业单位和有关内部机构的总体。狭义的信息产业是指直接从事研究、生产、制造、销售计算机系统和配套件的计算机产业以及利用计算机提供各种服务的信息处理业。广义的信息产业包括信息设备制造业,如计算机、通信设备、电视机、摄像机、收录机、音响等设备制造业和信息服务业。信息服务业包括与信息采集、加工处理、存储、传输、传递、交换、使用以及与信息系统建设有关的各行各业。从上述定义可以看出,信息产业包括所有与信息有关的行业。

4. 中国的行业划分方法。

(1) 我国国民经济行业的分类。根据我国2017年10月1日实施的第四版国民经济行业分类标准(GB/T 4754-2017),将国民经济行业分为20个门类、97个大类,包括:A 农、林、牧、渔业;B 采矿业;C 制造业;D 电力、热力、燃气及水生产和供应业;E 建筑业;F 批发和零售业;G 交通运输、仓储和邮政业;H 住宿和餐饮业;I 信息传输、软件和信息技术服务业;J 金融业;K 房地产业;L 租赁和商务服务业;M 科学研究和技术服务业;N 水利、环境和公共设施管理业；O 居民服务、修理和其他服务业；P 教育；Q 卫生和社会工作；R 文化、体育和娱乐业；S 公共管理、社会保障和社会组织；T 国际组织。

（2）中国证监会的行业分类。根据中国证监会《上市公司行业分类指引》（2012 年修订）的意见，将上市公司分为 19 个门类，分别是 A 农、林、牧、渔业；B 采矿业；C 制造业；D 电力、热力、燃气及水生产和供应业；F 批发和零售业；G 交通运输、仓储和邮政业；H 住宿和餐饮业；I 信息传输、软件和信息技术服务业；J 金融业；K 房地产业；L 租赁和商务服务业；M 科学研究和技术服务业；N 水利、环境和公共设施管理业；O 居民服务、修理和其他服务业；P 教育；Q 卫生和社会工作；R 文化、体育和娱乐业；S 综合。

二、行业一般特征分析

（一）行业的市场结构分析

根据行业中企业数量的多少、进入限制程度和产品差别，行业的市场结构基本上可分为完全竞争、不完全竞争、寡头垄断和完全垄断。

1. 完全竞争。完全竞争指许多企业生产同质产品的市场情形。完全竞争的特点是：(1) 生产者众多，各种生产资料可以完全流动；(2) 产品无论是有形的还是无形的，都是同质无差别的；(3) 没有一个企业能够影响产品的价格；(4) 企业永远是价格的接受者而不是价格的制定者；(5) 企业的盈利基本上由市场对产品的需求来决定；(6) 生产者和消费者对市场情况非常了解，并可自由进入或退出这个市场。完全竞争是一个理论性很强的市场，其根本特点在于所有的企业都无法控制市场的价格和使产品差异化。在现实经济中，完全竞争的市场类型是少见的，初级产品的市场类型较相似于完全竞争。

2. 不完全竞争。不完全竞争也称垄断竞争，指许多生产者生产同种但不同质产品的市场情形。不完全竞争的特点是：(1) 生产者众多，各种生产资料可以流动。(2) 生产的产品同种但不同质，即产品之间存在着差异。产品的差异性是指各种产品之间存在着实际或想象上的差异，这种产品之间的差异是完全竞争与不完全竞争的主要区别。(3) 由于产品差异性的存在，生产者可以树立自己产品的信誉，从而对其产品的价格有一定的控制能力。在国民经济中，制成品的市场类型一般属于这种类型。

3. 寡头垄断。寡头垄断是指相对少量的生产者在某种产品的市场中占据很大市场份额的情形。寡头垄断的特点是：(1) 由于少数生产者的产量非常大，因此他们对市场的价格和交易具有一定的垄断能力；(2) 由于只有少量的生产者生产同一种产品，因而每个生产者的价格政策和经营方式及其变化都会对其他生产者形成重要影响；(3) 在这个市场上，通常存在着一个起领导作用的企业，其他企业随这个企业经营方式的变化而相应地进行某些调整。资本密集型、技术密集型产品如钢铁、汽车等，以及少数储量集中的矿产品如石油等的市场多属这种类型。生产这些产品所必需的巨额投资、复杂的技术或产品储量的分布限制了新企业进入这个市场。

4. 完全垄断。完全垄断指独家企业生产某种物质产品的情形，物质产品是指那些没有或缺少相近的替代品的产品。完全垄断的特点是：(1) 由于市场被独家企业控制，产品又没有或缺少合适的替代品，因而垄断者能够根据市场的供需状况制定理想的价格和产量，在高价少销或低价多销之间进行选择，以获取最大的利润；(2) 垄断者在制定产品的价格与生产数量方面的自由性是有限度的，它要受到反垄断法和政府管制的限制。公用事业如电力、煤气、自来水、邮电通信等，银行、某些资本技术高度密集型或稀有金属矿藏的开采等行业属于这种完全垄断的市场类型。

表 10-1　行业市场结构分析一览表

比较项目	完全竞争	垄断竞争	寡头垄断	完全垄断
生产者特点	众多	众多	相对少量	独家企业
生产资料特点	完全流动	可以流动	很难流动	不流动
产品特点	同质、无差别	存在差别	有差别或无差别	单一产品且无相近替代品
价格特点	企业接受价格而不能制定价格	对价格有一定的控制力	对价格具有垄断能力	垄断定价，但受到法律管制
典型行业	初级产品	制成品	资本密集型、技术密集型产品	公用事业和资本、技术高度密集型行业或稀有金属矿藏开采

（二）经济周期与行业分析

根据行业增长衰退格局与总体经济周期的相关程度，可以把行业划分为三种类型：增长型行业、周期型行业和防守型行业。

1. 增长型行业。增长型行业的运动状态与经济周期的关系不密切，这些行业的收入增长率不会随着经济周期的变动而出现同步变动，因为这些行业主要依靠技术进步、新产品的推出、更优质的服务，从而使其经常呈现出增长形态。在经济高涨时这些行业的发展速度高于平均水平；而在经济衰退的时候这些行业却很少受影响，仍能够保持一定的增长。投资于增长型行业的难点在于如何精确把握购买时机，因为这些行业的股票不会明显地随着经济周期的变化而变化。

2. 周期型行业。周期型行业的运动状态直接与经济周期紧密相关。当经济处于上升时期，这些产业会紧随其扩张；当经济衰退时，这些产业也相应跌落。且该类产业收益的变化幅度往往会在一定程度上夸大经济周期。当经济上升时，对这些行业相关产品的购买相应增加；当经济衰退的时候，对这些产业相关产品的购买被延迟到经济改善之后。例如消费品行业、耐用品制造业及其他需求收入弹性较高的行业。

3. 防守型行业。防守型行业的经营状况在经济周期的上升和下降阶段都很稳定。原因在于，产业的产品需求相对稳定，需求弹性小，经济周期处于衰退状态时对这种产业的影响也很小。这种类型行业的产品往往是生活必需品或必要的公共服务，例如，食品业和公用事业。投资于防守型行业属于收入型投资，而非资本利得投资。

表 10-2　经济周期与行业分析一览表

比较项目	与经济周期关系	产生原因	典型行业
增长型行业	与周期无关	依靠技术进步、新产品推出、更优质的服务	计算机、复印机
周期型行业	直接与周期相关	需求收入弹性较高	消费品、耐用品制造
防守型行业	不受经济周期处于衰退阶段的影响	产品需求相对稳定	食品业、公用事业

（三）行业生命周期分析

每个行业都要经历一个由成长到衰退的发展演变过程，这个过程便称为行业的生命周期。通过行业的生命周期分析，可以把握行业所处的生命周期阶段，进而为投资决策提供依据。

1. 行业的生命周期。根据行业自身兴衰的演变过程，行业的生命周期被分为幼稚期、成长期、成熟期和衰退期。

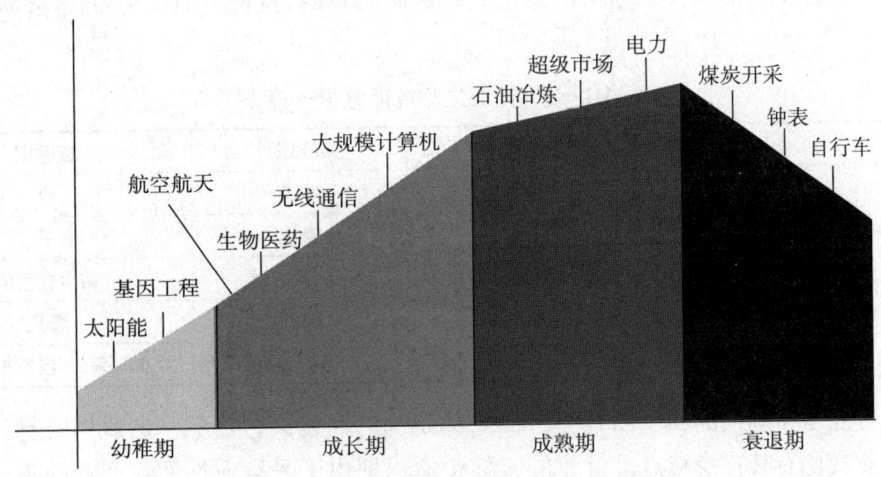

图 10-1 中国典型行业生命周期图

（1）幼稚期。处于幼稚期的行业，新的产品刚进入市场，行业初步形成，行业中的公司数量少，人们对产品缺少全面了解，销量较小，销售收入较低，销售额增长缓慢，而研发与生产的费用则很高。较高的产品成本和较低的市场需求之间的矛盾使创业公司面临巨大的市场风险，因此，处于这一阶段的行业通常不但没有盈利，反而亏损，而且可能因为财务风险而引发破产风险。

（2）成长期。在成长期的新行业，产品经过广泛宣传和消费者的试用，逐渐获得了大众的青睐，市场需求扩大，销量迅速增加。与此同时行业的生产成本开始下降，利润增加，整个行业由亏损转为盈利。由于市场前景良好，利润的增加又吸引了新的竞争者的加入，投资于新行业的厂商大量增加，竞争的加剧进一步地降低了全行业单位产品的价格。产品也逐渐从单一、低质、高价向多样、优质、低价方向发展。在成长期的后期，大公司已逐渐主导了该行业市场，它们有雄厚实力和庞大的资本经营规模，所以有较好的经营效益和稳定的盈利，公司利润呈稳定增长之势，股息丰厚，投资者蒙受经营失败而导致投资损失的可能性大大降低，而分享行业增长带来的收益的可能性大大提高。

（3）成熟期。在行业成熟期，产品的总销售额继续增加，但增速开始放慢，在价格降到一个低水平时，利润也从高处随之下降，在后期整个行业的增长可能会完全停止，其产量甚至下降。成熟期市场份额向少数大的厂商集中，使整个行业中公司的数量也相继减少。在竞争中生存下来的少数大公司基本垄断了整个行业的市场，每个公司都占有一定比例的市场份额。厂商、产品之间的竞争手段逐渐从价格手段转向各种非价格手段，如提高质量、改善产品性能、加强售后服务等。由于行业丧失了其资本的增长,致使行业的发展很难较好地保持与国民经济生产总值同步增长。不过,由于技术创新的原因,某些行业或许实际上会有新的增长。

(4) 衰退期。衰退期是生命周期的最后阶段。由于新产品和大量替代品的出现,行业的市场需求开始逐渐减少,整个行业的销售额下降,利润也继续变薄,某些公司开始向其他更有利可图的行业转移,行业出现了厂商数目减少、利润下降的萧条景象。至此,整个行业便进入了生命周期的最后阶段,当正常的利润无法维持或现有投资折旧完毕后,整个行业便逐渐解体。

表10-3 行业生命周期分析一览表

阶段	幼稚期	成长期	成熟期	衰退期
公司数量	少	增加	减少	少
产品价格	高	下降	稳定	—
利润	亏损	增加	高	减少或亏损
风险	高	高	降低	增大
代表行业	太阳能、基因工程	电子信息、生物医药	石油冶炼、超级市场	煤炭开采、自行车、钟表

上述行业生命周期的四个阶段是一个总体状况的描述,它并不一定适用所有行业的情况。各行业变化有其自身特点,行业的实际生命周期由于受行业性质、产业政策、技术创新、市场需求、国外同行业竞争等许多因素的影响而复杂得多。在现代社会经济中,行业的生命周期有加快的趋向。

2. 行业生命周期的衡量。行业生命周期的衡量指标主要有:(1) 行业规模。行业的市场容量有一个"小—大—小"的过程,行业的资产总规模也经历"小—大—萎缩"的过程。(2) 产出增长率。产出增长率在成长期比较高,在成熟期以后降低,一般以15%为界,在衰退期处于低速运行状态,有时甚至处于负增长状态。(3) 利润水平。利润水平是行业兴衰的一个综合反映,一般都有"低—高—稳定—低—严重亏损"的过程。(4) 技术进步和技术成熟程度。随着行业兴衰,行业的创新能力有一个增强到逐步衰退的过程,技术成熟程度有一个"低—高—老化"的过程。(5) 开工率。成长期和成熟期的行业开工充足,衰退期的行业往往开工不足。(6) 从业人员的职业化程度和工资福利收入水平。有一个"低—高—低"的过程。(7) 资本进退。成熟期以前,资本进入数量大于退出的数量;成熟期处于均衡状态;衰退期退出数量多于进入的数量。

三、影响行业兴衰的主要因素

行业兴衰的实质是行业在整个产业体系中的地位变迁,也是行业经历"幼稚产业—先导产业—主导产业—支柱产业—夕阳产业"的过程,是资本在某一行业领域"形成—集中—大规模聚集—分散"的过程,是新技术的"产生—推广—应用—专业—落后"的过程。一个行业的兴衰除了受行业自身特点的影响外,还要受到很多行业外的因素的影响。这些因素包括:技术进步、产业政策、政府的影响与干预,产业组织创新、社会习惯改变及社会倾向和经济全球化等。

(一) 技术进步

追求技术进步是时代的要求，技术进步对行业的影响是巨大的。人类社会所处的时代是科学技术日新月异的时代，不仅新兴学科不断涌现，而且理论科学朝实用技术的转化过程也被大大缩短，转化速度大大加快。新技术在不断地推出新行业的同时，也在不断地淘汰旧行业。如在较短的时间里，喷气式飞机就代替了螺旋桨飞机；大规模集成电路计算机代替了一般的电子计算机；通信卫星代替了海底电缆，等等。新兴产业能够很快地超过并替代旧产业，或者严重地威胁原有产业的生存。如信息传播的数字化所带来的产业的革命化变革就是证明。因此，充分了解各行业技术发展的状况和趋势，对投资者来说至关重要。

(二) 社会习惯的改变及社会倾向

社会习惯的改变和社会倾向决定行业的社会需求，决定行业的兴衰发展，影响行业的经营活动、生产成本和利润等具体的方面。随着社会生活方式、生活习惯的变化，人们对于商品和服务的需要也在变化，随着这种变化，某些新产品出现了，旧产品过时了；新兴行业也相应出现了，旧的行业则萎缩或被淘汰了。在现代社会科学技术迅猛发展的情况下，这种因为人们社会生活方式的变化而引起的行业的兴衰更替越来越快了。同时，当今社会消费者和政府越来越强调经济行业所应承担的社会责任，越来越注重工业化给社会所带来的种种影响。这种日益增强的社会意识或社会倾向对许多行业已经产生了明显的作用。近年来，许多国家在公众的强烈要求和压力下，纷纷对许多行业的生产及产品作出了种种限制性规定。如美国政府要求汽车制造商加固汽车保险杠，安装乘员安全带，改善燃油系统，提高防污染系统的质量等。防止环境污染、保持生态平衡目前已成为重要的社会趋势，政府、企业投入大量资金研制和生产与环境保护有关的各种设备，以便使工业排放的废物、废水和废气能够符合规定的标准。

(三) 产业政策

产业政策是国家干预或参与经济的一种形式，是国家（政府）系统设计的有关产业发展的政策目标和政策措施的总和，其内容如下。

1. 产业结构政策。产业结构政策是选择行业发展重点的优先顺序的政策措施，其目标是促使行业之间的关系更协调、社会资源配置更合理，使产业结构高级化。产业结构政策是一个政策系统，主要包括产业结构长期构想、对战略产业的保护和扶植、对衰退产业的调整和援助等。

2. 产业组织政策。产业组织政策是调整市场结构和规范市场行为的政策，以"反对垄断、促进竞争、规范大型企业集团、扶持中小企业发展"为主要核心，其目的在于实现同一产业内企业组织形态和企业间关系的合理化。

3. 产业技术政策。产业技术政策是促进产业技术进步的政策，是产业政策的重要组成部分。主要包括产业技术结构的选择和技术发展政策以及促进资源向技术开发领域投入的政策。

4. 产业布局政策。产业布局是产业存在和发展的空间形式。产业布局政策的目标是实现产业布局的合理化。

（四）政府的影响与干预

无论是市场经济国家还是非市场经济国家，政府的影响与干预都广泛而深刻地影响着国民经济各行业的兴衰和发展，直至影响整个国民经济的发展。投资者必须评估政府对行业的影响，因为政府可通过多种途径来广泛地影响一个行业，只是程度不同而已。

1. 政府影响的行业范围。

（1）政府实施管理的主要行业。政府实施管理的行业主要是直接服务于公共利益的行业，或与公共利益有密切联系的行业。公用事业是社会的基础设施，投资大、建设周期长、收效慢，允许众多厂商投巨资竞争建设是不经济的。因此政府往往通过授予某些厂商在指定地区独家经营某项公用事业特许权的方法来对它们进行管理。被授权的厂商也就因此而成为这些行业的合法垄断者。但这些合法的垄断者和一般的垄断者不一样，它们不能任意规定不合理的价格，其定价要受到政府的调节和管制。政府一般只允许这些厂商获得合理的利润率，而且政府的价格管理并不保证这些企业一定能够盈利。成本的增加、管理的不善和需求的变化同样会使这些企业发生亏损。

政府实施管理的主要行业包括：公用事业，如煤气、电力、排水、排污、邮电通信、广播电视等；运输部门，如铁路、公路、航空、航运和管道运输等；金融部门，如银行与非银行金融机构、保险公司、商品与证券交易市场、经纪商、交易商等。此外，政府作为国家商品市场上的最大买主对军火工业和许多民用工业也起着重要的作用。

（2）政府的管理措施。政府的管理措施可以影响到行业的经营范围、增长速度、价格政策、利润率和其他许多方面。

2. 政府对行业的干预。政府对行业的干预可以分为促进性干预和限制性干预。

一方面，政府对行业的促进作用可通过补贴、优惠税法、限制外国竞争的关税、保护某一行业的附加法规等措施来实现，因为这些措施有利于降低该行业的成本，并刺激和扩大其投资规模，例如，美国纺织业就受到进口关税这一法律的极大保护。另一方面，考虑到生态、安全、企业规模和价格因素，政府会对某些行业实施限制性规定，这会加重该行业的负担，某些法律已经对某些行业的短期业绩产生了负面作用。在美国，铁路和天然气便能证明政府的干预是怎样影响私人利润形成的。总体而言，政府的干预极大地支持了某些行业的稳定性，否则情况会变得十分混乱。例如，航空业有自己的正常航线，因而不会出现所有的航班仅在可能获利的城市之间飞行；公用事业的规模保证了某地域只能有一家电力公司，从而避免了潜在混乱，不至于有四五家电力公司在同一条街上竖起自己的电线杆。

（五）产业组织创新

产业组织是指同一产业内企业的组织形态和企业间的关系，包括市场结构、市场行为、市场绩效三方面内容。产业组织创新是指同一产业内企业的组织形态和企业间关系的创新。产业组织的创新过程实际上是对影响产业组织绩效的要素进行整合优化的过程，是使产业组织重新获取竞争优势的过程。产业组织创新的直接效应包括实现规模经济、专业化分工和协作、提高产业集中度、促进技术进步和有效竞争等；间接影响包括创造产业增长机会、促进产业增长实现、构筑产业赶超效益、适应产业经济增长等。

产业组织创新能在一定程度上引起产业生命周期运行轨迹或生命周期阶段持续时间的变

化。缺乏产业组织创新的行业，如建筑业、纺织业等，由于技术壁垒较低，市场竞争以价格竞争为主，其行业平均利润水平较低，缺乏增长潜力。产业组织创新活跃的行业主要包括计算机行业、生物医药行业、通信行业，这些行业中新技术和新产品不断涌现，能够获得超额创新利润。

（六）经济全球化

传统的国际分工是建立在各国先天的自然资源禀赋的基础上的，各国自然资源禀赋的差异导致了各国产业结构的不同，通过不同商品的贸易可以增进各国的福利。随着经济全球化的发展，生产要素、商品和劳务跨国流动的成本降低，一个国家的优势行业不再主要取决于资源禀赋，后天因素的作用逐步增强，包括政府的效率、市场机制完善的程度、劳动者掌握知识与信息的能力、受到政策影响的市场规模等。后天因素可以弥补资源禀赋的不足，而后天因素的劣势可能导致先天资源优势不能得到发挥。

> 经济全球化是指商品、服务、生产要素与信息跨国界流动的规模与形式不断增加，通过国际分工，在世界市场范围内提高资源配置效率，从而使各国经济相互依赖程度有日益加深的趋势。

随着经济全球化的日益加深，跨国公司在全球范围内寻求资源的最佳配置，将其产业链条的不同环节布局在不同的国家，将越来越多的国家纳入跨国公司的全球生产网络和服务网络之中，这种新的国际分工模式表现在贸易结构上，就是行业内贸易和公司内贸易的比重大幅度提高。经济全球化导致国际贸易与国际直接投资的一体化。国际贸易与国际直接投资的一体化是指国际贸易和国际直接投资共存且具有高度的内在一致性。在贸易与投资一体化理论中，企业行为被分为两大类型。第一，总部行为。总部行为包括工程、管理和金融服务以及信誉、商标等甚至可以无偿转让给远方生产区位的服务。这类行为优势被简化为研究与开发。第二，实际生产行为。实际生产行为又可再分为上游生产（中间产品）和下游生产（终端产品）。所有这些行为都被假定为具有规模收益递增效应。由于总部服务的运输成本极低，企业可以将生产行为从总部分离出去，但为了获得规模经济效益，企业将某些生产行为集中在某一区位。一旦国际化生产活动分布格局形成，国际贸易的格局便随之确定。贸易与投资理论的一体化表明，在经济全球化背景下，不能以单纯的贸易行为来衡量国家之间的经济利益。

四、行业投资选择

（一）行业投资选择的目标

投资者投资的目的是以最小的投资风险获得最大的投资回报，因此在投资决策中，应选择增长型的行业和在行业生命周期中处于成长期和成熟期的行业，这就要求投资者应仔细研究欲投资公司所处的行业生命周期及行业特征。

增长型行业的特点是行业增长速度快于整个国民经济的增长速度，投资者可享受快速增长带来的较高的投资回报，但投资风险较大。此外，投资者也不应排斥增长速度与国民经济增长速度同步的行业，这些行业发展比较稳定，投资回报虽不及增长型行业投资回报，但投资风险相应也小。如计算机行业正以较快的速度增长，但其面临的竞争风险也在不断增长，投资者须通过收益与风险的对比分析来决定是否投资。

在对处于生命周期不同阶段的行业选择上,投资者应选择处于成长期和成熟期的行业,这些行业有较大的发展潜力,基础逐渐稳定,盈利逐年增加,股息红利相应提高,有望得到丰厚而稳定的收益。一般而言,投资者应避免选择处于幼稚期和衰退期的行业,因为,这些行业的发展前景难以预料,投资风险太大。例如,医疗服务行业正处于成长阶段,竞争风险相对较小,收益也相应较大;而采矿业已进入衰退期,该行业的投资收益就较少。

(二)行业投资选择的方法

投资者如何在众多行业中选择呢?通常用两种方法来确定:一是将行业的增长情况与国民经济的增长速度进行比较,从中找出增长型行业;二是利用行业历年的销售业绩、盈利能力等历史资料分析过去的增长情况,并预测行业未来的发展趋势。

1. 行业增长分析。分析某行业是否属于增长型行业,可以用该行业历年的统计资料与国民经济综合指标相对比来判断。

第一,取得该行业历年销售额或营业收入的可靠数据并计算出年变动率,与国民生产总值增长率、国内生产总值增长率进行比较,确定该行业是否属于周期型行业。如果国民生产总值或国内生产总值连续几年逐年上升,说明国民经济正处于繁荣阶段;反之,则说明国民经济正处于衰退阶段。观察同一时期该行业的销售额是否与国民生产总值或国内生产总值的变化呈同向变化,如果国民经济繁荣时期该行业的销售额逐年同步增长,或国民经济衰退时期该行业的销售额也逐年同步下降,则该行业属于周期型行业。

第二,比较该行业销售额的年增长率与国民生产总值或国内生产总值年增长率。若该行业大多数年份的增长率均大于国民经济综合指标的增长率,则属于增长型行业;反之,若该行业的年增长率与国民经济综合指标的年增长率持平甚至偏低,则说明这一行业与国民经济同步增长或增长过缓。

第三,计算各观察年份该行业销售额在国民生产总值中所占的比重。若这一比重逐年增加,说明这一行业增长比国民经济增长水平快;反之,则较慢。

通过以上分析,只要观察年数足够多,基本上可以发现并判断增长型行业。

2. 行业未来增长率的预测。在分析了行业过去的情况之后,投资者还需要了解和分析行业未来的增长变化,从而对其未来的发展趋势作出预测。目前常使用的预测方法有两种:一种方法是绘制行业历年销售额与国民生产总值的关系曲线,即行业增长的趋势线,根据国民生产总值的计划指标或预计值可以预测行业的未来销售额。另一种方法是利用该行业在过去10年或10年以上的年增长率计算历史的平均增长率和标准差,预测未来增长率。如果某一行业与居民基本生活资料相关,也可以利用历史资料计算人均消费量及人均消费增长率,再利用人口增长预测资料来预测行业的未来增长。

✓ 专栏 10-2

产业微笑曲线

国内重要科技业者宏碁集团创办人施振荣先生,在 1992 年为了"再造宏碁"提出了有名的"微笑曲线"(Smiling Curve)理论,以作为宏碁的策略方向。经历了十年多的时间,施振荣将

"微笑曲线"加以修正推出了所谓施氏"产业微笑曲线",作为台湾各种产业中长期发展策略的方向。

微笑嘴型的一条曲线,两端朝上,在产业链中,附加值更多体现在两端:设计和销售;处于中间环节的制造附加值最低。微笑曲线中间是制造;左边是研发,属于全球性的竞争;右边是营销,主要是当地性的竞争。当前,制造业产生的利润低,全球制造业已供过于求,但是研发与营销的附加价值高,因此产业未来应朝微笑曲线的两端发展,也就是在左边加强研发创造知识产权,在右边加强客户导向的营销与服务。

微笑曲线有两个要点:一是可以找出附加价值在哪里,二是关于竞争的形态。

在市场上,华为也强化了这种低成本、高素质、大规模的优势。在20世纪90年代,国际品牌虽然有技术优势,但其价格远高于华为,而且其服务速度也很难跟上。"狼性"曾经是华为文化的一个标志,推动华为在市场上攻城略地。大规模的营销人员确定了华为在市场上的优势,他们为客户提供快速而周全的贴身服务。

↑ 资料来源:百度百科(https://baike.baidu.com/item/%E5%BE%AE%E7%AC%91%E6%9B%B2%E7%BA%BF/10847621)。

第二节 证券投资区域分析

由于经济区域发展的不平衡,处于不同区域的产业发展速度和基本特点都会有所不同。投资者在选择上市公司进行证券投资时就有必要考虑到这一因素对于投资收益的影响。

一、行政区域与证券投资

(一)行政区域的含义

行政区域是国家为实行分级管理而划分并设立相应国家机关的区域。

(二)区域分析的主要内容

1. 区域发展条件分析。区域发展的自然条件及社会经济背景条件主要指区域自然条件和自然资源、人口与劳动力、科学技术条件、基础设施条件及政策、管理、法制等社会因素。对这些条件进行分析的主要目的是明确区域发展的基础,评估潜力,预测区域发展的方向、区域产业结构调整和空间结构。

2. 区域经济分析。区域经济分析主要是从经济发展的角度对区域经济发展的水平及所处的发展阶段、区域产业结构和空间结构进行分析。它是在区域自然条件分析的基础上,进一步对区域经济发展的现状作一个全面的评估与分析。

3. 区域发展分析。区域发展分析是在区域发展的自然条件和经济分析的基础上,分析区域发展的方向和发展战略。由于区域发展是一个综合性的问题,它不仅涉及经济发展,而且还涉及社会发展和生态保护,因此,区域发展的分析也应包括经济、社会和生态环境三个方面,并以三者综合效益分析区域发展。

(三)行政区域与证券投资

由于不同行政区域的经济发展条件不同,经济增长速度和综合实力也不同,因此,其经济发展战略、经济发展方向与经济发展重点各不相同，国家给予的经济政策（国家拨款、财政补贴、税收等）也存在着差异，不同行政区域的资源价值与经济价值也大相径庭，这些都在一定程度上影响该地区上市公司的经济价值，从而对该地区上市公司股票的投资价值也产生重大影响。

二、经济区域与证券投资

由于经济区域发展的不平衡，因此处于不同区域的产业发展速度和基本特点都会有所不同。投资者在选择上市公司进行证券投资时，就有必要考虑经济区域这一因素对于投资收益的影响。

（一）经济区域的内涵

经济区域指以经济比较发达的城市为中心，以周围和广大村镇为依托，以发展经济技术协作和横向联合为内容，以通信、交通网络为联系，具有一定部门结构、区域范围、相当发展水平和对外经济联系的地域经济综合体。经济区域有时和行政区域一致，可跨区协作，形成经济协作区或大型联合企业。经济区域是人的经济活动所造就的、围绕经济中心而客观存在的、具有特定地域构成要素并且不可无限分割的经济社会综合体。

（二）中国经济的区域格局

自20世纪90年代末期起，中国陆续出台了西部大开发、促进中部崛起和东北老工业基地振兴等区域发展战略。但中国地域范围广大、地理差别明显，为了使这些战略能够更好地落到实处，产生更大的成效，近年来，中国政府批复涉及珠江三角洲、长江三角洲、天津滨海新区、福建省海峡西岸经济区、包括陕西、甘肃两省部分地区的关中—天水经济区、中国图们江区域、黄河三角洲、横琴新区、安徽皖江城市带、鄱阳湖生态经济区等10多部区域规划和文件。由此构建了中国经济的区域格局。

1. 四大经济区域。① 国家统计局于2011年6月发布《东西中部和东北地区划分方法》，文中讲道：

为科学反映我国不同区域的社会经济发展状况，为党中央、国务院制定区域发展政策提供依据，根据《中共中央　国务院关于促进中部地区崛起的若干意见》、《国务院发布关于西部大开发若干政策措施的实施意见》以及党的十六大报告的精神，将我国的经济区域划分为东部、中部、西部和东北四大地区。此划分方法一直沿用至今。

东部包括：北京、天津、河北、上海、江苏、浙江、福建、山东、广东和海南。

中部包括：山西、安徽、江西、河南、湖北和湖南。

西部包括：内蒙古、广西、重庆、四川、贵州、云南、西藏、陕西、甘肃、青海、宁夏和新疆。

东北包括：辽宁、吉林和黑龙江。

2. 城市群。城市群是城市发展到成熟阶段的最高空间组织形式，是指在特定地域范围内，一般以1个以上特大城市为核心，由3个以上大城市为构成单元，依托发达的交通通信

---

① 国家统计局. 东西中部和东北地区划分方法［EB/OL］.［2011-06-13］. http：//www.stats.gov.cn/ztjc/zthd/sjtjr/dejtjkfr/tjkp/201106/t20110613_71947.html.

等基础设施网络所形成的空间组织紧凑、经济联系紧密，并最终实现高度同城化和高度一体化的城市群体。城市群是在地域上集中分布的若干特大城市和大城市集聚而成的庞大的、多核心、多层次城市集团，是大都市区的联合体。

截至 2019 年 2 月 18 日，国务院共先后批复了 11 个国家级城市群，分别是：长江中游城市群、哈长城市群、成渝城市群、长江三角洲城市群、中原城市群、北部湾城市群、关中平原城市群、呼包鄂榆城市群、兰西城市群、粤港澳大湾区、京津冀城市群。

城市群	简介	城市名单
长江中游城市群	长江中游城市群，国土面积约 31.7 万平方公里。 战略定位：中国经济新增长极，中西部新型城镇化先行区，内陆开放合作示范区，"两型"社会建设引领区。	武汉、黄石、鄂州、黄冈、孝感、咸宁、仙桃、潜江、天门、襄阳、宜昌、荆州、荆门、长沙、株洲、湘潭、岳阳、益阳、常德、衡阳、娄底、南昌、九江、景德镇、鹰潭、新余、宜春、萍乡、上饶及抚州、吉安部分地区
哈长城市群	哈长城市群，国土面积约 26.4 万平方公里。 战略定位：东北老工业基地振兴发展重要增长极，北方开放重要门户，老工业基地体制机制创新先行区，绿色生态城市群。	哈尔滨、大庆、齐齐哈尔、绥化、牡丹江、长春、吉林、四平、辽源、松原、延边朝鲜族自治州
成渝城市群	成渝城市群，国土面积约 18.5 万平方公里。 战略定位：全国重要的现代产业基地，西部创新驱动先导区，内陆开放型经济战略高地，统筹城乡发展示范区，美丽中国的先行区。	成都、重庆、自贡、泸州、德阳、遂宁、内江、乐山、南充、眉山、宜宾、广安、资阳及绵阳、达州、雅安部分地区
长江三角洲城市群	长江三角洲城市群，国土面积约 35.8 万平方公里，中心区国土面积约为 22.5 万平方公里。 战略定位：最具经济活力的资源配置中心，具有全球影响力的科技创新高地，全球重要的现代服务业和先进制造业中心，亚太地区重要国际门户，全国新一轮改革开放排头兵，美丽中国建设示范区。	上海、南京、无锡、常州、苏州、南通、盐城、扬州、镇江、泰州、杭州、宁波、温州、嘉兴、湖州、绍兴、金华、舟山、台州、合肥、芜湖、马鞍山、铜陵、安庆、滁州、池州、宣城
中原城市群	中原城市群，国土面积约 28.7 万平方公里。 战略定位：中国经济发展新增长极，全国重要的先进制造业和现代服务业基地，中西部地区创新创业先行区，内陆地区双向开放新高地，绿色生态发展示范区。	郑州、洛阳、开封、南阳、安阳、商丘、新乡、平顶山、许昌、焦作、周口、信阳、驻马店、鹤壁、濮阳、漯河、三门峡、济源、长治、晋城、运城、邢台、邯郸、聊城、菏泽、宿州、淮北、蚌埠、阜阳、亳州

续表

城市群	简介	城市名单
北部湾城市群	北部湾城市群，陆域面积约11.66万平方公里。战略定位：面向东盟国际大通道的重要枢纽，"三南"开放发展新的战略支点，21世纪海上丝绸之路与丝绸之路经济带有机衔接的重要门户，全国重要绿色产业基地，陆海统筹发展示范区。	南宁、北海、钦州、防城港、玉林、崇左、湛江、茂名、阳江、海口、儋州、东方、澄迈、临高、昌江
关中平原城市群	关中平原城市群，国土面积约10.71万平方公里。战略定位：向西开放的战略支点，引领西北地区发展的重要增长极，以军民融合为特色的国家创新高地，传承中华文化的世界级旅游目的地，内陆生态文明建设先行区。	西安、宝鸡、咸阳、铜川、渭南及商洛、运城、临汾、天水、平凉、庆阳部分地区
呼包鄂榆城市群	呼包鄂榆城市群，国土面积约17.5万平方公里。战略定位：全国高端能源化工基地，向北向西开放战略支点，西北地区生态文明合作共建区，民族地区城乡融合发展先行区。	呼和浩特、包头、鄂尔多斯、榆林
兰西城市群	兰西城市群，国土面积约9.75万平方公里。战略定位：维护国家生态安全的战略支撑，优化国土开发格局的重要平台，促进我国向西开放的重要支点，支撑西北地区发展的重要增长极，沟通西北西南、连接欧亚大陆的重要枢纽。	兰州、西宁、海东及白银、定西、临夏回族自治州、海北藏族自治州、海南藏族自治州、黄南藏族自治州部分地区
粤港澳大湾区	粤港澳大湾区前称珠江三角洲城市群，推进建设粤港澳大湾区，有利于深化内地和港澳交流合作，对港澳参与国家发展战略，提升竞争力，保持长期繁荣稳定具有重要意义。粤港澳大湾区将建设成为更具活力的经济区、宜居宜业宜游的优质生活圈和内地与港澳深度合作的示范区，打造国际一流湾区和世界级城市群。	香港、澳门、广州、深圳、珠海、佛山、惠州、东莞、中山、江门、肇庆
京津冀城市群	京津冀城市群区域面积占全国的2.3%，人口占全国的7.23%。整体定位是"以首都为核心的世界级城市群、区域整体协同发展改革引领区、全国创新驱动经济增长新引擎、生态修复环境改善示范区"。	北京、天津、张家口、承德、秦皇岛、唐山、沧州、衡水、廊坊、保定、石家庄、邢台、邯郸、定州、辛集、安阳

此外，还有建设中待批复的辽中南城市群、山东半岛城市群、海峡西岸城市群三个城市群。

（三）经济区域与证券投资

一方面，不同经济区域的经济发展极为不平衡，处于不同区域的行业发展速度和基本特点都会有所不同，投资者在选择上市公司进行证券投资时，就必须考虑这一因素对投资收益的影响。另一方面,不同经济区域资金流也各不相同。国内资金的流向一直具有从西向东的趋势,国内的大部分资金集中在以上海为中心的东部地区和以深圳为核心的南部地区。国际资本的流向也不例外,主要集中在上海、深圳和广州等经济发达地区,这样的资金流向对证券市场的影响十分明显。

第三节 证券投资板块分析

证券市场价格的涨跌变动并不是单个证券的个体行为,而是一种群体行为。证券价格的变动常常呈现为同一类型的股票同涨同跌的现象和同种类股票轮换变动现象。证券市场上往往是板块一个一个推出,又一个一个被淘汰,而每个板块的推出,都会带来一阵股市波动,从而影响证券市场投资者的投资收益与风险。把握板块变动规律与操作技巧,有助于发现并及时把握市场热点,增强交易的盈利性;同时有利于回避因板块整体下跌而带来的个股风险。

一、板块的定义及板块的划分

(一) 板块的定义

板块是一些证券组成的群体,这些证券因为有某一类共同特征而被人为地归类在一起。这一特征往往是被证券市场用来进行炒作的题材。证券市场中有一些证券共同具备某种具有重大经济内涵的特殊性质,当这种共同性质被市场认同时,就会形成证券市场中的板块结构。

(二) 板块的划分

从不同的角度可以将证券市场中的证券划分成不同的板块,证券市场的板块主要从以下几个方面分类。

1. 区域板块。区域板块可以是按行政区域划分的,如江苏板块、北京板块、四川板块、浦东板块等;也可以是按经济区域划分的。

2. 行业板块。按照行业划分的板块,比如前面介绍的若干个大类,每个大类又分为若干个更细的行业,如钢铁板块、农药化肥、商业百货、通信设备、电力设备、房地产、医药板块、农业板块、软件板块、旅游板块、煤炭板块、汽车板块、水泥板块、券商板块、传媒板块、酿酒板块、化工化纤、智能电网、数字电视等。

3. 概念与题材。创投概念、5G、3D打印、人工智能、军工概念、核电概念、新能源、环保、节能减排、芯片、参股券商、重组、高价股、低价股、小盘绩优股、新股、次新股、ST股等。

> **专栏10-3**
> **题材股、概念股** ....
>
> 题材股是有炒作题材的股票,这些题材可供炒作者(所谓庄家)借题发挥,可以引起市场大

众跟风。例如,能源紧张时,一些替代性的生产酒精的工厂、生产太阳能电池的工厂就成为炒作题材,称为新能源概念股;外资进入股市时,又出现了外资收购概念股;奥运申办成功时,立刻就出现了奥运概念股。总之,一切可以引起市场兴趣的话题,都是炒作题材,所涉及的股票,也就成了题材股。

题材股一般具有抽象朦胧、极大的想象空间;时效性强;有反复性;能激发众人关注,引起大众跟风等特点。

概念股指具有某种特别内涵的股票,是与业绩股相对而言。业绩股需要有良好的业绩支撑。而概念股是依靠某一种题材,比如资产重组概念等支撑价格。而这一内涵通常会被当作一种选股和炒作题材,成为股市的热点。

概念股是股市术语,作为一种选股的方式。相较于绩优股必须有良好的营运业绩所支撑,概念股只是以依靠相同话题,将同类型的股票列入选股标的的一种组合。

二、板块联动

(一) 板块联动的含义

板块联动是指同一类型的股票常常同涨同跌的现象。板块联动具有较强的规律性,当同一板块走强时,板块中的各种股票将整体走强,反之整体走弱。当某一只股票领涨大盘时,该股的板块将整体走强;当某一只股票领跌大盘时,该股的板块将整体下跌。证券市场的板块联动现象非常普遍,通常一个板块某只具有代表性的股票涨跌对该板块其他股票的影响较大,因此能够在行情中迅速了解异动股票和其他股票的关联性,对于短线获利将会有很大的帮助。掌握板块联动操作技巧,有助于发现并及时把握市场热点,增强交易的盈利性;同时有利于回避因板块整体下跌而带来的个股风险。

(二) 板块联动的成因

板块联动是股票市场的独特现象,有着复杂的市场背景和技术背景,板块联动成因主要包括以下几个方面。

1. 当国家的产业政策发生变化时,与此相关的产业将会因政策性的得失而发生板块联动。如国家对新能源产业进行政策扶植时,该行业板块的股票将因政策性利好上扬。但这种上扬对各股的利好影响是不同的,表现在各股所持续的时间和力度有较大的差异:有些股票仅仅昙花一现,而有些股票却能有一波上攻行情。反之,当遇政策性利空时,与此相关的板块将下跌。

2. 当某只股票基本面发生重大变化,领涨或领跌大盘时,该股所属的板块也将联动上涨或下跌,其中参与联动的有些股票鱼目混珠,只有极短暂的联动,便销声匿迹了。

3. 板块联动心理造成板块联动,这就是板块助涨助跌的功能。板块联动的概念在股市中已深为投资者所熟悉和认同,当某只股票领涨大盘时,投资者相信该股相关板块也会联动上涨,于是纷纷杀入该板块,造成整个板块的整体上扬;当某只股票领跌大盘时,投资者相信该股相关的板块也会联动下跌,于是纷纷抛售,造成该板块的整体下跌。

4. 大庄家利用板块联动效应,进行联手操盘,互为掩护,操纵市场。这种操作对于庄家炒作具有非常大的益处。一个板块,只要有一个领涨股,其他股票只需轻拉,或不需拉高,就能上涨。同时，由于该板块成为市场的明显热点，短线资金会大量涌入，出货要方便得多。

（三）板块联动的规律性

板块联动具有较强的规律性，其主要包括五个方面：

1. 当同一板块走强时，板块中的各股将整体走强；当同一板块走弱时，板块中的各股将整体走弱。

2. 当某一只股票领涨大盘时，该股的板块将整体走强；当某一只股票领跌大盘时，该股的板块将整体下跌。

3. 并非同一板块中的所有股票都发生板块联动，应历史地确认板块联动股。通常，历史上板块联动性强的股票在以后的板块联动中才会有板块联动效应。

4. 板块联动具有延续性。当某一板块联动启动后，这种联动效应将延续一段时间。

5. 同一板块联动时往往出现个股轮跳的现象。当该板块启动后，轮跳的个股将带动整个板块，形成板块联动"各领风骚"的局面。这主要由于大庄家对某个板块联手坐庄，使得板块中各股的走势扑朔迷离。

（四）板块分析应注意的问题

1. 从市场热点中确认主流板块。主流板块指的是热点板块，具体而言就是热点板块中的热点个股。牛市基本上就是几个板块轮转，最大的赚钱效应就在这些板块的热点个股里面。比如牛市主流板块基本上是金融板块、稀缺资源板块、房地产板块、旅游消费板块等互相轮涨，抓住里面的个股就等于抓住了牛市。

2. 从板块联动的角度划分股票的板块归属。同属一个板块的股票未必发生板块联动，这一点是极为重要的。如果板块中的股票不参与该板块的联动，那么该股便没有板块划分的实战意义。

3. 要随时根据市场热点的变化重新定义板块。板块一经确定并非一成不变，也可以根据市场热点的变化，对已定义板块归属的股票重新定义板块。如中航光电（002179）既属于军工板块，也属于央企改革板块，这时就要看市场的热点是哪个板块。

4. 对个股可多重定义板块类型。一个股票可以同时属于多个板块，如同长江电力既属于电力板块，也属于指标股板块，还属于电力的水电板块；苏宁属于深圳新股、家电、商业零售3个板块。在对个股进行板块定义时，不可机械地将该股只定义为一个板块。当该股分属于几个板块概念时，可根据需要，将该股分别定义为几个不同的板块，这样可以有效地增强个股的板块适应性，提高个股的板块实战机遇。

三、板块轮动

板块轮动是中国股市近30年来的主要特征之一，从1996年的绩优板块，1998年的资产重组板块，1999年的网络科技板块，到2000年的电子商务板块，2014年的金融板块，2018年开始的高科技板块。谁抓住了行情的主流板块谁就是最大的赢家，因此在各种分析中板块分析是非常重要的分析内容。

（一）板块轮动

1. 板块轮动的含义。证券市场上的板块轮动指的是板块与板块之间出现轮动，推动大盘逐步上扬。比如前一段时间金融板块率领大盘上涨，现在是房地产板块推动大盘上涨，这就叫作金融板块与房地产板块出现了板块轮动效应。

2. 板块轮动的意义。每一轮牛市都是由市场不间断的热点板块的推动而形成的。大盘由熊转牛时往往需要依靠权重大盘带领大盘指数，但由于大盘权重股的市场值与流通盘过大，因此这些大盘股很难有几倍或十几倍的涨幅。当股指在权重大盘股的指引下，由熊转牛之后，权重大盘股往往维持原地踏步，偶尔上涨，然后横盘消化的格局。而市场上的概念、题材层出不穷。证券市场资金往往是不断入驻一个个板块，营造出一个个市场热点。我们不难发现，涨幅居前列的个股中有不少股票都存在着某种关联性，即某个板块会形成热点，当这个板块获利丰厚之后，市场资金会设法撤退再选择其他的板块介入。因此，在牛市主升段，板块轮动是主旋律。

（二）板块轮动规律

1. 经济周期中的板块轮动规律。

（1）在经济复苏阶段，表现较好的是能源、金融、可选消费板块；表现较差的是信息技术、医疗保健、公用事业板块。科技类的电信服务和信息技术板块在复苏阶段并没有很好的表现，这和我国科技类板块代表性偏弱，电子类企业的工作重点更多地集中在加工制造环节，依靠订单生产，而非设计研发环节有关。

（2）在扩张阶段，表现较好的是能源、材料、金融板块；表现较差的是信息技术、公用事业、电信服务板块。金融板块在扩张阶段仍表现较好，但在两次扩张期中金融板块的表现是矛盾的：2002—2004年的第一次扩张期，金融类板块的表现排在最后一位；而2006—2007年的第二次扩张期，金融类板块表现最好，且涨幅巨大，对最后结果有很大的拉动作用。2014—2015年股市的第三次大扩张期，同样也是金融板块对大盘趋势起到了极大的促进作用。

（3）在收缩阶段，表现较好的是电信服务、日常消费、医疗保健板块；表现较差的是信息技术、能源、金融板块。

（4）在萧条收缩阶段，表现较好的是医疗保健、公用事业、日常消费板块；表现较差的是能源、金融、材料板块。

2. 不同个股板块的轮动规律。

（1）缩量震荡——小盘股。大盘稳健但能量不足时是小盘股的活跃期，因为大盘能量不能满足规模性热点的施展，所以个股行情"星星点火"，其中又以小能量下小盘股行情更为亮丽。由于小能量难以满足行情的持续性，故小盘股行情往往涨势较迅捷，持续周期较短，适于短线操作。

（2）突发利好——次新股。无论大盘处于什么状态，若遇突发性重大利好公布，往往是价低次新股的活跃期。因为老股中往往有老资金进驻或者受困，新资金既不愿为老资金抬轿，更不愿为老资金解套。所以，重大利好公布后，上市不久的次新股群往往成为新资金"先入为主"的攻击对象。

（3）调整时期——庄股。大盘调整时是庄股的活跃周期。由于市场热点早已湮灭，庄股则或因主力受困自救，或是潜在题材趁疲弱市道超前建仓……疲弱市道中的庄股犹如夜幕中的一盏盏"豆油灯"，虽不能照亮整个市场，也能使投资大众不至于绝望。

（4）波段急跌——指标股。大盘波段性急跌后是大盘指标股的活跃期。

（5）调整尾声——超跌低价股。大波段调整进入尾声后是超跌低价股的活跃期。因为前期跌幅最大的超跌低价股风险释放最干净，技术性反弹要求最强烈。由于大势进入调整的尾声，尚未反转，新的热点难以形成，便给了超跌低价股表现机会。

（6）牛市确立——高价股。牛市行情确立是高价股的活跃期。高价股是市场的"贵族阶层"，位居市场最顶层，在大盘进入牛市阶段后，需要它们打开上涨空间，为市场创造牛市空间，给中低价股起到"传、帮、带"的作用。

（7）休整时期——题材股。大盘休整性整理时期是题材股的活跃期。因为休整期市场热点分散，个股行情开始涨跌无序，增量资金望而却步，只能运用题材或概念来聚拢市场的视线，聚集有限的资金，吸引市场开始分散的动量。

（8）报表时期——"双高"股。年（中）报公布期及前夕是高公积金、高净资产值股票的活跃周期。因为这样的公司有股本扩张的需求和条件，有通过高分红来降低每股净资产值的需要。在股市开始崇尚资本利得和低风险稳定收益后，高分红也已经成为市场保值性大资金的宠爱。

3. 热点板块轮动规律。

（1）板块的轮动都会按照最新的国家和行业发展情况，新的社会现象，新的国家政策，板块新题材，以及主力对市场和政策等预测上涨或下跌，不会出现排队轮动的现象。重大国家政策，如四万亿元投资会带动基建、通信等板块的活跃。行业的重大政策或者明显复苏也会造成板块的活跃，如产业振兴规划或者行业拐点的确立。

（2）不同时间启动的板块，其持续能力不一。一般而言，率先启动的板块，其持续时间比较长，反弹能力也会比较大；而后启动的板块持续时间和力度会比较弱，尤其到后期，某个突然启动的热点可能是盘中一现。

（3）行情启动初期，确定热点板块有一种简单方法，就是热点板块先于大盘见底，拉动大盘见底上涨。

（4）当行情处于涨升阶段，市场的热点会比较集中，增量资金也多汇集在几个重点板块，从而带动市场人气，吸引更多资金，推动行情进一步发展。

（5）行情涨升阶段捕捉龙头板块，可以通过盘面和成交量捕捉热点板块。一般而言，在大盘涨幅榜前列，某一板块有三只以上股票或者当天三只以上股票底部放量上攻，此板块可能成为热点板块。

（6）板块轮动的传导现象。热点板块轮动，尤其是在涨升阶段会出现明显的传导现象，带动其他板块活跃。例如房地产板块的持续升温会带动建材、钢铁等板块的活跃。

（7）当各板块轮番活跃过后，会有一次再度轮回的过程，但是此时的持续力度和时间都会减弱，轮动的速度也会加快。

（8）在板块轮动的后期，轮动将加大投资者的操作难度，影响资金的参与热情，对大盘的反弹形成负面效应。

4. 我国A股市场历次板块轮动顺序。历次行情启动时首先是权重股止跌反弹→小盘绩优股快速上涨→二线蓝筹股轮番表演→垃圾股开始反弹→题材股活跃→权重股盘整→个股进入普涨阶段→小盘绩优股滞涨→二线蓝筹股滞涨,最后是权重股的补涨和个股普涨。

（三）板块轮动的影响因素

1. 国家政策因素。中国股票市场的供需矛盾、结构矛盾以及市场参与者的不成熟等原因，使政府加强了对股票市场的监管和调控，政策干预及调控成为市场波动的一个主要影响因素，中国股市一直有所谓的"政策市"之称，呈现出一种特殊的游戏规则。股市政策较大程度地影响了中国股市的板块轮动，股市运行受短期性政策事件的影响极大。虽然近年来政策事件对股市的冲击作用正在逐步弱化，股市政策调控逐渐趋于成熟，但国家宏观经济政策对股市的影响仍然是导致股市发生波动的第一影响因素。

2. 公司自身运行状况。上市公司运营情况是投资者最为关注的方面之一。随着近年来价值投资理念深入人心，绩优板块的行情还会进一步看涨，在股市运行过程中上扬的走势将更加明显。事实上这一检验结果与我国股市的实际运行状况也是非常吻合的。但在中国股市运行的实际中，业绩不良的公司通过并购重组往往在一段时期内会走出较大的上涨行情。

3. 科技进步与行业成长周期。科技革命是影响所有行业及其上市公司命运的最重要因素，各个行业在科技革命中的归属、地位和代表性最终决定了一个行业在股市运行中的收益率和地位。在不同的科技水平下，不同的行业处于其行业成长周期的不同阶段，起着领涨与领跌的不同作用，反映到股市波动上，就形成了行业板块间的交错轮动。

4. 上下游产业链。上下游产业链板块轮动反映了产业复苏与发展的最根本的内在逻辑关系，因为产业链的景气度传导时间较长，所以其轮动的持续性也较长。以2009年以来的中国证券市场行情为例，最初是由于全球都采取了宽松的货币政策，所以作为上游产业的资源类股票开始上涨；接着是国家采取了救市措施促使房地产和汽车板块的复苏，由于房地产和汽车行业涉及的上下游产业众多，这两个行业的复苏又带动了上游的钢铁、有色行业、中游的机械、化工行业盈利能力的恢复，使得这些行业的股票开始上涨；而后下游的消费类板块也开始有所表现。投资者可以根据这样的内在逻辑关系找到产业链的板块轮动从而获益。

专栏10-4
美林的投资时钟

美林的投资时钟是一种将经济周期与资产和行业轮动联系起来的方法。这种方法将经济周期划分为四个不同的阶段——衰退、复苏、过热和滞胀，每个阶段都对应着表现超过大市的某一特定类别资产：债券、股票、大宗商品和现金。

在衰退阶段，经济增长停滞，通胀率处于低谷，企业盈利微弱并且实际收益率下降；央行降息以刺激经济，进而导致收益率曲线急剧下行，因而债券是最佳选择。

在复苏阶段，经济刺激政策发挥作用，GDP增长率提高，企业盈利大幅上升。这个阶段是股权投资者的"黄金时期"，股票是最佳选择。

在过热阶段，企业生产能力的增长减慢，开始面临产能约束，通胀抬头；央行加息以控制通

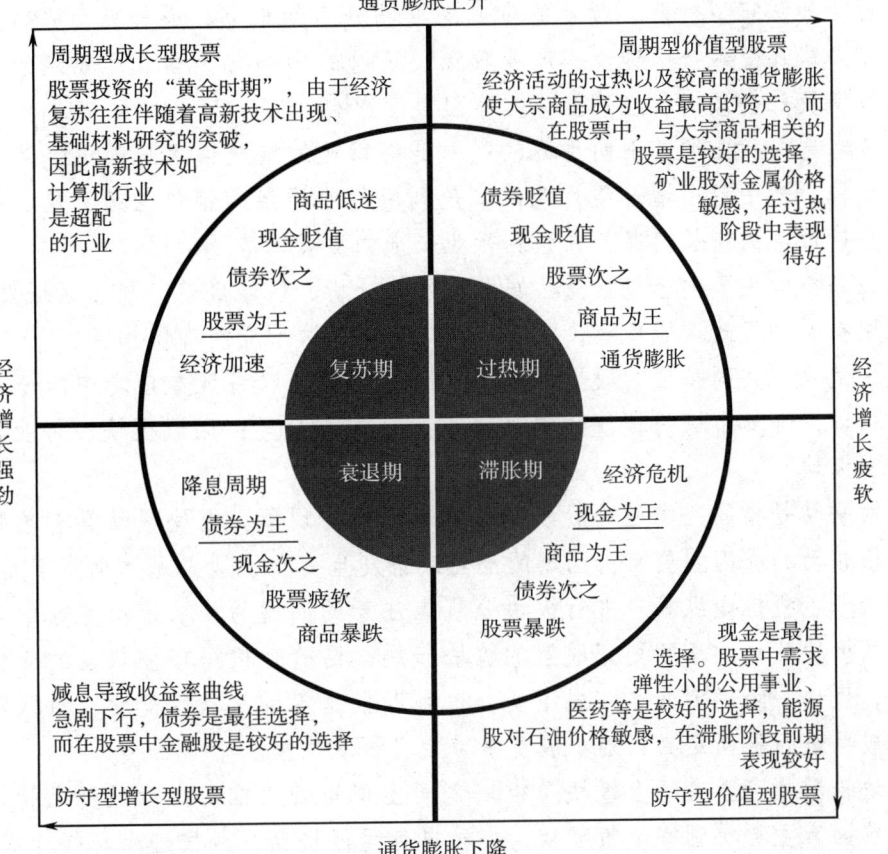

图 10-2 美林投资时钟

胀和过热的经济，因而大宗商品是最佳选择。

在滞胀阶段，GDP 的增长率降到潜能之下，但通胀却继续上升，股票表现非常糟糕，现金是最佳选择。

【本章小结】

行业是这样的一个企业群体：这个企业群体的成员由于其产品（包括有形与无形）在很大程度上的可相互替代性而处于一种彼此紧密联系的状态，并且由于产品可替代性的差异而与其他企业群体相区别。行业的划分方法有道琼斯分类法、标准行业分类法、三次产业分类法等。我国的行业分类法有第四版国民经济行业分类标准（GB/T 4754-2017），将国民经济行业分为 20 个门类；以及中国证监会分类法，将上市公司分为 19 个门类。

行业的市场结构可分为完全竞争、不完全竞争、寡头垄断、完全垄断。根据行业增长衰退格局与总体经济周期的相关程度，行业可划分为三种类型：增长型行业、周期型行业和防守型行业。行业的生命周期被分为幼稚期、成长期、成熟期、衰退期。行业兴衰还受到技术进步、产业政策、政府的影响与干预、产业组织创新、社会习惯改变及社会倾向和经济全球化等因素的影响。

投资者选择行业通常用两种方法：一是将行业的增长情况与国民经济的增长速度进行比较，从中找出增长型行业；二是利用行业历年的销售业绩、盈利能力等历史资料分析过去的增长情况，并预测行业未来的发展趋势。

区域分析的主要内容包括：区域发展条件分析、区域经济分析、区域发展分析。经济区域有时和行政区域一致，有时是多个行政区域形成经济协作区。

板块是具有共同特征的股票群。从不同的角度可以将证券市场中的证券划分成不同的板块，证券市场的板块主要从以下几个方面分类：区域板块、行业板块、概念与题材板块。

板块联动是指同一类型的股票常常同涨同跌的现象。板块联动具有较强的规律性。板块联动的成因主要有：国家的产业政策发生变化、股票基本面发生重大变化、投资者心理、投机操纵等。进行板块分析应注意的问题为：从市场热点中确认主流板块；从板块联动的角度划分股票的板块归属；要随时根据市场热点的变化重新定义板块；板块一经确定并非一成不变，也可以根据市场热点的变化，对已定义板块归属的股票进行重新定义；对个股可多重定义板块类型。

板块轮动指证券市场上板块与板块之间出现轮动，推动大盘逐步上扬。板块轮动的影响因素主要有国家政策因素、公司自身运行状况、科技进步与行业成长周期、上下游产业链等。

【关键词】

行业　行业生命周期　板块联动　板块轮动

【重要概念】

增长型行业　防守型行业　经济区域　板块

【思考题】

1. 行业的分类及行业的生命周期是什么？
2. 什么是行业的市场结构？如何进行行业的市场结构分析？
3. 影响行业兴衰的主要因素有哪些？
4. 如何确定行业投资选择的目标？如何选择行业投资？

5. 板块联动是怎样形成的？板块分析中应注意哪些问题？
6. 板块轮动的规律是什么？板块轮动的影响因素有哪些？

【实验题】

实验一：通过实验分析中国证券市场行业热点切换规律。

实验二：通过实验分析中国证券市场热点板块的演变规律。

实验三：通过实验总结中国证券市场板块轮动规律。

第十一章
公司分析

公司丑闻向来被视为证券市场健康运行的"毒瘤"。尽管各国都在采取措施想要遏制"毒瘤"的生长,但全球范围内却依然屡禁不止。稍早有美国的"安然"、意大利的"帕玛拉特"、英国的"南方保健""特易购"等,近年有日本的"奥林巴斯""东芝"等,主要发达经济体无一幸免。国内来看,早年有"蓝田股份""银广厦""绿大地""万福生科"等,近年有"皖安物流""金亚科技""康美药业"等。频频发生的公司丑闻影响了各国证券市场信誉,并造成投资者的巨大损失。要想寻找投资"金矿",投资者需要掌握公司分析的知识和技能。

浑水调研公司(Muddy Waters Research)是一家注册在美国的研究公司。该公司自2010年创立以来共做空超过16家中概股,其中9家目前已经退市。2020年1月底,浑水公司发布做空报告,指出瑞幸咖啡(NASDAQ:LK)在经营数据上存在作假和欺诈行为。4月2日,瑞幸咖啡承认虚构22亿美元的交易。这家全球范围内从成立(2017年6月)到IPO(2019年5月登陆纳斯达克)最快的公司所创造的神话就此破灭。当天,瑞幸咖啡股价应声大跌,跌幅超80%,每股价格由26.2美元降至4.11美元。浑水公司为调查瑞幸咖啡可谓不遗余力:公司动用了上千人,利用现场监控、门店录像、收集小票,调查了近千家门店……面对浑水调研公司出具的"铁证如山"的做空报告,瑞幸咖啡无以辩白。

通过本章学习,你将了解和掌握以下知识:
- 公司基本面分析的主要内容及方法;
- 公司财务分析的基本方法、指标体系;
- 公司综合业绩评价的基本方法;
- 公司价值评价的绝对估值法;
- 公司价值评价的相对估值法。

第一节 公司基本面分析

公司的基本面是指影响一个公司发展状况的最基本要素,这些最基本要素包括公司基本概况、行业地位、公司成长性、公司文化及重要事项等。公司基本面分析即分析公司在上述要素方面的能力及对公司未来发展的影响。

一、公司基本概况分析

公司基本概况包括所处行业、所处经济区位、经营业务等。

(一) 公司所处行业分析

公司的发展往往与行业命运共进退。行业种类繁多,大行业中还有细分行业。投资者要根据公司的主要业务活动来判断所处行业及行业属性。行业性质不同,发展前景不同,获利差异较大。如果公司处于相对饱和行业,则很难有高的获利水平;如果公司所处的是新兴行业,自然发展前景可期;如果公司所处的行业属于升级换代的行业,则意味着公司会有新的发展机遇。行业分析的具体内容见第十章。

(二) 公司所处经济区位分析

公司的发展与区位经济的发展密切相关。良好的经济区位能为公司发展提供所需的生产要素、广阔的市场和广泛而快捷的信息来源。投资者需要了解的区位要素主要有:(1) 区位内的自然资源与交通、通信、教育等基础条件。这些条件能否满足公司业务所需,对公司的发展起到的作用是限制还是促进。(2) 区位内政府的产业政策和相关的优惠措施。如果区位内公司的主营业务属于当地政府优先发展和扶植的产业,自然会获得财税、信贷等优惠政策的支持。(3) 区位内的经济特色。区位内的经济特色是指基于区位内的经济发展条件所形成的主导或优势产业。如果公司业务与区位经济特色具有一致性,则可以获得企业集群发展的优势。

(三) 公司经营业务分析

公司的经营业务即公司所提供的产品和服务,也可以称为公司赚钱的方式或商业模式。投资者对此的分析重点主要包括:(1) 业务领域与范围。公司业务是专业化还是多元化?公司业务经营范围是区域性、全国性还是全球性?(2) 业务的创新性。面对日益激烈的市场竞争和成功商业模式往往被快速复制的现象,公司只有不断地创新业务才能获得持续的竞争优势。(3) 具体产品的市场状况。具体产品的市场状况包括产品所处的生命周期、目标消费群、消费需求规模、产品的分销渠道等。(4) 产品的生产组织状况。产品的生产组织状况包括生产的技术水平、产品的成本结构、原材料供给渠道等。

除上述三方面基本内容外,公司的注册地点、发展历史及大股东、控股股东的背景等,也是需要关注的公司基本概况。

二、公司行业地位分析

公司获利能力大小与公司在行业中的地位具有密切关系。公司的行业地位一般是通过历史积累形成。行业地位也并非一成不变,会随着公司内外部环境的改变而改变。公司的行业地位分析就是找出公司在所在行业中的竞争地位。

(一) 公司行业地位的主要表现

行业地位主要表现在公司是否是行业的龙头企业,在价格上是否具有影响力,有没有竞争优势。

行业龙头企业是指对同行业的其他企业具有很深的影响、号召力和一定的示范、引导作用,并对该地区、该行业或者国家作出突出贡献的企业。行业龙头企业一般具有资产规模大、销售额高、经济效益好、产品具有市场竞争优势的特点。

在价格上的影响力是指企业是市场上的价格引导者，而不是价格的追随者。具有真正意义上的定价主导权的企业必然在行业内拥有独一无二的地位，不会因为价格在一定范围的变化而产生替代效应。

市场经济的规律是优胜劣汰，无行业竞争优势的公司，注定要随着时间的推移逐渐萎缩乃至消亡，只有确立并能始终保持行业竞争优势，公司才能长期稳健地发展下去。能否保持长期的行业竞争优势，关键取决于公司是否具有核心竞争力。核心竞争力是企业所特有的、能够经得起时间考验的、具有延展性的，并且是竞争对手不可替代、难以模仿的技术或能力。核心竞争力常常表现为以下方面：（1）主营业务的专一性。一个企业的资源总是有限的，有限的资源聚集在某一领域所形成的深度挖掘和扩展产品或服务的专一性的能力，决定了企业的主攻方向和发展战略。（2）创新能力。由优秀的研发团队所带来的创新能力不仅代表着企业现有的高标准产品、服务、先进工艺、发明专利等，还代表着产品和技术储备及长久的技术领先优势。（3）管理能力。实践证明，高水平的管理能力对濒临破产的企业往往具有起死回生的效果。优秀的管理能力由领军人物和优秀的管理团队来体现。对管理能力的分析重点是考察领军人物和管理团队成员的学识、学历、背景，以及人品、格局和价值观。这些因素都会潜移默化地影响一个企业的前途。（4）其他。如公司所拥有的稀缺性或不可替代性的资源、核心技术、行业标准、品牌的知名度及企业在产业价值链上的控制力等。

（二）公司行业地位的衡量

衡量公司行业竞争地位的最主要指标是产品的市场占有能力。产品的市场占有能力取决于公司产品的竞争能力和市场开拓能力。产品的市场占有能力是公司利润的保障。一般而言，产品市场占有能力越强，公司盈利水平也越稳定。

产品的市场占有能力分析包括两方面：一是产品市场占有率，是指产品在同类产品市场中所占有的份额；二是指产品的市场覆盖率，也指产品在各个地区的覆盖和分布。从这一角度可将公司的销售市场划分为地区型、全国型和全球型市场。市场地域的范围越大，市场占有能力越高。

产品市场占有率和市场覆盖率两者的组合分析可得到以下四种情况：（1）两者都比较高，说明该公司的产品销售和分布在同行业中占有优势地位，产品的竞争能力强。（2）市场占有率高而市场覆盖率低，说明公司的产品在某个地区受欢迎，有竞争能力，但大面积推广缺乏销售网络。（3）市场占有率低而市场覆盖率高，说明公司的销售网络强，但产品的竞争能力较弱。（4）两者都低，说明公司产品缺乏竞争力。

三、公司成长性分析

成长性是公司的灵魂，是证券市场的生命，是衡量上市公司投资价值的重要方面。成长性是指公司在自身的发展过程中，其所在的产业和行业受国家政策扶持，具有发展性，产品前景广阔，呈现出公司规模逐年扩张、经营效益不断增长的趋势。公司成长性分析除前述所属行业分析、行业地位分析外，还需要特别分析公司经营战略及扩张潜力。

（一）公司战略定位分析

经营战略是对公司经营范围、成长方向、速度以及竞争对策等的长期规划，直接关系着公司未来的发展和成长。合理的经营战略是确保一个企业在行业中生存并得以发展的基础。

经营战略按企业在行业中经营的态势可以分为：（1）进攻型战略。指依靠自身力量或联合其他企业在事业上积极进取、主动发展和创新，以争取行业中领先地位的战略。（2）防御型战略。指在一定时期内在产品市场等方面不求超越，紧紧跟随并以守为攻、伺机而动的战略。（3）撤退型（或紧缩型）战略。指在一定时期内缩小产品市场规模的战略。

经营战略按企业竞争的优势可以分为：（1）成本领先战略：即以低成本取得在行业中领先地位的战略。该战略的基础是规模化生产和高效率的管理。（2）差别化战略：即通过形成在行业中独特的、其他企业不具备的特点，使企业获得较高的边际利润的经营战略。如产品差别化、服务差别化等。（3）专业化战略：即主攻某细分市场或某特殊产品的战略。实施这一战略的前提是，企业业务的专业化能够以更高的效率、更好的效果为某一较为狭窄的战略对象服务。

投资者对公司经营战略分析的要点包括：公司是否有明确、统一的经营战略；公司的投资项目、财力资源、研究创新、人力资源等是否适应公司经营战略的要求；公司是否有实施战略的稳定的高级管理层。

（二）公司扩张潜力分析

规模扩张是成长性公司最重要的特征之一。公司扩张潜力与公司过往规模变动特征、公司现有产品的市场前景、发展储备（产品、技术和项目）情况以及公司的融资能力有关。

1. 公司规模变动特征分析。公司规模变动特征分析的重点是判断公司过往规模的扩张是由供给推动还是由市场需求拉动，是通过公司的产品创造市场需求还是生产产品去满足市场需求，是依靠技术进步还是依靠其他生产要素，等等，以此找出公司发展的内在规律。公司在过往规模扩张中的内在规律会影响公司的未来发展。

2. 公司现有产品的市场前景分析。现有产品的市场前景好，未来的市场份额大，公司自然会有扩大现有产品规模的可能。这种可能性主要通过财务分析来判断。分析的重点是公司历年销售、利润、资产等规模及其增长率的变化，并以纵向和横向（竞争对手）对比的方式，揭示公司现有产品的市场发展趋势及其行业地位的变化。

公司现有的产品储备、技术储备和项目储备代表着公司未来的发展方向和规模扩张的潜力。当然，这些储备能否变为公司未来新的增长点，还需要结合公司大股东、控股股东背景进行筹资潜力分析。

四、公司重要事项分析

（一）在建、拟建投资项目分析

公司的生存靠发展，公司的发展却依赖于投资。投资项目一经完成，不仅将在相当长的时间里影响公司的产销能力和财务状况，而且还将决定公司在市场的定位和发展方向。在建、拟建的投资项目事关公司的融资行为，关系到公司现有项目、现有产品的发展，关系到公司的产品储备。在建、拟建项目分析必须重点考虑以下几点。

1. 投资项目的类型。投资项目按建设性质分为新建项目、扩建项目、改建项目；按建设阶段分为筹建项目、开工项目、在建项目、建成投产项目、收尾工程项目。不同类型的投资项目对公司产能、现金流、发展前景等的影响不同。

2. 投资项目与公司目前产品的关联度。投资项目是扩大原有产品生产规模，还是进行技术创新、提高产品竞争力，还是延长产品线，向上游或下游产业延伸，还是进入新的产业，这些将对公司产生不同的影响。如果投资项目是新产品，须进一步分析其市场前景，并从技术含量、进入壁垒等方面分析其市场竞争优势。

3. 投资项目的建设期和回收期的现金流，特别是投资项目后续资金（包括正式投产后需增加的营运资金、市场推广资金等）的来源问题。如果投资项目建设需要公司增资，就会改变公司的财务结构，影响整体财务状况的稳定性。

4. 投资项目的预期收益和风险情况。收益的评价可以用净现值、现值指数、内含报酬率等贴现指标，并辅之以回收期、会计收益率等非贴现指标。风险可以从定性和定量两方面进行分析：定性分析主要是项目产品的未来市场环境；定量分析可以采用敏感性分析法、概率分析法、保本点分析法、风险调整贴现法及肯定当量法。

（二）资产重组分析

资产重组是指资产的拥有者、控制者与公司外部的经济主体进行的，对公司资产的分布状态进行重新组合、调整、配置的过程。上市公司进行资产重组既有短期的压力和需求，即为了保稀有的"壳资源"、保配股的功能，也有上市公司的从长计议，即通过有效的重组，实现可持续发展。资产重组分析需要了解资产重组的方式及资产重组的发生情形，不同的重组类型和发生情形，对公司业绩的影响不同。

以重组后的规模变化为标准，公司资产重组可以分为如下三类：（1）扩张型，通常是指扩大公司经营规模和资产规模的重组行为。如购买资产、收购公司或股份、合资或联营组建子公司和公司合并等。（2）调整型，包括不改变控制权的股权置换、股权—资产置换、不改变公司资产规模的资产置换，以及缩小公司规模的资产出售、公司分立、资产与负债剥离等公司的调整行为。（3）控制权变更型，是指通过公司控股权及控制权的转移而进行的公司重组方式。常见的做法有股权的协议转让、公司股权托管和公司托管、表决权信托与委托书收购、股份回购和交叉控股等。

从理论上讲，资产重组可以促进资源的优化配置，有利于产业结构的调整，增强公司的市场竞争力，从而使一批上市公司由小变大、由弱变强。但在实践中，并非所有的重组都可以达到理想的效果。投资者分析重组时需要考虑的是：上市公司的资产重组是什么类型的，是在何种情形下发生的。不同情形下、不同重组方式，绩效差距很大。

1. 对于扩张型资产重组而言，通过收购、兼并对外进行股权投资，公司可以拓展产品市场份额或进入其他经营领域，但其重组效果受被收购兼并方生产及经营现状影响较大，磨合期较长，因而见效可能较慢。

2. 对于调整型资产重组而言，需要鉴别"报表性重组"和"实质性重组"。实质性重组一般要将被并购公司50%以上的资产与并购公司的资产进行置换，或双方资产合并。而报表性重组是短期内提高报表收益的途径，一般都不进行大规模的资产置换或合并。资产置换型重组的重要内容就是用公司"劣质"资产交换外部优质资产，由于是采取整体置换形式，因而公司资产质量得以迅速提高，收益也可立竿见影。但需要指出的是，这种方式的资产重组关联交易较多，交易的市场化程度低，短期获益较多，公司的长期盈利能力还有待观察。

3. 上市公司资产重组分析都要涉及重组后的业绩，分析时要注意以下几个方面：重组后主营业务状况；重组后每股收益、每股净资产及净资产收益率的增减状况；业绩与重组方式的关系；业绩与股本规模、上市时间的关系；运用优惠政策的重组对业绩的影响；关联重组是否造成了业绩误区；重组时对目标资产的选择是否严格；重组中是否只注重了资本经营而忽视了新产品经营等。

（三）关联交易分析

关联交易是指公司或附属公司与在本公司直接或间接占有权益、存在利害关系的关联方之间所进行的交易。关联方包括自然人和法人，主要指上市公司的发起人、主要股东、董事、监事、高级行政管理人员以及其家属和上述各方所控股的公司。凡以上关联方之间发生转移资源或义务的事项，不论是否收取价款，均被视为关联交易。我国会计准则中列举了购买或销售商品、购买或销售商品以外的其他资产、提供或接受劳务、担保、提供资金、租赁、代理、研究与开发项目的转移、许可协议、债务结算、关键管理人薪酬共 11 种常见的关联交易类型。

从理论上说，关联交易属于中性交易，它既不属于单纯的市场行为，也不属于内幕交易的范畴。正常的关联交易对交易双方都有积极的影响：关联双方通过明确产供销关系，可以节约大量商业谈判等方面的交易成本，保证合同的优先执行，优化资本结构和内部资源配置，提高资产盈利能力，保证生产经营的正常进行和快速发展。通过相互拆借资金，相互担保，及时筹措资金，可以有效地把握投资机会，降低机会成本，提高资金营运效率。但在实际的经营活动中，关联交易很容易成为企业调节利润、避税和一些部门及个人获利的途径，往往使中小投资者的利益受损。事实上，通过关联交易获取资产转让收益、操纵上市公司利润，从而达到保配、扭亏或摘帽的目的，是近年来上市公司关联交易的主要动机之一。

投资者在分析关联交易时，一方面应广泛地收集各方面的信息资料并细心研读，对其进行细致的分析。尤其要注意关联交易可能给上市公司带来的隐患，如资金占用、信用担保、关联购销等。另一方面，对于不清楚的事项应向上市公司、会计师及有关人士询问。此外，还可以对上市公司进行走访调研，全面了解、掌握上市公司的情况。只有这样，才可以避免在投资上陷入误区。

五、公司文化分析

著名经济学家于光远先生说过，"国家富强在于经济，经济繁荣在于公司，公司兴旺在于管理，管理优劣在于文化。"公司文化是指公司全体职工在长期的经营管理活动中逐渐形成的共同遵循的规则、价值观、人生观和自身的行为规范准则。公司文化包括经营管理理念、企业精神、管理特色、服务理念等。

（一）公司文化的重要性

公司文化能够潜在地影响公司员工的思维和行为。优秀的公司文化能够将公司战略落实到每位员工的思维和行为上，营造一种良好的工作氛围，并作为一种"软实力"与公司"硬实力"产生协同效应，潜移默化地影响到公司运转的方方面面，是公司综合实力和竞争力的重要体现。优秀的公司文化是公司凝聚力和竞争力的重要源泉，是应对各种困难和挑战，推动公司高质量发展的强大动力。近年来，公司文化对公司生存和发展的影响力越来越突出。积极打造优良的公司文化成为越来越多的公司提升业绩、改善自身形象以及实现持续发展的战略性举措。

（二）公司文化分析

公司文化分析是从整体上和本质上真正把握一个公司基本素质的重要环节。公司文化分析是在公司文化调查的基础上，分析判断一个公司是否存在着能保持公司持续稳定发展的文化特质。对公司文化的分析一般从公司内新成员被原有群体同化的过程与内容、公司在历史上对重大的经营事件及危机的处理方式、公司创始人及现任领导或文化创始人、推行者的信念、价值观和行为准则等方面进行。

第二节 公司财务分析

一、公司财务分析的依据

财务分析主要是以公司的财务报告为依据，通过对财务报告所提供的资料进行加工整理而形成。

财务报告（以下简称财报）是反映企业某一特定日期财务状况和某一会计期间经营成果现金流量的文件。财报是企业一段时间内生产经营活动的缩影，是投资者了解公司经营状况和对未来发展趋势进行预测的重要依据。

按照证监会现行规定，上市公司应当披露的定期报告包括年报、中报和季报。年报内容最为详尽，其应当反映的内容包括：公司基本情况；主要会计数据和财务指标；公司股票、债券发行及变动情况；报告期末股票、债券总额、股东总数；公司前 10 大股东持股情况；持股 5% 以上股东、控股股东及实际控制人情况；董事、监事、高级管理人员的任职情况、持股变动情况、年度报酬情况；董事会报告；管理层讨论与分析；报告期内重大事件及对公司的影响；财务会计报告和审计报告全文；中国证监会规定的其他事项。财务会计报告是其中最核心的内容。

目前，我国上市公司的财务会计报告是以资产负债表、损益表、现金流量表为核心和纽带，联结财务报表附表和附注的一个财务报表体系。

（一）资产负债表

资产负债表，也叫平衡表（见表 11-1），是反映公司在某一特定日期的财务状况的静态报告。该表根据"资产＝负债＋所有者权益"的会计等式编制而成，揭示的是某一时点公司的资产、负债、所有者权益以及它们之间的平衡关系。表内各项目的排列以流动性的强弱为序。资产部分表示公司所拥有或掌握的以及其他公司所欠的各种资源或财产；负债表示公司所应支付的所有债务；股东权益表示在清偿各种债务以后，公司股东所拥有的净资产价值。通过资产负债表可以对公司的资产结构、资本结构、偿债能力是否充足作出判断。

表 11-1 贵州茅台（600519）资产负债表　　（单位：万元）

报表日期	2019-12-31	2018-12-31	报表日期	2019-12-31	2018-12-31
流动资产			流动负债		
货币资金	1 325 181.72	11 207 479.14	短期借款	—	—
交易性金融资产	—	—	交易性金融负债	—	—
衍生金融资产	—	—	应付票据及应付账款	151 367.66	117 829.64
应收票据及应收账款	146 300.06	56 373.97	应付票据	—	—
应收票据	146 300.06	56 373.97	应付账款	151 367.66	117 829.64
应收账款	—	—	预收款项	1 374 032.97	1 357 651.68
应收款项融资	—	—	应付手续费及佣金	—	—
预付款项	154 947.73	118 237.85	应付职工薪酬	244 507.10	203 451.47
其他应收款（合计）	7 654.05	39 389.05	应交税费	875 594.93	1 077 107.60
应收利息	—	34 388.99	其他应付款（合计）	358 951.66	340 477.11
应收股利	—	—	应付利息	1.11	4 277.05
其他应收款	7 654.05	5 000.05	应付股利	44 688.00	—
买入返售金融资产	—	—	其他应付款	314 262.55	336 200.06
存货	2 528 492.08	2 350 695.08	预提费用	—	—
划分为持有待售资产	—	—	一年内的递延收益	—	—
一年内到期的非流动资产	—	—	应付短期债券	—	—
待摊费用	—	—	一年内到期的非流动负债	—	—
待处理流动资产损益	—	—	其他流动负债	—	—
其他流动资产	2 090.49	14 008.43	流动负债合计	4 109 329.92	4 243 818.68
流动资产合计	15 902 447.20	13 786 183.53	非流动负债		
非流动资产			长期借款	—	—
发放贷款及垫款	4 875.00	3 607.50	应付债券	—	—
可供出售金融资产	—	2 900.00	租赁负债	—	—
持有至到期投资	—	—	长期应付职工薪酬	—	—
长期应收款	—	—	长期应付款（合计）	—	—
长期股权投资	—	—	长期应付款	—	—
投资性房地产	—	—	专项应付款	—	—
在建工程（合计）	251 893.83	195 432.30	预计非流动负债	—	—
在建工程	251 893.83	195 432.30	递延所得税负债	7 269.26	—
工程物资	—	—	长期递延收益	—	—
固定资产及清理（合计）	1 514 418.27	1 524 855.66	其他非流动负债	—	—
固定资产净额	1 514 418.27	1 524 855.66	非流动负债合计	7 269.26	—
固定资产清理	—	—	负债合计	4 116 599.18	4 243 818.68
生产性生物资产	—	—	所有者权益		
公益性生物资产	—	—	实收资本（或股本）	125 619.78	125 619.78
油气资产	—	—	资本公积	137 496.44	137 496.44
使用权资产	—	—	减：库存股	—	—
无形资产	472 802.73	349 917.54	其他综合收益	-719.87	-706.57
开发支出	—	—	专项储备	—	—
商誉	—	—	盈余公积	1 659 569.90	1 344 422.12
长期待摊费用	15 828.43	16 841.47	一般风险准备	89 834.99	78 830.26
递延所得税资产	109 994.69	104 929.48	未分配利润	11 589 233.74	9 598 194.40
其他非流动资产	—	—	归属于母公司股东权益合计	13 601 034.99	11 283 856.43
非流动资产合计	2 401 790.00	2 198 483.94	少数股东权益	586 603.04	456 992.36
资产总计	18 304 237.20	15 984 667.47	股东权益合计	14 187 638.02	11 740 848.79
			负债和股东权益总计	18 304 237.20	15 984 667.47

资料来源：财务报表来自公司官网：https://www.moutaichina.com/maotaigf/tzzgx/cwbg/index.html。

(二) 利润表

利润表，也叫损益表（见表11-2），是动态反映企业在一定会计期的经营成果的会计报表。该表根据"收入-费用=利润"的会计等式编制而成，是一段时间内公司经营业绩的财务记录，反映了这段时间的销售收入、销售成本、经营费用及税收状况，报表结果为公司实现的利润或形成的亏损。通过损益表可以对公司获取利润能力的大小、经营效率进行分析，对公司在行业中的竞争地位、持续发展能力以及经营趋势作出判断。

表11-2 贵州茅台（600519）损益表 （单位：万元）

报表日期	2019-12-31	2018-12-31
一、营业总收入	8 885 433.75	7 719 938.41
营业收入	8 542 957.35	7 363 887.24
二、营业总成本	2 981 225.30	2 586 603.06
营业成本	743 001.39	652 292.18
营业税金及附加	1 273 329.24	1 128 892.68
销售费用	327 899.10	257 207.69
管理费用	616 798.28	532 594.08
财务费用	745.80	-352.12
研发费用	4 868.88	2 195.36
资产减值损失	—	128.97
公允价值变动收益	-1 401.85	—
投资收益	—	—
其中：对联营企业和合营企业的投资收益	—	—
汇兑收益	—	—
三、营业利润	5 904 148.93	5 134 298.77
加：营业外收入	945.45	1 161.95
减：营业外支出	26 839.19	52 700.38
其中：非流动资产处置损失	—	—
四、利润总额	5 878 255.18	5 082 760.34
减：所得税费用	1 481 255.10	1 299 798.57
五、净利润	4 397 000.08	3 782 961.78
归属于母公司所有者的净利润	4 120 647.10	3 520 362.53
少数股东损益	276 352.98	262 599.25
六、每股收益		
基本每股收益（元/股）	32.8000	28.0200
稀释每股收益（元/股）	32.8000	28.0200
七、其他综合收益	-13.30	33.59
八、综合收益总额	4 396 986.78	3 782 995.36
归属于母公司所有者的综合收益总额	4 120 633.80	3 520 396.11
归属于少数股东的综合收益总额	276 352.98	262 599.25

(三) 现金流量表

现金流量表(见表 11-3)是动态地综合反映一定会计期内公司的现金和现金等价物流入流出情况的报表。该表根据"现金流入量 - 现金流出量 = 现金净流量"的会计等式编制,表中的现金不仅包括货币资金,还包括持有时间短、流动性强的现金等价物。编制现金流量表的目的是对以权责发生制为基础的会计报表的必要补充,以增强会计信息的有效性。现金流量表提供了一家公司经营是否健康的证据。通过现金流量表,可以了解和评价公司获取现金和现金等价物的能力,并据以预测公司未来现金流量。当现金流量表结合其他财务报表一起使用时,所提供的信息能帮助使用者更好地评价公司的支付能力、偿债能力及收益质量。

表 11-3　贵州茅台 (600519) 现金流量表　　　　　(单位：万元)

报表日期	2019-12-31	2018-12-31
一、经营活动产生的现金流量		
销售商品、提供劳务收到的现金	9 498 013.86	8 426 869.57
收到的税费返还	—	—
收到的其他与经营活动有关的现金	123 408.19	62 155.84
经营活动现金流入小计	9 944 443.72	8 934 563.54
购买商品、接受劳务支付的现金	552 194.87	529 851.80
支付给职工以及为职工支付的现金	766 986.31	665 313.77
支付的各项税费	3 984 135.28	3 203 217.81
支付的其他与经营活动有关的现金	531 541.72	293 576.68
经营活动现金流出小计	5 423 382.45	4 796 040.10
经营活动产生的现金流量净额	4 521 061.26	4 138 523.44
二、投资活动产生的现金流量		
收回投资所收到的现金	—	—
取得投资收益所收到的现金	—	—
处置固定资产、无形资产和其他长期资产所收回的现金净额	3.81	—
处置子公司及其他营业单位收到的现金净额	—	—
收到的其他与投资活动有关的现金	732.11	1 124.42
投资活动现金流入小计	735.92	1 124.42
购建固定资产、无形资产和其他长期资产所支付的现金	314 886.47	160 675.02
投资所支付的现金	—	—
取得子公司及其他营业单位支付的现金净额	—	—
支付的其他与投资活动有关的现金	2 418.02	3 345.67
投资活动现金流出小计	317 304.49	164 020.69
投资活动产生的现金流量净额	-316 568.57	-162 896.27
三、筹资活动产生的现金流量		
吸收投资收到的现金	83 300.00	—
其中：子公司吸收少数股东投资收到的现金	83 300.00	—

续表

报表日期	2019-12-31	2018-12-31
取得借款收到的现金	—	—
发行债券收到的现金	—	—
收到其他与筹资活动有关的现金	—	—
筹资活动现金流入小计	83 300.00	—
偿还债务支付的现金	—	—
分配股利、利润或偿付利息所支付的现金	2 011 740.28	1 644 109.32
其中：子公司支付给少数股东的股利、利润	185 354.30	262 417.35
支付其他与筹资活动有关的现金	—	—
筹资活动现金流出小计	2 011 740.28	1 644 109.32
筹资活动产生的现金流量净额	-1 928 440.28	-1 644 109.32
四、汇率变动对现金及现金等价物的影响	2.72	2.90
五、现金及现金等价物净增加额	2 276 055.13	2 331 520.75
加：期初现金及现金等价物余额	9 824 328.83	7 492 808.08
六、期末现金及现金等价物余额	12 100 383.96	9 824 328.83

（四）财务报表附表

财务报表附表是反映公司财务状况、经营成果和现金流量的补充报表。公司最主要的财务报表附表有资产减值准备明细表、所有者权益增减变动表、应交增值税明细表、利润分配表、分部报表等。

资产减值准备明细表。资产减值准备明细表反映公司年末各种资产减值准备增减变动情况。

所有者权益增减变动表。所有者权益增减变动表反映公司年末所有者权益增减变动情况。

应交增值税明细表。应交增值税明细表反映公司年度内增值税的交纳、清算和期末应交增值税等情况。其目的是方便税务部门对增值税的监管。

利润分配表。利润分配表反映公司在会计年度内利润分配和年末未分配利润情况。

分部报表。分部报表是资产负债表和利润表两张主表的一张综合附表，反映公司各行业、各地区经营业务的收入、成本、费用、营业利润、资产总额以及负债总额的情况。编制的目的是让会计信息使用者了解公司各行业、各地区分部的规模大小、利润情况，以及发展趋势，以对整个公司状况作出更准确的判断。

（五）财务报表附注

财务报表附注是为了便于财务报表使用者理解财务报表的内容而对财务报表的编制基础、编制依据、编制原则和方法及主要项目等所作的解释。财务报表附注应当提供关于财务报表的编制基础和公司针对重要经济业务采用的会计政策和会计估计的说明、对财务报表中重要项目的进一步解释，以及未在财务报表中列示，但国家统一的会计制度要求披露，或有助于准确、完整地理解财务报表的信息。一般情况下，财务报表附注应当披露的主要内容有：

（1）财务报表的编制基础及遵循公司会计准则的声明。

（2）重要会计政策的说明，包括财务报表项目的计量基础和会计政策的确定依据等。

（3）重要会计估计的说明，包括下一会计期内很可能导致资产和负债账面价值重大调整的会计估计的确定依据等。

（4）会计政策和会计估计变更以及差错更正的说明。

（5）对已在资产负债表、利润表、所有者权益增减变动表和现金流量表中列示的重要项目的进一步说明，包括终止经营税后利润的金额及其构成情况等。

（6）或有和承诺事项、资产负债表日后非调整事项、关联方关系及其交易等需要说明的事项。

此外，对重要资产转让及出售、公司合并与分立、重大投资与融资活动、财务报表重要项目等事项的说明；资产负债表日后、财务报表批准报出日前提议或宣布发放的股利总额和每股股利金额（或分配给投资者的利润总额）以及其他有助于理解和分析财务报表需要说明的其他事项，也应在附注中披露。

二、财务分析的方法

财务分析的方法主要有比较分析法、比率分析法、因素分析法和趋势分析法。

（一）比较分析法

比较分析法是指通过经济指标数量上的比较来提示经济指标的数量关系和差异，以揭示公司财务状况、经营成果和现金流量的一种方法。比较分析法的作用就在于揭示财务活动中的数量关系和存在的差距，从而发现问题，为进一步分析原因指明方向。比较分析法是最基本的财务分析方法。比较分析法的应用关键是寻找比较标准，常用的比较标准有以下几种。

（1）绝对标准：绝对标准是对各个公司不同时期都普遍适用的评价标准。

（2）行业标准：行业标准是反映某行业水平的指标评价标准。在比较时，既可以与行业平均标准对比，也可以与行业先进水平标准对比。

（3）历史标准：历史标准是反映公司历史水平的指标评价标准。在比较时，可以期末与期初比较，本期与历史同期比较，本期与历史最好水平比较。

（4）目标标准：目标标准是反映公司目标水平的指标评价标准。当公司的实际财务指标达不到目标标准时，应进一步分析其中的原因。

应用比较分析法对同一性质指标进行比较时要注意指标的可比性。

（二）比率分析法

比率分析法是以同一期财务报表上若干重要项目的相关数据相互比较，求出比率，用于分析公司财务状况、经营成果和现金流量情况的一种分析方法。比率是一种相对数，能将某些条件下不可比的指标变为可以比较的指标，比率分析法是财务分析最基本的方法。在运用比率分析法时，必须选择有重要联系的两个或两个以上项目金额之间的有用比率。根据项目之间的关系不同，可以将比率分为三类：

（1）结构比率。结构比率是计算某项经济指标的各个组成部分占总体的比重，用于反映部分与总体的关系。

（2）效率比率。效率比率也叫效益比率，是计算某项经济活动中所费与所得的比例，用于反映投入与产出的关系，考察经营结果，评价经济效益的水平。

（3）相关比率。相关比率是计算在部分与总体关系、投入与产出关系之外具有相关关系指标的比率。如资产负债率，流动比率等。通过相关比率的计算与分析，可以有效地反映经济活动的联系。

比率分析法用途最广，但由于计算比率所用的指标均为账面数据，分析本身属于静态分析，具有一定的局限性。因此，在运用比率分析法时，要注意将各种比率有机联系起来进行全面分析，否则便难以准确地判断公司的整体情况。

（三）因素分析法

因素分析法是指通过确定影响经济指标的因素，测量这些因素对经济指标的影响程度，查明指标变动原因，以评价公司财务状况的一种分析方法。具体分析方法主要有连环替代法和差额分析法两种。

连环替代法是将分析指标分解为各个可以计量的因素，并根据各个因素之间的依存关系，顺次用各因素的比较值（即实际值）替代基准值（标准值或计划值），据以测定各因素对分析指标的影响。

差额分析法是连环替代法的一种简化形式，是利用各个因素的比较值与基准值之间的差额，来计算各因素对分析指标的影响。例如，利润总额＝营业利润＋投资损益±营业外收支净额。在分析去年和今年的利润变化时可以分别计算今年利润总额的变化，以及三个影响因素与去年比较时不同的变化，这样就可以了解今年利润增加或减少主要由三个因素中的哪个因素引起的。采用因素分析法时应注意因素分解的关联性、因素替代的顺序性、顺序替代的连环性以及计算结果的假定性。

（四）趋势分析法

趋势分析法又叫水平分析法，它是通过财务报表中各类相关数字资料，将多期连续的相同指标或比率进行对比，得出它们的增减变动方向、数额和幅度，以揭示公司财务状况、经营情况和现金流量变化趋势的一种分析方法。趋势分析法的运用方式主要有如下三种。

1. 重要财务指标的比较。重要财务指标的比较是将不同时期财务报告中的相同指标或比率进行比较，直接观察其增减变动情况及变动幅度，考察其发展趋势，预测其发展前景。这种动态分析所用的指标分为定基动态比率和环比动态比率两种。

定基动态比率：即用某一时期的数值作为固定的基期指标数值，将其他的各期数值与其进行对比来分析。其计算公式为：

$$定基动态比率 = 分析期数值 \div 固定基期数值 \qquad (11-1)$$

环比动态比率：它是以每一分析期的前期数值为基期数值而计算出来的动态比率，其计算公式为：

$$环比动态比率 = 分析期数值 \div 前期数值 \qquad (11-2)$$

2. 会计报表的比较。会计报表的比较是将连续数期的会计报表金额并列起来，比较其相同指标的增减变动金额和幅度。运用该方法进行比较分析时，最好是既计算有关指标增减变动的绝对值，又计算其增减变动的相对值。这样可以有效地避免分析结果的片面性。

3. 会计报表项目构成的比较。会计报表项目构成的比较是通过比较各组成项目占该总体指标的百分比的增减变动，来判断有关财务活动的变化趋势。这种方式既可用于同一公司不同时期财务状况的纵向比较，又可用于不同公司之间的横向比较。同时，这种方法还能消除不同时期（不同公司）之间业务规模差异的影响，有利于分析公司的耗费和盈利水平，但计算较为复杂。

通常情况下，财务分析往往需要同时应用上述多种分析方法。无论哪种财务分析方法，在应用时必须注意各财务指标或比率计算的一致性以及剔除偶发性因素对财务项目的影响。此外，还要注意应用例外原则，对某项有显著变动的指标作重点分析，研究其产生的原因，以便采取对策，趋利避害。

三、财务分析的基本比率

（一）偿债能力分析的基本比率

能否及时偿还到期债务，是公司财务状况好坏的重要标志。公司偿债能力包括短期偿债能力和长期偿债能力两个方面。

1. 短期偿债能力分析的基本比率。反映公司短期偿债能力的基本比率有流动比率、速动比率、现金比率、利息保障倍数及现金流量利息保障倍数。表11-4反映的是这些比率的计算方法及分析内容。

表11-4 反映短期偿债能力的基本比率

比率（倍）	比率分析
流动比率 = 流动资产/流动负债	反映短期偿债能力的最基本指标。经验值为2倍。流动比率下降可能是公司财务困难的第一个信号
速动比率 =（流动资产－存货）/流动负债	衡量某一时点运用随时可变现资产偿付到期债务的能力，是对流动比率的补充。经验值为1倍
现金比率 =（现金＋现金等价物）/流动负债	反映短期偿债能力最严格的指标，是速动比率的延伸
利息保障倍数 = 息税前利润/利息费用	衡量盈利水平偿还债务利息的能力。一般而言，该指标至少应该等于1
现金流量利息保障倍数 =（经营现金流量＋利息费用）/利息费用	衡量用公司经营活动产生的现金流量偿还债务利息的能力，是对利息保障倍数的补充

2. 长期偿债能力分析的基本比率。公司长期债务包括长期借款、应付长期债券等。反映公司长期偿债能力的指标主要有资产负债率、股东权益比率、权益乘数、产权比率、长期负债比率、有形资产负债率、长期资产适合率等。这些比率也可以用来反映公司的资本结构。相关比率的计算方法及分析内容见表11-5。

表11-5 反映长期偿债能力的基本比率

比率（%）	比率分析
股东权益比率 = 所有者权益/总资产	反映公司基本财务结构是否稳定。比率高意味着低风险、低报酬的财务结构；比率低意味着高风险、高报酬的财务结构
权益乘数 = 总资产/所有者权益	反映股东资产的扩张能力，也反映了公司的债务规模

续表

比率（%）	比率分析
产权比率＝负债总额/所有者权益	用来衡量公司负债的风险程度以及公司对债务的偿还能力。通常情况下，该比率应该维持在1:1以上
资产负债率＝负债总额/资产总额	反映总资产有多大比例是借债形成的。比率越低，长期偿债能力越强，财务状况越稳定。比率大于1，出现资不抵债的情形，会面临破产危机
长期负债比率＝长期负债/资产总额	比率过高意味着股东权益比率较低，公司资本结构风险较大，稳定性较差，在经济衰退时期会给公司带来额外风险
有形资产负债率＝负债总额/（资产总额－无形资产）	更客观地评价公司长期偿债能力。无形资产不一定能用来偿债。如果待摊费用和长期待摊费用较大，在计算该指标时也应从资产总额中扣除
长期资产适合率＝（所有者权益＋长期负债）/（固定资产＋长期投资）	从资源配置结构方面反映了公司偿债能力。一般认为100%比较适宜

（二）资产管理能力分析的基本比率

公司的资产管理能力也指营运能力，是指通过公司生产经营资金周转速度的有关指标所反映出来的公司资金利用的效率。它表明公司管理人员经营管理、运用资金的能力。常用的评价比率有存货周转率、应收账款周转率、总资产周转率等。一般情况下，这些周转率越高，意味着公司资产管理能力越强。相关比率的计算及分析内容见表11－6。

表11－6　反映公司资产管理能力的基本比率

比率（次/年）	比率分析
存货周转率＝销售成本/平均存货余额	该比率是反映公司购入存货、投入生产、销售收回等各环节管理状况的综合性指标
应收账款周转率＝销售收入/平均应收账款余额	反映公司应收账款的管理水平。分析时要注意季节性经营、大量使用分期付款或现金结算方式、年末销售大幅度增减等因素对指标的影响
总资产周转率＝销售收入/平均资产总额	该比率反映总资产周转速度。总资产周转越快，反映公司销售能力越强

资产管理能力也可以用周转天数来反映，用360天分别除以存货周转率、应收账款周转率，可得到存货周转天数和应收账款周转天数，两者相加即为营业周期。营业周期反映公司从取得存货开始到销售存货并收回现金为止所需要的时间，这一时间越短，表明公司营运管理能力越强。

（三）盈利能力分析的基本比率

公司资金运动的直接目的是价值增值，因此，盈利能力实际上是指公司资金的增值能力，它通常体现为盈利水平与盈利质量的高低。衡量盈利水平的比率主要有销售毛利率、销售净利率、资产收益率、净资产收益率、主营业务利润率等。衡量盈利质量的比率主要有营业收入收现率、盈利现金保障倍数和营业利润占比。相关比率的计算及分析见表11－7。

表11-7 反映公司盈利能力的基本比率

项目	比率（%）	比率分析
反映盈利水平的比率	销售毛利率 =（销售收入 - 销售成本）/销售收入	表示每元销售收入在仅扣除销售成本时的利润水平。较高的毛利率才有可能产生更多的盈利
	销售净利率（ROS）= 净利润/销售收入	反映每元销售收入带来的净利润水平。比率越高，意味着公司盈利水平越高
	资产收益率（ROA）= 净利润/平均资产总额	反映公司资产利用的综合效果。比率越高，说明资产利用效率越高
	净资产收益率（ROE）= 净利润/平均股东权益	反映股东收益水平的核心指标。比率越高，说明投资给股东带来的收益越高
	主营业务利润率 = 主营业务利润/主营业务收入	反映公司最基本的获利能力。比率越高，说明公司产品附加值高，主营业务竞争力强，发展潜力大
反映盈利质量的比率	营业收入收现率 = 销售商品或劳务收到的现金/销售收入	反映销售收入的质量。在销售无大幅增长时，比率在1左右，说明公司能及时收回现金，收入质量较高；比率持续走低，说明应收账款增加，收入质量不高
	盈利现金保障倍数 = 经营现金净流量/净利润	表明当期利润有多少是有现金保障的。比率越高，盈利质量越高
	营业利润占比 = 营业利润总额/利润总额	表明日常经营活动对公司利润的贡献

（四）成长性分析的基本比率

公司成长性分析的目的在于观察公司在一定时期内的经营能力发展状况。成长性比率是衡量公司发展速度的重要指标，较常用的是增长率的指标，这些指标主要包括主营业务收入增长率、可持续增长率、资本积累率、总资产增长率、净利润增长率、固定资产增长率等。此外，固定资产成新率也可以反映公司的成长性。相关指标的计算及分析见表11-8。

表11-8 反映公司成长性的基本比率

比率（%）	比率分析
主营业务收入增长率 = 本期主营业务较上期增加额/上期主营业务收入	衡量公司产品生命周期，判断公司发展所处阶段。一般而言，比率大于10%，说明产品处于成长期；在5%~10%，说明产品进入稳定期；低于5%，说明产品保持市场份额已很困难，如果没有产品储备，公司将步入衰落
可持续增长率 = 净资产收益率×留存比率	反映公司在不提高财务杠杆的情况下，仅利用内部权益所能达到的增长率
资本积累率 = 本期所有者权益较上期增加额/上期所有者权益	反映所有者权益的累积水平。比率越高，表明公司的资本积累越多，应付风险、持续发展的能力越大
总资产增长率 = 本期总资产较上期增加额/上期资产总额	反映公司本期资产规模的增长情况。资产增长是公司发展的重要方面，成长性高的公司一般能保持资产的稳定增长

续表

比率（%）	比率分析
净利润增长率＝本期净利润较上期增加额/上期净利润	反映净利润的增长水平。比率越高，表明公司经营业绩突出，市场竞争能力强。比率低甚至出现负值，表明公司成长性差，甚至衰退
固定资产增长率＝本期固定资产增长额/上期固定资产总额	对于生产性公司而言，固定资产的增长反映了公司产能的扩张，特别是供给存在缺口的行业，产能的扩张直接意味着公司未来业绩的增长
固定资产成新率＝平均固定资产净值/平均固定资产原值	反映了公司所拥有的固定资产的新旧程度，体现了公司固定资产更新的快慢和持续发展的能力

四、上市公司业绩评价

业绩评价是对公司在一定期间内的经营管理活动过程及结果作出客观、公正和准确的综合判断。公司业绩综合评价的方法很多，本章介绍两种基本的评价方法。

（一）杜邦分析法

杜邦分析法（The DuPont Analysis System）是利用几种主要的财务比率之间的内在关系建立财务比率分析的综合模型，来综合地分析和评价公司财务状况和经营业绩的方法。由于这种分析方法最早由美国杜邦公司使用，故名"杜邦分析法"。

杜邦财务分析法的基本思路是从评价公司绩效最具综合性和代表性的指标——权益净利率出发，层层分解至公司最基本生产要素的使用、成本与费用的构成和公司风险，从而满足通过财务分析进行绩效评价的需要。同时在经营目标发生异动时经营者能及时查明原因并加以修正，同时为投资者、债权人及政府评价公司提供依据。杜邦财务分析体系对指标的层层分解方法如图11-1所示。

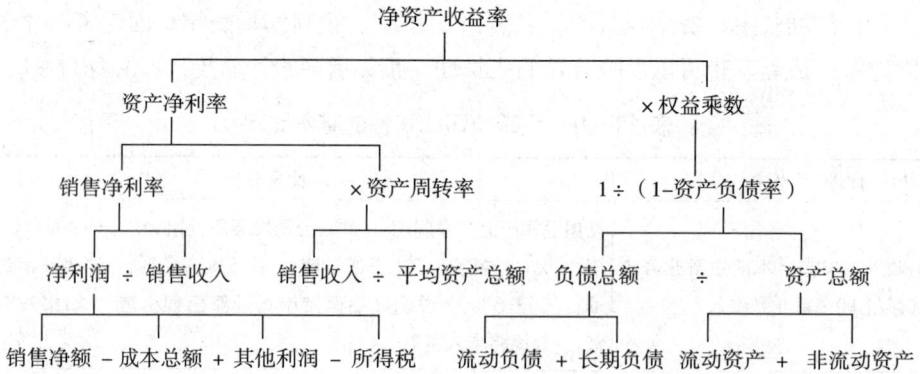

图 11-1 杜邦财务分析图

采用杜邦财务体系可使财务比率分析的层次更清晰、条理更突出，为报表分析者全面仔细地了解公司的经营和盈利状况提供方便。杜邦分析法有助于公司管理层更加清晰地看到权益资本收益率的决定因素，以及销售净利润率与总资产周转率、债务比率之间的相互关联关系，给管理层提供了一张明晰的考察公司资产管理效率和是否最大化股东投资回报的路线图,因而得到普遍的认同并在实际工作中得到广泛的应用。

当然,杜邦分析法也有其局限性,如分析所利用的资料只包括反映过去的财务状况的信息、对短期财务结果过分重视、不能解决无形资产的估值问题等,因此,在实际运用中需要加以注意,必须结合企业的其他信息加以分析。

专栏 11-1

业绩评价的新指标——EVA

EVA(Economic Value Added)即经济增加值,是从税后净营业利润中提取包括股权和债务的所有资金成本后的经济利润,是公司业绩度量的指标,衡量公司为股东创造的财富大小,是基于股东视角的利润。

EVA 评价指标最早于 20 世纪 90 年代由美国 Stern & Stewart 咨询公司提出,经过发展,目前已成为评价公司盈利能力最流行的方法之一。我国在 2007 年 1 月 1 日开始施行的《中央企业负责人经营业绩考核暂行办法》中,首次将 EVA 纳入了对公司负责人的考核指标。

EVA 带来了绩效评价的新观念。这种观念认为:传统会计利润并不是真正的利润,只有收回资金成本之后的 EVA 才是真正的利润;如果 EVA 为负数,即便会计利润有盈余,公司仍然是亏损的,也被认为公司在侵蚀股东财富。EVA 在一定程度上弥补了传统会计利润指标的缺陷。

EVA 的计算并不是一个精确的数字,它是对会计利润进行多项调整后得出的一个估计值。简化的 EVA 计算公式如下:

EVA =经过调整的营业净利润(NOPAT)-加权平均资本成本(WACC)×全部资本投入额(TC)

NOPAT 以会计净利润为基础进行调整得到,调整项目涉及商誉摊销、研发费用、递延所得税、先进先出存货利得、折旧、资产租赁等。这种调整的目的在于消除会计稳健主义对业绩的影响;减少管理当局进行盈余管理的机会;减少会计计量误差影响。计算公式如下:

NOPAT =税后净利润+利息费用+少数股东损益+本年商誉摊销+递延税项贷方余额的增加
 +其他准备金余额的增加+资本化研究发展费用-资本化研究发展费用在本年的摊销

EVA 业绩评价指标通过向管理者收取资金成本,鼓励管理者高效投入资本和利用资产,使管理者可以有效地对债权人和股东负责。

(二)沃尔评分法

1928 年,亚历山大·沃尔出版的《信用晴雨表研究》和《财务报表比率分析》中提出了信用能力指数的概念,他选择了 7 个财务比率,即流动比率、产权比率、固定资产比率、存货周转率、应收账款周转率、固定资产周转率和自有资金周转率,分别给定各指标的比重,然后确定标准比率(以行业平均数为基础),将实际比率与标准比率相比,得出相对比率,将此相对比率与各指标比重相乘,得出总评分。

后来,这种信用评分的思想也被推广应用到了公司综合业绩评价中。公司业绩评价的沃尔评分法,也称综合评分法、综合系数分析法,是把选定的各项财务比率用线性关系结合起来,并分别给定各自的分数比重,然后通过与标准比率进行比较,确定各项比率的得分及总体累计分数，从而对公司的财务状况作出综合评价。

沃尔评分法在公司业绩综合评价中的基本程序如下：

1. 选择评价公司财务状况的重要比率，并确定各比率的权数（权数总和）；
2. 确定这些评价比率的标准值（一般参考行业平均值）；
3. 计算公司在一定时期内评价比率的实际值；
4. 求出评价比率实际值和标准值的相对比率；
5. 使用一定的计算方法求出各评价比率的得分及总评分；
6. 根据总评分作出对公司综合绩效的评价。

为克服早期的沃尔评分法在评价比率的选择、权重的确定及计分方式上存在的局限，人们对沃尔评分法进行了很多的改进，形成了众多的沃尔评分体系，且还在不断发展完善之中。

专栏 11-2
我国中央企业绩效评价体系

为规范开展央企综合绩效评价工作，有效发挥综合绩效评价工作的评判、引导和诊断作用，推动企业提高经营管理水平，国务院国资委 2006 年 9 月颁布了《中央企业综合绩效评价实施细则（国资发评价 2006-157 号）》（以下简称《细则》）。《细则》中所设定的中央企业综合绩效评价体系涉及财务绩效和管理绩效两类，其中，财务绩效评价包括 8 个基本指标和 14 个修正指标，管理绩效评价包括 8 个评议指标。具体指标及权重安排如表 11-9 所示。

表 11-9 企业综合绩效评价指标及权重表

评价内容	权数	财务绩效（70%）				管理绩效（30%）	
		基本指标	权数	修正指标	权数	评议指标	权数
盈利能力	4			销售利润率	10	战略管理	18
		净资产收益率	20	盈余现金保障倍数	9	发展创新	15
		总资产报酬率	14	成本费用利润率	8	经营决策	16
				资本收益率	7	风险控制	13
资产质量	2	总资产周转率	10	不良资产比率	9	基础管理	14
		应收账款周转率	12	流动资产周转率	7	人力资源	8
				资产现金回收率	6	行业影响	8
债务风险	2			速动比率	6	社会贡献	8
		资产负债率	12	现金流动负债率	6		
		已获利息倍数	10	带息负债比率	5		
				或有负债比率	5		
经营增长	2	销售增长率	12	销售利润增长率	10		
		资本保值增值率	10	总资产增长率	7		
				技术投入比率	5		

其中，财务绩效指标的计分采取功效系数法，将评价指标实际值对照行业标准值，按规定的计分公式计算得分。管理绩效指标的计分采用综合分析判断法，一般通过专家评议打分形式完成。

该评价体系根据综合绩效总得分，将企业分为优、良、中、低、差五种类型。

五、财务分析中应注意的问题

财务分析是投资者了解评价一个公司的最重要内容之一，是对公司投资价值评价的最重要的基础。但财务分析也有其固有的问题，投资者需要特别注意。

（一）会计报表反映数据的局限性

会计报表反映数据的局限性来自报表编制的许多方面：以历史成本计价不代表资产现行价值；稳健原则的要求有可能夸大费用，少计收益和资产；报表的简化及概括性难以清晰而详细地反映复杂多样的公司经营活动；对公司非常重要的客户资源、管理能力等非财务信息无法在报表中反映；等等。凡此种种使报表数据的准确性、可靠性与有用性大打折扣，因此，在应用报表数据进行分析时，需要用一切办法克服上述的局限，争取比较准确的分析结果。

（二）会计报表的真实性问题

财务分析通常假定会计报表是真实的。财务报表的真实性问题要靠审计来解决。财务分析不能解决报表的真实性问题，但是财务分析人员通常要注意以下与此有关的问题：财务报告是否规范；财务报告是否有违背充分信息披露原则、故意遗漏的现象；数据的反常现象，如果无合理的反常原因，则要考虑数据的真实性和一贯性是否有问题；审计报告的意见类型和注册会计师的信誉。

（三）财务分析结果的预测性调整

进行财务报表分析时，所面对的资料反映的都是过去的经济活动结果，以反映过去的资料来推断公司的未来必然会存在很大的不确定性。公司的经济环境和经营条件发生变化后，原有的财务数据与新情况下的财务数据就不再具有直接可比性，因为财务数据反映的基础发生了变化。因此，在对公司财务指标进行比率分析后对公司的财务情况下结论时，必须预测公司经营环境可能发生的变化，根据不断变化的经济环境和经营条件对财务分析结果进行调整。

（四）会计和税收政策的变化及对经营业绩的影响

国家重大的会计政策变化会影响公司的经营业绩，而且公司可以利用这些变化合法地增减利润。如改变固定资产的折旧率、延长折旧年限，可使折旧费用减少，成本降低，利润增加；存货估价方法的调整也是公司增减利润的手段；等等。税收政策的变化也将对公司业绩产生一定的影响。如出口退税率的提高，对于出口占比大的公司来说会产生有利的影响，会增加公司现金流量表中的"经营活动产生的现金流量净额"和利润表中的主营业务收入。

此外，上市公司财务报表分析中还要注意地方政府的扶持及财政补贴对公司经营业绩的影响。地方政府的扶持和财政补贴可增加公司的利润。地方政府为了让一些公司达到上市标准、上市公司的配股标准以及上市公司摘掉 ST 和 PT 的"帽子"，会通过采用财政补贴、减免利息、降低税收和低价给予土地资源等手段达到增加公司利润的目的。

> **专栏 11-3**
> **哪些上市公司容易出现财务造假？**

1. 异动股。一般企业的业绩具有惯性，除非天灾人祸，但现在有些上市公司业绩"变脸"很快，此类上市公司前期业绩基本不可信。股价波动很大的上市公司往往已被恶庄控制，公司业绩已完全沦为恶庄欺骗股民的谎言，上市公司利用业绩配合庄家炒作，此类上市公司业绩最不可信。同样，对那些业绩超乎常规的高成长的公司及业绩优良但股价疲软的公司也要抱十分小心的态度。

2. 重组股。这类上市公司资本运作的背后往往是证券欺诈，包括财务造假与二级市场操纵，资本运作频繁本身说明其前面的资本运作有虚假，后面的资本运作也难保真实。此外，上市公司和大股东及其关联方有较多关联交易的，其业绩也不可信，实际上一些通过资产置换进行重组的股票，置换出去的资产往往是有问题资产，置进资产也往往不是优质资产。

3. 圈钱股。IPO 即首次发行股票的上市公司，由于经过大规模的上市改组，其前三年的业绩与实际业绩相差太远，特别是剥离劣质资产上市的公司，这些公司前三年的业绩不是其真实业绩，水分很大。再融资股票业绩往往畸高，畸高的背后往往是造假。对于净资产收益率超过 15% 的业绩都要小心，特别是通过重组和概念换来的业绩。

4. 垃圾股。这类上市公司实际业绩都很差，但为了圈钱和炒作需要，或利用会计手段调节业绩，或直接虚构业绩，使之三年微利或保配，然后一年大亏，这类企业业绩有太多粉饰，没有可信性。作为投资者来说，年报出台前还是远离那些已连续两年半亏损、目前又无实质性重组方案出台的上市公司股票。

5. 关联股。没有三分开的上市公司。其与大股东实际是一套人马、两块牌子，会计核算非常随意，业绩在母子公司之间移来移去，没有任何可比性及可靠性。此外，上市公司和大股东及其关联方有较多关联交易的，其业绩也不可信，因为目前关联交易非常不公允，实现的业绩往往不可持续，具有很大的欺骗性。

6. 概念股。大多数概念股都带有一定的欺骗性。这些概念股往往是庄家股，既然是庄家股，业绩就被庄家控制。

↑ 资料来源：搜狐网. 中国上市公司财务造假 13 种手段及识别技能大全 [EB/OL]. [2017-07-28]. https://www.sohu.com/a/160626270_712322.

第三节 公司价值评价

公司估值是投资、融资交易的前提。对一个持续经营的公司进行估值的方法通常分为两类：一类是绝对估值法，另一类是相对估值法。

一、绝对估值法

绝对估值法的理论基础是经济学中的预期效用理论。该理论认为，一项资产的价值是利用它所能获取的未来现金流的现值，即通过将被评估资产预期产生的现金流折现至某特定日

期,即可以评估资产的价值。绝对估值法因此也被称为贴现法、收益法。其估值模型为:

$$公司价值 = \sum_{t=1}^{n} \frac{预期各期现金流}{(1+贴现率)^t} \qquad (11-3)$$

绝对估值法的正确使用必须充分考虑公司未来现金流产生的基本因素及其对现金流的影响,这些非常依赖于与公司相关的一切财务和非财务的信息。因此,投资者需要专注于分析公司本身,不需要去分析其他类似公司的相对情况。

由于所使用的现金流不同,绝对估值法又分为两种常用的方法,包括股利贴现模型和自由现金流贴现模型。

(一)股利贴现模型

股利贴现模型(Dividend Discount Model,DDM),也称红利贴现模型,是最基本的绝对估值模型之一。股利是股东投资入股后可以获得的最基本收益或现金流,因此,股利贴现模型是用来评估股票价值的。要评估公司价值,可以用公司股票价值,加上有息负债和溢余资产价值。有息负债主要是指银行借款、债券等;溢余资产是指没有在预测期产生收益但现在存在客观价值的资产,如可供出售金融资产、长期股权投资等。

1. 基本模型。1938 年,美国投资理论家威廉姆斯在其《投资价值理论》一书中提出:股票的内在价值应等同于该股票持有者在公司的经营期内预期能得到的股息收入按一定贴现率计算的现值。在该书中,他提出了如下著名公式:

$$V_S = \frac{D_1}{1+r_s} + \frac{D_2}{(1+r_s)^2} + \frac{D_3}{(1+r_s)^3} + \cdots = \sum_{t=1}^{+\infty} \frac{D_t}{(1+r_s)^t} \qquad (11-4)$$

式中,V_S 代表普通股每股现值;D_t 代表第 t 期股利;r_s 代表投资者要求的报酬率,即折现率。

该公式表明,在公司长期存续期间,如果投资者一直持有公司股票,该股票在现在时点上的价值为该公司营运期间每年预期股利收益折现值的总和。

在实际投资活动中,大多数投资者都只会短期持有某公司股票。如果投资者只持有某公司股票 2 年,该公司股票现在价值应该是预期持有两年期可以获得的股利 D_1、D_2 和预期 2 年后售价 P_2 的贴现值之和,即:

$$V_S = \frac{D_1}{1+r_s} + \frac{D_2}{(1+r_s)^2} + \frac{P_2}{(1+r_s)^2} \qquad (11-5)$$

按贴现估值的思想,2 年后股票新的买者根据后期的红利 D_3,D_4,…,D_n 出价,并且红利的预期与折现率对卖者与买者都保持不变,这样,第二年末股票的预期价格为:

$$P_2 = \frac{D_3}{1+r_s} + \frac{D_4}{(1+r_s)^2} + \cdots + \frac{P_n}{(1+r_s)^{n-2}} + \cdots \qquad (11-6)$$

将式(11-6)代入式(11-5),仍然回到了式(11-4)。因此,式(11-4)即为股票估值的基本模型。

股利贴现基本模型显示,如果能够预测股票未来每期股利及贴现率,就可以计算股票价值。贴现率的预测一般以权益资产的必要收益率为基准。该必要收益率通常可以用资本资产定价模型(CAPM)来确定(见第十四章)。股票未来每期股利的预测关键在于预测每期股利的增长率。如果用 g_t 表示第 t 期的股利增长率,其数学表达式为:

$$g_t = \frac{D_t - D_{t-1}}{D_{t-1}} \tag{11-7}$$

式中，D_t表示第t期的股利，D_{t-1}表示第$t-1$期的股利。

根据对股利增长率的不同假定，股利贴现模型一般分为零增长模型、不变增长模型、两阶段增长模型。

2. 股利贴现模型的应用。

（1）零增长模型。零增长模型是股利贴现模型的一种特殊形式，它假定股利固定不变，即股息增长率等于零。股息不变的数学表达式为：

$$D_0 = D_1 = D_2 = \cdots = D_\infty，或者，g_t = 0。$$

将股息不变的条件代入式（11-4），得到：

$$V_S = \sum_{t=1}^{+\infty} \frac{D_t}{(1+r_s)^t} = D_0 \sum_{t=1}^{+\infty} \frac{1}{(1+r_s)^t} = \frac{D_0}{r_s} \tag{11-8}$$

由于大多数公司普通股每年的股利不可能一直不变，零增长股票估值模型应用范围并不广泛，只是在股利政策比较稳定公司的普通股估价和优先股估价时采用。

（2）固定增长模型。固定增长模型，也称不变增长模型或戈登模型（Gordon Model），是股利贴现模型的第二种特殊形式。戈登模型有以下3个假定条件：①股息的支付在时间上是永久性的；②股息的增长速度是一个常数g；③模型中的贴现率r_s大于股息增长率。

根据上述3个假定条件，可以将式（11-4）改写为：

$$V_S = \sum_{t=1}^{+\infty} \frac{D_0(1+g)^t}{(1+r_s)^t} = \frac{D_0(1+g)}{r_s - g} = \frac{D_1}{r_s - g} \tag{11-9}$$

式中，D_0、D_1分别是初期和第一期支付的股息。

当式（11-9）中的股息增长率等于零时，不变增长模型就变成了零增长模型。所以，零增长模型是不变增长模型的一种特殊形式。

（3）两阶段增长模型。在这一模型中，假定在将来的某一时点之后，股利将以固定的速度增长，则公司处于固定成长期，股利现值的计算可运用固定增长模型。而在此之前，公司处于非固定成长期，股利现值将由投资者分别计算。

具体而言，假定这个时点为T，则股利D_1，D_2，$\cdots$，D_T将由投资者分别估算，直至股利以固定速度g增长。多阶段增长模型的计算公式为：

$$V_S = \sum_{t=1}^{n} \frac{D_t}{(1+r_s)^t} + \frac{D_{t+1}}{(r_s - g)(1+r_s)^n} \tag{11-10}$$

● 【例11-1】某上市公司本年度净收益为每股10元，每股股利4元。预计该公司未来三年进入成长期，净收益第1年到第3年以10%的速度增长，第4年及以后将以5%的速度增长。该公司一直采用固定支付率的股利政策，并打算今后继续实行该政策。该公司没有增发普通股和发行优先股的计划。假设投资人要求的报酬率为8%，要求用股利贴现模型计算该公司股票的价值。

解答：固定支付率的股利政策即指公司每年股利占净收益的比率相同。因此，公司净收益的增长率即为年股利增长率。题目涉及的很显然属于两阶段情形。第一阶段（即3年内）

公司股利以10%的速度增长，第二阶段（即第4年开始），公司股利以5%的速度增长。

第一阶段各年公司预期股利计算如下：

第1年：4.40元　　第2年：4.84元　　第3年：5.32元

$$第一阶段股票价值\ V_1 = \frac{4.4}{1+8\%} + \frac{4.84}{(1+8\%)^2} + \frac{5.32}{(1+8\%)^3} \approx 12.44(元/股)$$

第二阶段为固定增长期，股票价值计算如下：

$$V_2 = \frac{5.32 \times (1+5\%)}{(8\%-5\%)(1+8\%)^3} \approx 147.81(元/股)$$

$$公司股票价值\ V = V_1 + V_2 = 160.25(元/股)$$

3. 对股利贴现模型的评价。股票价格是市场供求关系的结果，而股票价值体现在公司的持续经营中。股利贴现模型正是体现了这种价值理念。按股利贴现模型估值需要分析公司的整体情况，既考虑了资金的风险，也考虑了资金的时间价值，是理论上最完善的股票内在价值估值方法。但该方法也存在一些应用上的局限性：（1）模型应用所需要的各期股利预测的工作，操作上有一定难度；（2）估值结果对模型变量预测时的参数假设较为敏感，参数假设的较小变化都有可能导致估值结果的较大差异，而且，估值结果与市场短期波动无关，难以被利用去捕捉短期投资机会；（3）模型有很多不适用的情形，如没有股利发放历史或未来没有明确股利发放政策的公司、股利发放与企业收益没有直接联系的公司。无法预期其未来的股利，也就无法通过模型进行估值。

（二）自由现金流贴现模型

自由现金流贴现模型（Discounted Cash Flow，DCF）认为，公司价值等于按照某一折现率把公司未来各项产生的自由现金流进行折现的现值之和。其估值公式为：

$$V = \sum_{t=1}^{+\infty} \frac{FCF_t}{(1+r)^t} \qquad (11-11)$$

式中，V代表公司价值；FCF代表自由现金流量，r代表贴现率。

1986年，美国哈佛大学的詹森（Michael C. Jensen）教授在《美国经济评论》上发表的《自由现金流量的代理成本、公司财务与收购》一文中正式提出"自由现金流量"的概念。

自由现金流量是从营运活动中产生的现金流量扣减维持现有营运所需的资本支出和税金之后可以自由运用的现金流。维持资本性支出指维持现有生产经营能力所需要的支出，因此，自由现金流量以企业的长期稳定经营为前提。稳定充沛的FCF意味着企业还本付息能力强、生产经营状况良好，用于再投资、开发新产品、回购股票、偿债、发放红利的余地就越大，公司未来发展趋势就会越好。经营者也可以借此判断财务健康状况，当FCF急剧下降时，说明企业的资金运转不顺畅，可能也是财务危机即将来临之日。

1. 两种口径的自由现金流。目前，关于自由现金流有两种口径的理解：一是公司自由现金流；二是股权自由现金流。

公司自由现金流量（Free Cash Flow of Firm，FCFF）指扣除了所有经营支出、再投资支出和税收之后、清偿债务之前的可以向所有投资者分派的剩余现金流量。计算公式如下：

$$FCFF = EBIT \times (1 - 所得税税率) + 折旧与摊销 - 资本支出 - 营运资本增加$$

$$(11-12)$$

股权自由现金流量（Free Cash Flow of Equity，FCFE）指支付了所有经营支出、再投资支出、所得税和净债务支付（即本息支付扣减发行新债务后的净额）后可分配给公司股东的剩余现金流量。计算公式如下：

$$FCFE = EBIT \times (1 - 所得税税率) + 折旧与摊销 - 资本支出 - 营运资本增加 - 净债务支出 \tag{11-13}$$

2. 公司整体价值与公司股权价值的评估。FCFF 和 FCFE 是基于不同利益视角的自由现金流，用自由现金流贴现模型估值的方法是相同的，只不过 FCFF 适用于评估公司整体价值，FCFE 适用于评估公司股权价值。

使用 FCFF 评估公司整体价值时，贴现率应当选择权益资本的必要收益率。该必要收益率与股利贴现模型中的贴现率一样，一般用资本资产定价模型确定。

使用 FCFE 评估公司股权价值时，贴现率应当使用公司加权资本成本（WACC）。加权资本成本是指以各种资本来源的比例为权重计算的加权成本，计算公式为：

$$WACC = \sum_{j=1}^{n} W_j \times k_j \tag{11-14}$$

式中，W_j 代表个别资本在总资本中所占的权重①；k_j 代表个别资本的成本。

使用自由现金流贴现法对企业进行估值是假设该企业会持续经营下去。投资者较常见的做法是分两阶段预测自由现金流。第一阶段是未来的 5～10 年相对高速的成长期。对成熟公司一般选用 10 年。通常很难估算企业 10 年后的现金流。覆盖期间越长，有关假设的主观性和不确定性也就越大。创业型公司预测期通常为 5 年。当然，投资者若有把握估算，可以选取 10～15 年或更长的第一阶段年限。第二阶段是 5～10 年后相对低速的永续发展期。整体来说，投资者要想得出准确的 DCF 值，就需要对公司未来发展情况有清晰的了解。得出 DCF 值的过程，就是判断公司未来发展的过程。

⭐【例 11-2】 分析师李某最近在研究某上市不久的公司，准备尝试着用自由现金流贴现模型评估该公司股票的价值，以支持其他估价方法的结论。经过对公司历史及市场上所能收集到的关于公司未来经营计划的信息的分析，李某以财务表现正常的 2021 年年末的自由现金流为基数，对未来的自由现金流预测分两个阶段进行：第一阶段为 2022—2026 年，这一阶段各年的增长率均不同；第二阶段从 2027 年开始，这一阶段的年增长率均为 3%。具体预测结果如表 11-10 所示。

表 11-10　公司未来增长率及自由现金流　　（单位：百万元）

项目	2021 年	2022 年	2023 年	2024 年	2025 年	2026 年	2027 年
FCFF 增长率		15%	12%	9%	6%	3%	3%
FCFF	100.00	115.00	128.80	140.39	148.82	153.28	157.88
FCFE 增长率		14%	11%	8%	5%	3%	3%
FCFE	80.00	91.20	101.23	109.33	114.80	118.24	121.79

---

① 公司每年的资本结构都可能变化，这取决于公司的成长周期。理想情况下，应该每年使用不同的 WACC 来反映变化的资本结构和企业价值。在实际操作中，可以设定目标资本结构。

李某还了解到该公司的债务资本与股权资本各占50%，权益资本成本为15%，债务资本成本（税后）为9%。

要求：根据上述材料计算该公司2022年年初时的股权价值和公司价值。

解答：

（1）股权价值的计算。股权价值等于股东自由现金流以股东要求的收益率计算的贴现之和。题目中给定的股权资本成本即股东要求的收益率。具体计算分两阶段进行：

第一阶段用各年不同的股东自由现金流计算的股权价值为：

$$V_1 = \frac{91.2}{1+15\%} + \frac{101.23}{(1+15\%)^2} + \frac{109.33}{(1+15\%)^3} + \frac{114.8}{(1+15\%)^4} + \frac{118.24}{(1+15\%)^5} = 352.15(百万元)$$

第二阶段股东自由现金流固定增长情形下股权价值为：

$$V_2 = \frac{121.79}{(15\%-3\%)(1+15\%)^5} = 506.62(百万元)$$

两阶段股权价值相加，得到公司股权价值为856.77百万元。

（2）公司价值的计算。公司整体价值需要用企业自由现金流和加权平均资本成本计算。

$$公司加权平均资本成本 = 50\% \times 15\% + 50\% \times 9\% = 12\%$$

第一阶段用各年不等的公司自由现金流计算的公司价值为：

$$V_1 = \frac{115}{1+12\%} + \frac{128.8}{(1+12\%)^2} + \frac{140.39}{(1+12\%)^3} + \frac{148.82}{(1+12\%)^4} + \frac{158.28}{(1+12\%)^5} = 486.84(百万元)$$

第二阶段公司自由现金流固定增长情形下的公司价值为：

$$V_2 = \frac{157.88}{(12\%-3\%)(1+12\%)^5} = 995.42(百万元)$$

两阶段公司价值相加，得到公司整体价值为1 482.26百万元。

3. 对自由现金流贴现模型的评价。自由现金流贴现模型估值理论严谨、科学，相对股利贴现模型，其具有如下优点：（1）估值适用面较广。自由现金流贴现模型既适合那些不给股息或股息不稳定公司的估值，也适合股息稳定公司的估值。（2）估值结果最接近内在价值且相对稳定。自由现金流受会计政策选择的影响小，且该指标的预测并不完全基于历史财务数据，而是需要充分了解公司的各个业务环节并充分考虑公司未来的发展、经营战略，以此计算出来的价值更贴近内在价值。此外，公司经营的相关参数的预测受证券市场短期及周期性变化的影响较少，估值结果相对稳定。

自由现金流贴现模型的缺点：（1）模型所需变量的预测工作量大、难度大。从预测基数来看，FCF的计算往往受现金流大幅跳变和资本支出过于随意的影响，评估者很难确定当年的金额是否合理。从未来预测来看，需要对行业和公司的历史和未来情况有充分的理解，如果行业前景或公司经营策略出现大的变化，预测工作很难进行。（2）估值结果受基础参数选择的不确定性影响大，可用性有限。一是估值结果对于公司未来发展速度以及市场走势的假设很敏感。这些参数的少许变化都会带来估值结果的较大差异。二是自由现金流贴现模型估值不受市场短期波动的影响，因此也就无法应用在短期投资的价值评价上。（3）存在着诸多不适用的情形：如处于资本投入期、扩张期，几乎无法产生自由现金流的公司；陷入财务拮据状态的公司；收益具有周期性特点的企业；拥有未利用专利或产品选择权的公司；涉及并购事项的公司,等等。

在实务中,自由现金流贴现模型更适合于对业务简单、增长平稳、成长前景明朗、资本支出较少、现金流稳定的公司进行估值,因此被机构投资者广泛使用。

二、相对估值法

(一)相对估值法的基本原理

相对估值法的估值逻辑认为:类似的资产应该有类似的交易价格。

公司价值或股价受关键价值变量驱动,类似公司应该有相似的乘数。所谓乘数是指公司价值或股价相对于关键价值变量的倍数。假定可比公司的价值或股价有效,参照可比公司的乘数确定被估公司的标准估值乘数,再乘以被估公司的关键价值变量,即可以估算被估公司的价值或股价。其估值模型为:

$$公司价值(或股价) = 关键价值变量 \times 标准乘数值 \qquad (11-15)$$

相对估值法以活跃的公开市场、市场上有与评估对象相同或相似的参考企业或交易案例、交易价格代表了市场对交易资产的客观评价为前提,因此,该方法也被称为市场法。

相对估值模型中最重要的变量是估值乘数。常用的估值乘数有市盈率、市净率、市销率和企业价值倍数,具体计算方法见表 11-11。

表 11-11 价值评估常用乘数

乘数	计算公式
市盈率 (P/E)	股价/每股盈利
市净率 (P/B)	股价/每股净资产
市销率 (P/S)	股价/每股销售收入
企业价值倍数 (EV/EBITDA)	企业价值/息税折旧摊销前盈余

根据各乘数分母价值变量所选期间的不同,乘数又可以分为选用预测时点上一期的财务指标计算的追溯乘数和选用预测时点下一期的财务指标的预测乘数两类。

(二)相对估值法在投资中的运用

1. 市盈率模型。市盈率(P/E)也称为股票的本益比,是指普通股每股市价与每股盈利的比率,也是股票总市值与盈利总额的比率。

市盈率计算时因为分母所用盈利期间不同,又形成了三种不同口径的市盈率:当每股盈利为过去一年的收益数据时,称之为静态市盈率;当每股盈利为最近的四个季度盈利之和时,称之为滚动市盈率;当每股盈利为未来一年的预期收益数据时,称之为动态市盈率。

盈利是公司价值的最主要驱动力,因此,市盈率是衡量股票投资价值最常用,也最重要的指标之一。公司的价值取决于它的盈利能力,而市盈率指标在一定程度上反映了价格和盈利能力的关系。一般情况下,对于盈利高且保持快速成长的上市公司,市场会给予更高的定价,市盈率水平更高;反之,盈利越差,市场给予的定价低,市盈率水平也更低。因此,我们可以将市盈率作为股票定价的一种依据。

以市盈率为股票定价,需要引入一个"标准市盈率"进行对比。有了这个市盈率,股票估价公式如下:

$$\text{股票价值} = \text{每股收益} \times \text{标准市盈率} \qquad (11-16)$$

标准市盈率的确定有多种方法，通常使用的有：同类行业内，风险因素和经营状况相似的公司的市盈率；上市公司所在行业的平均值；上市公司的历史平均值；市场指数的 P/E 值。

通常情况下，标准市盈率会因为证券所处市场的不同、行业的不同及经营地位的不同有较大的差异。第一，新兴市场国家由于较高的经济增长率，其上市公司也能分享高速经济增长的成果，因此，该市场整体市盈率会较高；而成熟经济体的经济增长已达到稳定状态，其市盈率水平相对较低。第二，高成长行业的公司市盈率通常较高，成熟行业的公司市盈率通常较低。第三，处于行业龙头地位的公司由于在行业中竞争地位强、具有某种程度的定价权，抗风险能力较强，其市盈率会相对较高。非龙头公司由于处于劣势地位，经营风险相对高，其市盈率也就不高。

★【例 11-3】 某投资者在 2022 年 1 月拟购买 A 公司股票，该股票市价为每股 8.5 元。他所了解到的 A 公司信息如下：

(1) 公司 2018 年至 2021 年的每股收益 EPS 分别为：0.31 元、0.35 元、0.40 元、0.44 元。

(2) 公司所在行业动态市盈率平均水平为 16 倍。

(3) 公司属行业龙头公司，研发和市场开拓能力较强。

该投资者拟用市盈率模型估算股票价值，参数考虑如下：

(1) 以公司过去 4 年收益的几何增长率预测 2022 年 EPS。

(2) A 公司具备一定溢价能力，动态市盈率定为 18 倍。

在不考虑交易成本的情况下，该投资者是否应该购买 A 公司股票？

解答：根据题目给定的信息，用市盈率模型估算股票价值所需要的标准乘数已知，为 18 倍，还需要 A 公司 2022 年的每股收益。该收益计算如下：

公司 2018—2021 年间收益的几何增长率为：

$$\sqrt[3]{\frac{0.44}{0.31}} - 1 = 12.38\%$$

A 公司 2022 年每股收益 $= 0.44 \times (1 + 12.38\%) = 0.49(元/股)$

根据市盈率模型，在该投资者眼中，A 公司股票的价值为：

$$V = 18 \times 0.49 = 8.9(元/股)$$

该公司股票每股市价现为 8.5 元，股价被低估，值得投资。

投资者也可以计算用市价投资的动态市盈率，对比自己预估的标准市盈率，以判断股价是否值得投资。

$$\text{投资的动态市盈率} = 8.5/0.49 \approx 17.35 \text{ 倍}$$

该投资市盈率低于 18 倍，同样表明 A 公司股票值得投资。

与股利贴现模型相比，市盈率模型的历史更为悠久。在运用当中，市盈率模型具有以下几方面的优点：(1) 市盈率是股价与每股收益的比率，即单位收益的价格，可以直接应用于收益水平不同的股票价格的比较；(2) 使用范围广泛，对于那些在某段时间内没有支付股息,无法利用股利贴现模型估值的股票,市盈率模型同样适用;(3)市盈率模型所涉及的变量预测比股利贴现模型要简单。

相应地,市盈率模型也存在一些缺点:(1)净收益容易受会计政策和会计手段的影响,且无法区分是经营性盈利还是非经营性盈利;(2)市盈率水平受证券市场短期波动的影响,没有绝对的标准,相对标准的确定也需要依赖投资者的经验;(3)估值结果不能充分反映股票未来基本面的变化形势;(4)模型的应用有一定的局限性,对于业绩太差甚至亏损的公司、流通股市盈率已经低于合理市盈率的公司,以及在该定价方式下股价低于每股净资产的公司,都不适用于使用该模型进行估值。

尽管存在诸多缺点,但由于该方法直观、明了,便于理解,操作较为简便,在实务中仍然是一种被广泛应用的股票估值方法,非常适用于业绩稳定、周期性较弱、前景明朗的公司股票估值。

> **专栏 11–4**
> **PEG 估值法**
>
> PEG 是指市盈率相对盈利增长率的比率,最先由英国投资大师史莱特提出,后来由美国投资大师彼得·林奇发扬光大。PEG 具体计算公式为:
>
> $$PEG = 市盈率 \div 未来3到5年的盈利增长率 \qquad (11-17)$$
>
> 假设某只股票的市盈率为20,通过相关计算之后某投资者预测该企业的每年盈利增长速度为10%,则该股票的 PEG 为 20÷10=2;如果盈利增长速度为20%,则 PEG 为 20÷20=1。显然,PEG 值越低,说明该股要么市盈率越低,要么盈利增长率越高,从而越具有投资价值。一般而言,PEG 估值法将 PEG 数值的标准数定为1。当 PEG 值低于1时,说明该股票价值被低估,值得投资者进行投资;当 PEG 值超过1时,说明该股票价值已经被市场高估。在彼得·林奇看来,最理想的股票投资标的,其 PEG 值应该低于0.5。
>
> PEG 估值法的主要优点在于,其考虑了企业业绩的增长情况,适合适度成长股或基本面变化较大的股票估值。而其缺点则在于,一方面盈利增速过低或过高的企业,PEG 估值法可能并不合适;另一方面,对于不同行业、不同周期、基本面有较大特殊性的股票,PEG 高估或低估的标准,较难确定,需要投资者进一步在更深层面进行把握。

2. 市净率模型。市净率(P/B)是指股票价格与每股净资产(Book Value Per Share, BVPS)的比率,也指股票总市值与净资产总额的比例。市净率反映了市场对于上市公司净资产经营能力的溢价判断。当这一比例大于1时,表明公司每1元的净资产可以高于1元的价格进行交易。

在给定公司权益资本收益率 ROE、权益资本成本 k 以及公司长期稳定增长率 g 的假定之下,上市公司的市净率为:

$$P/B = 1 + \frac{ROE - k}{k - g} \qquad (11-18)$$

将式（11–18）两边同乘 BVPS，可以得到股票市价 P 的计算公式为：

$$P = BVPS + \frac{ROE - k}{k - g} \times BVPS \qquad (11-19)$$

式中，$\frac{ROE - k}{k - g} \times BVPS$ 为二级市场愿意为每股净资产支付的溢价，与 g 成正相关关系。

式（11–19）所反映的经济含义表明：公司的溢价水平与 ROE、g 成正相关关系。在给定条件下，ROE 越高，公司为股东创造的价值越多；g 越高，公司能够给股东创造收益的时间也就越长，股东就更愿意为公司股价支付较高的溢价。

市净率已经成为国际通用的衡量企业估值水平的重要指标。该指标的用法与市盈率相似，通过不同上市公司的参数，可以估算出每一个上市公司市净率的绝对预测值。与市盈率一样，市净率会随着市场牛熊的转换而不断波动。在牛市条件下，上市公司的市净率指标会纷纷上扬，高于理论水平；而在熊市条件下，市净率会伴随市场指数的下滑而不断下跌，低于理论水平。

利用市净率法评价股价的思路与市盈率法的思路相同，需要确定"标准市净率"。有了标准市净率，股票估价公式如下：

$$股票价值 = 每股净资产 \times 标准市净率 \qquad (11-20)$$

标准市净率通常使用以下参照市净率加以确定：同行业内风险因素和经营状况相似公司的市净率；公司所在行业的平均市净率；公司的历史平均市净率。

用市净率模型评估股票价值的通常做法是：当某公司实际股票价格高于以标准市净率计算的股票价值时，表明股价高估，应当卖出；反之，当某一上市公司的实际股票价格低于以标准市净率计算的股票价值时，表明股价低估，应当买进。

⭐【例 11–4】 某行业内龙头上市公司 2020 年的每股净资产（BVPS）为 18 元，假设该行业上市公司的平均市净率为 8 倍，当该公司股票价格为 160 元/股时，在不考虑交易成本的情况下，问投资者是否值得购买？

解答：

思路一：以 160 元/股购买该上市公司股票时的市净率为：

$$P/B = 160/18 \approx 8.89 > 8$$

思路二：用公式（11–20）确定该上市公司股票每股价值为：

$$V = 8 \times 18 = 144(元/股) < 160(元/股)$$

计算结果表明：如果不考虑该公司作为行业龙头公司的溢价能力，以行业平均市净率 8 倍来评价，该公司股票每股 160 元的价格已经高估，不值得投资者购买。如果考虑该公司作为行业龙头公司的溢价能力，以 9 倍的市净率来评价的话，公司股票价值为每股 162 元（$9 \times 18 = 162$），高于每股市价，值得投资者投资。

整体而言，市净率模型的主要优点有：（1）净资产为累计值且通常为正，模型使用范围广；（2）每股净资产比每股收益更加稳定。市净率模型固有的缺点主要有：（1）净资产指标容易受会计政策的影响；（2）通胀和技术变革会导致净资产的账面价与市场价发生偏离；（3）难以有效反映上市公司基本面变化（如再融资或股份回购）对股价的影响。

在实务中，市净率模型适用于基本面相对稳定的重资产行业公司、周期性公司的股票估值。

3. 市销率模型。市销率（P/S）是指每股价值与每股销售收入的比率，也指股票总市值与主营业务收入的比率。

市销率是"成长股投资之父"菲利普·费雪在20世纪50年代后期提出的指标。他认为，该指标对成长性股票的估值很有用，可以粗略判断相同行业的哪家公司的股票更具有投资价值。

收入分析是评估企业经营前景至关重要的一步。没有销售，就不可能有收益。市销率指标既有助于考察公司收益基础的稳定性和可靠性，又能有效把握其收益的质量水平。通常情况下，随着企业营业收入规模的扩大，企业价值会随之上升，而P/S趋于降低，市销率越低，说明该公司股票目前的投资价值越大。

利用市销率模型评估股票价值与前述市盈率模型、市净率模型一样，通过寻找参照对象，确定标准市销率，再乘以公司的销售收入即可。

国际上，市销率模型主要用于没有盈利业绩要求的创业板市场上市公司或新兴高科技公司、互联网公司的股票估值。而在国内证券市场上，运用市销率模型可以帮助投资者剔除那些市盈率很低、主营又没有核心竞争力，主要依靠非经常性损益而增加利润的股票。

市销率模型的优点主要有：（1）销售收入不会出现负值，亏损企业和资不抵债的企业也可以利用模型估值；（2）销售收入不容易被操纵或扭曲；（3）市销率对价格政策和企业战略变化敏感，可以反映这种变化的后果。

市销率模型的缺点主要有：（1）高额的销售收入并不一定意味着高额的营业利润；（2）不能反映不同公司之间的成本结构差异；（3）销售收入不能剔除关联销售的影响，且仍可能被收入确认方式扭曲。

实务中，市销率模型主要适用于一些毛利率比较稳定的行业，如公用事业、商品零售业的公司股票估值。

4. 企业价值乘数模型。企业价值乘数，又称企业价值倍数，是企业价值（EV）和息税折旧摊销前利润（EBITDA，也称为息税前及资本支出前盈余）之比。

企业价值乘数和市盈率在估值使用的方法和原则上大同小异，只是选取的指标口径不同。企业所有投资人的资本投入既包括股东权益也包括债权人的投入，企业价值乘数的分母使用的是反映了上述所有投资人所获得的税前收益水平，即息税折旧摊销前利润（EBITDA），分子使用的是企业整体价值，即投入企业的所有资本的市场价值。EBITDA的计算公式大体如下：

$$EBITDA = 息前税利润 + 折旧费用 + 摊销费用 \qquad (11-21)$$

很显然，企业价值乘数模型是用于评估企业整体价值的。和市盈率等前述相对估值法一样，企业价值乘数相对于行业平均水平或历史水平较高时，通常说明股票被高估，较低时说明股票被低估。不同行业或板块有不同的估值水平。

企业价值乘数模型的优点：（1）EBITDA出现负数的可能性小，估值模型的应用范围广；（2）EBITDA排除了所得税、负债的影响，能更清晰地展现企业真正的运营绩效，增强了不同国家和市场的公司、同行业不同的公司在估值上的可比性;(3) EBITDA 排除了折旧摊销这些非现金成本的影响,避免了折旧摊销政策差异以及折旧摊销反常等现象对估值合理性的影响。

企业价值乘数模型的固有缺陷主要包括:(1) 相比市盈率模型,估值变量的计算并不容易,估值过程较为复杂;(2) 没有考虑到税收因素,如果两个公司之间的税收政策差异很大,估值结果就会失真;(3) EBITDA 也是单一年度指标,难以考虑企业未来增长率对于企业价值的影响,因而也只有在两个企业具有近似增长前景的条件下才适用。

整体来看,相比净利润指标,EBITDA 有利于投资者排除各种非营运因素的干扰,更为准确地把握企业核心业务的经营状况及对企业价值的影响,因此,企业价值乘数模型成为当前专业投资人员越来越普遍采用的一种估值方法。实务中,该模型更适用于单一业务或子公司较少的公司估值,如果业务或合并子公司数量众多,需要做复杂调整,有可能会降低估值结果的准确性。

(三) 对相对估值法的整体评价

相对估值方法不是试图找到一家公司股票或公司的内在真实价值,而是通过比较可比公司,用价格或价值乘数来确定股价或公司价值是高估还是低估。相比绝对估值法,其所具有的优缺点如下:

优点:(1) 估值模型所需要的参数,包括基础价值指标、标准乘数的确定相对简单,因此,实际运用时便捷、直观、灵活。(2) 估值乘数采用评估时的市场价值计算,在市场波动性较大的时候,可以较敏感地调整估值水平,估值的时效性强。

缺点:(1) 估值的理论基础较为薄弱。(2) 即便是同行业公司所面临的状况也不尽相同,要找到相同或类似可比企业难度较大。(3) 估值乘数无绝对标准,对标准乘数的确定需要投资者有丰富的实践经验和较强的技术能力。(4) 在市场出现较大波动时,估值乘数的变动幅度也比较大,估值结果受评估时点市场影响较大。

专栏 11-5
实物期权理论方法与科技创投企业价值评价

长期以来,投资者对投资项目或企业价值评估最常用的、经典的方法是贴现现金流量法,但贴现现金流量法是基于可以预测的未来现金流和确定的贴现率进行投资价值评估。此估值方法对于投资者把握不确定环境下的各种投资机会则无能为力。1977 年,麻省理工学院的 Stewart Myers 最早提出了实物期权 (Real Option) 的概念。

实物期权是管理者对所拥有实物资产进行决策时所具有的柔性投资策略。实物期权,把金融市场的规则引入企业内部战略投资决策,用于规划与管理战略投资。在公司面临不确定的市场环境时,实物期权的价值来源于公司战略决策的相应调整。随着期权定价理论的发展,尤其是布莱克—斯科尔斯公式的提出,实物期权理论在投资决策、价值评估中得到越来越广泛的应用。

创业企业多为高科技企业,其具有知识更新速度快、产品生命周期短、技术创新频率高和企业外部环境不确定性大等特点,因此创业投资的最大特点是高风险性和多阶段连续投资的特性。而实物期权理论比较好地体现了项目投资的风险性、不确定性以及连续性的特点,因此对此类企业价值的评估也就更接近企业的真实价值。实践中，许多大型投资银行已经逐渐采用实物期权理论的评价方式对科技类创业型公司进行价值评价。

🔺 资料来源：部分内容来源于百度百科"实物期权"词条（https：//baike. baidu. com/item/%E5%AE%9E%E7%89%A9%E6%9C%9F%E6%9D%83/10613300？fr = aladdin）。

【本章小结】

上市公司基本面分析主要从公司基本概况、公司行业地位、公司成长性、公司重要事项及公司文化等方面进行。

公司基本概况主要包括所处行业、所处经济区位、经营业务等。行业地位主要体现在公司是否是行业龙头企业、公司产品在价格上的影响力及公司的竞争优势上，最主要的评价指标是产品市场占有能力。成长性分析的重点是公司经营战略及公司规模扩张的潜力。公司重要事项主要涉及在建拟建项目、重组及关联交易。公司文化是公司的"软实力"，包括经营理念、企业精神、管理特色等。

财务分析主要以公司财务报告为依据进行。财务分析的方法主要有比较分析法、比率分析法、趋势分析法和因素分析法。财务分析的基本比率包括偿债能力评价比率、资产管理能力评价比率、盈利能力评价比率、成长能力评价比率。

业绩评价是对公司在一定期间内的经营管理活动过程及结果作出客观、公正和准确的综合判断。公司业绩综合评价的方法很多，最常用的方法有杜邦分析法和沃尔评分法。

财务分析是财务报表分析的产物，而报表本身还存在着局限性和真实性问题。财务分析需要对此引起注意，财务分析结果需要进行预测性调整，投资者还要注意会计和税收政策的变化及对公司经营业绩的影响。

价值评估有两类完全不同的方法。一是通过分析公司本身的财务情况来评价公司内在价值的绝对估值法。二是通过参照市场对可比公司的定价来评价公司价值的相对估值法。

绝对估值法认为公司价值等于以合理的贴现率对公司未来各期现金流贴现值之和。由于所用的现金流不同，又形成了股利贴现模型和自由现金流贴现模型。股利贴现模型可用于评估股票价值，自由现金流贴现模型又分为股东自由现金流贴现和公司自由现金流贴现，分别用于评估公司股权价值和公司整体价值。

相对估值法认为公司价值或股票价值等于价值驱动变量乘以价值乘数。因为所用价值变量及乘数的不同，又形成了市盈率模型、市净率模型、市销率模型及企业价值乘数模型。前三者可用于评估股票价值，企业价值乘数模型可用于公司价值的评估。

【关键词】

经济区位　行业地位　核心竞争力　公司成长性　重要事项　公司文化　财务分析　绩效评价　绝对估值法　相对估值法

【重要概念】

关联交易　流动比率　速动比率　资产负债率　权益乘数　营业周期　销售毛利率　权益收益率　营业收入收现率　盈余现金比率　净利润增长率　总资产增长率　杜邦分析法　沃尔评分法　自由现金流　市盈率　市净率　市销率　企业价值倍数

【思考题】

1. 公司基本面分析的主要内容有哪些？
2. 核心竞争力有什么特点？核心竞争力主要表现在哪些方面？
3. 公司行业地位体现在哪些方面？
4. 资产重组有哪些类型？资产重组对公司业绩会有哪些影响？
5. 关联交易有哪些主要表现？关联交易对公司的业绩有什么影响？
6. 从上市公司的年报中可以获得哪些信息？
7. 公司财务分析有哪些基本方法？
8. 如何理解财务报表分析的局限性？投资者该如何避免这种局限性？
9. 比较绝对估值法和相对估值法的特点。
10. 股票价值评估有哪些主要方法？

【计算分析】

1. 请根据本章表11-1、表11-2、表11-3所提供的财务数据，完成下列要求：

（1）计算该公司的流动比率、速动比率、现金比率、资产负债率、权益乘数、长期资产适合率，并简要评价该公司的偿债能力。

（2）计算该公司的销售毛利率、销售净利率、资产收益率、权益收益率、营业收入收现率、盈利现金比率，并简要评价该公司的盈利能力。

（3）计算该公司营业周期、总资产周转率，并简要评价该公司的营运能力。

（4）计算该公司主营业务收入增长率、总资产增长率、净利润增长率、固定资产增长率，并简要评价该公司的成长性。

2. 某公司最近支付的每股股利是3.55元，最近几年公司一直以4%的增长率稳定增长，但分析人士认为公司今后的经营会更好，并预期以后的增长率为5%左右。股票的当前售价为每股75元，与该公司具有相似风险的股票投资必要收益率在10%。要求：

(1) 计算该公司股票价值。

(2) 你认为投资该公司股票是否是一种好的投资方式？

3. 某公司2020年的每股收益为3元，每股支付的股利为0.9元。预期2021—2025年收益将每年增长12%，但在2025年以后会逐渐下降至6%的稳定增长水平。股利支付率2021—2025年保持2020年的水平不变，2025年后每年逐渐增长至60%的稳定状态。2021—2025年间股票的β值为1.4，其后下降至1.2的稳定状态，国库券利率为3%，市场风险溢价为4%。要求以2020年年末为基点，用股利贴现模型评估该公司股票价值。

4. 投资者张某拟投资某公司股票。他了解到该公司2016—2020年的每股收益分别为0.44元、0.50元、0.6元、0.55元、0.62元。通过查阅该公司的历史市盈率，他发现该公司的历史市盈率在10~20倍之间来回波动，市盈率中位数15倍。他又查询到该公司所属行业的当前平均动态市盈率是12倍，与该公司类似公司的市盈率在14倍左右。他认为用14倍的动态市盈率对该公司估值比较合理，并准备以该公司过去五年收益的几何增长率预测2021年收益。要求根据上述资料用市盈率模型计算该公司股票价值。

5. 某投资分析师拟用自由现金流贴现模型对某上市公司做估值分析。他所确定的该公司目前的公司自由现金流和股权自由现金流分别为100万元和60万元。他对该公司未来自由现金流的预测分两阶段进行：第一阶段为未来的五年，自由现金流的预测如表11-12所示；第二阶段为五年后的稳定增长期，增长率为5%。

表11-12　某公司自由现金流预测表　　　（单位：万元）

年份	2022	2023	2024	2025	2026
FCFF	110	120	130	140	150
FCFE	66	74	82	86	92

通过进一步研究，该投资者又获得了以下信息：

(1) 该公司近年来的平均资产负债率为45%。

(2) 该公司近年来的税后债务成本率均在6%左右。

(3) 该公司股票的β系数为1.4。

(4) 市场国债收益率为4%，市场风险资产平均收益率为9%。

要求以2021年年末为基点，根据上述资料计算该上市公司的股权价值和公司价值。

【案例分析】

本章第二节中提供的三张基本会计报表涉及的贵州茅台酒股份有限公司是一家白酒生产和销售企业。该公司成立于1999年11月20日，总部位于贵州省仁怀市茅台镇，于2001年8月27日在上海证券交易所上市，多年来一直是我国酒类行业的龙头企业。

要求根据表11-1、表11-2中的财务数据用杜邦分析法对该公司近两年的综合财务能力进行分析。

第十二章
证券投资技术分析理论

彼得·林奇在《战胜华尔街》中描述：股市下跌没什么好惊讶的，这种事情总是一次又一次发生，就像明尼苏达州的寒冬一次又一次来临一样，只不过是很平常的事情而已……你会这样安慰自己——冬天来了，春天还会远吗？到那时天气又会暖和起来的！每当股市大跌，我对未来忧虑之时，我就会回忆过去历史上发生过40次股市大跌这一事实，来安抚自己那颗有些恐惧的心。我告诉自己，股市大跌其实是好事，让我们又有一次好机会，以很低的价格买入那些很优秀的公司的股票。

我们投资股票，很多人也是在股市下跌过程中放弃了优质公司。买入一只股票，稍有盈利或小有亏损便抛掉，而不久之后股票便大涨，这时又后悔当初为什么没有坚持持有。正是在急功、近利、急躁中，很多投资人放走了一只又一只的牛股，却把亏损揽到怀里。证券投资中大多数散户关注的都是证券价格运行中的一小段，涨了，说还会涨，跌了，说还会跌，这和投资视野不够广阔有关。一环套一环的游戏中，我们需要看到的是真实的、长期的市场趋势是什么，从而决定自己的基本投资策略。其实，这也是道氏理论的精髓之一。

我们还应该注意另一个方面，即技术不要多，只要精。看起来很简单的工具，实际上也是大师们多年的心血，我们要用足够的时间去验证和掌握，将其变为自己的东西。另外，技术分析不是科学而是经验，很大程度上受投资者情绪和心理的影响。

通过本章学习，你将了解和掌握以下知识：
- 证券投资技术分析的理论基础及分析对象；
- 道氏理论；
- 波浪理论；
- 其他重要理论。

技术分析是证券投资中极为重要的分析方法，几百年来，众多的证券投资者在证券投资的实践中总结出来的各种技术分析方法，在今天仍然具有很强的指导意义。从技术分析的角度而言，投资行为很大程度上体现了心理因素的作用，而人的心理变化是很微妙的，所以投资的方法不必太过复杂，简单化投资有时更能获得成功。但是这并不妨碍我们学习掌握技术分析的基本方法，作为以后投资的分析工具。在合适的时间使用合适的工具是很关键的。

第一节 证券投资技术分析理论基础

一、技术分析的内涵与理论基础

技术分析的理论基础建立在三个基本的理论假设之上,技术分析的有效性就取决于这三大假设条件:价格反映市场的一切(Price Discounts Everything);价格循着一定的趋势变化(Price Move in Trend);历史会重演(History Repeats Itself)。

> 证券投资技术分析方法,是指在汇总过去价格变动资料的基础上,单纯地对现期证券价格总水平或个别证券的价格水平变动作出分析,以其分析结论为依据对证券价格的未来变化趋势作出预测,从而为投资者的证券投资提供服务。

第一个假设是技术分析的基础。影响证券价格的任何因素,包括政治的、经济的、社会的、心理的和其他任何方面林林总总的因素,都已包含在证券的价格之中,价格变化反映了所有的供求关系,因此,研究价格变化就能了解市场状况,对于纯粹的技术分析派而言,仅从市场的价与量的变动中,就可以感应和得知基本因素的影响。技术分析者不需关心价格为何变动,而只关心价格如何变动,即只需知其然,不需知其所以然。

第二个假设为供求决定假设,其"走势"的概念是技术分析法的核心。一个趋势一旦形成,它有惯性作用,会延续下去。进一步分析,一切信息都会对证券市场的供求双方的力量对比产生影响,供求决定交易量和交易价格:供大于求,价格下跌,抛售成风,交易量放大;反之,证券价格上涨,买盘增加,交易量也会放大;供求均衡,证券价格平稳,交易量萎缩。供求关系一旦确立,其变动趋势就会持续下去。供求关系一旦彻底改变,证券交易量和交易价格的变动趋势也会彻底"反转"。正如牛顿力学第一定律所说:"任何事物在没有受到外力作用下,均会保持既定的方向做匀速运动。"这一假设正是运用了牛顿力学第一定律,即价格会以某一"走势"存在,并循着一定的方向前进,直至受到外力干预。换言之,价格倾向于沿着固定轨迹运行,直至出现转势为止。因而技术分析技巧都为顺势买卖,直至有迹象显示出转势为止。

第三个假设为历史相似假设。技术分析者运用从证券市场交易量和交易价格的历史资料中概括出来的规律以及反映这些规律的各种技术工具,分析已经发生的证券交易量和交易价格,并由此预测交易量和交易价格的未来走势。这实际上暗含着这样的假设:由历史资料所概括出的规律已经包含了未来证券市场的一切变动趋势;已经发生的证券交易量和交易价格所反映的一切信息与未来发生的一切信息相同。一句话,历史常常是相似的,甚至历史会重演。这一假设反映了市场参与者的心理反应。对市场的研究,其实就是对人的研究,价格的不同形态变化正是市场参与者的心理反应,由于人的心理活动具有一些定式和惯性,当这些定式和惯性出现时,就会导致市场历史不断地重复出现。

二、技术分析的要素

市场行为最基本的表现就是成交价和成交量。过去和现在的成交价和成交量涵盖了过去和现在的市场行为。技术分析就是利用过去和现在的成交量、成交价资料,以图形分析和指标分析工具来解释、预测未来的市场走势。由于市场上价格变动频繁，瞬息万变。因此，时间因素非常重要。只有抓住最佳时机进行交易，才是最佳操作方法。这样，价、量、时、空就构成了技术分析的四大要素。

成交量是市场的元气，成交量的变动，直接表现为市场交易是否频繁，人气是否旺盛，而且体现了市场运作过程中供给与需求间的动态实况。成交量增加时，股价上升；成交量递减时，股价回落。成交量因后继不足，不能支持正在进行的趋势时，股价趋势将反转；成交量与股价背离时，股价趋势也将反转。有一些研究还表明，无论在多头市场还是在空头市场，成交量几乎都先行于股价，成为股价的先行指标。

一个人的成功与失败，时机最为重要。投资股市，尤须把握良机。市场上有"逢低买入，逢高卖出"的俗语。但股价什么时候到达峰顶，什么时候到达谷底，一般很难确定。历史的经验告诉我们，每当股市长期滑落，交投萎缩到极点，大家都在谈及股市危机的时刻，有关当局将会采取各种措施，刺激股市，这个时候，投资者应提高警觉，随着利好消息立刻采取行动大量买入。每当股市长期上涨，股市热潮达到高峰，有关当局同样会采取措施，以防通货膨胀及物价上涨，随着利空消息的出现，亦应立即采取措施，大量抛出。时间因素的分析，除了上述历史经验以外，有些分析者以时间长短计算，加上季节的循环，分析股市淡季和旺季，作为适时操作的依据。

技术分析中的空间要素说明在不同的证券市场上，由于交易规则、交易者等方面的差异，将导致市场运行和交易行为特征的差别。所以，技术分析要根据空间的转移而作出必要的调整。

第二节　道氏理论

道氏理论是投资者预测股市涨跌最常用的方法之一。虽然这个理论的成败功过尚无定论，但它在股价分析的领域里相当风行并广受尊重是不争的事实。运用道氏理论可以预测整个市场或个别股票的反转与趋势。同时，股票在道琼斯指数中的进进出出，更反映了企业盛衰荣枯的历史。道氏理论的盛誉在20世纪30年代达到顶峰。那时，《华尔街日报》以道氏理论每日撰写股市评论。1929年10月23日，《华尔街日报》刊登《浪潮转向》一文，正确指出"多头市场"已经结束，"空头市场"的时代来临。这篇文章是以道氏理论为基础提出预测。紧接这一预测之后，果然发生了可怕的股市崩盘，于是道氏理论名噪一时。

一、道氏理论的形成过程及基本思想

1. 道氏理论的产生。道氏理论的创始人查尔斯·亨利·道，最初是担任美国麻省一家共和党报纸的编辑，后来他来到纽约，从事股票的买卖。一度充任一家会员商行的股东，在股票市场上取得了会员的席位。后来，道离开了证券交易所，设立了道琼斯公司，出版《华尔街日报》(*The Wall Street Journal*)，报道有关金融的消息。在1900年至1902年，道充任编辑，写了许多社论，讨论股票投机的方法。事实上，他并没有对他的理论做系统的说明。

1902年道逝世，后来《华尔街日报》记者纳尔逊（S. A. Nelson）将其见解编成《投机

初步》一书，而使道琼斯股价理论正式定名。

1902—1929 年，继任的主编汉米尔顿在他长期的编辑生涯中，写了许多社论，将道氏理论发扬光大并不断加以修正和补充，在 1922 年出版了《股票市场晴雨表》一书，成为道氏理论的典范。

2. 道氏理论的基本思想。道氏理论，是指利用对道琼斯工业股价平均数与铁路股价平均数的分析与解释，预测工商业活动之变化。因为工业股平均股价指数代表商品的生产情况，铁路股平均股价指数代表商品运输情况，如两者朝同一方向上升，则股市上升；如同为下跌，则股市下跌。而证券市场又是工商业变动的"晴雨表"，道氏理论则借此分析过去股票价格的循环变动，以推测商业循环的演化情况。

道氏理论的基本思想十分简单，是道氏利用海浪的涨潮及退潮，对照股票的涨跌研究而得。当我们站在海边，看着打上来而又退下去的海浪，看不出当时是涨潮还是退潮。道把一块木片放在海浪能达到的陆地上最远的地方，然后观察波浪的进退情形。道根据观察得出了他的结论：当涨潮时，打上岸的海浪会到达离海更远的陆地；退潮时，退下的浪也会离陆地越来越远。一如股票上涨并非一直到顶，而是一波一波前进；股票下跌，亦为一波一波下滑，不是一泻到底。

二、道氏理论的主要原理及应用

1. 股价指数能将各种现象完全表现出来。这是因为它们反映出众多投资人在市场上的综合行为，包括那些具有先见、对趋势判断正确和消息灵通的人士。指数在每天的波动中表现了各种已公开的事件、可预测出的事件和能影响股价供求状况的各种情况。甚至那些不可预测的重大自然灾难出现时，指数也能迅速地给予评价。

2. 三种趋势。股票市场运行一般表现出三种运行状态：主要趋势、次级趋势和短期变动。

（1）主要趋势。这是从大的角度来看的上涨和下跌的变动。它通常持续一年多或数年的时间，价位一般上涨或下跌 20% 以上，在主要趋势运行中会被相反方向的次级波动所打断，这是当主要趋势暂时离开本身的趋势太远时的弹升或调整行情。在上升趋势中，只要下一个上涨的水准超过前一个高点，而每一个次级的下跌停在前一个下跌的较高水准，那么可以确认主要趋势是上升的，这称为一个多头市场。相反，当每一个中级下跌将价位带至更低的水准，而接着抬升不能将价位带至前面弹升的高点时，主要趋势则是下跌的，这称为一个空头市场。

（2）次级趋势。这是重要的反转行情，干扰主要趋势。次级趋势由不重要的短期变动或小波动组成。在多头市场，它们是中级的下跌或调整行情；在空头市场，它们是中级的上升或反弹行情。通常它们持续三个星期至数月之久，少部分的次级趋势以更长的时间来进行。通常，它们跌落（或反弹）主要趋势涨升（或下跌）部分的 1/3~2/3。

（3）短期变动。它们是短暂的波动，很少超过三个星期（通常少于 6 天）。它们本身是没有什么意义的，通常，但并不一定，一个中级的震动，不管是次级趋势还是紧接次级趋势的主要趋势部分，是由一连串三个或更多可区分的短期变动所组成。由这些短期变动所得出的推论很容易导致错误的方向。短期变动是三种趋势中唯一可以被操纵的。

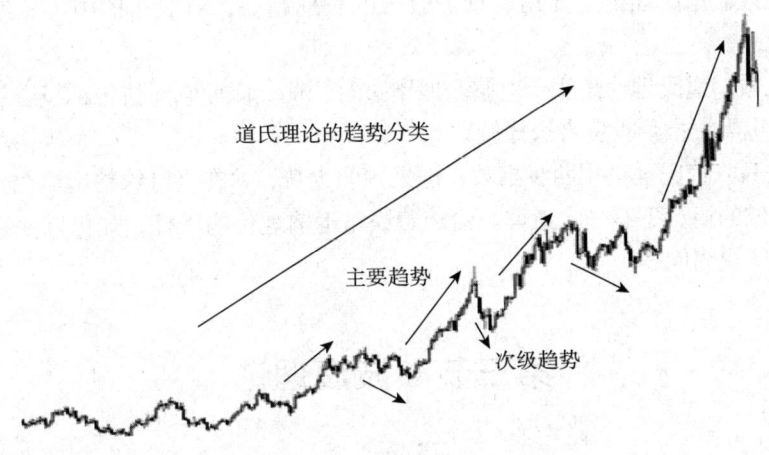

图 12-1 股票市场运行状态图

3. 主要趋势的各个阶段。在多头市场中,一般包括三个阶段。第一阶段:大众投资者对企业的业绩虽然看好,但仍存戒心,仅选择投资报酬率较高的股票酌量买入,股价徐徐上升,交易量虽然不大,但也慢慢地增加。第二阶段:公司业绩已显著好转,股价已趋上升,交易量也随着增加,投资大众信心增强。第三阶段:股市呈现一片沸腾,股价急速上升,成交量大增,报纸、杂志都是好消息,公司财务报告非常乐观;不久股价接近高峰,冷门股上升,一流业绩股反而停滞,这是多头市场结束的先兆。

同样在空头市场上,下跌趋势也分三个阶段。第一阶段:敏感的投资人见上述股市呈现反常现象,同时预感到企业收益已达高峰,就纷纷卖出所持有的股票,遂使股价下跌,一般投资者以为回档是买进机会,再加码买进,股价呈现反弹,交易虽仍活跃,但交易量反而减少。第二阶段:买方减弱,卖方增强,股价急速下跌,交易量大减,大众的信心动摇,形成一片倾售景象。第三阶段:恐慌下跌之后,公司业绩恶化,坏消息迭出,公司财务状况悲观,一流股票有人支撑,职业交易者进场补进,股价下跌减缓,这是空头市场结束的先兆。

4. 成交量将配合着趋势变化。简单而言,成交量应该是沿着主要趋势的方向扩展。假如主要趋势上升,成交量应该扩大,相反,如果股价下跌,则成交量亦随之下落。

5. 两种指数互证。道氏理论认为,只有工业指数与铁路指数的变动出现互证时,主要趋势才能被确定。互证是指两种指数同方向按牛、熊市的判别标准变动,否则,就无法确定主要趋势的走势。

6. 如果没有一个反转信号出现,一个趋势会继续进行。

三、使用道氏理论应注意的问题

道氏理论开创了技术分析之先河,为后来技术分析的发展奠定了基础。其主要价值在于预测股价的长期走势,并且颇有实效,因而广受投资人士喜爱。但是,它的若干缺陷也颇为明显,在使用中应特别注意。

1. 反应迟钝。道氏理论对长期趋势反转的判断,通常要在反转行情已经进行了一段时期以后才能确定,而此时已错过了投资操作的最佳时机。

2. 短期无效。道氏理论主要用于预测股市的长期趋势，对股市的中、短期波动则无能为力。

3. 个体无效。道氏理论是用于对整个股市进行预测，因而它无法告诉投资者，哪些股票会涨或会跌，也无法指示投资者选择股票。

4. 指数失真。道氏理论用两种指数互证来判明大势，这在当时铁路运输在美国国民经济中具有重要地位的情况下有一定道理。但随着铁路运输地位的下降，如仍以铁路股指数进行互证，则未必能说明问题。

第三节　波浪理论

一、波浪理论的形成过程及基本思想

1938 年，一篇名为《波浪理论》的论文被发表出来。这就是后来人们所熟知的波浪理论。它是由科林斯和艾略特合作发表的。此后，艾略特于 1939 年又陆续发表了几篇相关论文。1946 年，艾略特发表了《自然法则——宇宙的秘密》一书，作为对他的波浪理论的总结。在这本书中，他认为价格波动与波浪的波动相似，后浪推前浪，不断重复出现，价格波动的涨落是供求失去平衡的结果。

艾略特最初的波浪理论是以周期为基础的。他把周期分成时间长短不同的各种周期，指出在一个大周期之中可能存在小的周期，而小的周期又可以再细分成更小的周期，每个周期无论时间长与短，都是以一种模式进行。这个模式就是下面要介绍的 8 个过程。这 8 个过程完结以后，我们才能说这个周期已经结束，我们将进入另一个周期。新的周期依然遵循上述的模式。以上就是艾略特波浪理论最基本的思想。

二、波浪理论的主要原理及应用

1. 波浪理论的基本条件。对于波浪理论而言，有三个非常重要的因素——波型、比率分析、时间。波型，指的是波浪图形或信息，包含了一些理论上重要的元素。比率分析通常是用来决定在两个不同波浪间折返及其关联性的百分比率。最后，时间的因素也是必然存在的，因为它能使前述的波型、比率加以确定，但它必须考虑一些市场预测因素。

2. 波浪理论的数学基础。波浪理论中所用到的数字都是来自弗波纳奇数列。弗波纳奇是 13 世纪意大利的一位著名数学家，他偶然发现了一列有趣的数字：1，1，2，3，5，8，13，21，34，55，89，144，…

这些数字中，从第 4 个数字开始，前一个被后一个所除得到的商都在 0.618 上下，后一个数字均为前一个数字的 1.618 倍左右；从第 5 个数字开始，后一个数字约等于该数之前的第二个数的 2.618 倍，如反过来，则前一数字约等于该数之后的第二个数的 0.382。这些比率被称为黄金比率。也就是艾略特所称的"神秘自然法则"。

这列神奇的数字后来就被称为弗波纳奇数列。这些数字的特殊性质目前还没有数学上的严格解释，但对这个数列的使用已经相当广泛了。艾略特正是运用这个数列计算股市的周期，预测股价上升或下跌的目标，估计股市的调整幅度的。所以，我们说弗波纳奇数列是波

浪理论的数学基础。正是在这一基础上,才有了波浪理论以后的发展。

3. 波浪的基本形态。按照波浪理论,股市波动的基本形态由一个主波和一个调整波所构成。主波又由 5 个浪组成,调整波则由 3 个浪组成。这 8 个浪便形成一个完整的艾略特波浪周期(见图 12-2)。

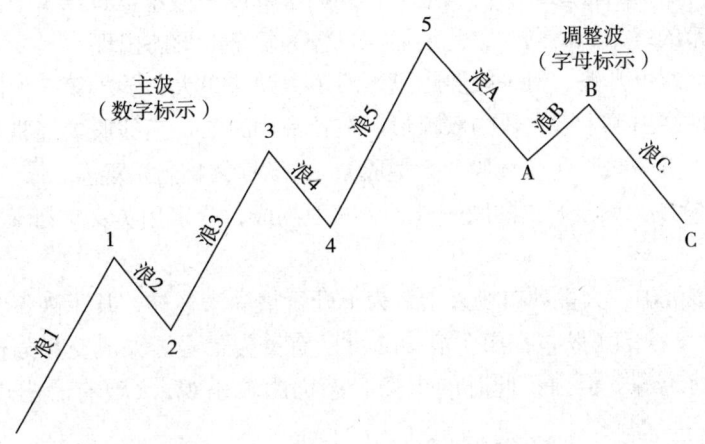

图 12-2 波浪的 8 浪基本形态

同时,主波的 5 个浪又可分为 21 个小浪,调整波的 3 个浪可分为 13 个小浪(见图 12-3)。

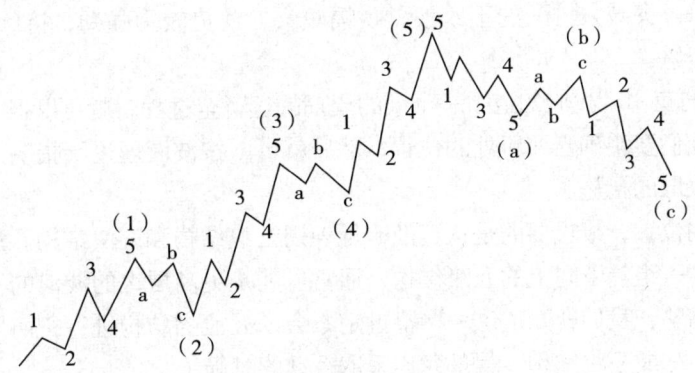

图 12-3 波浪的 34 浪基本形态

4. 主波的特性。主波由 5 个大浪构成,各浪的特性如下:

第 1 浪,通常出现在股市见底的区域,它是 8 浪循环的开始,由于这段行情的上升出现在空头市场跌势后的反转中,买方力量并不强大,加上空头继续存在卖压,因而第 1 浪的升幅通常是 5 浪中最短的行情。

第 2 浪,是第 1 浪的调整浪,由于市场人士误以为熊市尚未结束,故其调整的幅度相当大,几乎吃掉第 1 浪的升幅,但在接近第 1 浪的起点时,市场出现惜售心理,售压逐渐衰竭,成交量也逐渐缩小,遂完成第 2 浪。在此浪中,如果跌回第 1 浪起点或越过此点,便形成双底或可能形成头肩底形态。

第3浪，通常是最具爆发力和升幅最大的上升浪，持续的时间也最长，成交量大幅扩张，且常出现传统图表中的突破信号。这一浪的走势非常强劲，一些图形上的"关卡"被轻易突破，尤其在突破第1浪的高点时，是最强烈的买进信号。同时，延伸浪（该浪放大或拉长的现象）也多出现在此浪。

第4浪，此乃行情大幅劲升后的调整浪，其调整幅度一般不低过第1浪的顶点，其低点则经常是未来熊市的终结点。同时，此浪通常以较为复杂的形态出现。

第5浪，该浪属上升浪，但一般要比第3浪短，劲势也大大弱于第3浪。如果其高点无法超过第3浪，便会出现牛市失败的双顶形。在该浪中，二、三线股票通常是市场的主导力量，其升幅常常大于一线股（绩优股、大型股），市场情绪相当乐观。

5. 调整波的特性。调整波由两跌一升3个大浪构成，分别用英文字母a、b、c标示，各浪的特性如下：

第a浪，在该浪中，大多数市场人士认为上升行情尚未逆转，其下跌仅为一个暂时的回档现象。实际上，a浪的下跌，在第5浪中通常已有警告信号。如成交量与价格走势的背离或技术指标上的背离等。但由于此时的市场心态仍比较乐观，a浪有时出现平势调整或呈"之"字形走势。

第b浪，在该浪中，成交量通常不大，一般而言是多头的逃命线，然而由于它是一段上升行情，很容易让投资者误以为是另一波的涨势，从而使之成为"多头陷阱"，许多投资者在此惨遭套牢。

第c浪，是一段突破力较强的下跌浪，跌幅较大，跌势较为强劲，持续的时间也较长，而且出现全面性下跌。

6. 波浪理论的应用。我们知道了一个大的周期的运行全过程，就可以很方便地对大势进行预测。首先，我们要明确当前所处的位置，然后就可以按波浪理论所指明的各种浪的数目确定下一步所应采取的措施。

要确定目前的位置，最重要的是认真准确地识别三浪结构和五浪结构。这两种结构具有不同的预测作用，一组趋于向上的五浪结构，通常可能是更高层次的波浪的一浪，好戏还在后头。中途若遇调整，我们就知道这一调整肯定不会以五浪的结构进行，而只会以三浪的结构进行。一旦调整完成三浪结构，就是我们采取行动的时候了。

如果我们发现了一个五浪结构，而且目前处在这个五浪结构的末尾，我们就清楚地知道，一个三浪的回头调整正等着我们，我们应该立即采取行动。

上升5浪、下降3浪的原理也可以用到熊市中，变为下降5浪、上升3浪。不过由于世界的股市指数都是不断上升的，所以人们习惯于把股市处于牛市看成主流，而把熊市看成股市的调整。因此，上升5浪、下降3浪就成为波浪理论最核心的内容。

三、应用波浪理论时应注意的问题

技术分析者普遍认为，波浪理论是一种具有特殊价值的分析工具，其中最令人欣赏的就是它的普遍性和精确性，它用于解释40年代中期以前的一切市场行为，并证实了它适用于研究道琼斯工业指数的走势发展。当时艾略特曾预测未来的几十年将出现一个大多头市场，结果这种预测被后来的股市走势所印证。

尽管波浪理论的价值被广泛认可，但它自身也存在着一系列缺陷，在使用时应特别注意：

1. 波浪理论对怎样才算一个完整的浪，并无明确的定义，在股市走势的升跌绝大多数不按五升三跌这个机械模式出现的情况下，数浪完全由个人的主观所决定。第一个波浪理论家，包括艾略特本人，很多时候都会被这样一个问题困扰，即一个浪是否已经完成而开始了另一个浪呢？不同浪的判断对后市走势的判断便大不一样，据此操作的风险也就相当大。

2. 波浪理论的浪中有浪，可以无限延伸。升浪可以包括所有升势，一个巨型浪，只要上升趋势没有被打破，一百几十年都可以，而下跌浪也是如此。并且，无论升浪或跌浪又经常出现各种变异形态，从而使得对浪的划分相当繁杂和难以把握，由此也使波浪理论难以进行实际运用，或使得判断错误的概率增加。

3. 波浪理论不能运用于个股的选择。

4. 波浪理论以神奇数字为依据，其合理性并没有得到论证，因而仁者见仁，智者见智。

总之，在使用波浪理论进行技术分析时，应比使用其他方法更为慎重。

第四节 证券投资分析的其他重要理论

一、随机漫步理论

随机漫步理论（Random Walk Theory）认为，证券价格的波动是随机的，像一个在广场上行走的人一样，价格的下一步将走向哪里，是没有规律的。证券市场中，价格的走向受到多方面因素的影响。一件不起眼的小事也可能对市场产生巨大的影响。从长时间的价格走势图上也可以看出，价格的上下起伏的机会差不多是均等的。随机漫步理论指出，股票市场内有成千上万的精明人士，每一个人都懂得分析，而且资料流入市场都是公开的，所有人都可以知道，并无什么秘密可言。因此，股票现在的价格就已经反映了供求关系，或者离本身价值不会太远。所谓内在价值的衡量就是由每股资产值、市盈率、派息率等基本因素来决定。这些因素亦非什么大秘密。现时股票的市价根本已经代表了千万精明人士的看法，构成了一个合理价位。

市价会围绕着内在价值而上下波动。这些波动却是随意而没有任何轨迹可循的。造成波动的原因是：

（1）新的经济、政治新闻消息是随意、无固定地流入市场的。

（2）这些消息使基本分析人士重新估计股票的价值，而作出买卖决策，致使股价发生新变化。

（3）因为这些消息无迹可寻，是突然而来，事前并无人能够预告估计，股价走势推测这回事并不能成立。

（4）既然所有股价在市场上的价格已经反映其基本价值，这个价值是公平的由买卖双方决定的，就不会再出现变动，除非突发消息如战争、收购、合并、加息减息、石油战等利好或利空等消息出现才会再次波动。但下一次的消息是利好或利空大家都不知道，所以股票现时是没有记忆系统的。昨日升并不代表今日升。今日跌，明日可以升亦可以跌。每日与另一日之间的升跌并无关联。

（5）既然股价是没有记忆系统的，企图用股价波动找出一个原理去战胜市场，赢得大市，肯定是失败的。因为股票价格完全没有方向，随机漫步，乱升乱跌。我们无法预知股市去向，无人一定是赢家，亦无人一定会输。

二、循环周期理论

循环周期理论（Cycle）认为事物的发展有一个从小到大和从大到小的过程，这种循环发展的规律在证券市场也存在。无论什么样的价格活动，都不会向一个方向永远走下去。价格的波动过程必然产生局部的高点和低点，这些高、低点的出现，在时间上有一定的规律。我们可以选择在低点出现的时间入市，在高点出现的时间离市。

循环周期理论的代表人物江恩把他的理论用按一定规律展开的圆形、正方形和六角形来进行推述。这些图形包括了江恩理论中的时间法则、价格法则、几何角、回调带等概念，图形化地揭示了市场价格的运行规律。

江恩认为较重要的循环周期有：

短期循环：1小时、2小时、4小时……18小时、24小时、3周、7周、13周、15周、3个月、7个月；

中期循环：1年、2年、3年、5年、7年、10年、13年、15年；

长期循环：20年、30年、45年、49年、60年、82年或84年、90年、100年。

30年循环周期是江恩分析的重要基础，因为30年共有360个月，这恰好是360度圆周循环，按江恩的价格带理论对其进行1/8、2/8、3/8……7/8等，正好可以得到江恩长期、中期和短期循环。

10年循环周期也是江恩分析的重要基础，江恩认为，10年周期可以再现市场的循环。例如，一个新的历史低点将出现在一个历史高点的10年之后，反之，一个新的历史高点将出现在一个历史低点的10年之后。同时，江恩指出，任何一个长期的升势或跌势都不可能不做调整地持续3年以上，其间必然有3~6个月的调整期。因此，10年循环的升势过程实际上是前6年中，每3年出现一个顶部，最后4年出现最后的顶部。

上述长短不同的循环周期之间存在着某种数量上的联系，如倍数关系或平方关系。江恩将这些关系用圆形、正方形、六角形等显示出来，为正确预测股市走势提供了有力的工具。

熟练地掌握了循环理论，可以有效地把握进出市场的时机，成为股市的赢家。以周期理论为主要工具的分析者认为，市场运动的最终线索就在其运行周期上。不可否认，时间周期的研究成果，为我们的测市手段增加了时间维度。作为理论，经过不断丰富和发展之后，变得繁复而深奥是可以理解的；作为手段，其存在和发展必定有其特殊理由，但任何一种技术都会因其自身利弊、得失而无法概全。

通常，周期分析者认为，波谷比波峰可靠，所以周期长度的度量都是从波谷到波谷进行的，原因大概是绝大多数周期的变异出现在波峰上，波峰的形成比较复杂，因而认为波谷更可靠些。从实际应用结果来看，在牛市中周期分析的表现远比在熊市中的表现优异。这与周期理论研究倾向于关注底部有关。同在牛市中，波谷比波峰形成或驻留的时间相对较短，而波峰因常出现强势整理的态势，变得复杂，所以较难把握。在熊市中则相反，因为市态较弱，市场常以整理形态取代反弹，所以波峰比波谷形成时间要短，易于发现。在运用周期理论预测市场的时候，牛市中以波谷法度量较为准确，熊市中以波峰法度量胜算更高些。

三、相反理论[①]

相反理论（Contrary Opinion Theory）的基本要点是投资买卖决定全部基于群众的行为。它指出不论股市还是期货市场，当所有人都看好时，就是牛市开始到顶；当人人看淡时，熊市已经见底。只要你和群众意见相反，致富机会永远存在。相反理论的要点如下。

1. 相反理论并非只是大部分人看好，我们就要看淡，或大众看淡时我们便要看好。相反理论会考虑这些看好看淡比例的趋势，这是一个动态概念。

2. 相反理论并不是说大众一定是错的。群众通常都在主要趋势上看得对。大部分人看好时，市势会因这些看好情绪变成实质购买力而上升。这个现象有可能维持很久，直至所有人看好情绪趋于一致时，市势才会发生质的变化——供求的失衡。培利尔（Humphrey Neil）说过：当每一个人都有相同想法时，每一个人都错。

3. 相反理论从实际市场研究中发现，赚大钱的人只占5%，95%都是输家。要做赢家只可以和群众思想路线相悖，切不可以同流。

4. 相反理论的论据就是在市场行情将转势，由牛市转入熊市前一刻时，每一个人都看好，都觉得价位会再上升，无止境地上升。大家都有这个共识的时候，大家会尽量买入，升势消耗了买家的购买力，直到想买入的人都已经买入了，而后续资金却无以为继，牛市就会在所有人的看好声中完结。相反，在熊市转入牛市时，就是市场一片淡风，所有看淡的人士都想沽货，直到他们全部都沽了货，市场已经再无看淡的人采取行动，市场就会在所有人都沽清货时见到了谷底。

5. 在牛市最疯狂，但行将死亡之前，大众媒介，如报纸、电视、杂志等都反映了普通大众的意见，尽量宣传市场的看好情绪。人人热情高涨时，就是市场暴跌的先兆。相反，大众媒介懒得去报道市场消息，市场已经没有人去理会，报纸新闻上都是市场坏消息时，就是市场黎明的前一刻，最沉寂最黑暗时候，曙光就在前面。大众媒介永远都采取群众路线，所以和相反理论原则刚好违背。这反而成为相反理论借鉴的资料。大众媒介全面看好，就要看淡；大众媒介看淡，反而是入市时机。

第五节 技术分析方法的优缺点

一、技术分析法的优点

技术分析简单、直观、快捷，适合于短期分析与动态分析。简单，是指技术分析所需要

---

① 资料来源：百度百科"相反理论"词条（https://baike.baidu.com/item/%E7%9B%B8%E5%8F%8D%E7%90%86%E8%AE%BA/887015?fr=aladdin）。

的信息资料数量少、容易取得，信息成本很低。所有的证券交易市场每日都提供单一证券及证券总体的价格、价格指数和交易量指标，通过新闻媒体及电脑网络，投资者很容易获得这些信息。

直观、快捷，是指技术分析的方法比较成熟与规范，有现成的计算机软件可以利用，输入信息后，很快就能获得分析结果。而且分析结果还利用直观的图表显示出来，很容易被投资者理解和接受。

技术分析侧重于短期分析，它的结果反映的都是证券价格动态的、趋于均衡的调整过程。这种短期分析的最大优点在于它极其接近于现实实际发生的情况，所以很多投资者都看好技术分析，认为掌握了它就掌握了通向财富之门的钥匙。

二、技术分析法的缺点

证券分析理论发展了很长一段时间，基本分析一直占据主导地位。技术分析固有的缺陷限制了它的利用，这些缺陷表现在：

1. 证券价格并非完全由证券的供给和需求决定，证券价格变动是多重因素作用的结果，至于哪种因素居于主导地位，则视具体情况而定。例如，我国的证券价格变动就受到国家政策因素极其显著的影响。一项政策的出台、一次有关负责人的讲话，有时甚至会对股价的走势起到决定性作用。再比如，在行业中占垄断地位的企业改变产品价格的行为肯定会对该企业的股票价格，进而对该行业所有上市公司的股票价格产生影响，使股价产生意料不到的波动。凡此种种，这些证券价格的变动是用技术分析无法显示出来的，从而也是无法预测的，如果仅凭技术分析作出投资决策而忽略这些因素的作用，结果是显而易见的。

2. 证券价格也不是完全的随机变量，用确定的概率分布来解释它的变动的科学性是值得怀疑的。归根结底，证券交易是由人进行的社会经济活动，并不能像无生命体的物理运动、化学运动那样简单地用一些定律描述出来。况且即使是无生命体的运动也会由于偶然性因素的存在而产生某些运动方式和范围的"不可逆"。当然，这种"不可逆"在有人参与的社会经济活动中可能表现得更为明显。"不可逆"，是指某些运动或规律的不可重复。具体而言，一种证券价格上升，而成交量相应减少，从纯粹的技术分析来看，这是买卖双方均势条件下证券价格的自动调整过程。如果证券价格下降，成交量会相应增加，回到原来的均势状态。而"不可逆"理论则强调，即使价格下降，成交量有所增加，但也绝不会恢复到原来的均势状态。之所以出现这种情况，是因为随着时间的变化，影响证券价格的许多因素都已经发生了变化，它们所形成的新的合力对证券价格的影响是有某种不确定性存在的。

三、技术分析法有其特定的适用范围

一般而言，投资数额少、涉及证券种类少的证券投资项目适用技术分析；以投机为目的的股票交易也适用技术分析；短期投资适用技术分析；比较成熟的证券市场比较适用技术分析；在证券价格变动正常、平稳时应注重技术分析。

四、技术分析与基本分析的联系与区别

股市分析分为基础分析和技术分析两种。两者既互相联系，又相互独立，并且共同构成对股票的完整分析。这两种分析方法的目的都在于分析股票的投资价值，但它们进行分析的

角度、采取的方法和所起的作用并不相同。概括而言，主要有以下几点区别。

1. 基础分析的主要目的在于分析证券的内在投资价值。技术分析则着重于分析证券市场价格的运动规律。

2. 基础分析的方法是从证券市场的外部决定因素，如各种经济、政治和其他因素入手，并从这些外部因素与证券市场相互关系的角度进行分析。技术分析的方法则是直接从证券市场入手，根据证券的供需、市场价格和交易数量等市场因素进行分析。

3. 基础分析属于长期性质，它不仅研究整个证券市场的情况，而且研究单个证券的投资价值；它不仅关心证券的收益，而且也关心证券的升值。技术分析则是短期性质的，它所关心的只是市场上证券价格的波动情况和如何获得证券投资的短期收益，很少涉及对单个证券及证券市场以外因素状况的分析。

4. 基础分析通过对经济形势、行业形势和公司形势的分析，有助于投资者了解证券市场的发展状况和各种证券的投资价值，从而引导投资者正确地选择证券投资的对象。技术分析通过对证券市场价格的波动形式、证券的成交数量和证券市场的投资心理等市场因素的分析，可以帮助投资者选择适当的投资机会和投资方式，对实际的投资活动具有重要的指导意义。

从理论上看，技术分析和基础分析在分析股市趋势时的基点是相反的。但实际上，大多数分析家同时运用这两种方法来进行投资决策。基础分析被用来确定未来的潜在收益，因为未来收益可作为股票内在价值的决定基础。而技术分析则被用来帮助投资者在买卖股票时做时机选择。精明的投资者大多不会完全抛弃这一方法，因为市场周期的变换，已证明这些方法具有一定的可靠性。

专栏 12–1
量价关系分析

股票市场用语"量"指的是一只股票的单位时间的成交量，有日成交量、月成交量、年成交量等；"价"指的是一只股票的价格，以收盘价为准，还有开盘价、最高价、最低价。一只股票价格的涨跌与其成交量大小之间存在一定的内在关系。量价关系是"量是因，价是果；量在先，价在后"，成交量是股价变动的内在动力。由此，人们推导出多种量价关系的规则，用于指导具体的投资。

1. 量增价平。量增价平主要是指个股（或大盘）在成交量增加的情况下个股股价几乎维持在一定价位水平上下波动的一种量价配合现象。量增价平既可能出现在上升行情的各个阶段中，也可能出现在下跌行情的各个阶段中。如果股价在经过一段较长时间的下跌后处于低价位区时，成交量开始持续放大，股价却没有同步上扬，这种走势可能预示着有新的资金在打压建仓。一旦股价在成交量的有效配合下掉头向上，则表明底部已形成。

2. 量增价涨。量增价涨主要是指个股（或大盘）在成交量增加的同时个股股价也同步上涨的一种量价配合现象。量增价涨只出现在上升行情中，而且大部分出现在上升行情初期，也有小部分是出现在上升行情的中途。经过一轮较长时间的下跌和底部盘整后，市场中逐渐出现诸多利好因素，这些利好因素增强了市场预期向好的心理，换手逐渐活跃。随着成交量的放大和股价的同步上升，购买股票在短期内就可以获得收益。

3. 量缩价涨。量缩价涨主要是指个股（或大盘）在成交量减少的情况下个股股价反而上涨的一种量价配合现象。量缩价涨多出现在上升行情的末期，偶尔也会出现在下跌行情的反弹过程中。在持续的上升行情中，适度的量缩价涨表明主力控盘程度较高，大量流通筹码被主力锁定。但毕竟量缩价涨所显示的是一种量价背离的趋势，因此，在随后的上升过程中如果出现成交量再次放大的情况，可能意味着主力在高位出货。

4. 量增价跌。量增价跌主要是指个股（或大盘）在成交量增加的情况下个股股价反而下跌的一种量价配合现象。量增价跌现象大部分出现在下跌行情的初期，也有小部分出现在上升行情的初期。在下跌行情的初期，股价经过一段较大的上涨后，市场上的获利筹码越来越多，投资者纷纷抛出股票，致使股价开始下跌，这种高位量增价跌现象是卖出的信号。

5. 量缩价跌。量缩价跌主要是指个股（或大盘）在成交量减少的同时个股股价也同步下跌的一种量价配合现象。量缩价跌现象既可能出现在下跌行情的中期，也可能出现在上升行情的中期。下跌行情中的量缩价跌表明投资者在出货后不再做"空头回补"，股价还将维持下跌，投资者应以持币观望为主。

在实战中，人们发现根据量价关系买卖股票时常常会出现失误，尤其是在根据成交量判断主力出货与洗盘方面失误率更高，不是错把洗盘当出货，过早地卖出，就是误将出货当洗盘，该出不出，痛失出货的良机。如何根据成交量的变化准确判断主力是在出货还是在洗盘呢？一般而言，当主力尚未准备拉抬股价时，股价的表现往往很沉闷，成交量的变化也很小，此时研究成交量没有太大意义，不能看出主力的意图。但一旦主力放量拉升股价，其行踪就会暴露，此时研究成交量的变化就具有非常重要的意义。此时如果能准确地捕捉到主力洗盘的迹象并果断介入，往往能在较短的时间内获取理想的收益。实践证明，根据成交量变化的特征，可以对主力是不是在洗盘作出较为准确的判断。

（1）由于主力的积极介入，原本沉闷的股票在成交量明显放大的推动下变得活跃起来，出现了价升量增的态势。而后，主力为了给后市的大幅拉升扫平障碍，不得不将短线获利盘强行洗去，这种洗盘在K线图上往往表现为阴阳相间的震荡。由于主力的目的是让一般投资者出局，因此，股价的K线形态往往会成为明显的"头部形态"。

（2）在主力洗盘阶段，K线组合往往是大阴不断，且收阴的次数居多，每次收阴时都伴有巨大的成交量，好像主力正在大举出货。其实仔细观察会发现，出现巨量大阴时，股价很少跌破10日均线，短期均线对股价构成强大的支撑，主力低位回补的迹象一目了然。

（3）主力洗盘时，作为研判成交量变化的主要指标OBV、均量线也会出现一些明显的特征，主要表现为出现大阴巨量时，股价的5日、10日均量线始终保持向上运行，表明主力一直在增仓，交投活跃。此外，成交量的量化指标OBV在股价高位震荡期间始终保持向上，即使瞬间回落，也会迅速拉起并创出近期新高。这说明单从量能的角度看，股价已具备了上涨的条件。

● 资料来源：MBA智能百科（https：//wiki.mbalib.com/wiki/%E9%87%8F%E4%BB%B7%E5%85%B3%E7%B3%BB）。

【本章小结】

技术分析是通过分析股票市场过去和现在的市场行为，运用数理统计等定量分析方法，对股票市场未来的价格变化趋势进行预测的研究活动。

技术分析的理论基础是基于三个合理的市场假设：市场行为包括了一切信息；价格变化是有趋势的；历史会重复。

技术分析的主要理论包括道氏理论、波浪理论、随机漫步理论、循环周期理论、相反理论等。

道氏理论认为证券价格变动有三种趋势：主要趋势、次级趋势、短期变动，对于投资者而言把握主要趋势并顺势而为是决定投资成败的关键。道氏理论开创了技术分析之先河，为后来技术分析的发展奠定了基础。其主要价值在于通过对指数的分析来预测股价的长期走势。

波浪理论是一种神奇的理论，其基本结构是8浪循环。每个周期无论时间长与短，都是以一种模式进行。这8个过程完结以后，将进入另一个周期。每一个波段还可以进一步细分。

【关键词】

技术分析　理论基础　道氏理论　波浪理论　相反理论

【重要概念】

主要趋势　次级趋势　短期变动　波浪理论　随机漫步理论　循环周期理论

【思考题】

1. 什么是技术分析？技术分析的理论基础是什么？
2. 技术分析的基本要素有哪些？
3. 简述技术分析与基本分析的联系与区别。
4. 简述道氏理论的基本内容及应用。
5. 简述波浪理论的主要内容。
6. 简述相反理论对你的启发。

【实验题】

1. 主流证券投资分析软件的掌握及基本分析步骤。

实验提示：钱龙、通达信、同花顺等软件是沪深股市中用来分析股价走势的通用软件，绝大部分证券营业部都配备了该种分析系统。各个证券公司的网上交易和行情系统一般也是按照相同的界面来显示交易信息，其基本功能模块分为大盘分析、报价分析、各股分时走势分析、各股技术分析、多股同列、特别报道、信息、工具、系统和下单等。投资者可以在网上下载相应的软件来系统分析行情和买卖证券，可以选择用下拉菜单或用鼠标在屏幕上选择相应功能。

2. 描述某只股票的价量时空关系。

实验提示：技术分析的对象包括股价运行的趋势、目前股价在趋势中的位置及所形成的形态、成交量（成交额）的变化情况、买卖换手率的变化、技术指标走势的情况、股价运行的支撑价位和阻力价位的判断、一个趋势持续的时间长短和变化幅度大小、股票市盈率变化、实时盘面交易信息的变化（如开盘价、开盘成交量、收盘价、最高价、最低价、平均价、委比、量比、买入价、卖出价、买盘量、卖盘量、外盘、内盘、震幅等的变化情况）。

第十三章
证券投资技术分析的方法

拉瑞·威廉斯①有着近50年的从业经验,是全球最受敬仰的短线交易者之一。威廉斯为成千上万的人传授过交易技巧,也赢得过多次交易大赛。在罗宾斯世界杯期货交易锦标赛上,在不到12个月的时间里,他将账户资金从1万美元经营到110万美元,成为冠军。从1970年开始,他基于1966年发明的"威廉R%指标"开始创作畅销书。威廉指标至今还在财经报刊、金融投资网站上每天出现。在交易、研究与开发交易工具的间隙,他还两次当选参议员,就任美国期货业协会董事,并获奖无数,包括《期货》刊物第一届期货博士奖,欧米茄研究终身成就奖,《全球交易者》2005年度交易者奖。圣迭戈市市长将2002年10月6日命名为"拉瑞·威廉斯日"。威廉斯经常受邀出现在CNBC与FOX新闻节目中,他的文章在《华尔街日报》《福布斯》《财富》等媒体刊登,是过去30年来被引用最广、最受追捧的专家之一。威廉斯当年以不可思议的1万美元起始而一年后获利100万美元,震撼全美交易界。许多怀疑的话语接踵而至。因为第二名获利只为6万美元。然而,当看过威廉斯的成交报告后,我们发现在投资中需要的只是一套稳定的交易系统与纪律,配合富有攻击性的资金风险控制(这才是交易获利的最主要方法)及一种强烈的获利信心。

威廉斯至今仍然是全美交易界毁誉参半的人物,因为他创下的高报酬率似乎已成为无法突破的交易纪录,大多数投资人可能永远达不到这个成绩。寻求一些适合自己的技术分析手段,并持之以恒地坚持下去,对你的投资一定是会有帮助的。

通过本章学习,你将了解和掌握以下知识:
- 技术分析的基本类别;
- 如何运用K线分析法、支撑压力或切线理论、形态分析、技术指标法分析证券市场行情;
- 技术分析方法的基本运用以及实际投资中需要注意的要点;
- 经典的图表如何解读。

每一种对反映市场行为或市场表现的资料与数据进行分析处理的方法都属于技术分析的方法。技术分析的方法很多,而且有些方法在一般人看来具有匪夷所思的神秘性。目前被广泛接受的技术分析方法分为以下几类:K线分析法;支撑压力或切线理论;形态分析;技术

---

① 资料来源:本文中关于拉瑞·威廉斯的介绍来源于图书《短线交易秘诀》的作者简介。

指标法;波浪理论;周期理论。这几类分析方法从不同角度去理解和研究证券市场,各有其优劣之处,而且彼此互有交叉和联系。本章将按上述分析方法分类,对其进行简明扼要的介绍。

第一节 K线分析

K线图原为日本米市商人用来记录米市中的行情、价格波动的工具,后因其细腻独到的标画方式,被引进到股市及期货市场中。经过百年以上的实践,应用效果良好,受到世界各国股票投资者的广泛重视,目前已成为人们进行技术分析必不可少的图表。K线在东南亚各国十分流行,而欧美各国则使用与其十分相似的棒状线。

一、K线的画法和主要形状

（一）K线的画法

K线,又称为阴阳线;K线图又称为蜡烛图。单个K线是用来描述单位交易时间内某种证券的开盘价位、收盘价位、最高价位、最低价位以及在单位时间内价位变动方向的。因此,单个K线如图13-1所示。

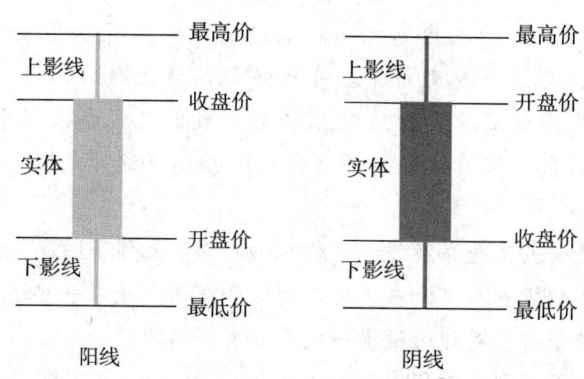

图13-1 K线图示

由图13-1可知,某种证券的交易价位,由竖矩形表示开盘与收盘的价位差异。若低开高收,则为阳线实体,一般为空白或填以红色;如果高开低收,则为阴线实体,一般用黑色表示。单位交易时间内的最高价位和最低价位由矩形上方或下方的垂线表示,上影线的最高点即为最高价位,下影线的最低点即为最低价位,上、下影线的颜色与实体一致。

随着时间的推移,连续画出的单个K线就构成了以时间为横坐标,价位为纵坐标的K线图。

（二）K线判断股价的方法

运用上述图形判断股价的方法大致可分为单线观测、双线观测以及多线观测三种。

1. 单线观测。这是根据一个K线图中的实体的长短及上下位置来判断行情是坚挺还是疲软的方法。采用单线观测时,重视买卖能量的均衡点,高价及低价的中心值,这样,可以根据相对于该中心值的形状位置以及下一周的开盘价，直接作出买卖决策。

2. 双线观测。把两根 K 线并列在一起，对其进行观察，以预测未来价格变化的方法。

3. 多线观测。把多根 K 线进行排列，组成 K 线图，根据其形状位置及变动趋势，来预测将来股价变化的方法。

二、K 线分析基础

（一）单根 K 线分析

1. 大阳线。大幅开低收高的阳线，实体很长，以至于可忽略上下影线的存在，这是涨势信号的一种，且可由该阳线实体的长度推测出当日涨势的强度。若在低位则可逢低买入。

2. 大阴线。与大阳线正好相反。大幅开高收低的阴线，实体甚长、上下影线极短以至于可以忽略不计，这是跌势信号的一种，且可由该阴线实体的长度推测出当日跌势的迅猛。若处于高位，则应逢高卖出。

3. T 字线。平开走低又收高于开盘价格附近收盘，通常情况下在相对低位报收 T 字线，表明盘中的多头力量较为强盛，但也有在相对高位报收 T 字线后多头无力上攻，结果退守败走而形成相对头部的可能。通常该图形并不适于做空，因此以买入或观望为宜。

4. 倒 T 字线。平开走高又收低并于开盘价附近收盘，通常情况下在相对高位收。倒 T 字线，表明盘中空头力量较为迅猛，但也有在相对低位报收倒 T 字线后空头无力下压，结果收缩回撤形成相对底部的可能。通常该图形不适合做多，因此以卖出或观望为宜。

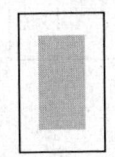 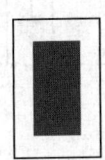 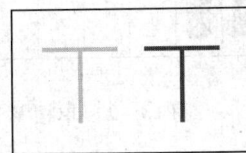 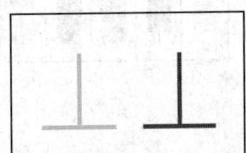

5. 十字星。开盘和收盘均几乎处于同一价位区附近，但含有上下影线，表明盘中多空的分歧及争斗程度的激烈。由于分歧的存在，观察第二日开盘后的趋势将至关重要。因此，当盘中收出十字星时，多空双方都应引起警觉。

6. 一字线。只是在涨跌停板制度的前提下，当发生涨停板开盘并一直没有打开而维持至收盘，或当发生跌停板开盘并一直未曾打开而维持至收盘，这时的 K 线就呈现出一字线。应选择的策略：当在相对低位产生时，今后短期内的涨幅将相当强劲，应以择机买入做多的策略应之；反之，在相对高位产生跌停一字线时，表明大的套多行情将要或已经发生，应以择机卖出做空的策略应之。

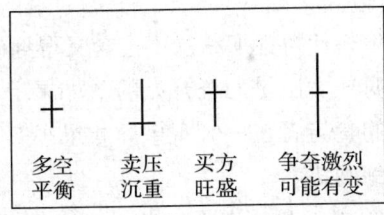 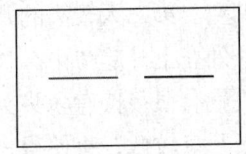

7. 锤头。在一个下跌过程中的相对低位产生一支实体较短，仅有较长下影线的光头K线（阴阳不论），表明此时空方的抛售做空能力已经大为减弱，是较为典型的低位当日反转信号。应选择的策略：只要第二日行情不再创出新低，就不应再行抛售反而应在盘中择低买入。

8. 倒锤头。在一个上升过程中的相对高位产生一支实体较短仅有较长上影线的光脚K线（阴阳不论），表明此时多方的竞购做多能力已经大为减弱，是较为典型的高位当日反转信号。应选择的策略：只要第二日行情不再创出新高，就不应再竞购反而应在盘中择高卖出。

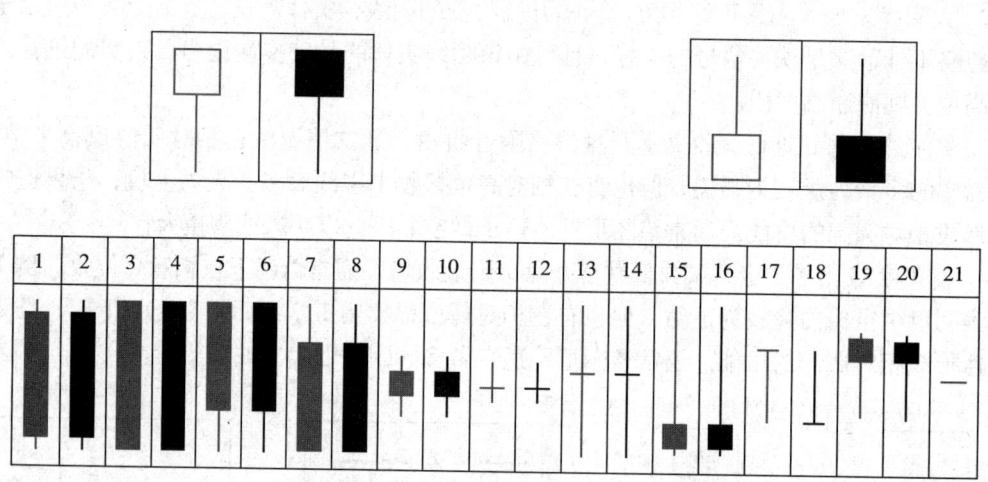

图 13－2　单根 K 线图示

（二）K 线组合形态分析

K 线组合可以是单根，可以是多根，但很少超过 5 根，研究 K 线组合的目的其实在于判别股价走势处于反转形态还是持续形态，从而作出投资决策。投资者总结了非常多的组合形态，组合形态有简单的也有复杂的。这里只列举几种常见的组合形态。

1. 锤形线（Hammer）、上吊线（Hanging Man）。这种组合有 4 个特征：①小实体在交易区域的上面；②下影线的长度比实体长度长得多，一般要求是实体的 2~3 倍；③上影线基本没有；④小实体的阴阳不重要。

锤形线和上吊线的分析要点：

图 13－3　锤形线、上吊线图示

锤形线处在下降趋势中。疯狂的卖出行动被遏制、投资者担心踏空。第二天较高的开盘价和更高的收盘价将使得锤形线的牛市含义得到确认。

上吊线处在上升趋势中。长下影线显示了一个疯狂卖出是怎样开始的。如果市场第二天开盘较低，就有很多持有多头头寸而等待卖出时机的参与者在一旁观望。如果小实体是阴线并且第二天开盘较低，将使得上吊线的熊市含义得到确认。

2. 鲸吞型（Engulfing）。鲸吞型分为牛市鲸吞型（Bullish Engulfing）和熊市鲸吞型（Bearish Engulfing）。鲸吞型有 4 个特征：①形态出现之前一定有相当明确的趋势；②第二根实体必须完全包含前一根的实体；③第一根K线的阴阳反映趋势：阴线反映下降，阳线反映上升；④第二根实体的阴阳反映趋势与第一根的相反。

图13-4 鲸吞型图示

鲸吞型的分析要点：

熊市鲸吞型处在上升趋势中，只有小成交量配合和小阳线实体。上升的趋势已经被破坏。如果第三天价格仍然保持较低，上升将反转。

牛市鲸吞型与熊市鲸吞型的情况相反，是看涨的组合形态。

3. 早晨之星（Morning Star）、黄昏之星（Evening Star）。早晨之星和黄昏之星有4个特征：①第一天的实体的阴阳性与趋势方向一致：早晨之星是阴线，黄昏之星是阳线；②第二天的小实体星形线与第一天之间有缺口，小实体的阴阳不重要；③第三天K线的阴阳与第一天K线的阴阳相反；④第一天的K线是长实体，第三天的K线基本上也是长实体。

早晨之星和黄昏之星的分析要点：

早晨之星开始是一根长阴线，它加强了原来的下降趋势。第二天价格向下跳空出现新低，交易区域发生在小的范围内，收盘价同开盘价接近持平。这个小实体显示了不确定性的开始。第三天价格跳空高开，收盘更高。显著的趋势反转向上已经发生。

黄昏之星的情况同早晨之星正好相反，是上升趋势出现反转的组合形态。第三天价格跳空低开，收盘更低。显著的趋势反转向下已经发生。

4. 三白兵（Three White Soldiers）。三白兵有3个特征：①三根连续的长阳线，每天出现更高的收盘价；②每天的开盘价在前一天的实体的中点之上；③每天的收盘价是当天的接近最高点。

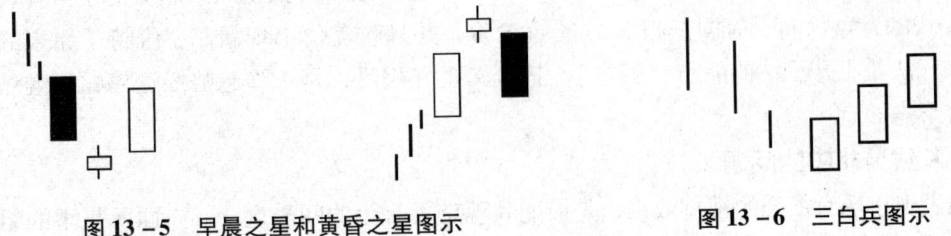

图13-5 早晨之星和黄昏之星图示　　　图13-6 三白兵图示

三白兵的分析要点：

三白兵如果出现在已经下降了很长时间后，将是市场将要强烈反转的标志。这种价格运动行为上升稳定，非常看涨，绝不应该被忽视。三白兵的市场含义与三白兵所处的位置有关。

5. 强弩之末（Deliberation）。强弩之末有3个特征：①第一根和第二根是长阳线实体；②第三天的开盘接近第二天的收盘；③第三天是纺轴线并极有可能是星形线。

强弩之末的分析要点：

强弩之末是三白兵的"导出品"，出现在上升的末期。前面两天的长阳线创出了新高，其后是小阳线。最好是最后一天高于第二

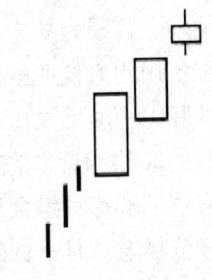

图13-7 强弩之末图示

天并存在跳空缺口,小实体说明不确定性。强弩之末展示了原来上升趋势的弱化,强弩之末是黄昏之星的"前奏曲"。在上升的过程中,强弩之末的形态出现得越晚,不能继续上升的含义越强。

6. 三乌鸦(Three Crows)。三乌鸦有4个特征:①连续三天长阴线;②每天的收盘出现新低;③每天的开盘在前一天的实体之内;④每天的收盘等于或接近当天的最低。

三乌鸦的分析要点:

三乌鸦是三白兵的反面"对称副本"。在上升趋势中,三乌鸦呈阶梯形逐步下降。市场要么靠近顶部,要么已经有一段时间处在一个较高的位置了。由于出现一根长阴线,明确的趋势倒向了下降的一边。后面的两天伴随着由众多的卖出压力和获利了结所引起的进一步的价格下降。

7. 上升三法(Rising Three Methods)、下降三法(Falling Three Methods)。上升三法和下降三法是持续型形态,有4个特征:①长实体表示当前的趋势;②长实体被一组小实体跟随;③小实体沿着与当前趋势相反的方向或高或低地排列,在第一天实体的最高和最低的范围内;④最后一天应该是强劲的一天,收盘高于或低于第一根长实体的收盘。

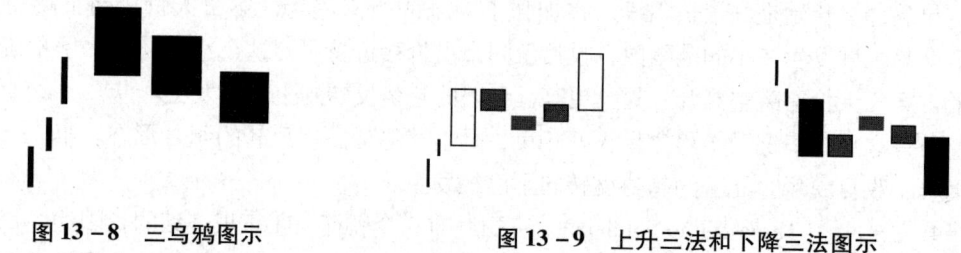

图13-8 三乌鸦图示　　　　图13-9 上升三法和下降三法图示

上升三法和下降三法的分析要点:

上升三法的长阳线形成于上升趋势之中,长阳线之后是一群抵抗原来趋势的小实体,最后一根K线的开盘价高于前面一根K线的收盘价,并且收盘价出现新高,维持了原来的趋势。下降三法是上升三法的熊市"版本",其含义正好相反,是下降趋势经过停顿后继续下降的组合形态。

三、K线分析中的问题

K线表现市场有很强的视觉效果,是最能表现市场行为的图表之一。上面所列举的组合形态只是根据经验总结了一些典型的形状,是市场趋势和用组合形态表现的人类心理的混合物,没有严格的科学逻辑。实际的市场情况与我们的判断有距离。从经验的统计结果中可以知道,K线的成功率是不能令人满意的。从K线的使用原理看,K线理论只涉及短时间内的价格波动,容易为某些人的"非市场"行为提供条件。如果增加限制条件,有可能提高成功率,但使用的方便性就会出现问题。

实际中一般不太可能出现与教科书上所画的K线完全相同的情况。要根据实际情况,调整已有的K线组合形态,这就是K线组合形态的变形问题。为了更深刻地了解K线组合形态,应该了解每种组合形态的内在和外在的原理。因为它不是一种完美的技术,这一点同其他技术分析方法是一样的。K线分析是靠人类的主观印象而建立,并且基于对历史的形态组合进行表达的分析方法之一。

第二节 趋势分析

从对趋势的认识着手,应用支撑压力的分析方法识别大势是继续维持原方向还是掉头反向。技术分析的三个假设明确说明价格的变化有趋势。这些方法只提供参考意见,当然获得收益的前提是对投资分析方法的正确使用。爱德华和麦吉1948年出版的《股市趋势技术分析》(*Technical Analysis of Stock Trends*)比较早从理论上对支撑压力进行了完整的叙述。

趋势的方向有三个:(1) 上升方向;(2) 下降方向;(3) 水平方向。

如果图形中每个后面的峰和谷都高于前面的峰和谷,则趋势就是上升方向(见图13-10a)。

如果图形中后面的峰和谷与前面的峰和谷相比,没有明显的高低之分,几乎呈水平向前发展,这时的趋势就是水平方向(见图13-10b)。

如果图形中每个后面的峰和谷都低于前面的峰和谷,则趋势就是下降方向(见图13-10c)。

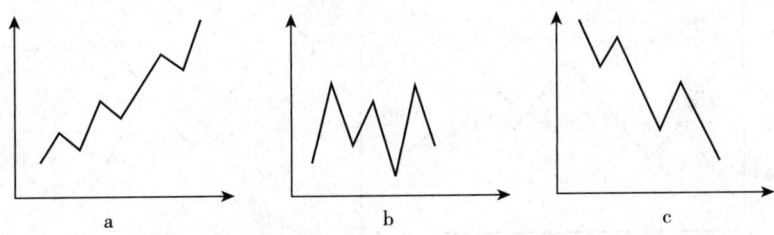

图13-10 三种趋势图示

按道氏理论的分类,趋势分为3个类型。

主要趋势(Primary Trend):趋势的主要方向,极力要弄清楚的目标。了解了主要趋势后才能做到顺势而为。主要趋势是价格波动的大方向,持续的时间一般比较长。

次级趋势(Secondary Trend):是对主要趋势的调整。局部调整和回撤的过程。

短期变动(Near Term Trend):对次要趋势的调整。

3种趋势的最大区别是时间的长短和波动幅度大小的差异,对于更复杂的价格波动过程,可以继续对短期变动进行再细分。

一、支撑线与压力线

支撑位(Support)是指当价格下降到某个价位附近时,价格停止下跌。这个阻止或暂时阻止价格继续下降的价格位置就是支撑线所在的位置。压力位(Resistance)是指当价格上涨到某价位附近时,价格会停止上涨。这个阻止或暂时阻止价格继续上升的价位就是压力线所在的位置。需要注意的是,无论是上涨行情还是下跌行情都可能会有支撑线和压力线。

最简单、常用的判断支撑压力位置的方法是确定价格在前期的波动过程中所留下的局部的高点和低点,以及价格的成交密集区。成交密集区是一个定性的说法,它所描述的是价格

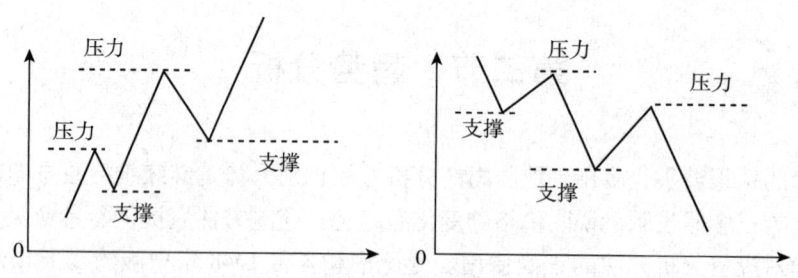

图 13-11　支撑线和压力线图示

在波动过程中在某个特定的位置附近所持续的时间比较长，或者在这个特定位置出现的时候多，进而认为在这个特定位置附近的成交量比较多，交易比较活跃。这个方法称为"目测法"，其意思是用"眼睛"简单地看一眼，就能对价格波动的关键点有初步的认识，并得到早期的结果。

支撑线起阻止股价继续下跌的作用，压力线起阻止股价继续上升的作用，同时支撑与压力是可以相互转换的。

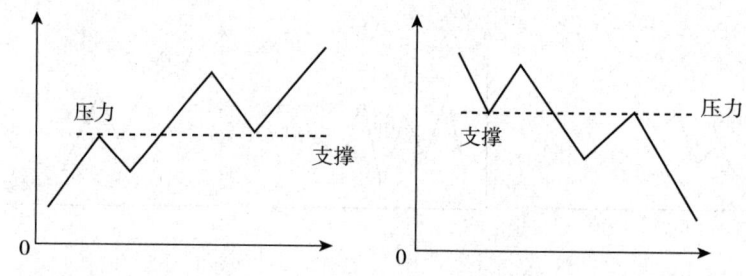

图 13-12　支撑与压力相互转换图示

二、趋势线、轨道线和交叉线

趋势线、轨道线和交叉线是最基本的和最初等的支撑压力线。一般而言，认识支撑压力都应该从这3条线开始。相对而言，趋势线和轨道线运用得更为普遍和频繁。这3条线可以通过直接观察寻找迹象，有时不一定需要真正将直线画出来。

（一）趋势线

趋势线是表现证券价格波动趋势的直线。从趋势线的方向中，可以明确地看出价格波动的趋势。在上升趋势中，将上升的低点连成一条直线，就得到上升趋势线；在下降趋势中，将下降的高点连成一条直线，就得到下降趋势线。

趋势线的确认有两个条件：一是必须有趋势的存在；二是画出的直线要得到三个点的确认。

1. 趋势线的运用原则。

（1）以三点确认趋势线，顺势而为。

（2）与成交量配合使用。上升时，离开趋势线时量增，回到趋势线时量减，是很典型的上升趋势。下降时也是如此。

第十三章 证券投资技术分析的方法

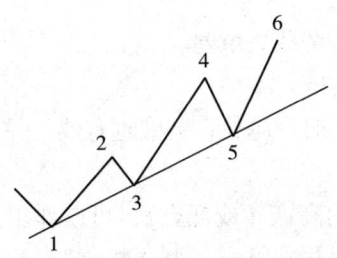 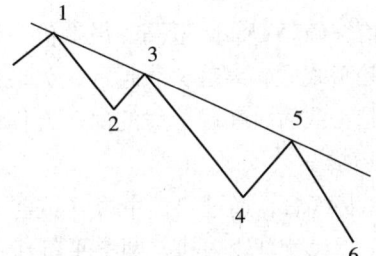

上升趋势线。连接1、3形成暂定趋势线，5进行确认，形成有效趋势线。

下降趋势线。连接1、3形成暂定趋势线，5进行确认，形成有效趋势线。

图 13–13 趋势线图示

（3）用趋势线判别趋势的改变。

以股价穿过趋势线，拉回后，又打下来，可视为趋势的改变。按经验来说，一般穿过趋势线的3%，可判断为趋势的改变。

2. 趋势线的突破。

（1）对于趋势线的细小穿越可忽略。

（2）拉回效应。若未在突破点出货，则拉回点是个很好的出货时机。

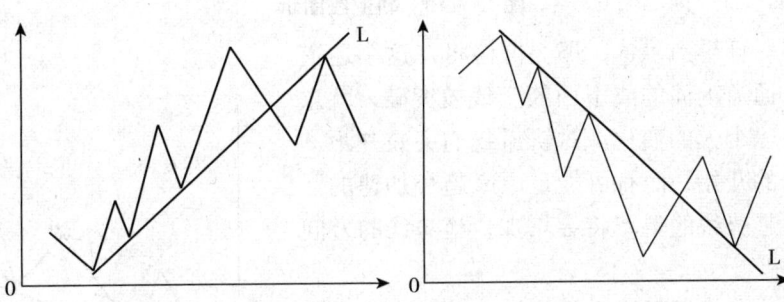

图 13–14 趋势线拉回效应图示

（3）趋势线可角色互换。

上升趋势线一旦被决定性地向下突破后，就演化成阻力线；下降趋势线一旦被决定性地向上突破后，就演变为支撑线。

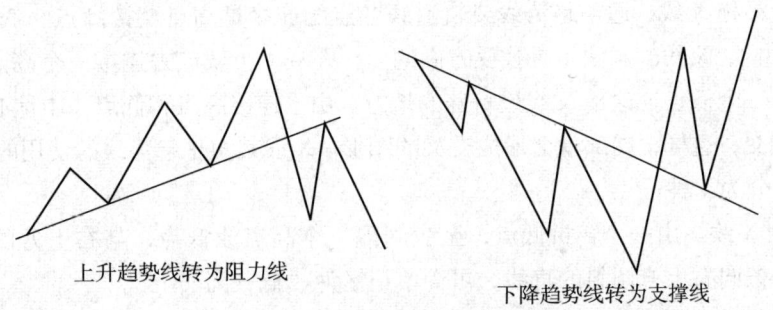

上升趋势线转为阻力线　　　　下降趋势线转为支撑线

图 13–15 趋势线的角色互换图示

267

3. 突破是否有效的标准。

（1）收盘价突破趋势线比最高、最低价突破趋势线更重要。

（2）穿越趋势线后，离趋势线越远，突破越有效。

（3）穿越趋势线后，在趋势线的另一方停留的时间越长，突破越有效。

（二）轨道线

在得到了趋势线后，通过第一个峰（或谷）的高点（或低点），可以作出这条趋势线的平行线，这条平行线就是轨道线。两条平行线一起共同组成一个"轨道"，这就是市场中常说的上升和下降通道。

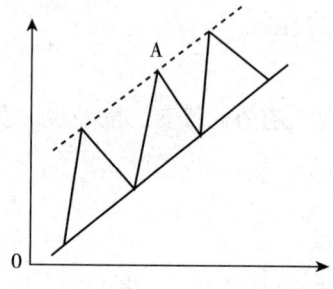
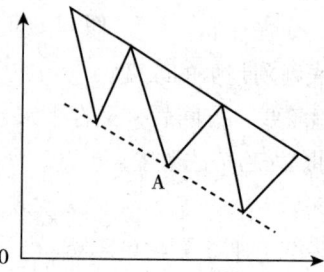

图 13－16　轨道线图示

一个轨道一旦得到确认，那么价格将在这个通道里变动。如果通道上面的或下面的直线被突破，就意味着价格将有一个大的变化。对轨道线的突破并不一定是趋势反向的开始，而有可能是原来趋势加速的开始，即原来的趋势线的斜率将会增加，趋势线的方向将会更加陡峭。

轨道线另一个作用是提出趋势转向的预警。如果在一次波动中未触及到轨道线，离得很远就开始掉头，这往往是原有趋势将要改变的信号。因为，市场已经没有力量继续维护原有的上升或下降的规模。

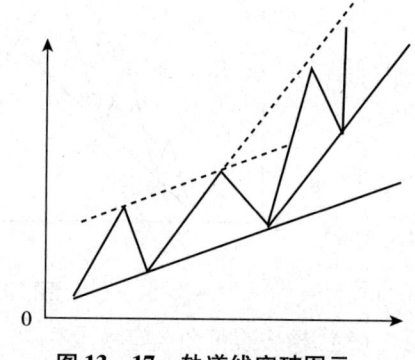

图 13－17　轨道线突破图示

（三）交叉线

交叉线，又称 X 线，通常趋势线或轨道线各点的连接是高点连接高点、低点连接低点，而 X 线与之不同，X 线的画法是寻找反方向的点，即从一个低点去连接一个高点，或者从一个高点去连接一个低点，这是 X 线最特殊的地方。由于连接高点和低点，中途必然要与价格自身的曲线相交，这样，局部就会形成交叉的图形。X 线其实是趋势线的使用的延伸。

X 线可以分为 4 种：

（1）上升 X 线。由一个转折低点，至少间隔一个高点或低点，与右上方的一个转折高点，连接成一条向右上方倾斜的直线，可简单记忆为"低—高—上"。

（2）B 型上升 X 线。由一个转折低点，至少间隔一个高点或低点，与右下方的一个转折高点，连接出一条向右下方倾斜的直线，可简单记忆为"低—高—下"。

(3) 下降 X 线。由一个转折高点，至少间隔一个低点或高点，与右下方的一个转折低点，连接出一条向右下方倾斜的直线，可简单记忆为"高—低—下"。

(4) B 型下降 X 线。由一个转折高点，至少间隔一个低点或高点，与右上方的一个转折低点，连接出一条向右上方倾斜的直线，可简单记忆为"高—低—上"。

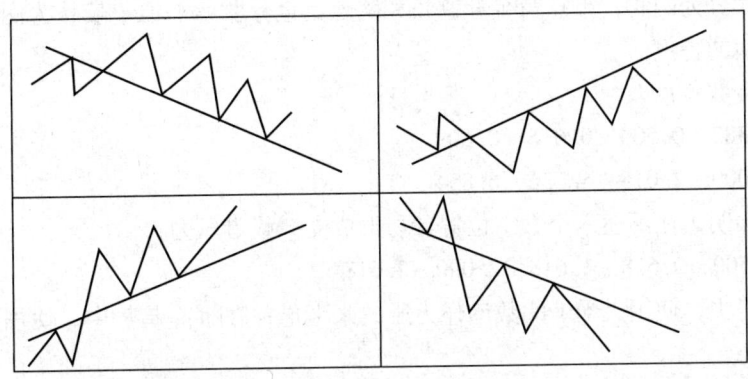

图 13-18　交叉线图示

交叉线实际上是趋势线的延伸适用。当前期的某一条趋势线被突破以后，与价格曲线就会出现一次相交。相交形成后我们将认为趋势发生了根本的转变。这条被突破的趋势线仍然有效，只是支撑和压力的作用方向相反。价格在突破趋势线后的恢复中，价格将在原来的趋势线附近获得支撑或压力。

X 线一经画出，就会起到支撑线和压力线的作用。上升 X 线的作用在于寻找股价回升或反弹时所面临的压力，下降 X 线的作用则在于寻找股价下跌或者回档时所获得的支撑。

对 X 线的判断依据是：

X 线与股价线相交越简单越好，交叉点右边的长度越长，落在上面的点越多越好；若多条 X 线交于一处，这一处的支撑或压力作用越大。价格波动处于横向整理的无趋势状态时，X 线的作用非常有限。

X 线的运用上有一些基本的经验。在多头市场中股价上攻碰到上升 X 线时，通常会出现回调；在空头市场中股价反弹到 B 型上升 X 线时，通常正好是股价反弹的极限或者是上攻途中的上档强压力位；在空头市场中股价在调整中碰到下降 X 线时，往往会出现止跌反弹，不过反弹之后仍以继续下跌为主；在多头市场中股价在回调中碰到 B 型下降 X 线时，股价往往会出现回升。

X 线由于是向右方无限延伸的，因此其所产生的效应在延伸的位置上仍然持续存在，即所谓的多重效应。当股价连续多次碰到上升 X 线时，每次都受阻并下跌时，多次的反应将不再是回档而是反转；反之，下降 X 线表现亦然。

股价并不一定会碰触 X 线，只有当股价在碰触 X 线时，才能判断它会上涨或下跌。此外 X 线并不具有测量涨跌幅度的功能，当股价碰撞 X 线时，要根据其他技术方法进行综合研判。

三、黄金分割线与百分比线

一般而言，趋势线的方向大多是倾斜的，而黄金分割线和百分比线是水平的支撑线或压力线。由于水平的支撑线、压力线位置相对固定,为了弥补水平支撑线、压力线在时间上考虑得不周到,需要多画几条以供选择,期望被提供的这几条线中最终确有一条能对价格的波动起到支撑和压力的作用。

(一) 黄金分割线

黄金分割线分为两种:单点黄金分割线和两点黄金分割线。但一般认为两点黄金分割线是属于百分比线的特例。

神奇的黄金数字:

0.236 0.382 0.500 0.618 0.809

1.618 2.000 2.618 4.236 6.854

根据经验表明,在下述六个数字位置容易形成支撑或者压力:

0.382 0.500 0.618 1.618 2.000 2.618

在上升趋势中,使用大于1的数字作为压力来考虑;在下降趋势中,使用小于1的数字作为支撑来考虑。

在一段上升行情之中,股价从最低点开始上升,在某一高点10元遇阻回落。我们运用黄金分割线可以预测此次回落的大概位置。股价回落的第一目标位应是上升高度的0.382处,若股价在0.382处受到支撑后又开始新的上升行情,那么这段行情应为强势整理;如果回落到0.618处受到支撑,那么上涨行情将结束,市场将进入横盘或下跌趋势。0.618处是回调的极限位置,若在0.618处无法阻止股价的下跌,那么这轮回调的性质应是反转,原有的上涨趋势将被打破。同理,在下跌行情结束之后产生反弹,反弹的高度,仍可以应用黄金分割线进行分析,最重要的仍是0.618黄金分割线,如果反弹高度超过了0.618线,则下跌行情结束,市场将进入横盘或上涨的新趋势。如图13-19所示。

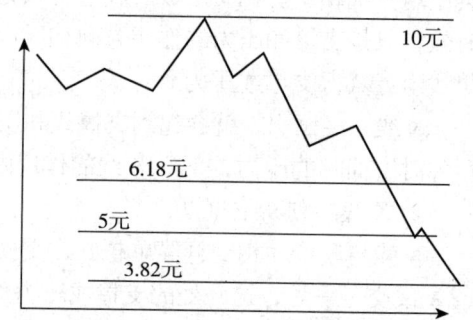

图13-19 单点黄金分割线图示

(二) 百分比线

百分比线的用意也在于提供几条支撑线和压力线,并期望这几条线中有一条确实能起到支撑或压力的作用。当股价持续向上,涨到一定程度,肯定会遇到压力,此时股价就会向下回落,回落的位置很重要。黄金分割线提供了几个价位,百分比线也提供了几个价位。以遇到压力前股价上涨的幅度分别乘以几个特殊的百分比数,就可以得到未来支撑位可能出现的位置。这些百分比数一共有10个,即1/8、1/4、3/8、1/2、5/8、3/4、7/8、1、1/3、2/3。其中1/2、1/3、2/3最重要。如图13-20所示。

作为百分比线的特例,两点黄金分割线数字为61.8%和38.2%,以某股票从10元上升到20元开始回落为例,描绘两点黄金分割线,如图13-21所示。

黄金分割线与百分比线的分析原理基本相似,两者的不同之处仅在于所引用的比率各不相同,但在对同一行情或个股进行分析时,所揭示的关键性点位的位置却基本一致,因此在实际的应用中,二者是可以相互替代的。

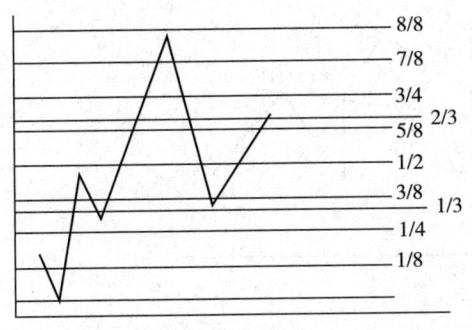
图 13-20 百分比线示意图

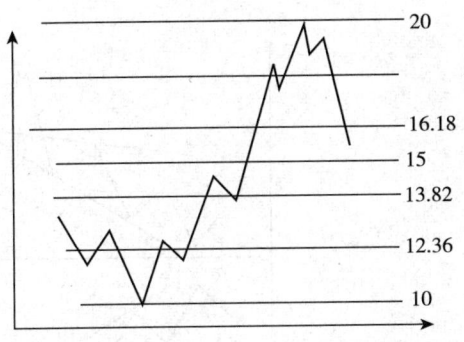
图 13-21 两点黄金分割线示意图

第三节 形态分析

一、价格移动的两种形态类型

价格移动方向由多空双方力量对比决定，波动过程是不断地寻找平衡和打破平衡的过程。整体价格运动可以描述为：保持平衡→打破平衡→寻找到新的平衡→再打破新的平衡→再寻找更新的平衡→……由此我们将价格运动归纳为两种形态类型：持续整理形态（Continuation Patterns）和反转突破形态（Reversal Patterns）。

（一）反转突破形态

反转突破形态最主要的特点是：形态所在的平衡被打破以后，价格的波动方向与平衡之前的价格趋势方向相反。反转突破形态的形成：

1. 股价原先必须确有趋势存在；
2. 某条重要的支撑线或压力线被突破，是反转形态突破的重要依据；
3. 某个形态形成的时间越长，规模越大，则反转后带来的市场波动也越大；
4. 交易量是向上突破的重要参考因素。向下突破时，交易量可能作用不大。

（二）持续整理形态

形态所在的平衡被打破以后，价格的波动方向与平衡之前的价格趋势方向相同。持续整理形态与反转突破形态最大的区别是它所需要花费的时间比后者少。实际中的形态有些是不容易区分的，"这个形态究竟属于哪一类"经常是个问题。

二、主要的几种反转突破形态

（一）头肩顶（底）

头肩顶和头肩底，是实际股价形态中出现最多的形态，也是最著名和最可靠的反转形态。以头肩顶为例：首先要有上升趋势，L1 为上升趋势线，以较小的成交量上冲至新高点 C，随后的下跌低点 D 低于前一峰 A，B、D 的连线 L2 即为颈线，第三次上冲高点 E，成交量进一步减少，且低于头部 C，再次回落后有效击穿颈线位，头肩顶形成。如图 13-22 所示。

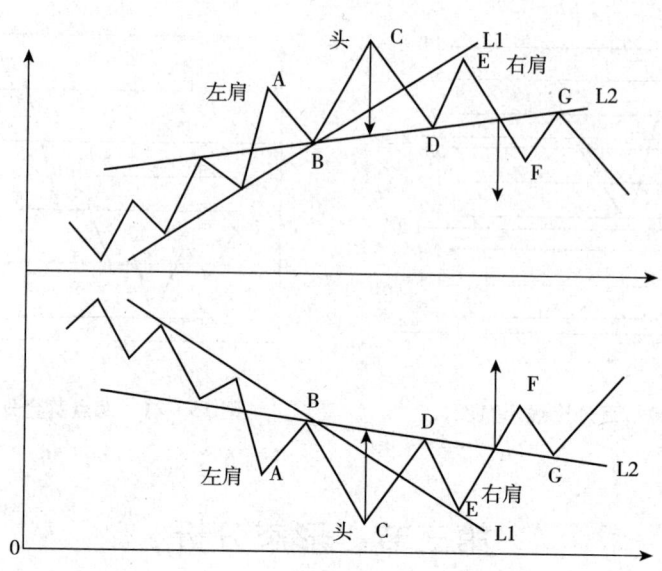

图 13-22 头肩顶（底）示意图

头肩顶（底）判断时需要注意的是：第一，两个肩的高度可以不一样；第二，在实际运用时有可能形成复合头肩形；第三，头肩顶和头肩底对成交量的要求有区别；第四，形态的规模越大越重要；第五，对颈线的反扑；第六，头肩形可能是持续形态。

（二）双顶（底）

双顶（底），即 M 头、W 底，在实际操作中是较为常见的反转突破形态。两峰间的持续时间越长，高度越高，反转的潜力越大。如图 13-23 所示，以双顶为例进行说明。在依托上升趋势线经过较长时间上升之后形成高点 A，回落到支撑线位置 B，再次上升到 C，但 C 点已无力突破 A 所形成的高点，再次回落到 D 点并向下击穿了上升趋势线，反扑结果是不能回到趋势线以上，反扑高点 E 与 B 的连线即为双顶的颈线。

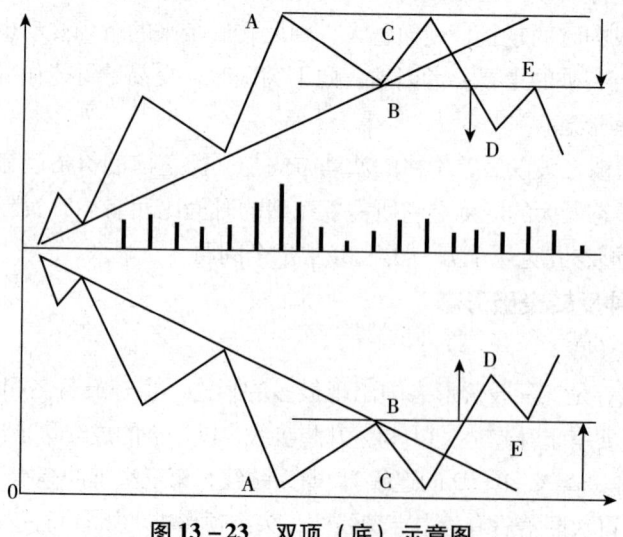

图 13-23 双顶（底）示意图

双顶（底）判断时需要注意的是：第一，两个顶点或底点的高度不要求完全相同；第二，顶底的形态多样性；第三，顶底成交量的差异；第四，形态的规模；第五，形态高度与之前的上升（或下降）趋势的波动幅度相比，不能过低也不能过高。

（三）三重顶（底）

三重顶（底）是一种变形的头肩形，它与头肩形的最大区别是：三重顶（底）的颈线和顶的连线是水平的，这就使三重顶具有矩形的特征。它更容易演变为持续整理形态，而不是反转突破形态。如图 13－24 所示。

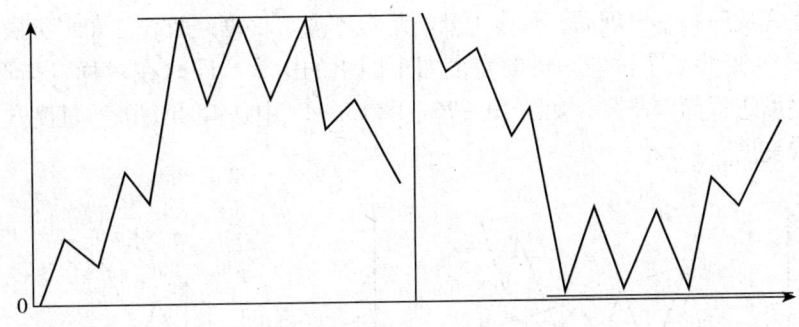

图 13－24　三重顶（底）示意图

（四）圆顶（底）

圆顶（底）在实际中出现的机会较少，但一旦出现，则是绝好的机会，它的反转深度和高度是不可测的。在分析判断圆顶（底）时要考虑成交量，在它们的形成过程中，成交量是两头多，中间少。且所花的时间越长，今后反转的力度越强。如图 13－25 所示。

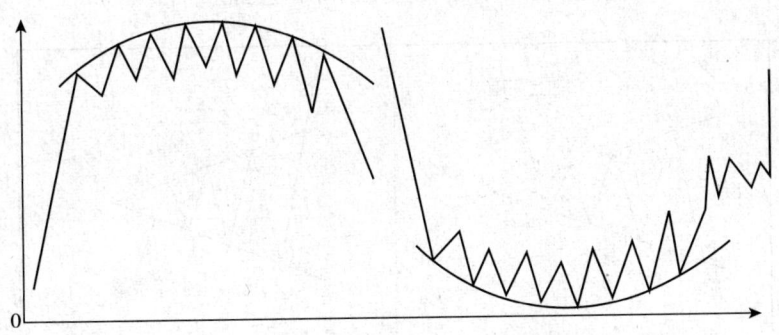

图 13－25　圆顶（底）示意图

反转突破形态在实际中的运用，是有一定难度的。因为只有形成了突破才能谈得上形态的完成，一系列的测算功能才能用得上。但是如果真的到了能够确信反转成立的时候，往往价格已经变得很高或很低了，如果不等反转被确信就采取行动，又有可能遭遇假突破或形态失败。一般而言，要对形态运用得比较得心应手，需要有一定的市场操作经验，即形成自己的市场直觉，当然这种直觉是市场判断能力的综合反映。

三、主要的几种持续整理形态

持续整理形态种类也比较多，比如三角形、矩形、旗形、楔形、喇叭形与菱形，但相对而言，三角形、矩形、旗形、楔形作为持续整理形态更为多见。

（一）三角形

一般而言，三角形属于持续整理形态，但也有反转突破形态的可能，主要看形态出现的位置。三角形包括对称三角形、上升三角形、下降三角形。

1. 对称三角形。对称三角形大多发生在一个大趋势进行的途中，它表示原有的趋势暂时处于休整阶段，所以持续的时间不应太长，否则趋势可能反转。图 13-26 中原有趋势处于上升状态，在完成三角形整理后，继续上升的趋势不变。根据经验，三角形突破应该在横向宽度的 1/2—1/4 处的某个位置。横向宽度即下图中的虚线。同时在对称三角形突破之后，可以对上升量度进行简单测算，如图 13-26、图 13-27 中从 C 点突破后量度升幅应该等于整理时的横向宽度。

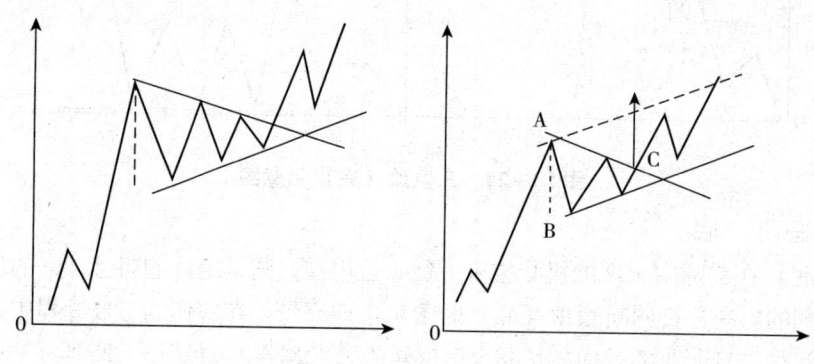

图 13-26 对称三角形示意图

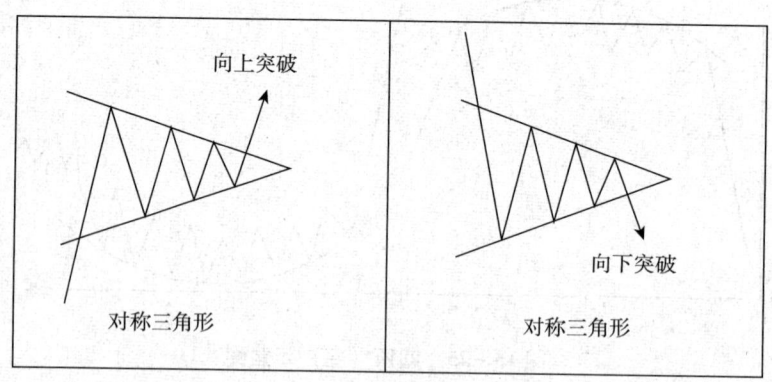

图 13-27 对称三角形示意图

2. 上升三角形与下降三角形。上升三角形是对称三角形的变体。压力线是水平的，而支撑线越来越高。因而，与对称三角形相比，有更强的上升意识，多方比空方更积极。若股价原有的趋势是向下的，则较难判断。下降三角形其含义与上升三角形的含义正好相反。如图 13-28 所示。

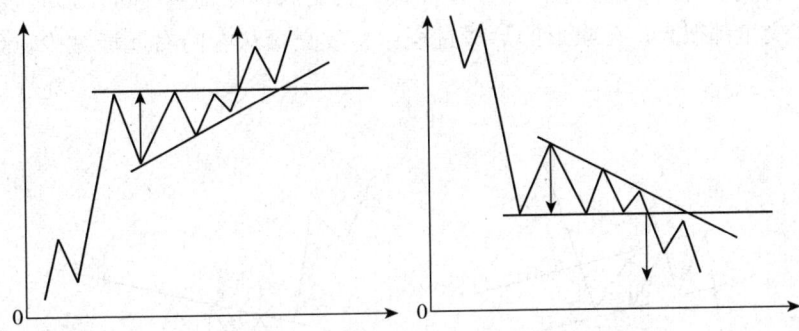

图 13-28 上升三角形与下降三角形示意图

三角形判断分析时需要注意的是：三角形形态更适用于日线图形，持续时间过于短的三角形可能是别的形态；三角形形成过程中，从左到右成交量逐渐减少；对称三角形上下两条边的倾斜程度，可能不一样；直角三角形的水平直线可能不是水平的，容许有一点倾斜在直角三角形中；一旦水平线被突破后，之后的价格可能有反扑回头的情况。

（二）矩形

矩形（Rectangle Formation）又叫箱形，是一种较为典型的持续整理形态。价格在两条水平线间运动，消化不坚定筹码，一旦出现突破，延续原有趋势的概率比较大。矩形整理的交易机会主要在触碰到矩形上下沿以及带量突破矩形的时候。如图 13-29 所示。

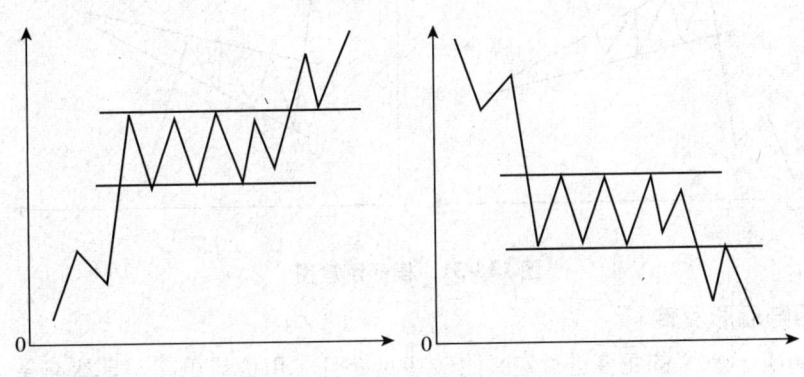

图 13-29 矩形示意图

（三）旗形与楔形

旗形与楔形是比较多见的持续整理形态，本质上来说，旗形与楔形没有区别，所以我们主要分析旗形。旗形大多发生在市场极度活跃，股价的运动是剧烈的、近乎于直线运动时的一种调整形态。从图 13-30 中可以看到，价格经过一段较大幅度上涨之后，进入整理状态，其间高点依次下移，低点也依次下移，使投资者持股信心经受严重考验，但整理结束后，价格运动趋势仍然延续原有趋势。值得留意的是上升旗形，旗面往下飘；下降旗形，旗面往上飘。

旗形判断中需要注意的是：旗形出现之前，一般有一个旗杆，这是由于价格作直线运动形成的;旗形持续的时间不能太长,应短于3周,否则有可能发生反转;旗形形成之前和被突破之后,成交量都很大;在旗形的形成过程中,成交量从左向右逐渐减少。如图13-30所示。

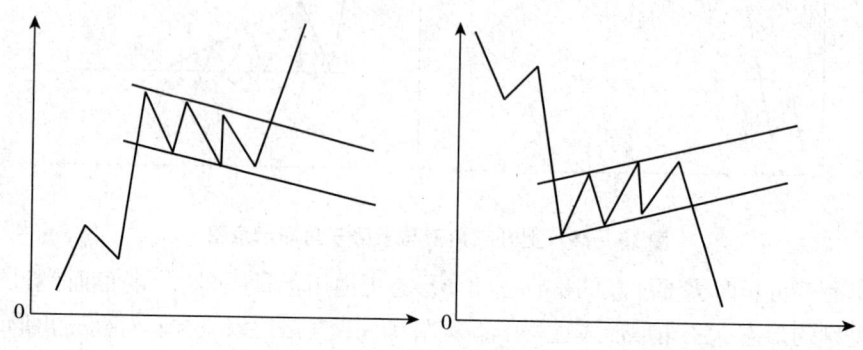

图13-30 旗形示意图

楔形的图形与旗形相比,主要是旗面不是平行四边形,而是类似于三角形。如图13-31所示。

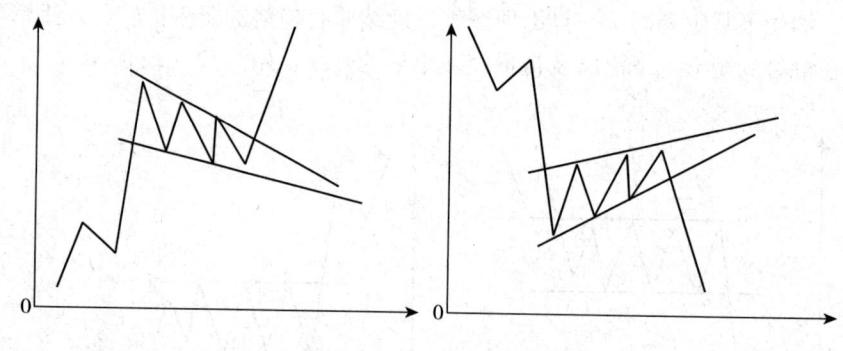

图13-31 楔形示意图

四、缺口与岛形反转

缺口(Gap)从狭义的角度进行定义比较多见而且实用价值更高,具体而言,某一时段证券交易的最低价格高于前一时段的最高价格,形成一个价格空隙,即为向上的缺口;相反,某一时段证券交易的最高价格低于前一时段的最低价格,形成一个价格空隙,即为向下的缺口。缺口的种类主要有4类:普通缺口或区域缺口(Common Gap)、突破缺口(Breakout Gap)、持续缺口或度量缺口(Measurement Gap)、竭尽缺口(Exhausted Gap)。一般情况下,普通缺口在很短的时间之内就会被弥补;突破缺口大多出现在持续整理形态之后,特别是在价格较低位置突破时,缺口在行情结束之前是不会被弥补的;持续缺口出现在价格波动的过程中,有可能出现多个,一般对价格运动有反向的牵引作用;竭尽缺口大多出现在趋势临近尾声时,是原有趋势的最后一次加速,是能量最后的宣泄,竭尽缺口后趋势发生逆转的概率将比较大。

岛形反转（Island Reversal）在发生行情巨变时比较多见，一般有竭尽缺口在左，突破缺口在右，但是岛形反转不是单独的反转形态，更大的可能是某些反转形态的一个局部特征。如图13-32所示。

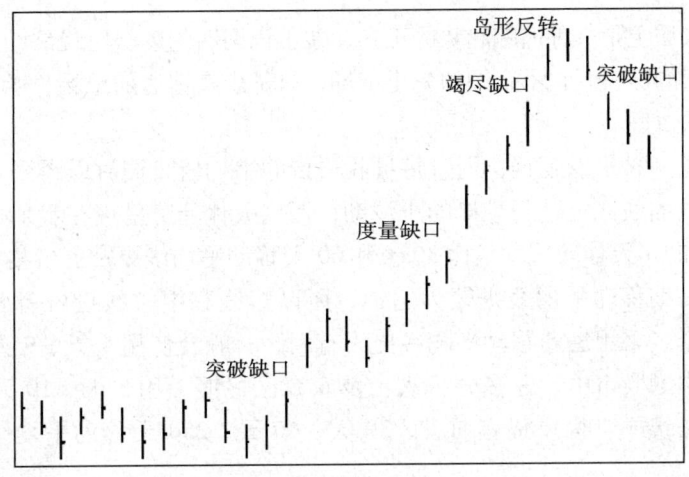

图13-32 缺口与岛形反转示意图

第四节 移动平均线分析

一、移动平均线

移动平均线（MA）是用统计处理的方式，将一定时间内的股票价格加以平均，然后连接成一条曲线，用于观察股价变动趋势。移动平均线是股票投资技术分析的最基本方法之一，其他技术分析指标大多是在移动平均线的基础上构建的。

移动平均线是将某一段时间内的证券价格或指数的移动平均值进行连接而形成的一条曲线。所谓的移动平均值是第一个平均值和紧接的第二个平均值，其时间序列区间向后移动一个单位值，且时间区间宽度不变。采用移动平均值可以剔除短期价格的非正常大幅度波动的影响，从而预测证券市场的未来走势。

（一）移动平均线的种类

以时间的长短划分，移动平均线可分为短期、中期、长期三种，一般短期移动平均线有5天与10天；中期有30天、60天；长期则有120天及250天。因为250天线实际是365天中的全部交易日，又被称作年线，在统计上有特殊的意义，年线收阴或收阳显示出本年度投资股票的平均收益率。200天移动平均线则被欧美机构或基金经理人看重，以此作为长期投资的依据。5天及10天移动平均线在中国股市上运用十分广泛，成为短期行情的重要依据。30天及60天移动平均线在股市中的运用也很频繁，尤其便于把握中级以上行情，成为进出货的主要数据。

综合观察长、中、短期移动平均线，可以研判市场的多重倾向：如果三种移动平均线并列上涨，短期移动平均线在上方，长期移动平均线在下方，该市场呈多头排列；如果三种移动平均线并列下跌，短期移动平均线在下方，长期移动平均线在上方，该市场呈空头排列。

移动平均线实质上是一种追踪趋势的工具，便于识别旧的趋势已经终结或反转，新的趋势正在诞生或延续的契机。它不企图领先于市场，只是忠实地追随市场，所以它具有滞后的特点，然而却无法造假。

移动平均线是一种平滑工具，通过每日收市价的平均值我们可以得到一条较为平缓的曲线，这条平滑的曲线滤去过于琐碎的小波动，而将大体趋势呈现在我们面前。短期移动平均线，如5天和10天移动平均线比30天和60天移动平均线更贴近价格的波动变化，显得更为敏感，而长期移动平均线则较为迟钝，所以短线和中长线投资者各有其所爱及习惯。在期货市场上，采用短期移动平均线更为有利，一般会使用4天、9天、15天移动平均线组合；而在中国股市中，许多分析人士及媒介已习惯采用5天、10天、30天移动平均线组合。对于长线或机构投资者而言，30天、60天、250天移动平均线组合也是出入市的重要参数。

（二）移动平均线的特性

之所以利用移动平均线来分析股价动向，主要是因为移动平均线具有以下特性：

1. 趋势的特性。移动平均线能够表示股价的趋势走向，并追随这个趋势，不轻易放弃。

2. 安定的特性。即移动平均线不轻易往上往下移动，必须股价涨势真正明朗了，移动平均线才会向上延伸；股价开始回落时，移动平均线仍是向上的，等到股价落势显著时，移动平均线才下行，这是移动平均线最大的特性。通常越短期的移动平均线，安定性越差；越长期的移动平均线，安定性越强。但也因此使得移动平均线有延迟反应的特点。

3. 助涨的特性。即股价从平均线下方向上突破，平均线也开始向右上方移动，可以看作多头支撑线，股价回跌至平均线附近时，自然会产生支撑力量。短期平均线向上移动速度较快，中长期平均线向上移动速度较慢，但都表示一定期间内平均成本增加，卖方力量若稍强于买方力量，股价回跌至平均线附近时，便是买进时机，这是平均线的助涨功效。

4. 助跌的特性。与助涨性相反，当股价从平均线上方向下突破时，平均线开始向右下方移动，成为空头阻力线，具有助跌性。

（三）移动平均线的运用

1. 采用一条移动平均线。期货市场经常采用简单移动平均线，期货投资者只用一条移动平均线寻找趋势信号，在日线图上把移动平均值伴随着每天的价格图线逐日画出。当收市价高于移动平均值之上，就产生买入信号；当收市价低于移动平均值后就出现卖出信号。

如果采用非常短期的移动平均线（如5天、10天线），这些线的表现十分灵敏活跃，时时出现穿越现象，非常贴近收市价格的轨迹，这些穿越信号可能有效，也可能无效。如果跟随这些信号买卖，一是损失手续费，二是易作出错误决定，但同时它也能更及时地揭示出趋势的变化。

对于采用一条移动平均线的利弊，有些投资者采用过滤的原则：

(1) 在吸收移动平均线的信号时，不仅要求收市价格必须穿越移动平均线，同时要求当天的全部价格停留在移动平均线一侧。

(2) 收市价格穿越移动平均线的幅度必须达到预定的要求，预定穿越幅度可以是最小价格单位的若干倍数或某个百分比。比例越小保护性能越差，比例越大则信号越滞后，中短线投资者可以根据自己的习惯进行选择。

(3) 一些稳健的投资者往往等待价格在移动平均线一侧站住三天后方予确认，这也是避免作出错误决定的措施，唯一的缺点是入市稍晚，价格也已升高或降低，但对于趋势的把握却十分稳当。

(4) 另一种做法是在移动平均线的上方和下方设定一定的百分比，分别作出移动平均线的平移曲线。当收市价格不仅高过移动平均线，而且还超越平移曲线才构成买入信号，反之则构成卖出信号。这一百分比可定为移动平均线的 1%～3%。

(5) 还有一种办法是针对每日的最高价和最低价分别与移动平均线形成的两条曲线：收市价必须穿越最高价才构成买入信号，而下方的最低价可用来确定止蚀线；收市价必须穿越最低价才构成卖出信号，上方最高价成为止损线。

2. 采用两条移动平均线。采用一条移动平均线会出现频繁的穿越以及拉锯现象，为了提高移动平均线的可信度和运用效果，通常也可以选择两条或三条移动平均线组合使用。

如果选择两条移动平均线，稍长时间的用来判断趋势，稍短时间的用来选择买卖点，如 5 天与 10 天、10 天与 30 天等均是以上类型的组合。正是两条移动平均线和价格三者之间的相互关系和作用才产生明确的趋势信号。

怎样辨别两条移动平均线发出的信号？有如下两种办法：

(1) "双线相交法"。当短期移动平均线向上穿越长期移动平均线时，发生"黄金交叉"，构成买入信号。譬如在中国股市中，5 天线上穿 10 天线，10 天线上穿 30 天线时，买入信号的有效率达 30% 以上；反之，当短期移动平均线向下穿越长期移动平均线时，发生"死亡交叉"，构成卖出信号，在这几年中国股市中，5 天线下穿 10 天线，10 天线下穿 30 天线时构成的卖出信号的有效率达 70% 左右。

(2) "双线中性区"。把两条移动平均线之间的区域设为"中性区"，当收市价格向上穿越两条平均线之后才构成买入信号，如果价格跌回两条线之间则信号无效；同样当收市价格向下跌穿两条平均线之后才构成卖出信号，如果价格又回到两条平均线之间的中性区就耐心等待。

3. 采用三条移动平均线。采用两条移动平均线的效果胜过采用一条移动平均线的效果，采用三条移动平均线的组合的效果就胜过采用两条移动平均线的组合的效果，所以三条移动平均线的组合被称为三重交叉法。

在股市上人们常用 5 天、10 天、30 天移动平均线三重组合，在期货市场上又通常使用 4 天、9 天、18 天移动平均线三重组合。在股市上如果 5 天线上穿 10 天线，10 天线又上穿 30 天线所发出的买入信号比两条移动平均线组合所发出的信号可靠得多；反之，5 天线下穿 10 天线，10 天线下穿 30 天线所发出的卖出信号也十分有效。

在期货市场上 4 天、9 天、18 天移动平均线的组合使用最为广泛。在上升趋势中，多头排列应当为4天线高于9天线，9天线又高于18天线；在下降趋势中正相反，空头排列为4天线在下，9天线次之，18天线居上。

当上升趋势转为下跌趋势时，最敏感的短期移动平均线4天线向下跌破9天线和18天线只是卖出的预警信号，稳健的投资者往往要等待短期9天线向下跌破18天线才认为卖出信号得到确认。

4. 移动平均线适用于任何时间尺度。移动平均线最主要应用于日线图，不过它也能应用在更长期的趋势分析上，也可以应用于更短期的研究中。在股市中有13周移动平均线和30周移动平均线的组合，它们可以用来研判数年前就开始的主要趋势及反转；在期货市场上移动平均线可以应用于当日图表，指导进行短线操作。

当市场处于明显的上升或下跌趋势中时，移动平均线会给出清晰的买卖信号，其工作状态最佳。但当市场进入横盘，指数忽上忽下轻微变动之时，移动平均线给出的信号常常互相矛盾，十分模糊，而这种时候是经常性的，达交易日的一半以上或更多。

正因为这一特点，我们不能过于依赖移动平均线，而应该把它与其他技术指标有机结合起来使用。

5. 移动平均线的买卖信号——葛南维八大买卖法则。如图13-33所示。

（1）平均线从下降逐渐转为盘局或上升，而股价从平均线下方突破平均线时，为买进信号。此为反转行情。

（2）股价虽然跌破平均线，但又立刻回升到平均线上，此时平均线仍然持续上升，仍为买进信号。因为股价的下跌没有改变上升趋势。

（3）股价趋势走在平均线上，股价下跌并未跌破平均线且立刻反转上升，也是买进信号。同样，股价的下跌没有改变上升趋势。

（4）股价在平均线下方运行，突然暴跌，且远离平均线时，则有可能反弹上升，为买进信号。此种买入为抢反弹。

（5）平均线从上升逐渐转为盘局或下跌，而收市价向下跌破平均线时，为卖出信号。

（6）股价虽然向上突破平均线，但又立刻回跌至平均线下，此时平均线仍然持续下降，仍为卖出信号。

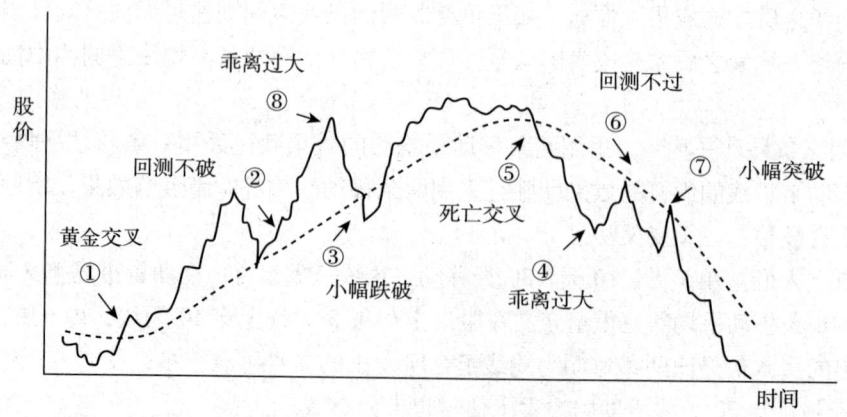

图13-33 葛南维八大买卖法则示意图

（7）股价趋势走在平均线下，股价上升并未突破平均线且立刻反转下跌，也是卖出信号。

（8）股价在平均线上方运行，突然暴涨，且远离平均线时，则有可能回档，也为卖出时机。

6. 移动平均线的优缺点。

优点：

（1）利用移动平均线原理进行买卖交易时可以界定风险，将亏损降至最低。

（2）在趋势转变、行情发动时，买卖交易的利润较高。

（3）移动平均线的组合可以判断行情的真正趋势。

缺点：

（1）在行情处于牛皮调整时发出的买卖信号过于频繁，容易使投资者踩错。

（2）移动平均线的最佳组合无从判断，经常因各种市场情况而改变。

（3）单凭移动平均线的买卖信号无法给出充足的依据，一般还要依赖其他技术指标的辅助。

二、平滑异同移动平均线

平滑异同移动平均线（MACD）是运用快速与慢速两条移动平均线的差离情况来分析和判断买进与卖出时机和信号的技术分析方法，是查拉尔德·阿佩尔创造的。在他的计算公式中，这两条移动平均线的天数已经被设定，但我们仍可以在软件上自行选择，股市中一般选择 12 天与 26 天的移动平均线。它的原理是运用快速和慢速移动平均线聚合和分离的征兆加以双重平滑运算，用来研判买卖时机。在国内外股市中这一指标均有较大的实践意义。

运用移动平均线（MA）判断买卖时机在趋势明显时收效甚大，但如碰上牛皮盘整，所发出的信号频繁而不准确，而根据移动平均线原理发展出来的平滑异同移动平均线（MACD），去掉了移动平均线频繁发出的虚假信号，能保证移动平均线的使用效果。

根据移动平均线的特性，在一段持续的涨势中快速（短期）移动平均线和慢速（长期）移动平均线之间的距离将越拉越远，两者之间的乖离率越来越大。涨势如果趋向缓慢，两者之间的距离也必然缩小，甚至互相交叉，发出卖出信号。同样，在持续的跌势中，快速线在慢速线之下，相互之间的距离越来越远，如果跌势减缓，两者之间的距离也将缩小，最后交叉发出买入信号。如图 12-34 所示。

（一）计算方法

MACD 由正负差离值（DIF）和异同平均数（DEA）两部分组成。DIF 是核心，DEA 是辅助指标。

1. DIF 的计算。所谓差离值是快速（短期，一般选 12 日）移动平均线和慢速（长期，一般选 26 日）移动平均线的差值，在计算上，可先计算出快速移动平均数值和慢速移动平均数值。再用快速移动平均数值 12 天 EMA 减去慢速移动平均数值 26 天 EMA。

快速 EMA 的计算公式：

$$今日 EMA(12 天) = 11/(12+1) \times 昨日 EMA + 2/(12+1) \times 今日收盘价$$

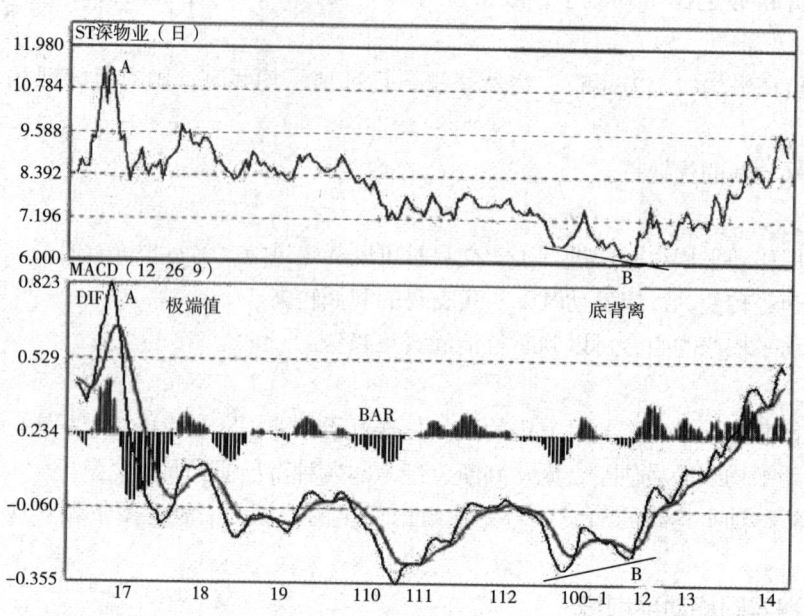

图13-34 移动平均线与平滑异同移动平均线示意图

慢速 EMA 的计算公式:

$$今日EMA(26天)=25/(26+1)\times 昨日EMA+2/(26+1)\times 今日收盘价$$

$$DIF=EMA(12)-EMA(26)$$

在持续的涨势中,12日 EMA 在26日 EMA 之上,其间的正差离值(+DIF)会越来越大;反之,在跌势中差离值可能变为负数(-DIF),也越来越大。

2. DEA(差离平均值)的计算。DEA 是 DIF 的移动平均,计算 DEA 的目的主要是消除偶然因素,使结论更可靠。习惯上用9天来移动平均。计算公式为:

$$DEA=前一日DEA\times 8/10+今日DIF\times 2/10$$

(二)MACD 的运用法则

计算得出的 DIF 与 DEA 可以为正值或负值,因而形成在 O 轴线上下移动的两条快速与慢速线,为了方便判断,用 DIF 减去 DEA,并绘出柱状图。如果柱状图上正值不断扩大说明上涨持续,负值不断扩大说明下跌持续,只有柱状图在 O 轴线附近时才表明形势有可能转变。MACD 的买卖时机判断如下:

1. 差离值(DIF)向上突破差离平均值(DEA)为买进信号,但在 O 轴以下交叉时仅适合于空头平仓。

2. 差离值(DIF)向下跌破差离平均值(DEA)为卖出信号,但在 O 轴以上交叉时仅适合于多头平仓。

3. 差离值(DIF)与差离平均值(DEA)在 O 轴之上,市场趋向为多头市场;两者在 O 轴之下则为空头市场。DIF 与 DEA 在 O 轴线之上时,入市策略应以买入为主,DIF 向上突破 DEA 可以大胆买进,向下突破时则宜获利了结。DIF 和 DEA 在 O 轴线以下时,入市策略应以卖出为主，DIF 若向下跌破 DEA 可以大胆卖出；如果向上突破，空头宜暂时平仓。

4. 股价处于上升的多头形势，当 DIF 远离 DEA，造成两线之间乖离率加大时，多头应分批了结。

5. 股价或指数横盘之时会经常出现 DIF 与 DEA 交错，可不必理会，如乖离率加大方可视为盘局的突破。

6. 不管是"差离值"的交叉还是"差离值柱线"都可以发现背离信号的使用价值。所谓"背离，就是在 K 线图或其他诸如条形图、柱状图上出现一头比一头高的头部，在 MACD 的图形上却出现一头比一头低的头部，这种背离信号的产生提示出较为正确的跌势信号。反之，如果在 K 线图或其他图形上出现一底比一底低，在 MACD 的图形上却出现一底比一底高，这种背离信号的产生意味着较正确的上升信号。

利用 MACD 测市能帮助投资者把握一些中期和短期行情，但无法从这一指标中看出行情是处于长期升势还是长期跌势，即是"大牛市"还是"大熊市"，抑或是长期盘整，这方面的判断还有赖于长期移动平均线以及其他技术指标，所以在牛市中利用 MACD 的测市功能长多短空，在熊市中利用 MACD 的测市功能长空短多便成为许多股市、期市、汇市投资者的共同心得。

第五节　其他常用指标分析

用确定的方式对原始数据进行计算处理，得到的数值就是技术指标值。原始数据是 4 价 2 量：开盘价、最高价、最低价、收盘价、成交量和成交金额，大多数的技术指标仅仅涉及这 6 个数据。技术指标应用于 6 个方面：（1）技术指标的背离；（2）技术指标的交叉；（3）技术指标的极端值；（4）技术指标的形态；（5）技术指标的转折；（6）技术指标的趋势。

在技术分析中，有数量众多的技术分析指标，这里选择主要的技术指标，对其基本原理、运用法则进行介绍。

一、相对强弱指标

1978 年怀特在其著作《技术分析新观念》一书中首先介绍了相对强弱指标（RSI）的概念及其应用方法，后来这一方法在外汇、期货中得到广泛的运用，到 20 世纪 80 年代初期逐步为众多股民所接受，目前已成为投资者必不可少的技术分析工具。

（一）相对强弱指标的概念及计算公式

1. 相对强弱指标的概念。相对强弱指标的要点是通过某个时期内股价升跌的统计结果，反推出买卖双方力量的对比，依此对大势及其走势作出研判。

从经济学的角度衡量，股市行情的变化很大程度取决于"供需关系"，即供求矛盾。在各种因素呈现之后，如果利好因素偏多，投资者买入的意愿就强烈，股价必然上涨；如果利空偏多，则投资者抛售的意愿强烈，股价必然下跌。投资者的买卖行为是各种因素在股市上的客观反映。

由于股民的买卖意愿中已包含了股价变化的所有因素，只要在一定时期内这些因素保持相对稳定,相对强弱指标(RSI)便以价格的涨跌为基础来评估市场买卖双方的实力。

2. 相对强弱指标的计算公式

$$RSI = \frac{N日内收盘价涨幅之和的平均值}{N日内收盘价涨幅之和的平均值 + N日内收盘价跌幅之和的平均值} \times 100$$

N 的取值一般为 14 天。

RSI 的图形绘制是比较容易的,它反映了股价变动的四个因素:上涨的天数、下跌的天数、上涨的幅度、下跌的幅度。它对股价的四个构成要素都加以考虑,所以在股价预测方面其准确度较为可信。如图 13-35 所示。

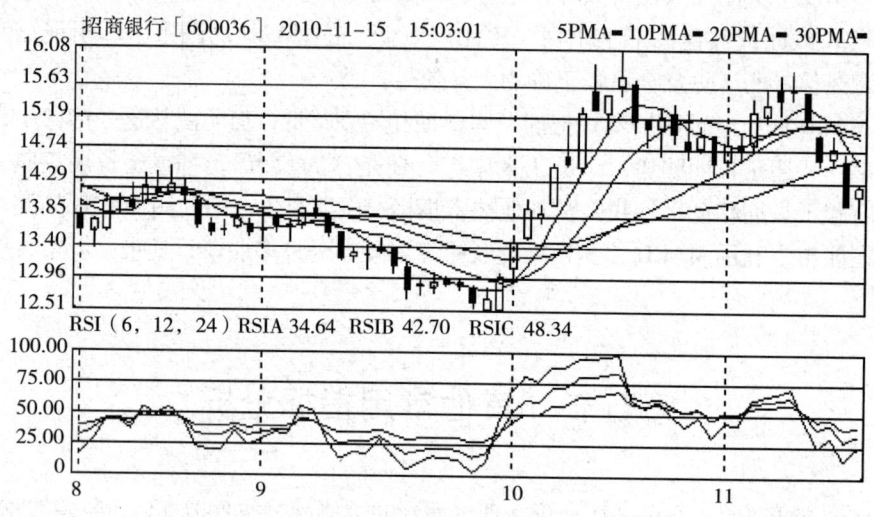

图 13-35 相对强弱指标示意图

根据正态分布理论,随机变量在靠近中心数值附近区域出现的机会最多,离中心数值越远,出现的机会就越少。根据公式可知,RSI 的取值范围在 0~100 之间,其数值出现在 40~60 之间的机会最多,其次是 60~70 之间及 30~40 之间,再次是 70~80 之间和 20~30 之间,而出现机会最少的是 90~100 之间及 0~10 之间。

股票市场的行情与其他商品市场一样,一般会呈现周期性的变化规律,在其整个发展过程中会出现以下类型的循环:低迷—好转—上涨—见顶—下跌—低迷。在每一个环节中自然也包括了更小的周期运转,它们和大的周期运转一样体现了以下循环:停留低值区—脱离低值区—逐步上涨—到达高值区—反转跌落—进入低值区。相对强弱指数随行情变化在 0~100 之间来回运动,而其变化往往先于行情变化。这是因为它提前揭示了买卖双方力量的对比。但是,由于惯性的力量,当买卖双方的力量均衡未被打破之前,行情的发展不会改变方向,反映在强弱指标上会出现在超买或超卖区域维持较长时间的情形,所以它又具有某种滞后性。

一般而言,股价上涨时相对强弱指标也会上涨,而股价下跌时相对强弱指标则会下跌,只有当股价在某时期内的上涨幅度总和与下跌幅度总和大致持平时,相对强弱指标才会在 50 左右窄幅盘整。

(二) 相对强弱指标的运用法则

1. RSI 值的变化范围均在 0～100 之间。一般而言，RSI 值保持在 50 以上时，为强势市场；低于 50 时，为弱势市场。

2. RSI 值在 50～70 之间波动时，表示市场出现超买现象，如继续上升，超过 90 时，则已到严重超买区，价格已形成顶部，极可能在短期转升为跌。

3. RSI 值下降至 50～30 时，表示市场已进入超卖状态，如果继续下降至 10 以下，表明进入严重超卖区，价格可能止跌回升。

4. 超买超卖范围的确定，还取决于另外两个因素：第一个是市场特性。起伏不大的稳定市场一般可以规定 RSI 值在 70 以上为超买，在 30 以下为超卖。变化比较剧烈的市场可以规定 RSI 值在 80 以上为超买，在 20 以下为超卖。应该注意的是，超买超卖本身并不构成出入市信号，有时行情变化得过于迅速，RSI 值会超出正常范围，这时 RSI 的超买超卖往往失去了出入市警告信号的作用。第二个因素是计算 RSI 所取的时间参数。时间参数不同，超买超卖的界定不同。可以作为参考的区间划分如下：

(1) 周期为 14 的 RSI 值超过 70 即为超买，低于 30 为超卖。

(2) 周期为 9 的 RSI 值超过 80 即为超买，低于 20 为超卖。

(3) 周期为 6 的 RSI 值超过 90 即为超买，低于 10 为超卖。

(4) 当 RSI 值介于 40～60 之间时，市场处于盘整格局。

(5) RSI 上升而价格反而下降，或 RSI 下降而价格反而上升，这种情况称为"背驰"（如图 13-36 所示）。背驰意味着市场可能反转。

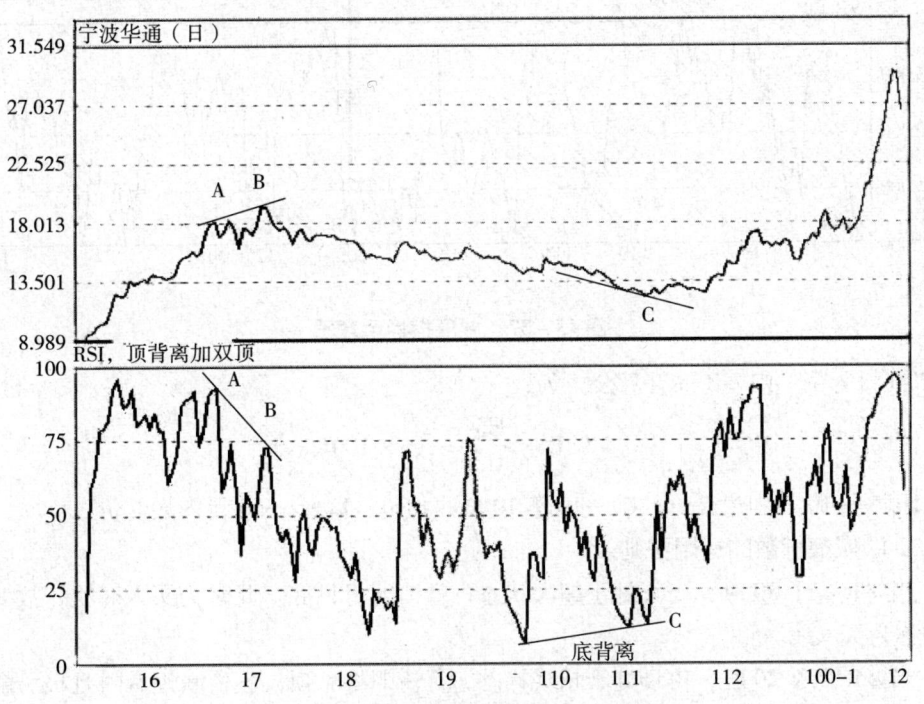

图 13-36 相对强弱指标背驰示意图

二、威廉指标

威廉指标（WMS%或%R）是用于研究股价波动幅度、分析市场短期行情走势的技术指标。这个指标由拉瑞·威廉斯（Larry Williams）在1973年所著的《我如何赚取百万美元》一书中首创并以他的名字命名。最初用于期货市场。%R表示的是市场处于超买还是超卖状态。

（一）威廉指数的计算方法

威廉指数在计算时首先要决定周期日数，此数可以取一个买卖循环的半数。许多技术分析家认为一个买卖循环周期为28日，扣除周六和周日，实际交易日为20日。一个较长的买卖循环为56日，交易日为40日。如取其一半则为10日或20日，所以%R的周期日数一般取10日或20日。如图13-37所示。

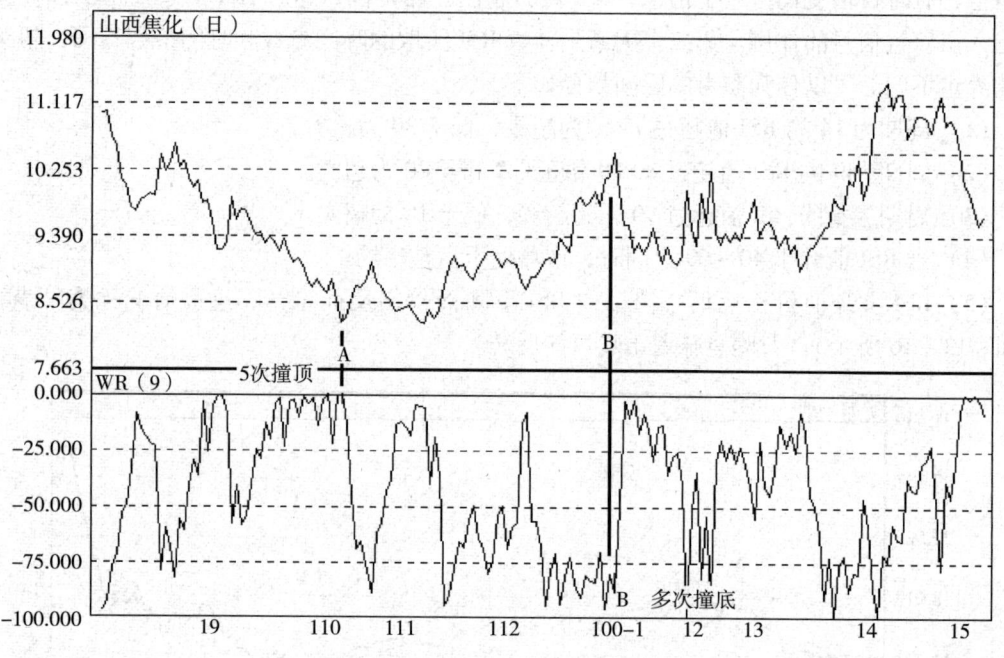

图 13-37　威廉指标示意图

以10日为例，则%R的计算公式为：

$$\%R = \frac{H_{10} - C_{10}}{H_{10} - L_{10}} \times 100$$

其中，H_{10}——10日内最高价；C_{10}——第10日收盘价；L_{10}——10日内最低价。

（二）威廉指数的运用法则

1. 当%R高于80时，市场处于超卖状态，行情即将见底，此时为买入时机，故80横线一般被称为买入线。

2. 当%R低于20时，市场处于超买状态，行情即将见顶，股价涨幅有限且极可能回跌，此时为卖出时机，故20的横线一般被称为卖出线。

3. 当%R由超卖区向上爬升时，表示行情可能转向。一般情况下，当%R突破50中轴线时，市场由弱转强，可以追买。

4. 当%R由超买区向下滑落，跌破50中轴线时，市场跌势加剧，可以追卖。

5. 市场有时超买后还可超买，超卖后仍可超卖。当%R进入超买或超卖区时行情并非一定转势，只有%R明显转向跌破卖出线或突破买进线，方为正确的买卖信号。

6. 使用%R时最好能够同时使用强弱指数配合验证。当%R线向上、向下突破50中轴线时，也可用于检验强弱指数信号是否正确，发挥两者的互补功能，对大势研判极有好处。

威廉指标的设计与随机指标的原理比较近似，不同的是随机指标的采样天数较短，威廉指数采样天数略长，所以两者具有相同的优缺点。

三、随机指标

随机指标（KDJ）是欧美期货市场中常用的一套技术分析指标，由乔治·莱恩（George C. Lane）首创。由于期货风险性波动较大，需要较短期的、敏感的指标工具，因此，随机指标便被创造出来。在图表上采用K、D、J三条曲线，在设计中综合了动量观念、强弱指数和移动平均线的一些优点，在计算过程中主要研究高低价位与收市价的关系，即通过计算当日或最近数日的最高价、最低价及收市价等价格波动的真实幅度，反映价格趋势的强弱和超买超卖现象。

它的主要理论依据是：当价格上涨时，收市价格倾向于接近当日价格区间的上端。相反地，在下降趋势中，收市价格倾向于接近当日价格区间的下端。在K线和D线这两个指标中，D线更为重要，主要由它来提供买卖信号。

在股市和期市中，因为市势上升而未转向之前，每日多数都会偏于高价位收市，而下跌时收市价就常会偏于低位，随机指数在设计中充分考虑价格波动的随机振幅和中、短期波动的测算，使其短期测市功能比移动平均线更准确有效，在市场短期超买超卖的预测方面又比强弱指数敏感。因此，这一指标在股市、期货，包括国债期市上都发挥着巨大的功效。

（一）KDJ的计算方法

计算随机指标数值时一般以9天为时间周期，首先要计算出RSV（未成熟随机值），然后再根据平滑移动平均线的方法来计算K值和D值。K为快速平均值，D为慢速平均值。

$$RSV = \frac{C_9 - L_9}{H_9 - L_9} \times 100$$

其中，C_9——最后一日收市价；L_9——最近9日内最低价；H_9——最近9日内最高价。

$$K_t = 2/3 K_{t-1} + 1/3 RSV$$
$$D_t = 2/3 D_{t-1} + 1/3 K_t$$
$$J_t = 3 \times K - 2 \times D$$

计算出来的区间为0~100，简单地求得当日收市价在过去9日内的全部价格范围中的相对位置。如果价格超过70，表明当日收市价接近该价格区间的上端；如果结果低于30，则表明当日收市价接近该价格区间的下端。如图13-38所示。

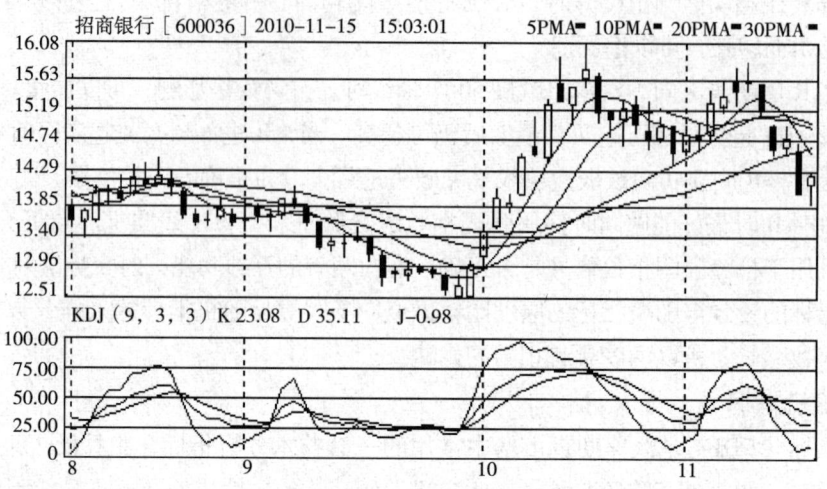

图 13-38 随机指标示意图

（二）KDJ 的运用法则

1. K 值在 80 以上，D 值在 70 以上为超买的一般标准；K 值在 20 以下，D 值在 30 以下为超卖的一般标准。

2. 当股价走势一浪比一浪高，随机指数的曲线一浪比一浪低，或股价走势一底比一底低，随机指数一底比一底高时，这一现象值得注意，被称为"背离"现象（见图 13-39）。当随机指数与股价出现背离时，一般为转势的信号。中期或短期的走势有可能已见顶或见底，此时应选择正确的买卖时机。

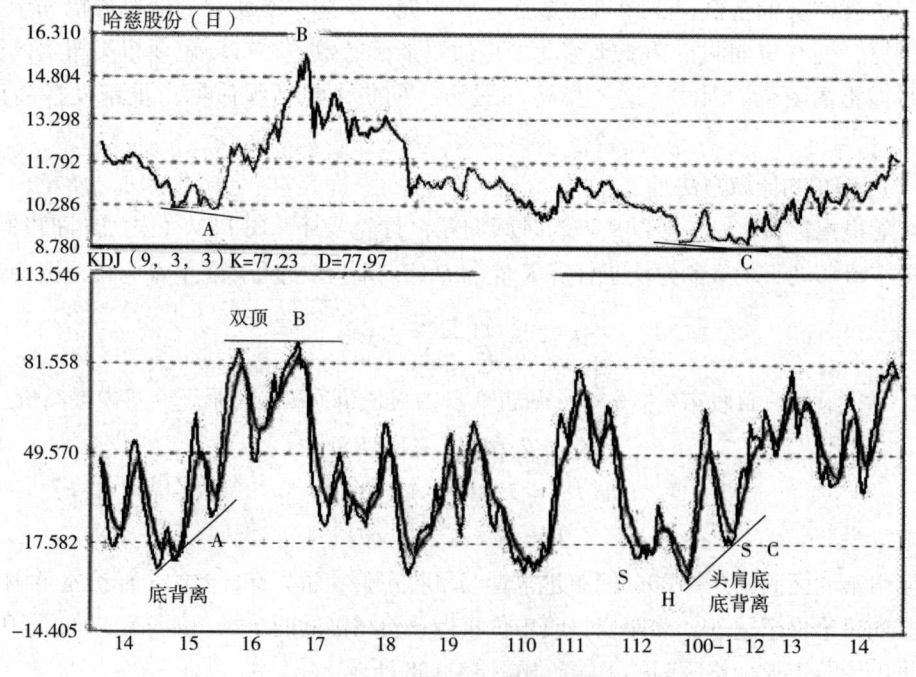

图 13-39 随机指标背离示意图

3. 当 K 值大于 D 值时，尤其是经过一段长期的跌势，K 值从下方向上突破 D 值时是买进的信号。反之，当 D 值大于 K 值，尤其经过一段长期的升势，K 值从上方向下突破 D 值时是卖出信号。

4. K 线和 D 线的交叉突破在 80 以上或 20 以下时预测较为准确。K 线和 D 线与强弱指数的不同之处是，它不仅能反映市场的超买超卖程度，还能通过交叉突破发出买卖信号。但是，如果这类交叉突破在 50 左右发生，走势又陷入盘局时，买卖信号可视为无效。

5. K 线和 D 线在使用中常配合 J 线的指标，其目的是求出 K 值与 D 值的最大乖离程度，以领先 K、D 值找出头部和底部。J 大于 100 时为超买，小于 10 时为超卖。使用中可统称 KDJ 值，有重要的实践意义。

6. 当 K 值和 D 值上升或下跌的速度减弱，倾斜度趋于平缓时是短期转势的预警信号，这种情况在指数及大型热门股中有普遍意义，在冷门或小型股中准确度较低。

7. K 线跌至 0 时通常会反弹至 20~25 之间，短期内回落至接近 0，市场会开始反弹。如果 K 线升至 100，通常会下跌至 70~50，市场会见顶回落，能否反弹重上 70 以上位置则取决于大势的强弱。

四、乖离率

乖离率简称 Y 值，是移动平均原理派生出的一项技术指标，它的功能在于通过测算股价在波动过程中与移动平均线出现的偏离程度，从而得出股价在剧烈波动时因偏离移动平均趋势而造成的可能的回档与反弹。

它的主要原理是：如果股价偏离移动平均线太远，不管股价在移动平均线之上或之下，都有可能趋向平均线。乖离率是表现当日指数或个别股价与其移动平均线之间的偏离程度的相对指标。

（一）乖离率的计算方法

$$Y 值 = \frac{当日收市价 - N 日内移动平均收市价}{N 日内移动平均收市价} \times 100$$

N 日的设立参数可按自己选用的移动平均线确定，一般有 6 日、12 日、24 日，也有 10 日、30 日、75 日。在实际运用中，深沪股市短线使用 6 日乖离率极为有效，中线则放大至 12 日或 10 日。如图 13-40 所示。

乖离率分为正值和负值。当股价在移动平均线之上时，其乖离率为正值；当股价在移动平均线之下时，其乖离率为负值；当股价与移动平均线一致时，其乖离率为零。随着股价走势的强弱和升跌，乖离率的高低有一定的测市功能。

一般而言，当正乖离率涨至某一百分比时，表示短期内多头获利丰厚，回吐可能性增大，呈卖出信号；当负乖离率降到某一百分比时，表示空头回补的可能性增大，呈买入信号。

（二）乖离率的运用法则

1. 在弱势市场上，指数与 6 日平均线乖离率达 +6% 以上为超买现象，是卖出时机；当其达到 -6% 以下时为超卖现象，是买入时机。

2. 在强势市场上，指数与 6 日平均线乖离率达 +8% 以上为超买现象，是卖出时机；当

图 13-40 乖离率示意图

其达到 -3% 以下时为超卖现象,是买入时机。

3. 中线指标,在弱势市场上指数与 12 日移动平均线乖离率达 +5% 以上为超买现象,是卖出时机;当其达到 -5% 以下为超卖现象,是买入时机。

4. 在强势市场上指数与 12 日移动平均线乖离率达 +6% 以上为超买现象,是卖出时机;当其达到 -4% 以下是超卖现象,是买入时机。

5. 在大势上升时,会出现多次高价,可于先前高价的正乖离点出货;在大势下跌时,也会使负乖离率加大,可于前次低价的负乖离点买进。

6. 盘局中正负乖离率不易判断,应配合其他技术指标进行综合分析。

7. 大势上升时如遇负乖离率,可以趁跌势买进,此时进场风险较小。

8. 大势下跌时如遇正乖离率,可趁回升高价抛出,此时出场可减少风险。

五、成交量净额

成交量净额又称 OBV 能量潮,是将成交量值予以数量化,制成趋势线,配合股价趋势线,从价格的变动及成交量的增减关系,推测市场气氛。OBV 的理论基础是市场价格的变动必须有成交量配合,价格升降而成交量没有相应升降,则市场价格的变动难以为继。

由于大户的"收集"及"派发"全在暗中进行,OBV 的理论希望能够从价格变动与成交量增减之间的关系,推测市场内的情况是在"收集阶段"还是"派发阶段"。

(一) 成交量净额计算方法

计算 OBV 非常简单,当今日收盘价高于昨日收盘价时,今日的成交量为"正值";当今日收盘价低于昨日收盘价时,今日的成交量为"负值";若平盘,则为零。随时间的变化将其正负值成交量累积相加，即为 OBV 值。如图 13-41 所示。

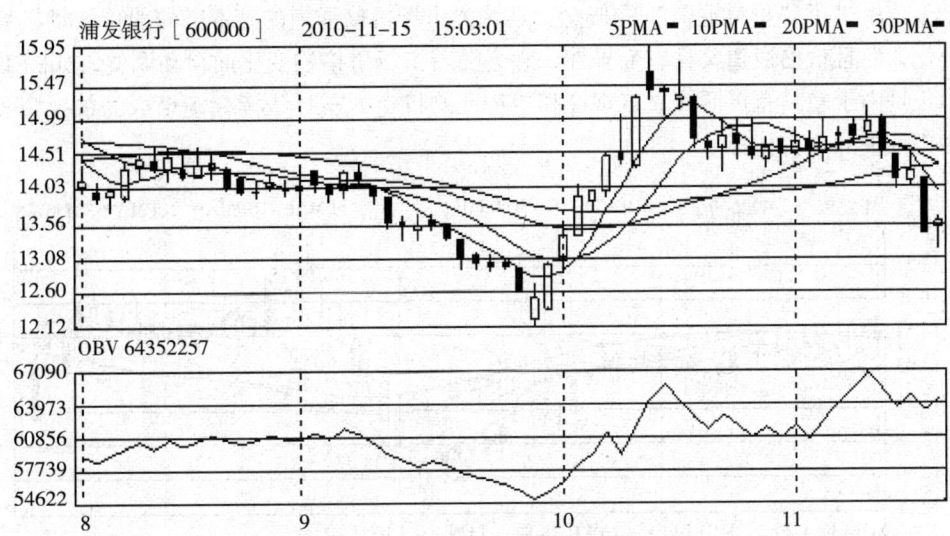

图 13-41　OBV 能量潮示意图

将累积所得的成交量逐日定点连接成线，与股价曲线并列于同一个图表中，观察其变化。一般而言，仅观察 OBV 的升降并无意义，必须配合图表的走势才有实际的效用。

（二）成交量净额的运用法则

1. 当股价上涨而 OBV 线下降时，表示能量不足，股价可能将回跌。

2. 当股价下跌而 OBV 线上升时，表示买气旺盛，股价可能将止跌回升。

3. 当股价上涨而 OBV 线同步缓慢上升时，表示股市继续看好。

4. 当 OBV 线暴升，不论股价是否暴涨或回跌，表示能量即将耗尽，股价可能反转。

5. OBV 线根据成交量的变化统计绘制，因此 OBV 线属于纯技术分析，与公司业绩或其他基本分析关系不大。

6. OBV 线为短期测市重要指标，但还是要运用其他指标配合来研判大势。

7. OBV 线能帮助确定股市突破盘局后的发展方向。

8. OBV 线的走势可以局部显示出市场内部主要资金的移动方向，显示当期不寻常的超额成交量是徘徊于低价位还是高价位上产生，可使技术分析者领先一步深入了解市场内部的原因。

9. OBV 线对双重顶（M 头）第二个高峰的确定有较为标准的显示：当股价自双重顶第一个高峰下跌又再次回升时，如果 OBV 线能随股价趋势同步上升，价量配合可持续多头市场并出现更高峰。相反，当股价再次回升时 OBV 线未能同步配合，却见下降，则可能形成第二个峰顶，完成双重顶的形态，然后股价反转下跌。

六、布林线指标

布林线指标（BOLL）是根据统计学中的标准差原理设计出来的一种非常简单实用的技术分析指标，是研判市场运动趋势的一种中长期技术分析工具。一般而言，市场的运动总是围绕某一价值中枢(如均线、成本线等)在一定的范围内变动,布林线指标正是在上述条件的基础上,引进了"价格通道"的概念。其认为市场价格通道的宽窄随着股价波动幅度的大小而变化,而且价格通道又具有变异性,它会随着市场价格的变化而自动调整,如图13-42所示。正是由于它具有灵活性、直观性和趋势性的特点,布林线指标渐渐成为被投资者广为应用的市场上的热门指标。

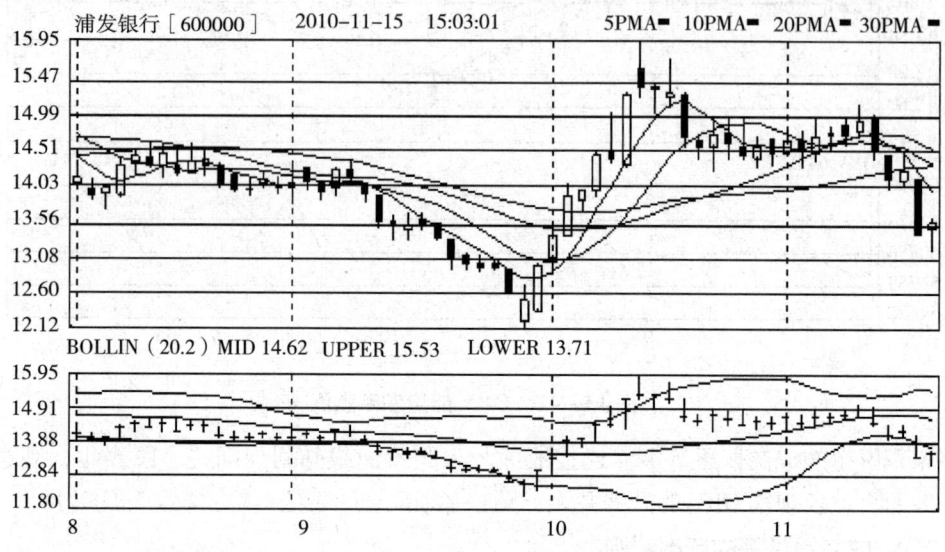

图13-42 布林线指标示意图

(一)布林线指标的计算方法

1. 计算 MA

$$MA = 最近 N 日累计收盘价/N$$

2. 计算 MD

$$MD = 平方根[最近 N 日累计(收盘价 - MA) \times (收盘价 - MA)/N]$$

3. 计算 MB、UP、DN

$$MB = (N-1)日的 MA$$
$$UP = MB + 2 \times MD$$
$$DN = MB - 2 \times MD$$

(二)布林线指标的运用法则

1. 当价格运行在布林通道的中轨和上轨之间的区域时,只要不破中轨,说明市场处于多头行情中,只考虑逢低买进,不考虑做空。

2. 在中轨和下轨之间时,只要不破中轨,说明是空头市场,交易策略是逢高卖出,不考虑买进。

3. 当市场价格沿着布林通道上轨运行时,说明市场是单边上涨行情,持有的多单要守住,只要价格不脱离上轨区域就耐心持有。

4. 当市场价格沿着下轨运行时,说明市场目前为单边下跌行情,一般为一波快速下跌行情，持有的空单，只要价格不脱离下轨区域就耐心持有。

5. 当价格运行在中轨区域时，说明市场目前为盘整震荡行情，对趋势交易者而言，这是最容易赔钱的一种行情，应回避，空仓观望为上。

6. 布林通道的缩口状态。价格在中轨附近震荡，上下轨逐渐缩口，此是大行情来临的预兆，应空仓观望，等待时机。

7. 通道缩口后的突然扩张状态意味着一波爆发性行情的来临。此后，行情很可能走单边，可以积极调整建仓，顺势而为。

8. 当布林通道缩口后，在一波大行情来临之前，往往会出现假突破行情，这是主力的陷阱，应提高警惕，可以通过调整仓位化解。

9. 布林通道的时间周期应以周线为主，在单边行情时，所持仓单已有高额利润，为防止大的回调，可以参考日线布林通道的原则出局。

七、腾落指数

腾落指数（ADL）的功能主要在于反映行情涨升力道的强弱。在各种技术分析的指标中，ADL是属于趋势分析的一种。它是利用简单的加减法来计算每天个别股价涨跌累积情形。它必须与大势相互对照（即与加权指数相互对照比较），将其特性加以分析，然后研判目前股价变动情形与未来变动趋向，如图 13-43 所示。

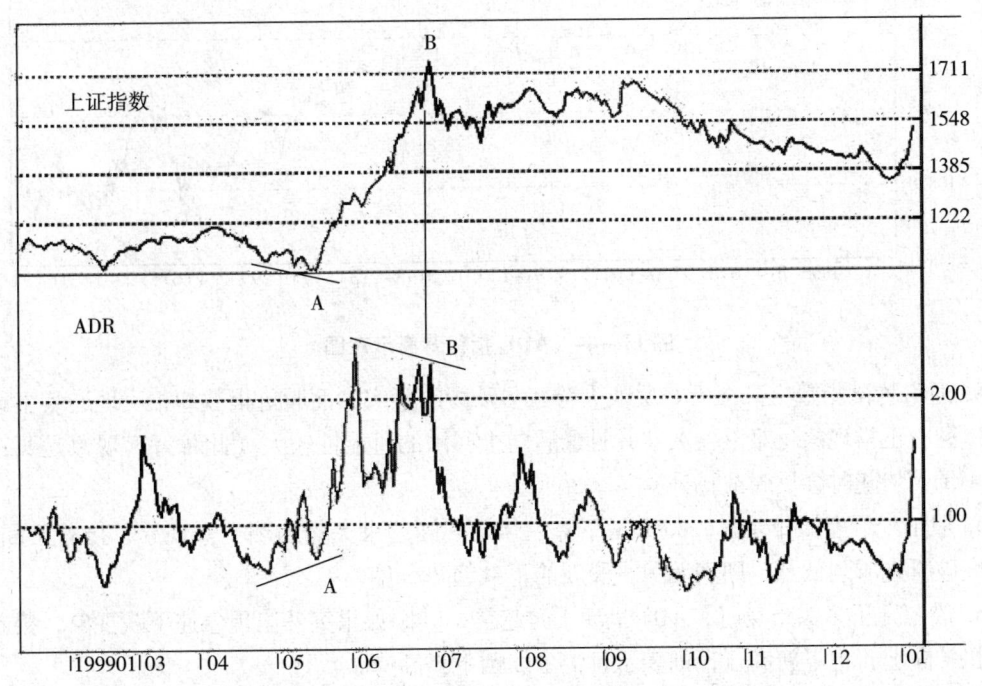

图 13-43 ADL 指标示意图

（一）腾落指数的计算方法

$$ADL = 每日股票上涨家数 - 每日股票下跌家数 + 前一日 ADL$$

（二）腾落指数的运用法则

1. 加权股价指数持续下跌，并创新低点，腾落指数下降也创新低点，短期内大势继续下跌的可能性大。

2. 加权股价指数持续上升，并创新高点，腾落指数上升也创新高点，短期内大势继续上扬的可能性大。

3. 通常腾落指数下降三天，反映大势涨少跌多的情况持续，而股价指数却连续上涨三天，这种不正常现象难以持久，并且最后向下回跌一段的可能性大（此种背离现象是卖出信号，表示大势随时回档），如图 13-44 所示。

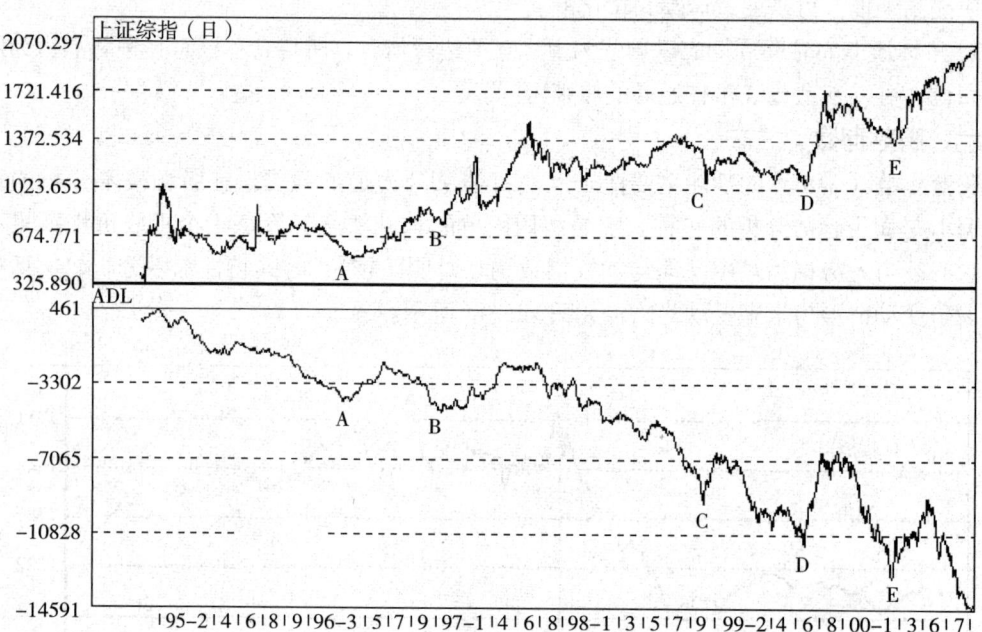

图 13-44　ADL 指标背离示意图

4. 通常腾落指数上升三天，反映大势涨多跌少的事实，而股价指数却相反地连续下跌三天，这种不正常现象也难以持久，并且最后向上回涨的可能性较大（此种背离现象是买进信号，表示大势随时会反弹或扬升）。

5. 股市处于空头市场时，ADL 呈下降趋势，其间如果突然出现上升现象，接着又回头，下跌突破原先所创低点，则表示另一段新的下跌趋势产生。

6. 股市处于多头市场时，ADL 呈现上升趋势，其间如果突然出现急速下跌现象，接着又立即扭转向上，创下新高点，则表示行情可能创下新高峰。

7. 指数是以股价和股本的权重加以计算的，而 ADL 以股票家数为计算基准，不受权值大小影响，ADL 把每种股票都作为股市一分子，两者的结合可以看出股市的走势。在多头行情中大盘股大涨小回形成主流，其余股票轮流上涨时上升的步伐将是比较稳定的，如果指数 K 线上升而 ADL 下降，则大势上升将会回档；如果在下跌行情中指数 K 线下降，但 ADL 翻上，大盘的下跌也将告一段落。

> **专栏 13-1**
>
> **筹码分布分析**

一、筹码分布的基本含义

"筹码分布"的准确的学术名称为"流通股票持仓成本分布",在指南针证券分析软件中,它的英文简称为CYQ。"筹码分布"的市场含义可以这样理解:它反映的是在不同价位上投资者的持仓数量。

二、筹码的转换过程分析

股票价格的涨跌变化从表面上看仿佛只是股价的变化,但是其内在的本质却是市场中持股者手中筹码的转换变化。一轮行情的上涨与下跌均是由于市场中个股筹码在不同价位进行不断转换造成的。要对市场中个股涨跌变化的本质进行深入了解就必须要对筹码转换的过程进行综合分析。

所谓"筹码的转换过程"指的就是市场中持仓筹码由一个价位向另一个价位转换搬运的过程。筹码转换不仅仅描述的是筹码在价格上的变化过程,而且包括筹码数量的转换。在市场中能够造成个股筹码不断转换的主要力量是来自市场中个股背后主力的行为。市场主力的行为直接影响到股票筹码在不同的价格区域内的转换过程。如果将筹码转换的过程简单地比喻为"筹码搬家",那么市场主力就是"搬运工",它们最本质的目的就是在筹码由低到高的搬运过程中显现利润。

主力完成一轮行情的炒作由以下四个阶段构成:吸筹阶段、洗盘阶段、拉升阶段、派发阶段。

吸筹阶段:此时股票筹码的价格处于相对低位,主力的主要任务是在该区间大量地收集廉价筹码。市场主力在该区域所完成建仓的多少将直接影响到其将来拉升股票高度能力的大小。收集的筹码越多,控盘度越高,市场中的筹码就越少,拉升时的抛压就越轻,最后实现的利润也就越大。反之,收集的筹码越少,控盘度越轻,市场中的筹码就越多,拉升时的抛压就越重,最后实现的利润也就越小。这也就造成了市场主力控盘度的大小与日后股票拉升时的累计涨幅成正比。

洗盘阶段:吸筹完毕后,市场主力为了将盘面中的中线套牢或者将短线跟风的浮动筹码洗出来,必须进行必要的洗盘阶段。洗盘的目的就是减少日后拉升过程中的获利抛压及自己显现拉升后的利润最大化。其实,主力在吸筹阶段及洗盘阶段的整个过程就属于一个筹码转换的过程,这个过程中主要是以市场主力买入,散户卖出为筹码转换的主要转移方向。当主力将这两个过程完成之后在市场条件成熟之时将发动拉升行情,此后筹码转移的方向将相反。通常主力在吸筹及洗盘阶段时股票的价格总是很疲软,使得投资者心态焦躁而抛出,而当主力进入拉升及派发阶段时股价往往呈现价增量涨的态势,以达到吸引市场投资者跟风派发的目的。

拉升阶段:筹码不断滚动,但是只要以前累积收集的低位筹码没有向高位移动,那就可以判断主力并没有出货。如果大家发现低位的筹码不断减少,而高位不断出现筹码的累积现象,那就是主力在偷偷派发出货了。这时大家就需要警惕、小心了。

派发阶段:派发阶段的主要任务是卖出持仓筹码,实现坐庄利润。股价经拉升脱离成本区达到主力的盈利区域,主力高位出货的可能性不断增大;随着高位换手的充分,拉升前的低位筹码被上移至高位。而当低位筹码搬家工作完成之时,主力出货工作也宣告完成;一轮下跌行情随之降临。

总之,任何一轮行情都是由高位换手到低位换手,再由低位换手到高位换手的过程。这种成本转换的过程不仅是利润实现的过程,也是割肉亏损的过程,从而形成了股票走势的全部历史。

三、超级移动筹码分布图

超级移动筹码分布图中红色的筹码为获利盘,蓝色为套牢盘;中间白颜色的线为目前市场上所有持仓者的平均成本线,表明整个成本分布的重心,如股价在其之下,说明大部分人是亏损的;获利比例指目前价位的市场获利盘的比例,获利比例越高说明越来越多的人处于获利状态;获利盘指任意价位情况下的获利盘的数量;90%的区间表明市场90%的筹码分布在什么价格之间;集中度说明筹码的密集程度,数值越高,表明越分散,反之越集中;筹码穿透力指以今日股价穿透的筹码数量除以今日换手率,穿越的筹码数量和筹码穿透力成正比,被穿越筹码数量越多筹码穿透力越大;浮筹比例指当前价格周围聚集的最容易参与交易的筹码数量。定位为浮动筹码。

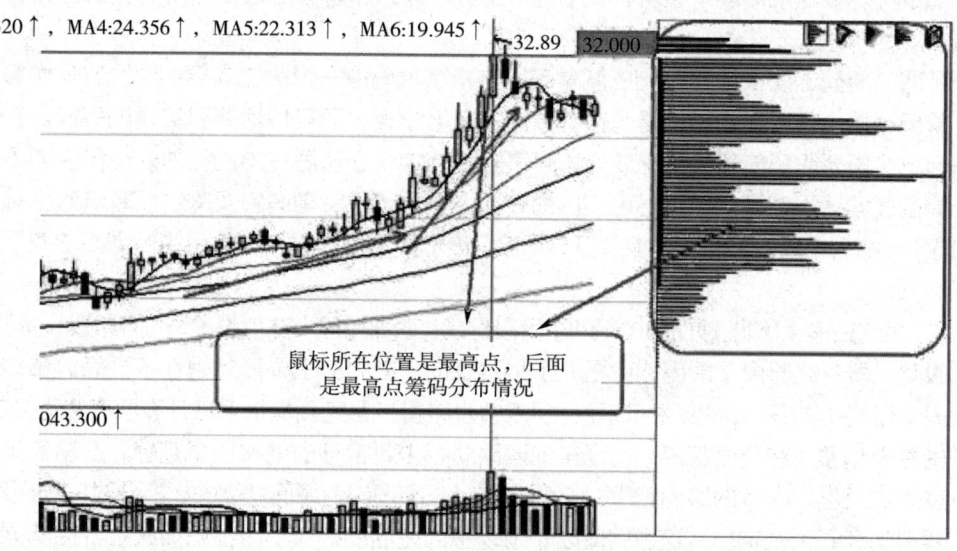

图13-45 筹码分布示意图

超级移动筹码分布显著的特点就是形象性和直观性。它通过横向柱状线与股价K线的叠加形象直观地标明各价位的成本分布量。在日K线图上,随着光标的移动,系统在K线图的右侧显示若干根水平柱状线。线条的高度表示股价,长度代表持仓成本数量在该价位的比例。事实上一个上市公司的流通盘最少也在千万元以上,这样在形态上形成一个像群峰组成的图案,这些山峰实际上是由一条条自左向右的线堆积而成,线越长表明该价位堆积的股票数量越多,线的长度也反映了在此位置的成本状况和持仓量。这些长短不一的线堆在一起就形成了高矮不齐的山峰状态,也就形成了筹码分布的形态。随着交易的不断进行,这些筹码(如果把一只只股票看成一个个筹码)在不同的价位进行流动,使得形态分布发生变化,因而形成形态特征。

四、超级移动筹码分布理论的形成

市场的持仓成本可以这样理解:如果聚齐全体流通盘的股东进行交易,然后大家按照其买入成本把手中的股票放在K线相应的价位上,这样股票就会堆积起来,某价位的股票多一些,就堆得高一些,反之,就矮一些。如果有人卖掉手中的股票,就将从原来的价位位置拿掉,而重新堆积到买方新建仓的价位上。这样我们就可以形象地看到市场交易中所发生的成本流动情况。我们把移动成本分布用一条条柱线来组成图案，每一条线加起来正好是100%的流通盘。超级移动筹码分布就是用来监测主力运作的动向的工具。它形象地反映了市场交易中所发生的成本流动情况，而且还充分考虑了主力对倒以及大宗转让交易制度下成交量和交易成本的真实分布情况。

【本章小结】

K线是一条柱状的线条，由影线和实体组成。影线在实体上方的部分叫上影线，下方的部分叫下影线。实体分阳线和阴线两种。K线的基本判断方法是阴线还是阳线、实体的长短、上下影线的长短及比较、特殊K线形状、K线所处位置、组合K线分析和K线历史及变化。

趋势就是股票价格的波动方向，或者说是股票市场运动的方向。趋势的方向有三个：a. 上升方向；b. 下降方向；c. 水平方向，也就是无趋势方向。按道氏理论的分类，趋势分为三个类型：主要趋势、次级趋势和短期变动。

趋势分析的主要目的是评判股价上升的阻力和下跌的支撑以及找出股价在一段时期内的变动区域。趋势分析主要包括压力线和支撑线、趋势线、轨道线和交叉线、百分比线和黄金分割线等。

股价曲线的形态分成两个大的类型：a. 持续整理形态；b. 反转突破形态。反转突破形态主要包括双顶（底）、头肩顶（底）、三重顶（底）形态、圆顶（底）等；持续整理形态包括三角形、矩形、喇叭形、菱形、旗形和楔形等。

技术指标是按照统计学的原理，对股市交易的原始数据资料（如各种价格和成交量的变化）进行处理加工，得到一定的数值，再将得到的数值制成相应的图表，用数值的变化和图表对股市的未来趋势进行研判的统计分析指标。

技术指标的应用法则主要是评判技术指标的使用范围；技术指标的取值大小；不同时间参数的技术指标曲线的交叉（金叉和死叉）；不同时间参数的技术指标曲线的排列（多头排列和空头排列）；指标曲线与股价K线的配合和背离情况；技术指标曲线的转折点判断。

技术指标的种类很多，作用各有千秋。本书重点介绍的技术指标有RSI，KDJ，MACD，OBV，%R，ADL，BIAS，BOLL等。

【关键词】

K线分析　趋势分析　形态分析　技术指标

【重要概念】

K 线　支撑　压力　趋势线　两点黄金分割　缺口（gap）　均线（MA）
平滑异同移动平均线（MACD）　随机指标（KDJ）　布林线指标（BOLL）

【思考题】

1. K 线的画法及有代表性的组合有哪些？
2. 支撑压力转换该如何理解？
3. 趋势线在趋势改变中的作用是什么，该如何判断？
4. 两点黄金分割线如何应用？
5. 均线在趋势变化分析中的作用是什么？
6. 如何运用平滑异同移动平均线（MACD）？
7. 如何运用随机指标（KDJ）？
8. 如何运用布林线指标（BOLL）？

【实验题】

1. 找出三种常见的 K 线组合形态，并以文字进行描述。

   实验提示：需要打印出 K 线组合的图表，并在图表上标注。文字说明部分力求专业化表述，语言简洁，逻辑清晰。

2. 用趋势线分析某只股票走势，并作出适当的预判。

   实验提示：需要打印出股票走势中趋势线的支撑和压力情况的图表，并在图表上标注，并提示趋势线突破后可能的变化。

3. 对某只处于回调中的股票，运用两点黄金回档方法进行预测分析。

   实验提示：需要打印出股票两点黄金回档线的图表，并以文字的形式进行描述，并提示重要支撑线的作用及突破后的走势变化。

4. 运用多种技术分析指标分析个股或指数的变化情况。

   实验提示：常用技术指标有 MA、MACD、RSI、KDJ、OBV、%R、BOLL 等。

第十四章
现代投资理论

随着数学在金融与投资领域的广泛应用，金融市场上曾两次引发了"华尔街革命"。20 世纪 50 年代初期，马柯维茨提出证券投资组合理论，第一次明确地用数学工具给出了在一定风险水平下按不同比例投资多种证券所获收益可能最大的投资方法，引发了第一次"华尔街革命"，马柯维茨因此获得了 1990 年诺贝尔经济学奖。然而这种方法所面临的最大问题是其计算量太大，特别是在大规模的市场存在着上千种证券的情况下。1963 年，马柯维茨的学生威廉·夏普提出了一种简化的计算方法，这一方法通过建立"单因素模型"来实现，在此基础上后来发展出"多因素模型"，极大地促进了现代证券组合理论在实际中的应用。1973 年，布莱克和斯科尔斯用数学方法给出了期权定价公式，推动了期权交易的发展，期权交易很快成为世界金融市场的主要内容，成为第二次"华尔街革命"，斯科尔斯因此获得了 1997 年诺贝尔经济学奖。此后，在金融市场理论中，以有效市场假设为前提，资产定价理论发展堪称完善。但是，理论与现实的差距驱使研究者不断创新，行为金融学也由此产生。

本章将从数学的角度来展现这些凝聚了前人智慧、现在仍然指导我们实践的现代投资理论。

通过本章的学习，你将了解和掌握以下知识：
- 投资收益与风险的衡量；
- 风险偏好与无差异曲线的含义，最优投资组合选择；
- 资本市场线与分离定理；
- 资本资产定价模型与证券市场线；
- 因素模型与套利组合分析；
- 套利定价理论及其与资本资产定价理论的关系；
- 有效市场的三种类型及验证方法；
- 行为金融理论与期望理论。

第一节 资产组合选择理论

马柯维茨（Markowitz）以理性投资者及其基本行为特征为基本假设，论述了建立有效资产组合边界（即在一定风险水平上，收益水平最高的资产组合的集合）的思想和方法。

马柯维茨考虑的问题是单期投资问题，投资者拥有一笔资金，从现在起投资于一段特定长的时间（称为持有期），在期初投资者需要作出决定购买哪些证券及购买的数量，并持有到期末。分别以一定资金比例购买的一组证券称为一个证券组合（Portfolio），因而投资者的决策就是要从一系列的可能的证券组合中选择一个最优的证券组合，这样一个决策问题被马柯维茨称为证券组合选择问题。为了解决这个问题，马柯维茨对投资者的决策方法和行为特征做了如下假设。

1. 投资收益的概率分布是已知的（该假设可以减弱）。
2. 投资者都利用预期收益的波动来估计风险，即用收益率的方差或标准差来表示风险。
3. 影响投资决策的主要因素是期望收益率和风险两项。
4. 投资者都遵循占优原则：在同一风险水平上，投资者偏好收益较高的资产或资产组合；在同一收益水平上，投资者偏好风险较小的资产或资产组合。

计算资产组合的收益与风险是在预测的基础上进行的，通过预测，投资者得到证券的收益率及其概率、不同证券之间的相关性，然后运用科学方法进行计算得到证券的预期收益及其方差或标准差。

一、资产组合的收益与风险

（一）单一证券的收益与风险

证券投资的收益有两个来源，即股利收益（或利息收入）加上资本利得（或减去资本损失）。例如，在一定期间进行股票投资的收益率，等于现金股利加上价格的变化，再除以初始价格。因此证券投资单期的收益率可定义为：

$$R = \frac{D_t + (P_t - P_{t-1})}{P_{t-1}} \tag{14-1}$$

其中，R——收益率，t——特定时间段，D_t——第t期的现金股利（或利息收入），P_t——第t期的证券价格，P_{t-1}——第$t-1$期的证券价格。在公式的分子中，括号里的部分（$P_t - P_{t-1}$）代表该期间的资本利得或资本损失。

由于风险证券的收益不能事先确定，投资者只能估计各种可能发生的结果（事件）及每一种结果发生的可能性（概率），因而风险证券的收益率通常用统计学中的数学期望$E(R)$来表示：

$$E(R) = \sum_{i=1}^{N} R_i \times P_i \tag{14-2}$$

其中，$E(R)$——预期收益率，R_i——第i种可能的收益率，P_i——收益率R_i发生的概率（$\sum_{i=1}^{N} P_i = 1$），N——可能性的数目。

预期收益率描述了以概率为权数的平均收益率。实际发生的收益率与预期率的偏差越大，投资于该证券的风险也就越大，因此对单个证券的风险，通常用统计学中的方差或标准差来表示，方差$\sigma^2(R)$可用公式表示为：

$$\sigma^2(R) = \sum_{i=1}^{n} (R_i - E(R))^2 \times P_i \tag{14-3}$$

方差衡量的是收益率聚集在期望收益率的周围的紧密程度。这种紧密程度或方差与投资中风险的不确定性是等价的。如果一项资产没有风险,它的实际收益率与期望收益率就没有偏离,即其方差等于零。

实际决策中,我们无法准确得知 R 的概率分布。很多情况下,投资者认为收益率的分布并不随时间的推移而发生变化,实际收益率的变化来自同一分布的不同情况,因而,反映收益率变化统计规律的两个重要的数字特征——期望收益率与方差也不随时间而变化。因此,我们可以从收益的历史情况中得到二者的估计。

(二) 资产组合的投资收益与风险的衡量

1. 资产组合的投资收益率。资产组合的投资收益等于组合中各种资产的期望收益的加权平均数,权数是各种资产在整个资产组合中的投资比重。资产组合 P 的期望收益 $E(R_P)$ 可用以下的公式计算:

$$E(R_p) = \sum_{i=1}^{n} w_i E(R_i) \tag{14-4}$$

其中,w_i 为资产 i 占资产组合 P 的投资比重;$E(R_i)$ 为资产 i 的期望收益;n 为资产组合 P 包含的资产数。

2. 资产组合风险的衡量。前面我们用方差或标准差来衡量单只证券的风险,当投资包括若干个证券组合时,这个组合的风险仍然可以用方差或标准差来衡量,但计算时要考虑每只证券与其他各只证券之间的关系。

首先计算由两种证券组成的投资组合的方差。由两种证券组成的投资组合的方差不仅取决于这两项资产的方差,而且取决于这两项资产之间联系的紧密程度。公式如下:

$$\sigma^2(R_P) = w_i^2 \sigma^2(R_i) + w_j^2 \sigma^2(R_j) + 2w_i w_j Cov(R_i, R_j) \tag{14-5}$$

其中,$\sigma^2(R_P)$——任意两种证券组合的方差,w_i——证券 i 在组合中所占权重,w_j——证券 j 在组合中所占权重,$Cov(R_i, R_j)$——资产 i 与 j 的收益率之间的协方差。

由 i、j 两种资产组成的投资组合的方差是这两项资产的加权方差和这两项资产之间的加权协方差的和。

协方差在证券投资组合中的含义是两项资产的收益率相应变动或变化的程度。正的协方差意味着两种资产的收益率倾向于向同一方向变动,而负的协方差意味着两种证券的收益率向相反方向变动。任何两项资产 i 和 j 之间的协方差都可用如下的公式计算:

$$Cov(R_i, R_j) = \sum_{i=1}^{n} P_k [(R_{ik} - E(R_i))(R_{jk} - E(R_j))] \tag{14-6}$$

其中,R_{ik}——证券 i 的第 k 种可能的收益率,R_{jk}——证券 j 的第 k 种可能的收益率,P_k——证券 i 和 j 的第 k 种收益率的概率,n——收益率可能出现的个数。

相关系数用来表示两个随机变量之间相互影响的程度,相关系数和协方差在概念上是等价的。资产 i 和 j 的收益率之间的相关系数定义为两个资产的协方差除以它们的标准差的乘积,其公式为:

$$\rho(R_i, R_j) = \frac{Cov(R_i, R_j)}{\sigma(R_i)\sigma(R_j)} \tag{14-7}$$

可以通过数学证明相关系数的值在 -1.0 到 $+1.0$ 之间。当取值为 -1 时,表示资产 i、j

收益变动完全负相关；当取值为 +1 时，表示资产 i、j 完全正相关；当取值为 0 时，表示完全不相关。当 $0<\rho_{ij}<1$ 时，表示正相关；当 $-1<\rho_{ij}<0$ 时，表示负相关，如图 14-1 所示：

（a）完全正相关　　　　（b）完全负相关　　　　（c）不相关

图 14-1　相关系数的三种典型情况

图 14-2 给出了任意两种证券 i、j 的相关系数 ρ 分别为 +1、-1 以及介于 +1 和 -1 之间的不同投资比例的收益、方差关系。

同理，如果有 n 种证券组合，各种证券在组合中的权重为 w_i，方差为 σ_i^2，用 σ_{ij} 表示两者之间的协方差 $Cov(R_i, R_j)$，用 $\sigma^2(R_p)$ 表示该投资组合的方差，则 n 种证券组合的方差如下：

$$S^2(R_P) = \sum_{i=1}^{N} \sum_{j=1}^{N} w_i w_j S_{ij}$$

（14-8）

其中，$\sigma_{ij} = \rho_{ij}\sigma_i\sigma_j$。

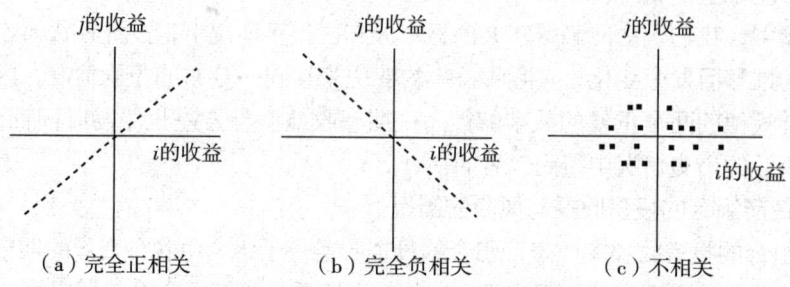

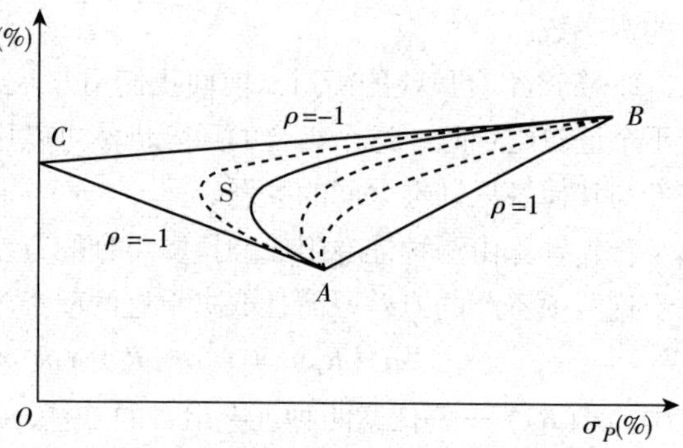

图 14-2　两种证券组合收益、风险与相关系数

可见 n 种证券组合的方差可以分成两部分：一部分是证券的加权方差之和，另一部分是这些证券的加权协方差之和。由此可知，证券组合的风险不仅取决于单个证券的风险和投资权重，还取决于证券之间的相关系数和协方差。

（三）组合投资和分散风险

如上所述，除去各证券完全正相关的情况，多个证券构成资产组合时，期望收益保持线性关系不变，而波动则可以互相抵消，即投资者可以在不牺牲收益的前提下降低投资组合的风险（方差），这被称作组合资产的"风险分散效果"。

假设有一个由普通股 A 和 B 组成的两资产组合，其各自的期望收益率和标准差如下表所示：

项目	$E(R)$	$\sigma(R)$
股票 A	10%	30%
股票 B	20%	60%

如果股票 A 和股票 B 具有相同的权重（各为 50%），则投资组合的期望收益率：
$$E(R_P) = 0.50 \times 10\% + 0.50 \times 20\% = 15\%$$
两股票组合收益率的方差是：
$$\sigma^2(R_P) = w_A^2 \sigma^2(R_A) + w_B^2 \sigma^2(R_B) + 2w_A w_B Cov(R_A, R_B)$$
$$= 0.5^2 \times (30\%)^2 + 0.5^2 \times (60\%)^2 + 2 \times 0.5 \times 0.5 \times Cov(R_A, R_B)$$
对方差取平方根，可得
$$\sigma(R_P) = \sqrt{\begin{array}{c}(0.5)^2 \times (30\%)^2 + 0.5^2 \times (60\%)^2 + 2 \times 0.5 \\ \times 0.5 \times 30\% \times 60\% \times \rho(R_A, R_B)\end{array}}$$
$$= \sqrt{0.1125 + 0.09 \times \rho(R_A, R_B)}$$

假设组成两只股票之间的相关系数 $\rho(R_A, R_B)$ 分别为 +1.0, 0 和 -1.0，分别代入上式可得：

$\rho(R_A, R_B)$	$E(R_P)$	$\sigma(R_P)$
+1.0	15%	45.0%
0.0	15%	35.0%
-1.0	15%	15.0%

股票 A 和股票 B 的期望收益率之间的相关系数从 +1.0 逐渐减少到 0 再到 -1.0，该组合的期望收益率的标准差也随之从 45% 减少到 15%，而该组合的期望收益率在每一种情况下都保持 15% 不变。

从理论上来讲，一个证券组合只要包含了足够多的相关性较弱（甚至负相关）的证券，就完全可能消除所有风险。但是现实中，各证券收益率之间的正相关程度较高，因为各个证券的收益率都在一定程度上受一些共同因素如经济周期、利率的变化等的影响，分散投资可以消除的那一部分风险是每个证券独有的，是非系统性风险，不能消除的是系统性风险。

一些研究表明，一个证券组合的风险随着股票只数的增加而减少，当股票组合从 1 只股票扩大到 10 只股票时，证券组合风险的下降很明显。但是降低风险的边际效果在股票只数超过了 10 只时变得微乎其微。由 20 种证券组成的组合，其中单个证券风险的 40% 被抵消，总风险可以认为降低到只包含系统性风险的水

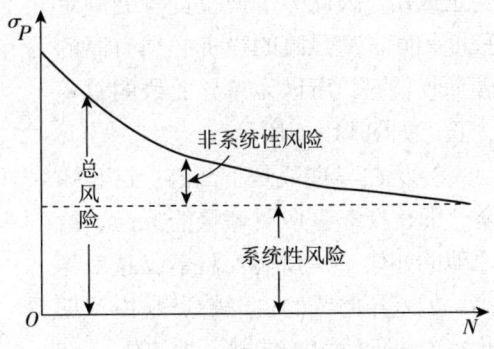

图 14-3 证券组合中证券个数和系统性风险、非系统性风险之间的关系

平。图 14-3 说明了证券组合中证券个数和组合系统性风险、非系统性风险之间的关系，σ_P 和 N 分别表示组合收益率的标准差和组合中证券的只数。

二、理性投资者的行为特征与无差异曲线

从理论上说，具有独立经济利益的投资者的理性经济行为有两个规律特征：其一为追求

收益最大化，其二为厌恶风险，二者的综合反映为追求效用最大化。

"效用"一词在微观经济学中是指人们从消费商品和服务中得到的满足。在金融市场上，交易主体追求的是收益最大化。无奈高收益总是伴随着高风险，对风险的承受力直接制约着人们对收益预期的定位。通常，人们只能在可接受的风险范围内寻求相对高的收益，或者只有当收益足够高时，才会去冒较大的风险。所以，投资活动的效用就是投资者权衡选择风险与收益后获得的满足。

一般以无差异曲线来表示投资效用。无差异曲线形象地描述了投资者的风险态度。

一条无差异曲线代表给投资者带来同样满足程度的预期收益率和风险的所有组合。一个特定的投资者，任意给定一个证券组合，根据他对风险的态度，可以得到一系列满意程度相同（无差异）的证券组合，这些组合恰好在 $E-\sigma$ 坐标系上形成一条曲线，我们称这条曲线为该投资者的一条无差异曲线。比如某个投资者认为，尽管图 14-4 中的证券组合 A、B、C、D、E 的收益风险各异，但是给他带来的满足程度相同，因此这 5 个证券组合是无差异的，选择哪一个投资都可以。

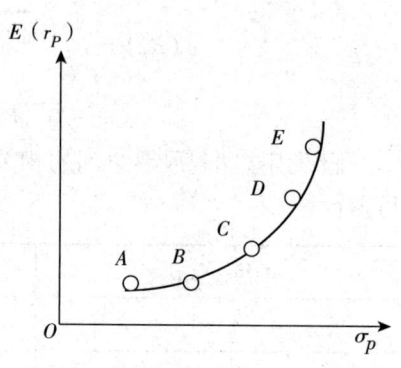

图 14-4 满足程度相同的证券组合

于是，用一条平滑曲线将证券组合 A、B、C、D、E 连接起来，就可近似看作一条无差异曲线。当这样的组合很多时，它们在平面上便形成严格意义上的无差异曲线。

不言而喻，偏好不同的投资者，他们的无差异曲线的形状也不同。尽管如此，对于追求收益又厌恶风险的投资者而言，他们的无差异曲线都具有如下五个特点：

1. 无差异曲线的斜率是正的。由于风险给投资者带来的是负效用，而收益带给投资者的是正效用，因此为了使投资者的满足程度相同，高风险的投资必须有高的预期收益率，所以无差异曲线的斜率为正。如图 14-5 所示。

2. 无差异曲线是下凸的。这意味着，要使投资者多冒等量的风险，给予他的补偿，即预期收益率应越来越高。无差异曲线的这一特点是由预期收益率边际效用递减规律决定的。

3. 同一投资者有无限多条无差异曲线。这意味着对于任何一个风险—收益组合，投资者对其的偏好程度都能与其他组合相比。由于投资者对收益的不满足性和对风险的厌恶，因此在无差异曲线图中越靠左上方的无差异曲线代表的满足程度越高。投资者的目标就是尽量选择位于左上角的组合。

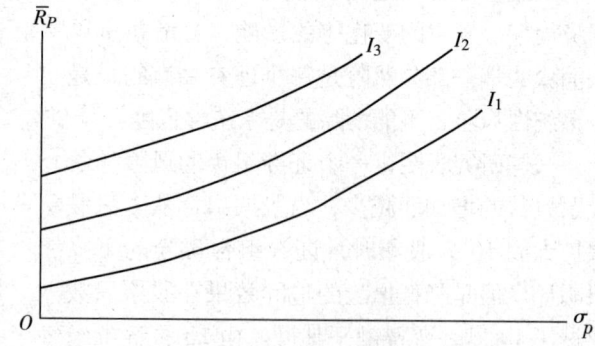

图 14-5 不满足和厌恶风险者的无差异曲线

4. 同一投资者在同一时间、同一时点的任何两条无差异曲线都不能相交。我们可以用反证法加以证明。在图 14-6 中，假设某个投资者的无差异曲线相交于 X 点。由于 X 和 A 都在 I_1 上，因此 X 和 A 给投资者带来的满足程度是相同的。同样，由于 X 和 B 都在 I_2 上，因此 X 和 B 给投资者带来的满足程度也是相同的。这意味着，A 和 B 给投资者带来的满足程度一定相同。然而我们从图中可以看出，B 的预期收益率高于 A，而风险却小于 A。根据不满足性和厌恶风险的假设，B 的满足

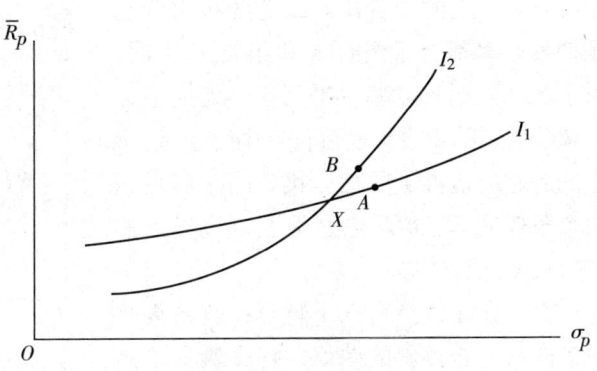

图 14-6 无差异曲线相交

程度一定大于 A，这就产生了自相矛盾。显然上述假设不成立，即两条无差异曲线不能相交。

5. 无差异曲线向上弯曲的程度大小反映了投资者承受风险的能力强弱。无差异曲线的斜率表示风险和收益之间的替代率，斜率越高，表明为了让投资者多冒同样的风险，必须给他提供的收益补偿也应越高，说明该投资者越厌恶风险。同样，斜率越小，表明该投资者厌恶风险程度较轻。图 14-7 用图形方式表示了三种不同程度厌恶风险的投资者的无差异曲线。（a）表示高度风险厌恶型的投资者；（b）表示中等风险厌恶型的投资者；（c）表示轻微风险厌恶型的投资者。

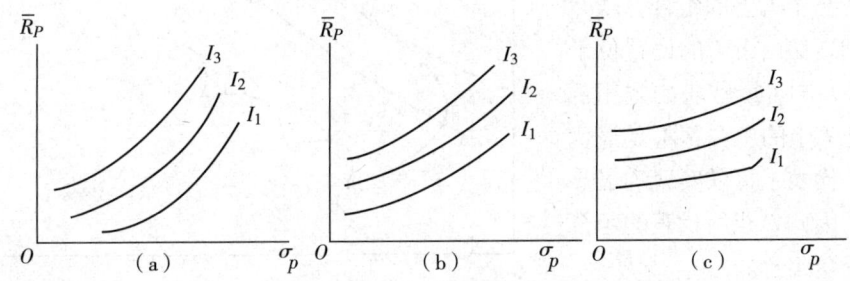

图 14-7 不同程度厌恶风险者的无差异曲线

三、有效集与最优投资组合

现实生活中证券种类繁多，可以构成无数组合。根据马柯维茨的有效集定理，可以确定最优投资组合。

（一）可行集

可行集是指由 n 种证券所形成的所有组合的集合，它包括了现实生活中所有可能的组合。也就是说，所有可能的组合将位于可行集的内部或边界上。一般而言，可行集的形状像伞形，如图 14-8 中 A、N、B、H 四点所围成的区域所示。

（二）有效集

有效集是指能同时满足预期收益率最大、风险最小的投资组合的集合。有效集是可行集的一个子集，它包含于可行集中：一是在图 14-8 中风险最小的组合是 N，风险最大的组合是 H。对于各种风险水平而言，能提供最大预期收益率的组合集是可行集中介于 N 和 H 之间

的上方边界上的组合集。二是各种组合的预期收益率都介于组合 A 和组合 B 之间。对于各种预期收益率水平而言，能提供最小风险水平的组合集是可行集中介于 A、B 之间的左边边界上的组合集。同时满足这两个条件的 N、B 两点之间上方边界上的可行集就是有效集。

有效集曲线具有以下特点：有效集是一条向右上方倾斜的曲线，它反映了"高收益，高风险"的原则；有效集是一条向上凸起的曲线；有效集曲线上不可能有凹陷的地方。

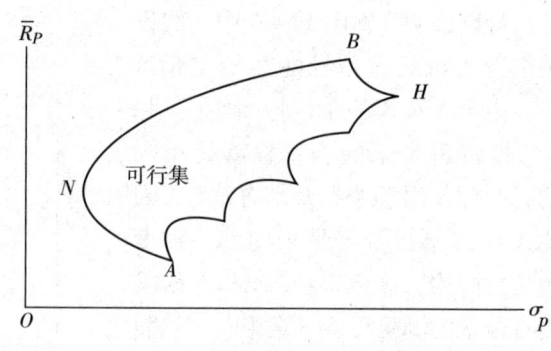

图 14-8　可行集与有效集

（三）最优投资组合的选择

确定了有效集的形状之后，投资者就可以根据自己的无差异曲线群选择能使自己投资效用最大化的最优投资组合。这个组合位于无差异曲线与有效集的相切点 P，如图 14-9 所示。

从图 14-9 可以看出，虽然投资者更偏好 I_3 上的组合，然而可行集中找不到这样的组合，因而是不可实现的。至于 I_1 上的组合，虽然可以找得到，但由于 I_1 的位置位于 I_2 的右下方，即 I_1 所代表的效用低于 I_2，因此 I_1 上的组合都不是最优组合。而 I_2 代表了可以实现的最高投资效用，因此 P 点所代表的组合就是最优投资组合。

有效集向上凸起的特性和无差异曲线向下凸的特性决定了有效集

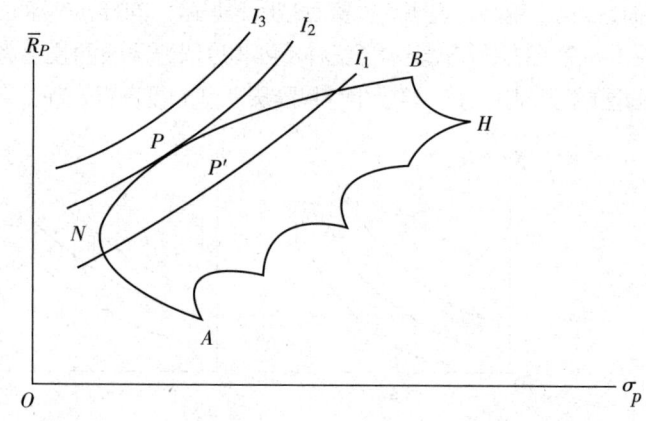

图 14-9　最优投资组合

和无差异曲线的相切点只有一个，即最优投资组合是唯一的。

对于投资者而言，有效集是客观存在的，它是由证券市场决定的。而无差异曲线则是主观的，它是由自己的风险—收益偏好决定的。从前面的分析可知，厌恶风险程度越高的投资者，其无差异曲线的斜率越陡，因此其最优投资组合越接近 N 点；厌恶风险程度越低的投资者，其无差异曲线的斜率越小，因此其最优投资组合越接近 B 点。

四、引入无风险资产对有效集的影响

前面的讨论中我们假定所有资产及资产组合都是有风险的，而没有考虑投资于无风险资产的情况。或者说投资者购买的资产组合包含 n 个风险资产组成的组合 P_0 和 1 个无风险资产 F，同时还允许投资者支付一定的利率借款购买资产。

（一）风险资产与无风险资产的组合

风险资产是指预期收益不确定的资产；无风险资产是有确定的预期收益和方差为零的资产。

无风险资产的预期收益率等于相应期的无风险利率。由于无风险资产的期末价值没有任何不确定性，因此，其标准差应为零。同样，无风险资产收益率与风险资产收益率之间的协方差也等于零。

假设风险资产组合 P_0 和无风险资产 F 在投资组合中的比例分别为 w_1 和 w_2（$w_1 + w_2 = 1$），它们的预期收益率分别为 $\overline{R}_1$ 和 r_f，它们的标准差分别等于 σ_1 和 σ_2，它们之间的协方差为 σ_{12}。根据无风险的定义，σ_2 和 σ_{12} 都等于 0。所以该投资组合的预期收益率（$\overline{R}_P$）为：

$$\overline{R}_P = \sum_{i=1}^{n} w_i \overline{R}_i = w_1 \overline{R}_1 + w_2 r_f$$

该组合的标准差（σ_P）为：

$$\sigma_P = \sqrt{\sum_{i=1}^{n}\sum_{j=1}^{n} w_i w_j S_{ij}} = w_1 S_1$$

由上式可得：

$$w_1 = \frac{\sigma_P}{\sigma_1}, w_2 = 1 - \frac{\sigma_P}{\sigma_1}$$

所以：

$$\overline{R}_P = r_f + \frac{\overline{R}_1 - r_f}{\sigma_1} \sigma_P \tag{14-9}$$

由于 $\overline{R}_1$、r_f 和 σ_1 已知，$\overline{R}_P$ 即为 σ_P 的线性函数，其中 $\frac{\overline{R}_1 - r_f}{\sigma_1}$ 为单位风险报酬。由于 w_1，$w_2 > 0$，因此上式所表示的只是一个线段，如图 14 – 10 所示。A 点表示无风险资产 F，B 点表示风险组合 P_0，两者构成的投资组合的预期收益率和风险一定落在 AB 这个线段上，因此 AB 连线可以称为资产配置线。

（二）无风险借贷对有效集的影响

1. 无风险贷款对有效集的影响。无风险贷款相当于投资无风险资产，其收益率也是确定的。引入无风险贷款后，有效集将发生重大变化。在图 14 – 11 中，弧线 CD 代表马柯维茨有效集，A 点表示无风险资产。我们可以在有效集中找到一点 T，使 AT 直线与弧线 CD 相切于 T 点。T 点所代表的组合称为切点处投资组合。

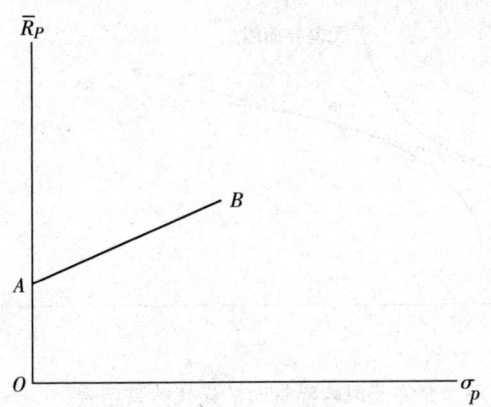

图 14 – 10 无风险资产和风险资产的组合

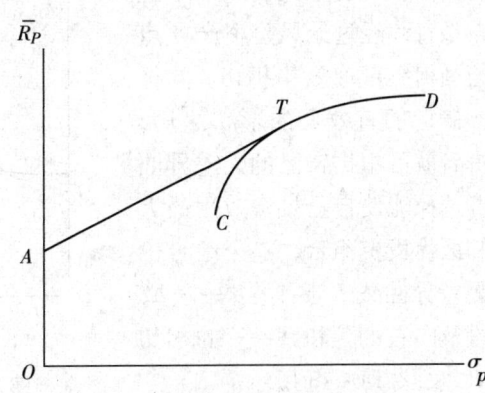

图 14 – 11 允许无风险贷款时的有效集

T 点代表马柯维茨有效集中众多的有效组合中的一个，但它却是一个很特殊的组合。因为没有任何一种风险资产组合与无风险资产构成的投资组合可以位于 AT 线段的左上方。换句话说，AT 线段的斜率最大，因此 T 点代表的组合被称为最优风险组合。

从图 14-11 中可以明显看出，引入 AT 线段后，CT 弧线将不再是有效集。因为对于 T 点左边的有效集而言，在预期收益率相等的情况下，AT 线段上组合的风险均小于马柯维茨有效集上组合的风险，而在风险相同的情况下，AT 线段上组合的预期收益率均大于马柯维茨有效集上组合的预期收益率。按照有效集的定义，T 点左边的有效集将不再是有效集。由于 AT 线段上的组合是可行的，因此引入无风险贷款后，新的有效集由 AT 线段和 TD 弧线构成。

2. 无风险借款对有效集的影响。在推导马柯维茨有效集的过程中，我们假定投资者可以购买风险资产的金额仅限于他期初的财富。然而，在现实生活中，投资者也可以借入资金并用于购买风险资产。由于借款利率是已知的，在该借款本息偿还上不存在不确定性。因此我们把这种借款称为无风险借款。无风险借款可以看成是负的投资，则投资组合中风险资产组合和无风险借款的比例也可以用 w_1 和 w_2 表示，且 $w_1 + w_2 = 1$，$w_1 > 0$，$w_2 < 0$。这样，图 14-10 中的线段 AB 将向右延长，这个延长线再次大大扩展了可行集的范围。

引入无风险借款后，有效集也将发生重大变化。在图 14-12 中，弧线 CD 仍代表马柯维茨有效集，T 点仍表示 CD 弧线与过 A 点直线的相切点。在允许无风险借款的情形下，投资者可以通过无风险借款并投资于最优风险资产组合 T 使有效集由 TD 弧线变成 AT 线段向右的延长线。

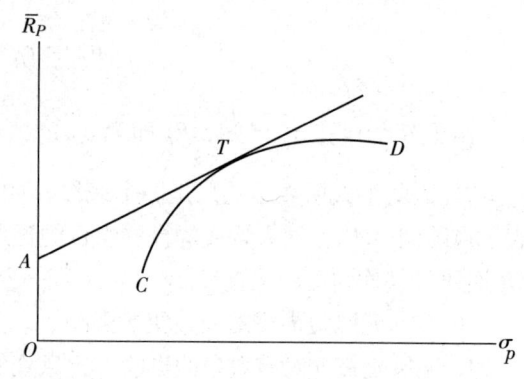

图 14-12 允许无风险借款时的有效集

综上所述，在允许无风险借贷的情况下，有效集变成一条直线，该直线经过无风险资产 A 点并与马柯维茨有效集相切。同样地，确定了有效集的形状之后，投资者就可根据自己的无差异曲线群选择能使自己投资效用最大化的最优投资组合，这个组合位于无差异曲线 I 与有效集——AT 线段及向右的延长线——的相切点 P，如图 14-13 所示。

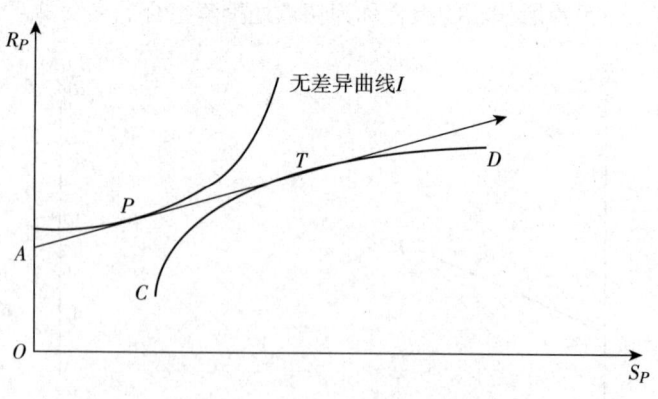

图 14-13 允许无风险借贷时的最优投资组合

第二节 资产定价理论

早在证券组合理论广泛传播之前,威廉·夏普(Sharpe)、林特纳(Lintner)和莫森(Mossin)3人便几乎同时独立地提出了以下问题:"假定每个投资者都遵循马柯维茨的证券组合选择理论来经营他们的投资,这将会对证券定价产生怎样的影响?"他们在回答这一问题时,分别于1964年、1965年和1966年提出了著名的资本资产定价模型(CAPM),从而开始了现代资产定价理论的先河,因此,资产定价理论实际上是对资产组合管理理论的继承与发展。CAPM模型在金融领域盛行十多年,1976年,理查德·罗尔(Roll)对这一模型提出了批评,因为该模型永远无法用经验事实来检验。与此同时,斯蒂芬·罗斯(Ross)突破性地发展了资本资产定价模型,提出套利定价理论(APT)。这一理论认为,只要任何一个投资者不能通过套利获得收益,那么期望收益率一定与风险相联系。这一理论只需要较少的假定。罗尔和罗斯在1984年认为这一理论至少在原理上是可以检验的,这使资产定价理论得到进一步发展。

一、资本资产定价模型

资本资产定价模型(Capital Asset Pricing Model,CAPM)最早是由夏普、林特纳和莫森等人根据马柯维茨的资产组合理论分别独立提出的。资本资产定价模型要解决的问题是:在资本市场中,单个资产的均衡价格是如何在收益与风险的权衡中形成的,或者说,在市场均衡状态下,单个资产的收益是如何依风险而确定的。

(一)模型的基本假设

传统的资本资产定价模型遵循以下十大假定:(1)所有投资者都属于马柯维茨分散者,即投资者仅依据投资收益率的均值和方差作投资决策;(2)投资者遵守占优原则:在同一风险水平下,选择收益率较高的资产组合;在同一收益率水平下,选择风险较低的资产;(3)所有投资者的投资期限均相同;(4)每种资产都是无限可分的,即投资者可以以任意净额投资于各种资产;(5)存在无风险资产,投资者可以按相同的无风险利率借入或贷出任意数量的无风险资产;(6)允许无限制地卖空;(7)税收和交易费用均忽略不计;(8)没有通货膨胀和利率的变化;(9)所有投资者对于各种资产的收益率、标准差、协方差等具有相同的预期。如果每个投资者都以相同的方式投资,根据这个市场中的所有投资者的集体行为,每个证券的风险和收益最终可以达到均衡;(10)单个投资者不能通过买卖行为影响资产价格,即市场是完全竞争的。

这些假设条件是标准的CAPM的假设,有一些明显与实际情况相违背,因此后来的学者将其假设放宽,取得了系列的成果,形成了包括零贝塔CAPM、C-CAPM、M-CAPM在内的CAPM家族。同时,假设(9)是以市场有效性假设EMH为前提的,有关效率市场的问题我们将在下一节详细介绍。

(二)传统CAPM的推导

传统CAPM是通过资本市场线(Capital Market Line,CML),借助市场处于均衡时市场组合与切点组合重合这一核心观点推导出来的。

1. 资本市场线（CML）。根据上述完全信息假设，所有的投资者所拥有的信息都是相同的，对所有资产的收益、标准差和相互的协方差都是相同的预期；同时，由于假设所有的投资者都按马柯维茨资产组合选择模型进行资产选择，并有相同的投资期限，因而所有投资者选择的最优资产组合集合必然是相同的。在允许无风险借贷的假定下，这些组合集中反映在一条线

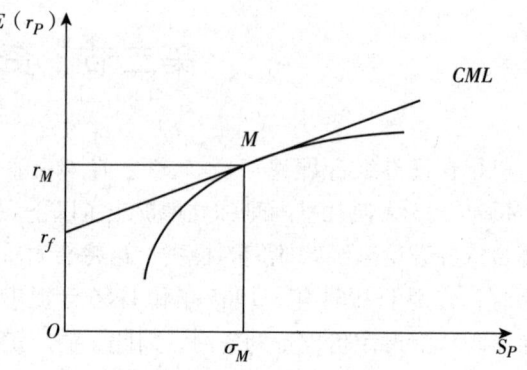

图 14-14 资本市场线

上，即上节图 14-13 中所描述 AT 线段及向右的延长线上，切点 T 具有最大的风险回报率。我们定义由无风险收益率 r_f 出发和风险资产组合有效集相切的点为市场组合点 M，连接 r_f 和 M 点向上延伸的直线称为资本市场线，如图 14-14 所示。

如果以 $E(r_{p1})$ 表示风险资产的预期收益，以 σ_{p1}^2 表示风险资产组合的方差，以 r_f 表示无风险资产的收益，则无风险资产与市场风险资产组合进行再组合后的新组合的预期收益与风险可以表示为：

$$E(r_p) = x_{p1} E(r_{p1}) + (1 - x_{p1}) r_f$$

$$\sigma_p^2 = x_{p1}^2 \sigma_{p1}^2 + (1 - x_{p1})^2 \sigma_f^2 + 2 x_{p1}(1 - x_{p1}) \rho_{p1f} \sigma_{p1} \sigma_f$$

$$\because \sigma_f = 0$$

$$\therefore \sigma_p = x_{p1} \sigma_{p1}$$

将上式代入新资产组合的预期收益公式中，可得资产组合线的方程如下：

$$E(r_p) = r_f + \frac{E(r_{p1}) - r_f}{\sigma_{p1}} \sigma_p$$

可见，与前面提到的无风险资产和风险资产的组合一样，无风险资产与市场风险资产组合经过再组合得到的资产组合线也是一条直线，其截距为 r_f，斜率为 $\frac{E(r_m) - r_f}{\sigma_m}$。

对于市场组合，其风险补偿 $E(r_m) - r_f$ 和标准差 σ_m 之比被称为风险的市场价格（Market Price of Risk）。这是衡量风险和回报关系的重要指标之一，表示一个证券组合的风险每增加 1% 需要增加的风险回报，风险越大，预期回报越大。因此，CML 上的任意有效证券组合中的预期收益可用它的风险表示，CML 的表达公式为：

$$E(r_p) = r_f + \frac{E(r_m) - r_f}{\sigma_m} \sigma_p \tag{14-10}$$

这是在市场均衡状态下的资本市场线的表达式，反映的是在市场均衡条件下，无风险资产与风险资产的组合经过再组合后产生的新有效资产组合的收益与风险的关系。

2. 证券市场线（SML）。CAPM 要解决的是在市场均衡状态下，某种风险资产的预期收益与其所承担的风险之间的关系，这种关系可以利用 CML 和市场组合 M 推导出来，结果形

成证券市场线（SML）。

假设建立一个风险资产 I 和市场组合 M 的新的组合 P，则 P 的预期收益与标准差为：

$$E(r_p) = x_i E(r_i) + (1 - x_i) E(r_m)$$

$$\sigma_p = \sqrt{x_i^2 \sigma_i^2 + (1 - x_i)^2 \sigma_m^2 + 2 x_i (1 - x_i) Cov(r_i, r_m)}$$

在允许卖空的条件下，资产 I 与 M 的有效资产组合的集合应该在资本市场线与有效边界的切点上（如图 14-14 所示），这时，二者的斜率是相同的，即：

$$\frac{\partial E(r_p)}{\partial \sigma_p} = \frac{\partial E(r_p)}{\partial x_i} \div \frac{\partial \sigma_p}{\partial x_i} = \frac{E(r_m) - r_f}{\sigma_m}$$

于是，

$$\frac{\partial E(r_p)}{\partial x_i} \div \frac{\partial \sigma_p}{\partial x_i} = \frac{E(r_i) - E(r_m)}{x_i \sigma_i^2 - (1 - x_i) \sigma_m^2 + (1 - 2 x_i) Cov(r_i, r_m)} \times \sigma_p = \frac{E(r_m) - r_f}{\sigma_m}$$

由于在切点处，投资者将全部资产投资于市场组合，因而，$x_i = 0$，$\sigma_p = \sigma_m$，于是上式变为：

$$E(r_i) = r_f + [E(r_m) - r_f] \times \frac{Cov(r_i, r_m)}{\sigma_m^2}$$

定义：$\beta_i = \dfrac{Cov(r_i, r_m)}{\sigma_m^2}$，于是，上式即为：

$$E(r_i) = r_f + [E(r_m) - r_f] \beta_i \tag{14-11}$$

这就是证券市场线，是 CAPM 最普通的形式，表明期望收益与 β 的关系。这个公式意味着当资本市场处于均衡时，任何一种资产（包括风险资产与无风险资产）的预期收益与其承担的与市场风险相关的 β 值之间呈线性关系。这种线性关系表示在以预期收益为横轴和 β 值为纵轴的坐标平面上，就是一条以 r_f 为起点的射线，这条射线被称为证券市场线（Securities Market Line，SML），如图 14-15 所示。

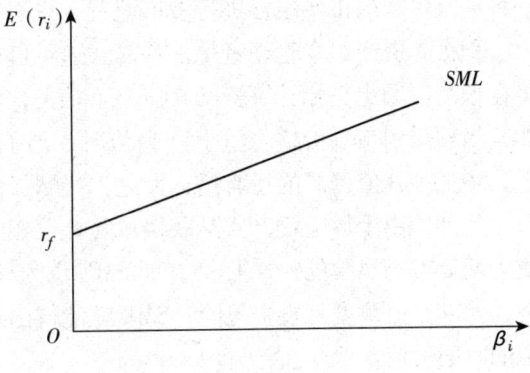

图 14-15　证券市场线

由于 β 值是资产的市场风险程度的一个测试指标，所以 SML 反映了资产的市场风险与其预期收益之间的关系，这一线性关系适用于所有风险资产的收益与风险关系。

证券市场线反映了在不同的 β 值水平下，各种证券及证券组合应有的预期收益率水平，从而反映了各种证券和证券组合系统性风险与预期收益率的均衡关系。

β 系数的一个重要特征是，一个证券组合的 β 值等于该组合中各种证券 β 值的加权平均数，权数为各种证券在该组合中所占的比例，即：

$$\beta_2 = \sum X_i \beta_i \tag{14-12}$$

不难发现，作为 CAPM 的两个最重要的结论，证券市场线与资本市场线在市场均衡时两者是一致的，但也有区别：

（1）二者的适用范围不同。CML 只适用于描述无风险资产与有效率风险资产再组合后的有效率风险资产组合的收益和风险之间的关系。而 SML 描述的是任何一种资产或资产组合的收益和风险之间的关系。

（2）二者选择的风险变量不同。CML 以 σ 反映、度量资产及资产组合的总风险，而 SML 以 β 系数衡量、反映个别证券在市场系统性风险中的程度及该证券对投资组合的贡献。

（三）传统 CAPM 的应用

由于传统 CAPM 早期的检验结果是支持模型的，加上 CAPM 对收益与风险关系的描述简单而合乎逻辑，因此 20 世纪 70 年代，CAMP 和 β 值的概念受到职业组合管理者的青睐，尤其是 β 值的概念一直被一些资产组合管理者和投资公司所采用，价值线（Value Line）和美林公司（Merrill Lynch）还计算、出版和出售一些公司的 β 值。

从理论上说，传统 CAPM 至少有两种用途：资产估值和资产配置。

1. 资产估值。在 SML 上的各点，或者说根据 CAPM 计算出来的资产预期收益是资产的均衡价格，即市场处于均衡状态时的价格，这一价格与资产的价值是一致的。但市场毕竟是相对的，在竞争因素的推动下，市场处于由不均衡向均衡转化，再到均衡被打破的过程中。因此，实际市场中的资产收益率往往并非均衡收益率，可能比其高，也可能比其低。如果我们相信用 CAPM 计算出来的预期收益是均衡价格，我们就可以用它与实际资产收益率相比较，从而发现价值高估或低估的资产，并根据低价买入、高价卖出的原则指导投资行为。

2. 资产配置。CAPM 的思想在消极的和积极的资产组合管理中都可以应用。在消极的资产组合管理中，根据 CAPM，投资者可以按照自己的风险偏好选择一种或几种无风险资产和一种风险资产的市场组合进行资产配置，只要投资偏好不变，资产组合就可以不变。

积极的资产组合管理者是那些喜欢追踪价格、赚取价差的人，利用 CAPM 的理念，他们将在预测市场走势和计算资产 β 值上下功夫，然后根据市场走势，调整资产组合的结构。例如，当预测到市场价格将呈上升趋势时，他们将在保持无风险资产和风险资产比例的情况下，增加高 β 值资产的持有量；反之，将增加低 β 值资产的持有量。

此外，由于风险资产实际获得风险补偿额的大小取决于 β 值，因此 β 值在传统 CAPM 中成为衡量市场风险的一个标准，而 SML 也为评估投资业绩提供了一个基准——对于一项投资，若以 β 值测度其投资风险，SML 就能得出投资人为补偿风险所要求的期望收益率以及货币的时间价值。

专栏 14–1
分离定理

每个投资者根据自己的偏好在资本市场线（CML）上选择所需要的证券组合。它是由市场证券组合 M 和以 r_f 为利率的无风险证券组成的。投资者可以利用利率 r_f 自由地借入或贷放款项，但他们都选择相同的市场证券组合 M。

分离定理表示风险资产组成的最优证券组合的确定与个别投资者的风险偏好无关。最优风险证券组合的确定仅取决于各种可能的风险证券组合的预期收益和标准差。虽然投资者的风险收益偏好不同，其无差异曲线的斜率不同，他们的最优投资组合也不同，但风险资产的构成却相同，或者说无论投资者对风险偏好如何，其所选择的风险资产的构成都一样。

分离定理可由图 14-16 表示。在图 14-16 中，I_1 代表厌恶风险程度较轻的投资者的无差异曲线，该投资者的最优投资组合位于 P_1 点，表明他将借入资金投资于风险资产组合上；I_2 代表厌恶风险程度较深的投资者的无差异曲线，该投资者的最优投资组合位于 P_2 点，表明他将部分资金投资于无风险资产，将另一部分资金投资于风险资产组合。虽然 P_1 和 P_2 的位置不同，但它们都是由无风险资产 A 和相同的最优风险组合 T 组成，因此他们的风险资产组合中各种风险资产的构成比例自然是相同的。

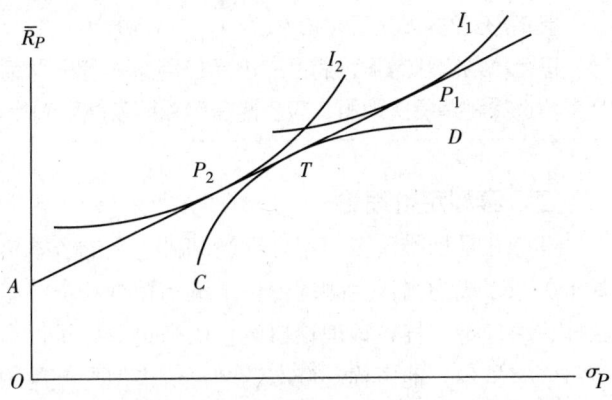

图 14-16　分离定理示意图

分离定理不仅把抽象的观念带进现实的环境构架中，让证券投资组合分析工作与决策的制定更加有效率，而且为 CAPM 等组合投资理论进一步发展提供了重要的基石，极大地增进了投资组合实务操作的复杂性与精确度。

专栏 14-2
CAPM 的几种发展形式

资本资产的定价问题一直是金融经济学研究的核心。因此，自 20 世纪 60 年代 CAPM 问世以来，无数学者投身于这一问题的研究，通过理论上放宽传统 CAPM 的某些假定和实证检验的结合取得了丰硕的研究成果，极大地深化了人们对 CAPM 的认识。以下简单介绍几种 CAPM 新理论。

（一）零 β CAPM

释放的假设条件是存在一个无风险资产且投资者可以以无风险利率无限制地买卖该资产。在 Black 的模型中，无风险资产被零 β 资产组合代替，零 β 资产组合的收益率与市场组合收益率无关，但它并非完全没有风险的。

零 β CAPM 的均衡收益计算：$E(r_i) = E(r_Z) + (E(r_M) - E(r_Z))\beta_i$

（二）跨期 CAPM

释放的假设条件是只考虑一个时期的投资水平。在跨期 CAPM 中，投资者在确定效用最大化的资产组合时，不仅只考虑一个时期的可能收益，还要考虑下一个时期的可能收益，资产组合要实现终生预期效用的最大化。该模型在形式上与传统 CAPM 没有区别，如果把传统 CAPM 看成静态模型，跨期 CAPM 当然就是动态模型，前者可以从后者推导出来。

（三）多 β CAPM

释放的假设条件是投资机会集合和无风险利率长期不变，再把二者视为随机变量。多 β CAPM

的一般表达式为：

$$E(r_i) = r_f + (E(r_M) - r_f)\beta_{iM} + (E(r_{N1}) - r_f)\beta_{iN1} + \cdots + (E(r_{NK}) - r_f)\beta_{iNK}$$

（四）以消费为基础的 CAPM

基本形式为：$E(r_i) = r_f + (E(r_c) - r_f)\beta_{iC}$

在市场均衡状态下，消费的边际效用必须等于财富的边际效用。所以，投资者在进行最优资产组合选择和消费决策时，应该使资产预期收益与消费增长率之间存在上述线性关系。

二、套利定价理论

建立在马柯维茨资产组合理论基础之上的资本资产定价模型揭示了资产收益与其风险的基本关系，成为当代金融理论史上继马柯维茨资产组合理论后的又一重大发展。然而，如同其他许多理论一样，该理论自诞生以来也受到了许多挑战与批评。其中，最著名的批评来自经济学家罗尔。他声称，资本资产定价模型是无用的，因为该模型主要依赖于所谓的最优风险资产组合（包括所有股票、债券、不动产、外汇等），即市场资产组合的存在。而现实只能是对真正的市场资产组合的一种近似描述，实证分析中该模型的结果会因为选择不同的市场指数作为真正的市场资产组合的替代品而产生很大的差异，因而该模型是不能被验证的。这就是著名的罗尔批评（Roll's Criticism）。此外，其他的批评主要集中在该模型的假设上，认为该模型的假设过多，过于严格，与现实相差太远，如该模型假设了投资者的二次效用函数，而且资产价格呈正态分布等。针对 CAPM 的这些批评，罗斯在 1976 年从另一个角度（套利定价）提出了资产市场均衡定价模型，即套利定价理论（Arbitrage Pricing Theory, APT）。

APT 要研究的是，如果每个投资者对同种证券的收益具有相同的预期，各种证券的均衡价格是如何形成的。研究者拓展问题的思路是：首先，分析市场是否处于均衡状态；其次，如果市场是非均衡的，分析投资者会如何行动；再次，分析投资者的行动会如何影响到市场并最终使市场达到均衡；最后，分析在市场均衡状态下，证券的预期收益由什么决定。该理论不需要市场资产组合，也不需要 CAPM 模型那样严格的假设条件，但得出了类似 CAPM 的基本结论，并声称是可以检验的。

（一）模型的基本假设

1. 资本市场是完全竞争的、无摩擦的以及无限可分的。
2. 所有投资者对同种资产的收益具有相同的预期。
3. 在资本市场中，存在充分多的资产。
4. 资本市场中不存在任何无风险套利机会。
5. 投资者都相信证券 i 的收益受 k 个共同因素影响，证券 i 的收益与这些因素的关系可以用下面这个 k 因素模型表示出来：

$$R_i = E(R_i) + b_{i1}F_1 + b_{i2}F_2 + \cdots + b_{ik}F_k + \varepsilon_i \tag{14-13}$$

式中，R_i——任意一种证券 i 的收益；

$E(R_i)$——证券 i 的预期收益率，包括了到眼前为止所有可知信息；

b_{ik}——证券 i 相对于 k 因素的敏感度；

ε_i——误差项，即非系统因素对证券收益的影响；

$F_j(j = 1,2,\cdots,k)$——对所有资产都起作用的共同因素，也称系统因素。

由于已知的信息都已包含在 $E(R_i)$ 中，所以，这里的 F 因素都是不可测的，在将来的发生纯属意外。有意外发生，就会改变 R_i 和 $E(R_i)$ 之间的关系；没有意外发生，从 $b_{i1}F_1$ 到 $b_{ik}F_j$ 都将是零。由于 F_j 是随机变量，所以其期望值为零，且不同公共因子相互独立。

（二）套利行为与套利组合

APT 认为，如果市场未达到均衡状态，市场上就会存在无风险的套利机会。由于理性投资者具有厌恶风险和追求最大化收益的行为特征，因此，投资者一旦发现有套利机会就会设法利用它们，随着套利者的买进和卖出，资产的供求状况将随之改变，套利空间逐渐减少直至消失，有价证券的均衡价格将得以实现。而且，套利机会不仅存在于单一资产上，还存在于相似的资产或组合中，即投资者还可以通过对一些相似的资产或组合部分买入、部分卖出来进行套利。

因此，投资者会竭力发掘构造一个套利组合的可能性，以便在不增加风险的情况下，增加组合的预期收益率。那么，如何才能构造一个套利组合呢？一般而言，套利组合必须同时满足如下三个条件：

条件 1：套利组合要求投资者不追加资金，即套利组合属于自融资组合。如果我们用 x_i 表示投资者持有证券 i 金额比例的变化（从而也代表证券 i 在套利组合中的权重，注意 x_i 可正可负），则该条件可以表示为：

$$x_1 + x_2 + x_3 + \cdots + x_n = 0 \qquad (14-14)$$

条件 2：套利组合对任何因素的敏感度为零，即套利组合没有因素风险。同时证券组合对某个因素的敏感度等于该组合中各种证券对该因素敏感度的加权平均数，因此在单因素模型下该条件可表达为：

$$b_1x_1 + b_2x_2 + \cdots + b_nx_n = 0 \qquad (14-15)$$

在双因素模型下，条件 2 表达式为：

$$b_{11}x_1 + b_{12}x_2 + \cdots + b_{1n}x_n = 0$$
$$b_{21}x_1 + b_{22}x_2 + \cdots + b_{nn}x_n = 0$$

在多因素模型下，条件 2 表达式为：

$$b_{11}x_1 + b_{12}x_2 + \cdots + b_{1n}x_n = 0$$
$$b_{21}x_1 + b_{22}x_2 + \cdots + b_{nn}x_n = 0$$
$$\cdots\cdots$$
$$b_{k1}x_1 + b_{k2}x_2 + \cdots + b_{kn}x_n = 0$$

条件 3：套利组合的预期收益率应大于零，即：

$$x_1\bar{r}_1 + x_2\bar{r}_2 + \cdots + x_n\bar{r}_n > 0 \qquad (14-16)$$

例：某投资者拥有一个 3 种股票组成的投资组合，3 种股票的市值均为 500 万元，投资组合的总价值为 1 500 万元。假定这三种股票均符合单因素模型，其预期收益率 $\bar{r}_i$ 分别为 16%、20% 和 13%，其对该因素的敏感度（b_i）分别为 0.9、3.1 和 1.9。请问该投资者能否修改其投资组合，以便在不增加风险的情况下提高预期收益率。

令三种股票市值比重变化量分别为 x_1、x_2 和 x_3。根据式（14-14）和式（14-15）我们有：

$$x_1 + x_2 + x_3 = 0$$
$$0.9x_1 + 3.1x_2 + 1.9x_3 = 0$$

上述两个方程有三个变量，故有多种解。作为其中的一个解，我们令 $x_1 = 0.1$，则可解出 $x_2 = 0.083$，$x_3 = -0.183$。

为了检验这个解能否提高预期收益率，我们把这个解代入式（14-16）进行检验。式（14-16）左边等于：

$$0.1 \times 0.16 + 0.083 \times 0.2 - 0.183 \times 0.13 = 0.881\%$$

由于 0.881% 为正数，因此我们可以通过卖出 274.5 万元的第三种股票（$-0.183 \times 1\,500$ 万元 $= -274.5$ 万元），同时买入 150 万元第一种股票（$0.1 \times 1\,500$ 万元 $= 150$ 万元）和 124.5 万元第二种股票（$0.083 \times 1\,500$ 万元 $= 124.5$ 万元）就能使投资组合的预期收益率提高 0.881%。

（三）套利定价模型

APT 基本内容的推导基于如下两个基本观点：第一，在一个有效市场中，当市场处于均衡状态时，不存在无风险的套利机会；第二，对于一个高度多元化的资产组合而言，只有几个共同因素需要补偿。

由此，证券 i 与这些共同因素的关系为：

$$E(R_i) = \lambda_0 + b_{i1}\lambda_1 + b_{i2}\lambda_2 + \cdots + b_{ik}\lambda_k \quad (14-17)$$

这便是套利定价公式。其中 λ_k 为投资者承担一个单位 k 因素风险的补偿额，风险的大小由 b_{ik} 表示，当资产对所有 k 因素都不敏感时，这个资产或资产组合就是零 β 资产或资产组合。

套利定价公式（14-17）还可以有另外一种表达方式。由于无风险资产对任何因素均无敏感性，所以 λ_0 等于无风险利率，每一个 δ_j 的值代表一个资产组合的预期回报率，该组合只对因素 j 有单位敏感性而对其他因素无敏感性。由此可得套利定价公式的另一种表达式：

$$E(R_i) = R_f + (\delta_1 - R_f)b_{i1} + (\delta_2 - R_f)b_{i2} + \cdots + (\delta_k - R_f)b_{ik} \quad (14-18)$$

套利操作对于证券市场价格的影响表现在：投资者对证券价格变动预期具有相同性，他们卖出价格偏高、预期收益率较低的证券，买进价格偏低、预期收益率偏高的证券，最终使得证券的市场供求关系发生变动，证券的价格发生涨跌，导致投资者的预期收益率也作出相应调整。这种套利买卖行为将一直持续到所有套利机会明显减少或消失为止。在单一因素模型下，预期回报率及其敏感性将满足如下的线性方程：

$$E(R_i) = \lambda_0 + b_1\lambda_1 \quad (14-19)$$

这便是单一因素模型下的套利定价方程。

图 14-17 显示了式（14-19）给出的套利定价方程的图形。根据套利定价理论，对于

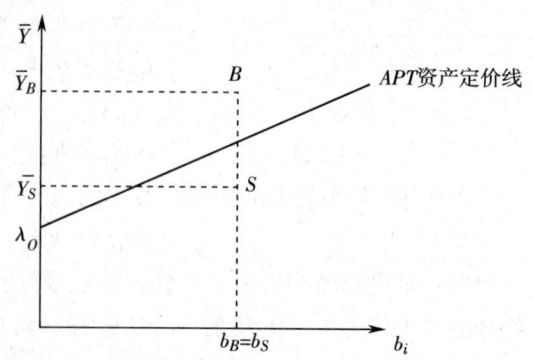

图 14-17　APT 资产定价线

一个因素敏感性和预期回报率都没有落在那条直线上的证券,其定价就是不合理的,这将给予投资者构造套利组合的机会,证券 B 就是一个例子。如果投资者以同样的资金分别卖出证券 S 和买进证券 B,那他就构造了一个套利组合。

整个过程为:投资者通过卖出一定数量的证券 S 来支付买入证券 B 的资金,从而投资者不需要任何新投资。由于证券 B 和证券 S 具有相同的敏感性,因此,对证券 S 的卖出和对证券 B 的买进将构成一个对因素无敏感性的组合。而且,套利组合将有一个正的预期回报率,因为证券 B 的预期回报率大于证券 S。购买证券 B 的结果,使证券 B 的价格上升,进而使其预期回报率下降,直到它落在 APT 资产定价线上为止。

(四)套利定价理论与资本资产定价模型的一致性

根据套利定价理论可知:证券的预期收益率等于无风险利率加上 k 个因子的报酬分别乘以这个证券的 k 个因子敏感度之和。在只有一个因子时,模型为:

$$E(R_i) = R_f + (\delta_1 - R_f)b_{i1} \tag{14-20}$$

在资本资产定价模型中:

$$E(R_i) = R_f + [E(RM) - R_f]\beta_i M$$

如果 $\delta_1 = E(RM)$,同时 b_{i1} 代表 β_i,那么套利定价理论将与资本资产定价模型一致,资本资产定价模型只是套利定价理论的一个特例。

然而一般情况下,δ_1 不一定等于市场证券组合的预期收益,两者仍有区别,主要表现在:套利定价理论仅假定投资者偏好较高收益,而没有对他们的风险类型作出严格的限制;套利定价理论认为达到均衡时,某种资产的收益取决于多种因素,而并非像资本资产定价模型那样只有一种市场组合因素;在套利定价理论中,并不特别强调市场组合的作用,而资本资产定价模型则强调市场组合必须是一个有效组合。

但 APT 理论的问题主要在于该理论并没有确定模型中应考虑的公共因子有多少,是什么。显然,实证分析中,模型采用的公共因子的多少和种类的不同会大大影响到对资产预期收益的预测。在 APT 模型问世之后,经济学家们如 Chen、Roll、Rossberry、Brumeister 和金融机构如 Salomon Brother,对 APT 模型应包括的公共因子进行研究,他们采用的公共因子主要包括以下四类:

(1)反映整体经济活动状况的指标,如工业生产总值、国民生产总值、销售总额、标准普尔 500 指数等。

(2)反映通货膨胀的指标。

(3)有关利率水平的指标,如长期和短期利率差、高信用等级和低信用等级债券利率差、利率水平本身等。

(4)某些在某一特定时期能对经济总体产生影响的特殊因素,如原油价格、国防支出等。

三、期权定价模型和衍生金融工具定价

(一)衍生金融工具的发展与风险管理

20 世纪 70 年代以来,对当今金融领域影响最为深刻的莫过于以期权和期货为代表的衍生金融产品的广泛运用和迅速发展。这些衍生金融工具的迅速发展不仅带来了极富生命力的

金融创新和空前的市场深化，而且对金融风险管理带来了新的有力的工具，而它们本身也成为金融风险管理和控制的重要对象。一方面，衍生金融工具对冲风险的性质使得投资者通过各种复杂的复合技术（投资分析家们将这些技术称为金融工程）设计出各种不同的金融工具和资产组合，使其未来的偿付（Pay-off）在规模、时间和风险甚至纳税等方面的模式（Pattern）能充分地满足投资者独有的偏好，从而使现代风险管理相对于传统的多样化降低风险的方法有了很大的发展，成为能为投资者量身定做的管理工具；另一方面，衍生金融工具的杠杆效应又使得其自身成为风险性极大的一类投资工具。以巴林银行倒闭为代表的一系列重大的风险管理失败案例已使投资者们充分认识到加强对衍生金融工具投资的风险管理和监管的重要性，这甚至使得当代金融风险管理和监管最近十年来在技术和性质上都发生了相当大的改变。

为这一切变化和发展奠定重要理论基础的应该是与芝加哥期权交易所（Chicago Board Option Exchange，CBOE）同一年（1973）诞生的布莱克—斯科尔斯期权定价模型（Black-Scholes Option Pricing Model）。该模型继承和发展了传统的二项式模型（Binomial Model），为现实期权交易价格的确定提供了重要的理论参考，被期权投资者广泛使用。罗伯特·默顿由于对布莱克—斯科尔斯公式所依赖的假设条件做了进一步减弱，在许多方面对其做了推广，因而获得1997年诺贝尔经济学奖。迈伦·斯科尔斯由于提出了著名的布莱克—斯科尔斯期权定价公式，该法则已成为金融机构设计金融新产品的思想方法，由此获得1997年诺贝尔经济学奖。

（二）二项式期权定价模型（BOPM）的主要内容

二项式期权定价模型（Binomial Option Pricing Model，BOPM）的基本假设是每一时期期末股票（代表基础资产）价格的变化只有或升或降到可知状态的两种可能。在这种假设条件下，该模型运用组合复制（Portfolio Replication）的方法和无风险套利不存在市场均衡的原理推导出期权定价公式。所谓组合复制，是指投资者通过特定的组合投资完全复制另一资产或组合因而具有完全相同的市场价值的活动。以某一股票为基础资产（Underlying Asset）的买入期权（Call Option）到期的偿付特征可以通过以无风险利率借入资金购买一定数量的该种股票这种资产组合完全复制。换言之，卖出某一买入期权可以通过购买一定量的该种股票来完全对冲风险。根据无风险套利不存在市场均衡条件，复制组合与被复制组合应具有相同价值（或成本），被完全对冲风险的组合收益应为零。因此，在上述假设条件下，BOPM认为，期权的价格由以下公式决定：

$$C_0 = hS_0 - B \tag{14-21}$$

其中，C_0为该买入期权的当前价格；S_0为股票的当前价格；h为对冲比，即完全对冲卖出1个单位的买入期权所应购入的股票的数量；B为以无风险利率r借入资金的现值。

$$h = \frac{C_u - C_d}{S_u - S_d} \tag{14-21a}$$

其中，C_u，C_d，S_u和S_d分别表示在期末时，期权和股票到期的价格，u，d分别表示价格上升和下降两种状态。

$$B = PV(hS_d - C_d) \tag{14-21b}$$

式（14-21）可以解释为，无套利机会的均衡市场应使期权的定价满足，投资者在卖出一个买入期权（因而获得期权费收益 C_0）同时通过无风险利率借入资金（因而获得现金收入 B）买入一定数量股票（因而支出现金 hS_0）完全对冲风险的最终总收益为零，因为后者借资买入股票完全复制了期权的风险回报特征。

因此，在给出股票价格、期权的履约价格（Exercise Price）、无风险利率以及股票价格的波动性（反映在 h 和 B 的确定中）后，BOPM 模型就可以确定期权的价格。这种单期状态简单的期权定价模型，通过将该时期分割为多个，甚至任意多个小时期，就可以得到多期多最终值的扩展模型。布莱克—斯科尔斯期权定价模型就是在 BOPM 模型基础上，通过这种扩展方法获得的股票价格连续变化条件下的期权定价模型。

（三）布莱克—斯科尔斯期权定价模型的主要内容

布莱克—斯科尔斯期权定价模型是欧式买入期权模型。该模型假设：
(1) 股票在期权有效期内不支付红利。
(2) 股票回报率的波动服从正态分布，且标准差是稳定不变的。
(3) 股票价格的变化是连续的，而不是跳跃的。
(4) 不考虑税收和交易费用等因素。

在这些假设条件下，欧式买入期权的价格由下式给定：

$$C_0 = S_0 N(d_1) - X e^{-rT} N(d_2) \qquad (14-22)$$

其中，

$$d_1 = \frac{\ln(S_0/X) + (r + \sigma^2/2)T}{\sigma \sqrt{T}} \qquad (14-22a)$$

$$d_2 = d_1 - \sigma \sqrt{T} \qquad (14-22b)$$

其中，C_0 为买入期权的当前价格；S_0 为股票的当前价格；X 为期权的履约价格；r 为年无风险复利率；T 为距期权到期的时间，以年表示；σ 为股票收益的波动性，即标准差；$N(d)$ 为服从标准正态分布，小于 d 的概率。

尽管布莱克—斯科尔斯期权定价模型的推导和证明非常复杂，但其含义和应用却相当简明了。假设某一欧式买入期权的基础股票期末价格确定地高于期权的履约价格，使该期权成为实值期权（In the Money），则该期权期末的价格就等于其所谓的内在价值（Intrinsic Value），即 $S_0 - X$。但随着时间往前推进，期权价格要在该结果基础上进行两方面的调整。一是随着时间的往前推移，履约价格 X 应调整为与当前股票价格 S_0 相对应的现值，即内在价值调整为 $S_0 - Xe^{-rT}$；二是随着时间的往前推移，期权最终仍为实值期权成为不确定事件，具有风险，应予以概率调整，即分别对 S_0 和 Xe^{-rT} 乘以 $N(d_1)$ 和 $N(d_2)$。显然，当两者都接近 1 时，意味着期权最终很可能会以当前股价成为实值期权，其价格就接近 $S_0 - Xe^{-rT}$；当两者都接近零时，意味着期权到期不大可能成为实值期权，因而价格接近于零。因此，$N(d_1)$ 和 $N(d_2)$ 基本上可以被看作对期权最终仍能按当前股价成为实值期权作出的风险调整的概率。从式（14-22a）和式（14-22b）不难看出，影响 $N(d_1)$ 和 $N(d_2)$ 的因素主要是到期时间和股票收益的波动性。我们知道，影响期权价格的主要因素有基础股票的当前价格，期权的履约价格，无风险利率水平，股票收益的波动性，期权合约到期的时间，以及股票在期内分红派息的水平。除股票分红因素由于布莱克—斯科尔斯模型假设而不予考虑外,该模型包括了所有其他因素对期权价格的影响,而且基本上比较直观地反映了欧式买入期权价格随股票当前价格,股票标准差,无风险利率水平和期权到期时间等因素上升而上升,随期权履约价格的上升而下降的一般规律。对于以一个时期内不分红派息的股票为基础资产的买入期权而言,除了该股票的标准差要经过较为复杂的分析过程才可以得到外,其他四个变量都是很容易得到的。因此,只要准确地计算出股票买入期权的价格,较 BOPM 模型容易许多。此外,对比式(14-21)的 BOPM 模型和式(14-22)的布莱克—斯科尔斯模型,不难发现后者的 $N(d_1)$ 实际上相当于前者的对冲比 h,而 $Xe^{-rT}N(d_2)$ 则相当于前者的借入资金 B。因此,如果将布莱克—斯科尔斯模型中的 $N(d_1)$ 视为对冲比,将 $Xe^{-rT}N(d_2)$ 视为借入资金,类似 BOPM 模型,布莱克—斯科尔斯模型也可以解释为,出售一个价格为 C_0,履约价格为 X,期限为 T 的欧式买入期权与以借入资金 $Xe^{-rT}N(d_2)$ 买入 $N(d_1)$ 份当前股价为 S_0 的股票的投资战略是完全对冲的。

布莱克—斯科尔斯模型的局限性主要在于它假设了基础股票在期内不支付红利,而且其回报率的变化是连续的,且呈正态分布,标准差也是稳定不变的。而现实中的许多股票在期权有效期内是支付红利的,其回报率的波动呈正态分布且标准差稳定不变的假设也不一定符合实际情况。而且,当市场出现公司收购或兼并事件,或当某一系统性风险影响整个股票市场(如发生金融危机)时,股票价格的变化也不会是连续的,而可能是跳跃的。

此外,布莱克—斯科尔斯模型是一个欧式买入期权模型的定价模型,对其他类型的期权,如欧式卖权、美式买权和美式卖权的适用情况各不相同。由于提前执行买权总不如将该买权在市场出售,美式买权的提前执行权利基本上是没有价值的,因此,给欧式买权定价的布莱克—斯科尔斯模型也基本适用于对美式买权的定价。欧式卖权的定价,可以在已知相同基础股票、相同履约价格和相同到期日的欧式买入期权的价格后,通过所谓的买权卖权平价关系(Put-call Parity)得到,即

$$P = C - S_0 + PV(X)$$
$$= C - S_0 + Xe^{-rT}$$

至于美式卖权,其提前执行的权利是有价值的,因此其价格要高于同样条件下的欧式卖权,布莱克—斯科尔斯模型和买权卖权平价关系只能给出美式卖权价格的下限,而不能进行准确定价。

第三节 有效资本市场理论

有效市场假设(Efficient Market Hypothesis,EMH)是对市场反映问题进行研究的学说。在一个有效的证券市场上,证券价格曲线上任一点的价格均最真实、最准确地反映了该

> 所谓"有效"是指价格对信息的反映具有很高的效率,这一高效率不仅仅是指价格对信息反映速度的及时性,而且还包括价格对信息反映的充分性和准确性。

证券及其发行人在该时点的全部信息。由此可以推断,如果证券市场是有效的,那么,任何一个在该市场上交易的证券的实际价格,即投资者购买该证券的价格,都应当全面反映该证

券的价值，而该价值是所有投资者通过对该证券发行者的所有信息的判断而取得的。如果一个证券市场满足上述假定，我们就将这一市场称为有效市场。CAPM 定价理论运行有效的假定之一便是市场有效。

一般把有关证券市场的信息分为以下三类：基于过去价格的信息（Information on Past Prices）、公开信息（Publicly Available Information）和所有信息（All Information）。1970 年，为了便于进行分析和理论上的验证，法玛（Fama）根据证券价格对于各类信息的反映程度，将有效市场划分为程度不同的三类，即弱式有效市场（Weak Form）、半强式有效市场（Semi-strong Form）和强式有效市场（Strong Form）。事实上，从信息到证券的市场价格，要经过披露、接收、分析与判断、投资决策四个阶段。多年来，人们就实际运行中的资本市场到底属于哪类市场进行了多方面的验证和分析。

一、有效市场的前提条件

（一）前提条件

要使有效市场在现实中得以建立，需要具备四个前提条件：（1）信息公开的有效性。即有关每一个证券的全部信息都能够充分、真实、及时地在市场上得到公开。（2）信息从公开到被接收的有效性。即上述被公开的信息能够充分、准确、及时地被关注该证券的投资者所获得。（3）信息接收者对所获得信息作出判断的有效性。即每一个关注该证券的投资者都能够根据所得到的信息作出一致的、合理的、及时的价值判断。（4）信息的接收者依照其判断实施投资的有效性。即每一个关注该证券的投资者能够根据其判断作出准确、及时的行动。如果证券市场具备了这四个条件，那么，交易者对所发行证券的价值的认识都是一样的，结果，市场形成的是买卖双方都认可的价格。一旦证券市场具备了这四个条件，那么，任何人都不可能从资本利得上获得收益，只能从企业盈利上获得收益。而且，不论投资者投资何种证券，投资的回报率都是一样的。

（二）前提条件的现实约束

1. 信息公开的有效性。这是一个以发行者为主体的主观条件。首先，作为证券发行者，其目的是希望投资者购买其发行的证券，因此，就会本能地向投资者宣传甚至夸大企业及其证券的优点，而对其存在的问题则避而不谈甚至有意歪曲掩饰。其次，有关企业的某些信息可能对其竞争对手有利，不能公开或完全公开。最后，信息公布会产生一定的成本，尽可能降低信息公布成本的心理使得企业不愿意完全、及时地公开信息。由于这三个方面的原因，使得信息公开的有效性受到一定程度的限制。

2. 信息从公开到被接收的有效性。这个条件主要受各种客观因素的影响。由于信息公布的程序、信息传播的方式、技术手段等一系列客观条件的限制，从而使得已经公开的信息不能完全、及时地被投资者所接收，导致信息传播和接收的有效性受到一定程度的限制。

3. 投资者对信息作出判断的有效性。这是一个以投资者个人为主体的主观条件。由于投资者的生活环境、社会背景各不相同，会形成不同的价值标准。同时，由于投资者所接受的教育程度不同，掌握证券投资专业知识的程度不同，从而使得投资者具有的信息判断能力也就不同。由于这两个方面的原因，导致不同的投资者对相同的信息作出不同的判断，从而使得信息判断的有效性受到一定程度的限制。

4. 投资者实施投资决策的有效性。这个条件主要受投资者在实施投资决策过程中遇到的各种客观因素的影响。由于投资者进行交易的地点、实施交易的操作方法和操作条件、完成交易的技术手段的不同，投资者实施和完成投资决策的难度各不相同，从而会影响到投资决策实施的有效性。

二、有效市场的三种形式

在现实的经济生活中，能够完全满足有效资本市场四个条件的情况几乎是不存在的。根据这四个条件被满足的程度的不同，可以把资本市场的有效性划分成不同层次。

考虑到信息的三种类型：（1）过去的信息，通常指证券过去的价格和成交量；（2）所有可公开得到的信息，包括盈利报告、年度报告、财务分析人员公布的盈利预测和公司发布的新闻、公告等；（3）所有可知的信息，包括不为投资大众所了解的内幕信息。与这三类信息相对应，有效的市场可分为：

1. 弱式有效（Weak From Efficiency）。如果证券的现价已经反映了过去的信息，则市场为弱式有效市场。任何人都不会通过过去的信息而获取超额收益。弱式有效市场的存在意味着以过去信息为根据的技术分析的无用。也表明按随机游走方式运动的市场为弱式有效市场。

2. 半强式有效（Semi-strong Form Efficiency）。如果证券价格反映了所有"公开的"信息，则市场为半强式有效市场。任何人都不会通过"公开"信息而获取超额收益。半强式有效市场也一定是弱式有效市场，这是因为所有公开信息也包括过去的价格和成交量。由于证券分析师基于所有投资者可获得的信息形成了价值，大量的不相关的估计会导致整个市场的"公平"价值（符合随机游走模型），因此，以分析微观和宏观经济的变化为职业的基础分析师就成为半强式有效市场的一个组成部分。用于证券分析的成本或者信息成本也就成为证券价格的一个组成部分。所以有信息成本的市场也就是半强式有效市场。

3. 强式有效（Strong Form Efficiency）。如果市场能够反映所有可知的信息，无论是公开的信息还是不公开的内幕信息，市场就是强式有效市场。在强式有效市场中，任何人都不会获得超额收益。这个形式是最高等级的有效市场形式，包含着半强式有效市场或强式有效市场。在这种形式下，基本分析也是没用的。

三种层级的有效市场假说之间的关系如图 14-18 所示。

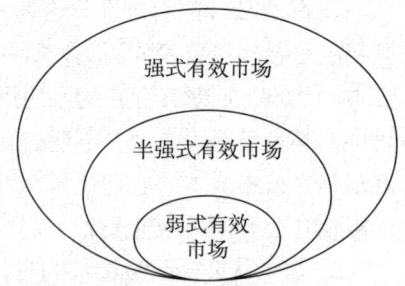

图 14-18 三种不同层次的有效市场假说

鲁宾斯坦（Rubinstein, 1975）和拉萨姆（Latham, 1985）则对有效市场的定义进行了延伸。他们认为，倘若信息没有引起任何证券组合的变化，市场就被认为是关于信息有效的。也许人们对信息的内容会有不同的看法，以至于一些人买了某种资产，而其他人则以这种方式卖掉这种资产，所以市场价格不受影响。如果信息没有改变价格，那么市场被认为是法玛意义上的有效而非鲁宾斯坦或拉萨姆意义上的有效。鲁宾斯坦—拉萨姆的定义不仅要求价格不变，而且要求没有任何交易上的变化。因为，这种有效市场是比法玛的强式有效市场更强的形式。

三、有效市场假说的检验

用于评估市场效率的检验方法可以分为两类：一类是将实际收益率与有效市场假设条件下的应有收益率进行比较；另一类是进行模拟交易战略的测试，观察这些战略能否提供超额收益。

在第一类方法中，通常运用数学模型得出应有收益率，所运用的模型有公平博弈模型（The Fair Game Model）、鞅和半鞅模型（The Martingale and Submartingale Models）和随机游走模型（The Random Walk Model）等。在给定信息集合和一组收益率的时间序列后，用这些模型可验证观察到的收益率是否偏离有效市场。但是这种检验的不足是，这是"双重检验"，既是对有效市场的检验，又是对模型本身的检验。倘若由于模型得出的应有收益率出现差错，则会影响对有效市场的判断。因此在检验中往往结合第二类方法共同检验。

（一）弱式有效市场假说的实证检验

弱式有效市场有两个特征：一个是鞅过程；一个是技术分析的无效性。因而对股票市场弱式有效的实证检验也主要从这两方面入手进行实证检验。

1. 对鞅过程的检验。与鞅过程关系密切的两个概念是独立同分布和白噪音。三者之间的关系为：在时间序列方差存在的情况下，独立同分布 $\subset$ 鞅过程 $\subset$ 白噪音，因此独立时间序列一定是鞅过程，而鞅过程不一定为独立时间序列；鞅过程一定是白噪音，但白噪音不一定是鞅过程。[①] 由于鞅过程无法从计量上得到很好的统计分析形式，因此对鞅过程的检验主要采用独立同分布和白噪音两种替代形式。对收益独立性的检验为游程检验[②]，对白噪音的检验为自相关检验。但在检验过程中必须注意：通过独立的游程检验可以证明鞅过程的存在从而证实弱式有效市场假说，但通不过独立游程检验无法证伪弱式有效市场假说；同样，无法通过白噪音检验可以证伪弱式有效市场假说，而通过白噪音检验则无法证实弱式有效市场假说。但十分奇怪的是，无论是自相关检验，还是游程检验，都出现了许多矛盾的现象。这又对弱式有效市场假说提出了质疑。

2. 对技术分析无效性的检验。有人认为前面关于收益独立性的统计测试过于僵化，不能适用于证券分析家们所采用的复杂的价格模式。为了对这种观点作出响应，研究者试图通过模拟分析各种可能的技术性交易规律，并对由这些规律所产生的收益情况进行实证检验。在弱式有效市场上，如果只依靠过去的历史价格发展出来的交易规律进行交易，投资者所获得的收益不会高于单纯的购买并持有而得到的收益。大部分的早期研究都表明，在考虑了交易费用之后，利用交易规律所获得的交易利润都将被损失掉，但近年来越来越多的实证研究却

---

① 独立同分布、鞅过程以及白噪音三者之间关系的推导比较复杂，故将之放在本章附录当中，有兴趣的读者可以查阅。

② 游程检验指给定一个价格变化序列，每一次价格变化都赋予一个符号：价格上涨时为加号（+），价格下跌时为减号（－）。这样得到的价格变化测试结果就是一系列的加减号：＋＋＋－＋－－＋…。当两次连续的价格变化方向一致时，一个游程就产生了；两个或更多的价格连续变化意味着游程的继续。当价格变化方向发生改变时——如几个正的变化之后的一个负的变化——就意味着一个游程的结束和一个新游程的开始。为了测试独立性，只需要把给定的价格变化序列的游程个数的期望值同随机价格变化序列的游程个数的期望值进行比较即可：在期望值范围内，则说明通过独立游程检验，给定价格变化序列是独立的；如果不在期望值范围内，则说明无法通过独立游程检验，给定价格变化序列不是独立的。

发现有些技术分析的确有用。

(二) 半强式有效市场假说的实证检验

前面讲过，半强式有效市场指的是证券价格反映所有公开信息的情况。按照法玛的组织形式，可以将半强式有效市场假说的研究分成两组：一是运用除了在弱式有效市场假说测试中的纯市场信息（如价格、交易量）以外的其他可获得公开信息来预测未来收益率的研究；二是分析股票能多快调整至可以反映一些特定重大经济事件的研究。

1. 运用除了在弱式有效市场假说测试中的纯市场信息（如价格、交易量）以外的其他可获得公开信息来预测未来收益率的研究。这类研究包括通过收益报告预测股票未来收益的研究、对在日历年度内是否存在可以用来预测收益的规则的研究以及对典型收益的研究。这些研究表明，股票未来收益和公司的股息收益率存在着十分显著的正相关关系，市场对季节性收益的调整也是不充分的，而且存在着"一月异常"、"月份效应"、"周末效应"、"周内交易日效应"以及"交易日内效应"等收益率异常现象，同时在典型收益方面还证实了"市值规模效应"等现象。① 这一系列现象都表明市场不是半强式有效的。

2. 股票能多快调整至可以反映一些特定重大经济事件的研究。这个研究主要采取事件研究的方法。即列举几个股票市场上的重要事件，观测股票价格对这些重要事件的反映从而来验证股票市场的有效。这些重要事件有：股份分割、首次公开招股、交易所上市、不可预期的经济和政治事件、会计变动公告等。研究结果表明，除了交易所上市之外，其余的检验结果都支持有效市场假说。这与根据上面一种方法得出的结论互相矛盾。

(三) 强式有效市场假说的实证检验

强式有效市场假说认为股票价格已经充分反映了所有的信息，不管这些信息是公开信息还是内幕信息。在这个假设条件下，没有投资者可以通过获得内幕信息来获得超额利润。因此，对强式有效市场假说的检验主要从这方面入手，通过对公司内幕人员交易、股票交易所专家、证券商、证券分析师、专业基金经理这些信息最灵通、最全面的专业人士能否获得超额利润进行实证验证。

1. 公司内幕人员交易。内幕人员包括公司的高级职员、董事会成员和拥有公司任何类型股权的10%以上的股份持有者。对这些内幕人员交易资料的分析结果通常表明公司内幕人员能持续地获得高出平均水平的利润，但也有许多研究表明非内幕人员利用这些内幕信息却无法获得超额利润。这些分析结果与有效市场假说提供的论据是不一致的。

2. 股票交易所专家（Specialists）。由于专家有独占的渠道获得有关未执行的指令的重要信息，因此，如果市场不是强式有效，则这些专家证券商一般会从这些信息中赚取超额收益。分析资料也证实了这个结论。但最近的研究则表明：在引入了竞争性的费率和其他减少专家收费标准的交易实践后，专家的资本收益率相对降低了许多。

---

① 一月异常指一月存在大量的异常收益现象。月份效应指市场的交易量和证券价格的累计效果一般发生在前半月的现象。周末效应指周末收盘到周一开盘之间一般是负收益的现象。周内交易日效应指周一的市场平均收益为负值，而每周其他四天的平均收益则为正值的现象。交易日内效应指周一和其他四天价格模式的差别只发生在交易的前45分钟，而且每个交易日最后一笔交易倾向于上涨的现象。市值规模效应指股票收益和公司规模之间的负相关关系。

3. 证券分析师。主要研究在证券分析师的推荐之后进行投资能否获得超额利润。研究表明，在考虑了交易成本之后，根据推荐所获信息进行投资无法获得超额利润。这些结果支持了强式有效市场假说。

4. 专业基金经理。这项研究主要分析共同基金的业绩。大量的研究结果表明，大部分基金的业绩低于直接采取购买并持有策略所产生的业绩。考虑了经纪人佣金、基金佣金费和管理成本之后，约有 2/3 的共同基金的业绩不如整个市场的业绩。这些结果也支持了强式有效市场假说。

因此，对有效市场假说的实证验证还远没有形成一致的结论。目前，在成熟资本市场国家，一般认同的观点是市场已经基本达到了弱式有效，而半强式有效、强式有效还需要进一步验证。

四、有效资本市场与信息披露制度

根据有效资本市场假说理论，无论是在发行市场还是在交易市场，从导致证券市场有效性下降的原因来看，主要是由于各种与证券市场相关的信息在披露、传输、解读和反馈的过程中发生了不同程度的问题。其中信息披露是全部问题的起源，也是其中的关键。因为，如果证券产品在发行过程中和交易过程中没有足够的信息披露或者进行虚假的披露，即使信息在其传播、解析和反馈时不发生任何问题，投资者也不可能获得进行投资决策所需要的关于证券产品投资价值的足够信息，或者获得的是关于证券产品投资价值的虚假信息，投资者所提出的购买或者出售证券的决策就不可能是一个有效的决策。由此形成的证券需求就不可能是一个合理的需求，在这种需求基础上产生的证券价格就不可能真正体现其投资价值，证券价格的变化也就不可能真正体现实际资本的运动状态。

因此，要提高证券市场的有效性，根本问题就是要解决证券价格形成过程中在信息披露、信息传输、信息解读以及信息反馈各个环节所出现的问题，其中最关键的一个问题就是建立上市公司强制性信息披露制度。只有相关信息能够得到足够的和真实的公开披露，投资者才有可能真正把握证券产品的投资价值，才有可能作出合理有效的投资决策，形成对证券产品的合理需求，产生能够反映足够市场信息、符合实际资本运动状态的证券价格。从这个角度来看，公开信息披露制度是建立有效资本市场的基础，也是资本市场有效性得以不断提高的起点。

第四节 行为金融理论

一、行为金融理论的产生与发展

（一）行为金融理论产生的背景

行为金融理论是在对现代金融理论（尤其是在对 EMH 和 CAPM）的挑战和质疑的背景下形成的。

在 EMH 理论形成的过程中，奥斯本（Osberne）和法玛（Fama）的贡献最大。奥斯本提出了关于股票价格遵循随机游走模式的主张，认为投资者是根据他们的期望价值或收益率来估计股票的，而期望价值是可能的收益率的概率加权平均值，所以投资者在奥斯本定义上的理性是以无偏差的方式设定其主观概率。在此基础上，法玛建构并形成了有效市场假说（EMH），EMH 是由三个不断弱化的假说组成的：（1）当投资者是理性时，投资者可以理性评估资产价值，市场是有效的；即使有些投资者不是理性的，但由于交易随机的产生，也不会形成系统的价格偏差；（2）即使投资者的非理性行为不是随机的，他们也将遇到理性的套期保值者，从而保证资产价格回归基本价值；（3）最后，即使非理性交易者在非基本价值的价格交易时，他的财富也将逐渐减少，以致不能在市场上生存。

在 EMH 产生与发展的同时，马柯维茨（Markowitz）结合奥斯本的期望收益率分布，以其方差为度量，用于度量资产组合，得出投资者选择有效边界的风险和标准差给定水平上期望收益率最高的资产组合这个合意的结论。所以投资者在马柯维茨定义上的理性是指他们是风险回避型的。在此基础上，夏普（Sharpe, 1964）、林特纳（Lintner, 1965）和莫森（Mossin, 1966）将 EMH 和马柯维茨的资产组合结合起来，以资本资产模型命名，建立了一个以一般均衡框架中的理性预期为基础的投资者行为模型 CAPM。CAPM 中的投资者有着同质的收益率预期，以相同的方式解读信息。在此假定下，CAPM 得出高风险的资产应有高收益率的补偿，投资者的最优投资决策应沿资本市场线进行的结论。

如果说 EMH 回答了已知的信息对获利没有价值的结论，那么 CAPM 则说明市场上的超额回报率是由于承担更大的风险才形成的，因而在一定程度上 CAPM 补充了 EMH 的理论空白和可能的漏洞。

自 CAPM 诞生后，20 世纪七八十年代的研究一般集中在应用该模型进行经验研究和求证 EMH 的有效性上。但是随着后来研究的深入，逐渐发现了现代金融理论模型与投资者在证券市场上的实际投资决策行为是不相符合的。主要表现如下：

第一，现代金融理论认为人们的决策是建立在理性预期、风险回避、效用函数最大化等假设上，实际投资决策并非如此。特韦尔斯基（1990）针对投资者准确无偏差的奥斯本定义上的理性，指出投资者具有倾向于过分自信的心理特征；针对投资者如果接受更大的风险，他们就必须得到更高的收益率的补偿，即对马柯维茨假设的投资者是风险回避型的修正。特氏研究表明，当牵涉到亏损时，投资者会倾向于追求风险，尤其是在追求风险有可能把他们的亏损减少到最低限度的时候；针对法玛和夏普意义上的投资者理性，研究发现投资者在决策中的预测是非贝叶斯预测，而且投资者会有回避损失和心理会计的偏差，还有减少后悔、推卸责任的心理。尤其值得提出的是，研究表明，这种对理性决策的偏差是系统性的，并不能因为统计平均而消除（Kahneman and Riepe, 1998）。

第二，现代金融理论和 EMH 是建立在有效市场竞争的基础上。能够在市场竞争中幸存下来的只有理性投资者。证券市场投资行为是由理性的投资者主宰的。而 Delong、Shleifer、Summers 和 Maldmann（1990、1991）的研究表明，某些情况下，非理性投资者实际上可以获得比理性交易者更高的收益，非理性投资者仍然可以影响资产价格。

以有效市场假说和理性人假设为前提的标准金融学对金融市场的大量异象无法解释的困窘，表明了标准金融学的局限性。20 世纪 90 年代迅速发展起来的行为金融学以其逼近真实市场行为的理论分析展示出广阔的发展前景。

（二）行为金融学的发展

行为金融学（Behavioral Finance）是行为经济学的一个分支，它研究人们在投资决策过程中的认知、感情、态度等心理特征，以及由此而引起的市场非有效性。行为金融学修正了理性人假设的论点，指出由于认知过程的偏差和情绪、情感、偏好等心理方面的原因使投资者无法以理性人方式作出无偏差估计。这一发现引起了学者对投资者心理研究的普遍关注。就微观而言，分析投资者心理不仅可以使自身有效地避免决策错误，还可以基于他人的心理偏差制定特定的投资策略；就宏观而言，它涉及证券市场是否有效，及资产价格是否反映内在价值的问题。

由于行为金融学将大量心理学研究成果运用到金融研究中，因而，若从心理学的角度追溯，人们常把心理学研究中的行为主义学派作为行为金融学的起源。但行为金融学毕竟不是纯粹的心理学，它只是将心理学作为其研究金融问题的一种工具。所以，大多数学者趋向于把心理学与金融研究相结合的起点作为行为金融学的开端。19世纪古斯塔夫·勒庞（Gustave Lebon）的《乌合之众》（*The Crowd*）和查尔斯·麦凯（Charles Mackey）的《非凡的公众错觉和群体疯狂》（*Extraordinary Popular Delusion and the Madness of Crowds*）是两本研究投资市场群体行为的经典之作。凯恩斯是最早强调心理预期在投资决策中作用的经济学家，他基于心理预期提出股市"选美竞赛"理论和"空中楼阁"理论（1936），强调心理预期在人们投资决策中的重要性，认为决定投资者行为的主要因素是心理因素。投资者是非理性的，其投资行为是建立在所谓"空中楼阁"之上，证券的价格取决于投资者心理预期所形成的合力，投资者的交易行为充满了"动物精神"（Animal Spirit）。

伯勒尔（Burrell）是现代意义上行为金融理论的最早研究者。1951年，伯勒尔发表了一篇题为《以实验方法进行投资研究的可能性》的论文，文章提出构造实验来检验理论的思路，由此开拓了一个将量化的投资模型与人的行为特征相结合的金融新领域。1969年，伯勒尔发表了《科学的投资分析：科学还是幻想》一文，文章呼吁关注投资者非理性的心理。斯洛维奇（Slovic）在1972年又发表了一篇具有启发意义的文章《人类判断的心理学研究对投资决策的意义》。这些研究成果无疑都为行为金融学的发展打下了基础。

然而，行为金融学真正取得突破性进展是在20世纪70年代末和80年代初。1979年，心理学家卡尼曼（Kahneman）和特沃斯基（Tversky）的文章《期望理论：风险状态下的决策分析》及1982年卡尼曼、斯洛维奇和特沃斯基的著作《不确定性下的判断：启发式与偏差》的面世为行为金融学的兴起奠定了坚实的理论基础，成为行为金融学研究史上的一个里程碑。此后，卡尼曼、斯洛维奇、拉科尼绍克（Lakonishok）、斯塔曼（Statement）、施莱弗（Shefrin）等学者也纷纷发表了他们有关行为金融学的研究成果。1985年德邦特（Werner F. M. De Bondt）、塞勒（Richard H. Thaler）的《股票市场是否过度反应了？》（*Does the stock Market Overreact?*）一文的发表正式掀开了行为金融学迅速发展的序幕。20世纪90年代是行为金融学发展的黄金时期，有关的研究论文如潮水般涌现，发展十分迅猛，对标准金融理论体系形成了巨大冲击。一方面，行为金融学对标准金融理论的缺陷进行实证分析，研究发现在金融市场上人们存在诸多的行为认知偏差；另一方面，行为金融学广泛吸取心理学、社会学、人类学，尤其是行为决策研究的成果，重新解释金融市场上的异常现象。行为金融学与标准金融学的根本差异在于对投资者心理所持观点的不同。行为金融学认为现实投资者是带有各种认知偏差、情绪与意志的真实的人，其早期研究主要是关于投资者各种认知偏差、情绪和情感等心理方面的研究。随着投资者心理研究的深入，行为金融学认为心理因素是影响投资决策和资产定价不可或缺的重要因素。因而，90年代中后期行为金融学更加注重投资者心理对最优组合投资决策和资产定价的影响。1994年，施莱弗和斯塔曼提出了行为资本资产定价理论（Behavioral Assets Pricing Model，BAPM），在2000年他们又提出了行为组合理论（Behavioral Portfolio Theory，BPT）。尽管在心理研究上行为金融学已取得许多成果，但还远未达到理想境地，主要表现在以下方面：其一，行为金融学无法确定在众多心理因素中，起关键作用的是什么因素；其二，对于某些异象的解释，行为金融学没有形成统一的认识；其三，还有许多行为金融学无法解释的异象；其四，行为组合理论和行为资产定价模型的有效性尚待检验和论证。

二、行为金融学的主要理论

（一）理论基础

1. 期望理论。期望理论是行为金融学的重要理论基础。卡尼曼和特沃斯基（1979）通过实验对比发现，大多数投资者并非是标准金融投资者而是行为投资者，他们的行为不总是理性的，也并不总是风险回避的。期望理论认为投资者对收益的效用函数是凹函数，而对损失的效用函数是凸函数，表现为投资者在投资账面值出现损失时更加厌恶风险，而在投资账面值出现盈利时，随着收益的增加，其满足程度的速度减缓。期望理论成为行为金融学研究中的代表学说，运用期望理论解释了不少金融市场中的异常现象，如阿莱悖论、股价溢价之谜（Equity Premium Puzzle）以及期权微笑（Option Smile）等。然而由于卡尼曼和特沃斯基在期望理论中并没有给出如何确定价值函数的关键——参考点以及价值函数的具体形式，在理论上存在很大缺陷，从而极大阻碍了期望理论的进一步发展。

2. 行为组合理论（Behavioral Portfolio Theory，BPT）和行为资产定价模型（Behavioral Asset Pricing Model，BAPM）。一些行为金融学理论研究者认为将行为金融理论与现代金融理论完全对立起来并不恰当。将二者结合起来，对现代金融理论进行完善，正成为这些研究者的研究方向。在这方面，斯塔曼和施莱弗提出的BPT和BAPM引起了金融界的注意。BPT是在现代资产组合理论（MAPT）的基础上发展起来的。MAPT认为投资者应该把注意力集中在整个组合上，最优的组合配置处在均值方差有效前沿上。BPT认为现实中的投资者无法做到这一点，他们实际构建的资产组合是基于对不同资产的风险程度的认识以及投资目的所形成的一种金字塔式的行为资产组合，位于金字塔各层的资产都与特定的目标和风险态度相联系，而各层之间的相关性被忽略了。BAPM是对现代资本资产定价模型（CAPM）的扩展。与CAPM不同，BAPM中的投资者被分为两类：信息交易者和噪声交易者。信息交易者是严格按CAPM行事的理性交易者，不会出现系统偏差；噪声交易者则不按CAPM行事，会犯各种认知偏差错误。两类交易者互相影响共同决定资产价格。事实上，在BAPM中，资本市场组合的问题仍然存在，因为均值方差会使有效组合随时间而改变。

（二）投资行为模型

1. BSV模型（Barberis，Shleffer and Vishny，1998）。BSV模型认为，人们进行投资决策

时存在两种错误范式：其一是选择性偏差（Representative Bias），即投资者过分重视近期数据的变化模式，而对产生这些数据的总体特征重视不够，这种偏差导致股价对收益变化的反应不足（Under-reaction）；其二是保守性偏差（Conservation），投资者不能及时根据变化了的情况修正自己的预测模型，导致股价过度反应（Over-reaction）。BSV模型是从这两种偏差出发，解释投资者决策模型如何导致证券的市场价格变化偏离有效市场假说的。

2. DHS模型（Daniel，Hirsheifer and Subramanyam，1998）。该模型将投资者分为有信息和无信息两类。无信息的投资者不存在判断偏差，有信息的投资者存在着过度自信和有偏差的自我归因（Biased Self-Attribution）。过度自信导致投资者夸大自己对股票价值判断的准确性；有偏差的自我归因则使他们低估关于股票价值的公开信号。随着公共信息最终战胜行为偏差，对个人信息的过度反应和对公共信息的反应不足，就会导致股票回报的短期连续性和长期反转。所以Fama（1998）认为DHS模型和BSV模型虽然建立在不同的行为前提基础上，但二者的结论是相似的。

3. HS模型（Hong and Stein，1999），又称统一理论模型（Unified Theory Model）。统一理论模型区别于BSV和DHS模型之处在于：它把研究重点放在不同作用者的作用机制上，而不是作用者的认知偏差方面。该模型把作用者分为"观察消息者"和"动量交易者"两类。观察消息者根据获得的关于未来价值的信息进行预测，其局限是完全不依赖于当前或过去的价格；动量交易者则完全依赖于过去的价格变化，其局限是他们的预测必须是过去价格历史的简单函数。在上述假设下，该模型将反应不足和过度反应统一归结为关于基本价值信息的逐渐扩散，而不包括其他的对投资者的情感刺激和流动性交易的需要。模型认为最初由于观察消息者对私人信息反应不足的倾向，使得动量交易者力图通过套期策略来利用这一点，而这样做的结果恰好走向了另一个极端——过度反应。

4. 羊群效应模型（Herd Behavioral Model）。该模型认为投资者羊群行为是符合最大效用准则的，是"群体压力"等情绪下贯彻的非理性行为，分为序列型和非序列型两种模型。序列型模型由班纳吉（Banerjee，1992）提出，在该模型中，投资者通过典型的贝叶斯过程从市场噪声以及其他个体的决策中依次获取决策信息，这类决策的最大特征是其决策的序列性。但是现实中要区分投资者顺序是不现实的。因而这一假设在实际金融市场中缺乏支持。非序列型模型则论证无论仿效倾向强或弱，都不会得到现代金融理论中关于股票的零点对称、单一模态的厚尾特征。

三、有效市场反击与行为金融理论的完善

由于撼动了传统理论假定，加上缺乏统一的理论基础和学科框架，以有效市场为前提的现代金融理论通过大量研究数据和资料对行为金融理论进行了实时反击。芝加哥大学的金融市场有效的长期支持者法玛便在他的论文《市场有效性、长期回报和行为金融》（发表于1998年9月《金融经济学杂志》）中声称，市场反常增多并没有成功证明市场是无效的。他认为，无论整体考虑或单独考虑这些研究，研究反常实际上证明了相反的观点，即市场实际上是有效的。法玛还声称，这类研究有许多存在统计和计量问题。

法玛声称，即使不对投资者过度反应或反应不足的证据提出质疑（他对此提出质疑），当整体考虑时，市场反常的研究并不能"埋葬"有效市场假说。这些反常的证据不足以证明

市场无效，除非过度反应或反应不足是观察到的主要现象。引用他的话，"如果过度反应是研究长期回报的一般结论，那么市场有效将失效"。但是，法玛声称，这并不是实际情况。出现过度反应大约与出现反应不足一样普遍，这证明市场是有效的，这种行为可以归因于偶然因素。法玛的主要观点是：在市场反常的长期回报中，系统性的过度反应或反应不足并没有明显非证据。而且，长期回报回复与长期回报持续出现的频率是一样的。

其实，行为金融学并不是要完全推翻以往的理论，而只是开拓金融学的研究思路和方法，以求完善和修正金融理论，使其更加可信、有效。客观上，它把"人"重新放入研究的视野，把实验的方法带入了金融学，并且对整个经济学的最基本假设进行了一种革命式的检讨和前提式的反思，使人们的眼界豁然开朗，启发了大众对既有经典理论的质疑和继续研究。接下来的问题是如何将传统金融理论与行为金融理论更好地融合。巴伯瑞斯（Barberis）和泰勒（Thaler）指出，一种新的、可以包容两者的理论或许将替代"理性范式"与"行为范式"；赫舒拉发（Hirshleifer，2001）指出，"在过去的几十年里，金融经济学家已经逐步接受有限理性的假说。随着时间的推移，我相信纯粹的理性范式将被范围广泛得多的心理范式所取代，在新范式中，完全理性只是一个特例"。

下一个阶段行为金融学的主要研究方向应该包括以下几个方面。

1. 继续挖掘金融市场上的异常现象。传统金融理论假设的不合理性，往往导致金融市场上许许多多实际与理论不相符合甚至无法解释的现象，这些现象的发现和深入挖掘给行为金融学的研究提供了更加丰富的素材。

2. 结合心理学等其他社会科学，加强投资者认知规律及决策过程的研究。研究作为市场主体的人应当是任何经济或金融理论必要的基础研究，从某种意义上说，投资者的认知和效用理论可以称为一切研究的本源。无论是传统经济学还是金融学，对投资者的理性假设都是其基本前提。许多认知偏差和决策过程的新发现已经让人们了解到传统假设的狭隘性，由此对传统假设作出修正也是非常自然的转变。

行为金融学本身就是在吸收其他相关领域科学的研究方法和成果的基础上发展起来的，因此其进一步发展离不开对相关学科的吸收和利用，比如心理学、决策学等。此外，另一个新兴的科学"实验经济学"也对行为金融学提供了有利的研究方法和工具。当然，在吸收这些学科的有关知识来丰富和完善行为金融理论体系的同时，应避免断章取义地将一些投资者的行为片段作为投资者的行为假设，虽然这样可能得出令人感兴趣的结论，但合理性却不能保证。

3. 投资者群体行为的研究。一个更有挑战的方向是研究金融市场中的信息是如何传播的，投资者的信念是如何传播的，人们的注意力是如何集中于某一热点股票，即众多个体的行为偏差如何产生总体的行为偏差。这对理解股市的泡沫与崩溃有重要的意义。席勒（Shiller，2000）和Demnrzo、Vayanos、ZWiebel（2000）在这方面已做了一些研究，进一步的研究很值得我们去拓展。

4. 资产组合及定价理论的研究。传统的金融理论认为，资产组合和定价模型可以在不考虑投资者的行为的情况下建立，但CAPM等资产定价模型不能有效地解释真实的资产价格，这就迫切需要我们从新的视点思考资产定价问题。大量心理学的证据的存在使得我们有理由相信，在资产定价的时候必须考虑人的行为的因素。许多学者开始逐步摒弃原有的那些以预期效用理论和均值方差方法为基础的资产组合理论和资产定价模型，如斯塔曼和施莱弗提出的行为资产定价模型（Behavioral Capital Asset Pricing Model）和行为组合理论（Behavioral Portfolio Theory）。将投资者行为的研究结果与资产选择及定价结合起来，将人的心理因素、决策行为属性等非线性的因素引入模型中，采用非线性的方法来确定受非线性因素影响的资产价格，应该成为未来几年的一个重要的研究方向。

5. 行为金融理论的构建与整合。目前为止，行为金融研究者大部分工作范围很窄。他们已经明显捕捉到了投资者认知，或他们的偏好，或套利限制的一些特征，但仍然缺乏有效的手段将几方面统一起来。行为金融学家已经总结了一长串认知偏差，但这些独立的偏差仅仅能解释一些个别的现象，因此如何有效地整合现有的理论，并发展出一些一般意义上的理论基础，对行为金融学的发展来说将是至关重要的。

6. 行为金融学的应用研究。任何理论的发展都是为应用服务的，行为金融学也不例外。如何应用行为金融理论来解释金融市场行为和投资者行为，应该成为每一个理论研究者时刻考虑的问题。近年来，国外一些金融实践者已经开始运用行为金融学的投资策略来指导他们的投资活动：纽约的 Dreman 价值管理公司开拓性地把反向投资策略用于投资实践；弗吉尼亚圣马特奥市的 RJF 资产管理公司，开始向投资者提供基于行为金融理论的投资建议。而美国现在对行为金融学的研究，开始受到许多投资管理和研究协会以及投资公司的支持。可以预见，在不久的将来，行为金融学的研究成果会被越来越多地用于投资实践，指导投资者的活动。

附录： 独立同分布、鞅过程和白噪音

为了说明独立同分布（i.i.d.）、鞅过程（Martingale）和白噪音（White Noise）三者之间的关系，我们先用一个式子将三者统一起来。这个式子为：

$$\ln S_t - \ln S_{t-1} = \mu_t + \varepsilon_t$$

其中，ε_t 是一个均值为零的协方差平稳过程。三种情况分别对应于：

(1) ε_t 是 i.i.d. $(0, \sigma^2)$。

(2) $E(\varepsilon_t | I_{t-1}) = 0$，$I_{t-1}$ 表示时刻 $t-1$ 的信息集合。

(3) $E(\varepsilon_t) = 0$，$E(\varepsilon_t^2) = \sigma^2$，$E(\varepsilon_t \varepsilon_{t-j}) = 0$，$j > 0$。

1. 独立同分布与鞅过程。如果 ε_t 是一个独立同分布，则彼此之间的信息集合是不受影响的，因此必然 $E(\varepsilon_t | I_{t-1}) = E(\varepsilon_t) = 0$，满足鞅过程的条件。但反过来，鞅过程不一定是一个独立同分布。因为独立同分布除了 $E(\varepsilon_t) = 0$ 以及独立性要求之外，还要求 $E(\varepsilon_t^2 | I_{t-1}) = E(\varepsilon_t^2) = \sigma^2$。最典型的例子就是 ARCH 模型。该模型具体表述为：

$$\varepsilon_t = \xi_t \sqrt{h_t}, \quad h_t = \alpha_0 + \alpha_1 \varepsilon_{t-1}^2,$$

其中，$\alpha_0 > 0$，$0 < \alpha_1 < 1$，$\{\xi_t\}$ 是 i.i.d. $(0, 1)$。

$$E(\varepsilon_t | I_{t-1}) = E[\xi_t \sqrt{h_t} | I_{t-1}] = \sqrt{h_t} E[\xi_t | I_{t-1}] = 0,$$

但 $\varepsilon_t^2 = \xi_t^2 h_t$，所以

$$E(\varepsilon_t^2 | I_{t-1}) = E(\xi_t^2 h_t | I_{t-1}) = h_t E(\xi_t^2 | I_{t-1}) = h_t,$$

所以 $\mathrm{var}(\varepsilon_t | I_{t-1}) = h_t = \alpha_0 + \alpha_1 \varepsilon_{t-1}^2$，这是不断发生变化的。可见鞅过程不一定满足独立同分布。

2. 鞅过程与白噪音。在时间序列方差存在的条件下，因为 $E(\varepsilon_t) = E(E(\varepsilon_t | I_{t-1})) = 0$，所以

$$E(\varepsilon_t \varepsilon_{t-j}) = E(E(\varepsilon_t \varepsilon_{t-j} | I_{t-1})) = E(\varepsilon_{t-j} E(\varepsilon_t | I_{t-1})) = 0,$$

而 $E(\varepsilon_t^2) = \sigma^2$。可见鞅过程是一个白噪音。

但白噪音不一定满足鞅过程，因为上面的等式都是不可倒推的。典型的例子就是一个非线性 MA 过程。该过程的具体表述为：

$$\varepsilon_t = \alpha \xi_{t-1} \xi_{t-2} + \xi_t, \quad \text{其中} \{\xi_t\} \text{是 } i.i.d.(0, \sigma^2)\text{。}$$

由于

$$E(\varepsilon_t | I_{t-1}) = E(\alpha \xi_{t-1} \xi_{t-2} + \xi_t | I_{t-1}) = E(\alpha \xi_{t-1} \xi_{t-2} | I_{t-1}) + E(\xi_t | I_{t-1}) = \alpha \xi_{t-1} \xi_{t-2} \neq 0,$$

所以它不是一个鞅过程。而

$$\mathrm{Cov}(\varepsilon_t, \varepsilon_{t-j}) = E(\varepsilon_t \varepsilon_{t-j}) = E[(\alpha \xi_{t-1} \xi_{t-2} + \xi_t)(\alpha \xi_{t-j-1} \xi_{t-j-2} + \xi_{t-j})]$$
$$= E(\alpha^2 \xi_{t-1} \xi_{t-2} \xi_{t-j-1} \xi_{t-j-2} + \alpha \xi_{t-1} \xi_{t-2} \xi_{t-j} + \alpha \xi_{t-j-1} \xi_{t-j-2} \xi_t + \xi_t \xi_{t-j}) = 0$$
$$E(\varepsilon_t) = E(\alpha \xi_{t-1} \xi_{t-2} + \xi_t) = \alpha E(\xi_{t-1}) E(\xi_{t-2}) + E(\xi_t) = 0,$$

所以它是一个白噪音。

总结起来，对一个均值为零的协方差平稳过程而言，独立同分布一定是一个鞅过程，鞅过程不一定是独立同分布；鞅过程一定是白噪音，但白噪音不一定是鞅过程。因此三者之间的关系就是独立同分布 ⊂ 鞅过程 ⊂ 白噪音。或者说，独立同分布的条件最苛刻，鞅过程次之，白噪音再次之。用图表示如右侧所示。

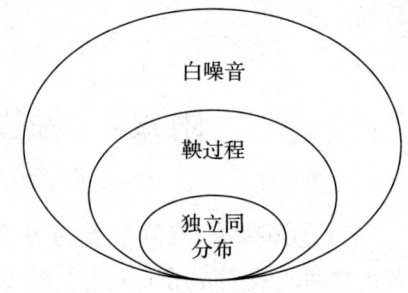

【本章小结】

投资者首先可以通过计算各个证券的预期收益率、方差及各证券间协方差得出证券投资的有效集，然后找出有效集与该投资者无差异曲线族相切的切点，该切点代表的组合就是获得最大投资效用的组合，即最优投资组合。这就是以马柯维茨为代表的学者提出的现代证券组合理论（Modern Portfolio Theory）的主要内容。

引入无风险资产和按无风险资产收益率自由借贷后，对于规避风险的投资者而言，不论该投资者主观风险承受能力如何，投资者持有的最优风险证券组合总是市场组合，最优投资组合中的风险资产内部权重与投资者的风险偏好是无关的。

投资者投资于最优风险组合的比例与风险溢价成正比，而与方差和投资者的风险厌恶度成反比，它是由资本市场线与投资者无差异曲线的相切点决定的。

资本资产定价模型表明，当证券市场处于均衡状态时，资产的预期收益率等于市场对无风险投资所要求的收益率加上系统风险溢价，非系统风险不给予补偿。

因素模型认为各种证券的收益率均受某个或某几个共同因素影响。各种证券收益率之所以相关主要是因为它们都会对这些共同的因素起反应。

当投资者不追加资金、对任何因素的敏感度为零、但预期收益率大于零时，我们认为市场存在套利机会，可以构建套利组合。当所有证券均得到合理定价，以致不存在无风险套利机会时，我们就称其满足无套利条件。无套利定价法是金融学中最为重要的方法之一。

套利定价理论也是关于资产定价的均衡模型，但与资本资产定价模型相比，套利定价理论的假设条件少很多，使用起来也方便很多。

在有效市场中，证券价格反映了所有的相关信息，只有新信息才会使股价发生变动。而好消息和坏消息出现的概率是均等的。没有证券的价格被高估或低估，投资者无法利用任何可以获得超额利润的范式。根据信息集的大小，有效市场假说可以分为三种形式：弱式、半强式和强式。

对有效市场假说的实证验证还远没有形成一致的结论。目前，在成熟资本市场国家，一般认同的观点是市场已经基本达到了弱式有效，而半强式有效、强式有效还需要进行进一步的验证。

行为金融理论以心理学对人类的研究成果为依据，以人们的实际决策心理为出发点讨论投资者的投资决策对市场价格的影响。它注重投资者决策心理的多样性，突破了现代金融理论只注重最优决策模型，简单地认为理性投资决策模型就是决定证券市场价格变化的实际投资决策模型的假设，使人们对金融市场投资者行为的研究由"应该怎么做决策"转变到"实际怎样做决策"，研究更接近实际。因而，尽管现代金融理论依然是对市场价格的最好描述，但行为金融学的研究无疑是很有意义的。

【关键词】

无差异曲线　最优投资组合　资本市场线　证券市场线

【重要概念】

风险偏好　可行集　有效集　市场组合　分离定理　资本资产定价模型　因素模型　套利组合　套利定价模型　强势有效市场　半强势有效市场　弱势有效市场　行为金融理论

【思考题】

1. 什么是最优投资组合？如何构建最优投资组合？

2. 试述分离定理的内容及意义。
3. 资本市场线与证券市场线的区别是什么?
4. 如何构建套利组合?
5. 简述资产组合理论、资本资产定价理论与套利定价理论之间的联系与区别。
6. 简述有效市场理论对市场类型的划分,以及不同类型市场的区别。
7. 行为金融理论的基本内容有哪些?

【计算分析】

1. 投资者拥有风险资产 A 和资产 B 的组合,其中资产 A 的期望收益和标准差分别为 10% 和 15%,资产 B 的期望收益和标准差分别为 20% 和 25%,资产 A 和资产 B 的相关系数为 0.8,投资于 A 和 B 的资金权重分别为 30% 和 70%,请问该投资组合的期望收益和标准差分别为多少? 如果投资到两种资产的权重均为 50%,投资组合的期望收益和标准差又有何不同?

2. 证券市场上有很多种证券,其中 A 股票的预期收益率和标准差分别为 12% 和 15%,B 股票的预期收益率和标准差分别为 24% 和 25%,A、B 两股票之间的相关系数等于 -1。假设投资者可以按相同的无风险利率自由借贷,请问:在无套利条件下,无风险利率必须等于多少?(提示:用 A、B 两股票组成无风险组合。)

3. 某风险组合的预期收益率为 20%,标准差为 25%,无风险利率为 7%。请问:该风险组合的单位风险报酬等于多少?

4. 给定两种证券、市场组合、无风险收益率的信息如下:

项目	期望收益率(%)	与市场组合相关系数	标准差(%)
证券1	15.5	0.90	20.0
证券2	9.2	0.80	9.0
市场组合	12.0	1.00	12.0
无风险收益率	5.0	0.00	0.0

要求:
(1) 计算两种证券的 β 值。
(2) 写出证券市场线的方程。
(3) 这两种证券定价合理吗?

5. 某投资组合的预期收益率为 16%,市场组合的预期收益率为 12%,无风险利率为 5%,请问:在均衡状态下该投资组合的 β 系数应等于多少?

6. 某投资者拥有一个 3 种股票组成的投资组合,3 种股票的市值均为 500 万元,投资组合的总价值为 1 500 万元。假定这三种股票均符合单因素模型,其预期收益率分别为 16%、20% 和 13%,其对该因素的敏感度分别为 0.9、3.1 和 1.9。请问:该投资者能否修改其投资组合,以便在不增加资金和因素风险的情况下提高预期收益率?

第十五章
投资组合管理业绩评价模型

2020年3月31日，第17届中国基金业"金牛奖"评选揭晓，共17个奖项88个获奖名额花落39家基金公司。易方达、景顺长城、华安基金、交银施罗德、中欧、银华、兴证全球、富国、鹏华和广发共10家基金公司荣获"金牛基金管理公司"称号。"金牛进取奖""权益投资金牛基金公司""固定收益投资金牛基金公司""被动投资金牛基金公司""海外投资金牛基金公司""量化投资金牛基金公司"和54只"金牛基金"等奖项同时公布。"金牛奖"的宗旨是"展示中国优秀基金及优秀基金管理公司，提高和扩大基金业在社会上的认同感，引导基金管理人更加注重基金持续回报能力，培育和引导投资人的长期投资理念，推动我国基金业朝着规范健康方向发展"。基金业的"金牛奖"的评价依据包括多个方面，但基金投资组合的业绩肯定是一项权重非常大的指标。

要对基金经理的业绩进行评价，首先得从其"基础"——业绩计算的标准谈起。而评价基金经理业绩好坏的指标有很多，例如总回报率、标准差、基金经理团队的稳定性、基金投资策略的稳定性等各种定量和定性的指标，但最根本的还是回报率的计算。

可见，怎样评价基金，是仁者见仁智者见智。使用哪种指标体现了各个评级机构的研究侧重点。

通过本章学习你将了解和掌握以下知识：
- 投资组合管理业绩评价的目标；
- 投资组合管理业绩评价的模型构建；
- 常用的投资组合管理业绩评价模型的优缺点；
- 几种实用的投资组合管理业绩评价的模型用法。

自马柯维茨奠定现代投资组合理论基础以来，不断衍生出很多深远的理论。投资组合绩效评价理论（基金绩效评价理论）作为投资组合衍生出来的一个重要部分，吸引了众多国内外学者致力于对它的研究，已得到越来越多的有价值的成果。同时这些理论也广泛应用于金融市场，特别是被应用于对投资组合业绩的评价上，因而一直是金融领域研究的热点之一。另外，从发达国家资本市场的发展情况看，投资基金逐步取代个人投资者成为证券市场交易的主体。无论从外部投资者的角度看，还是从投资基金内部考核激励的角度看，都面临着投资组合业绩表现的度量问题。

第一节 投资组合业绩评价的基本方法

一、投资组合业绩评价的目标

投资组合业绩评价的目标是评价投资计划能在多大程度上实现投资目标,评价投资经理执行投资计划的结果,即投资经理执行投资计划的成功程度。在评价的过程中,我们首先要明确投资目标,以便据此目标衡量投资的结果。此外,为评价投资经理,也需要理解并清晰地表述投资过程中的关键性因素,以利于制定一个框架用来判断投资经理在哪些方面、在多大程度上提高了投资计划的价值。

评价投资业绩的基本度量指标是一段时期内所投入资产的回报率。通过比较一段时期的投资回报率,可以对投资经理进行评价。然而,仅考虑投资回报率并不完全,还应考虑风险大小。因为风险和回报率之间有一定的关系,并且是资本市场的一种基本关系。因此,在评价投资经理业绩时,我们需要确定风险和回报率之间的对应关系。为对回报率进行风险调整,资本市场理论提供了一个清晰的框架,即证券市场线,其度量指标是 β 值和标准差。因而,在资产组合理论和资本资产定价模型提出以后,陆续出现了一些经风险调整的业绩测度指标,其中最著名的是特雷诺指数、夏普指数、詹森指数、M^2 指数等。

二、投资基准的确定

投资组合业绩评价方法的基本思路是基于资产定价理论,构造一个基准投资组合,用扣除基准投资组合的超额收益来分析投资组合的业绩,并用超额收益的持续性来判断投资组合业绩的持续性。为了评价投资组合的业绩,首先要确定一个基准投资组合。因为不同的基准投资组合会导致不同的市场风险调整,进一步导致对超长收益率的表现产生不同的评价。基准投资组合的选取一般分为单一基准投资组合和多种基准投资组合。

(一) 单一基准投资组合的选取

最常用的单一基准投资组合是建立在投资者的效用函数只取决于投资组合的预期回报率和预期方差基础上的。对于在市场上的所有证券,存在一个均值—方差有效边界。但是使用单一基准投资组合,会导致一系列的问题。如果我们以某一投资组合为基准,这时落在证券市场线上的投资组合我们可以得到。但是如果我们以另外一个投资组合为基准,前面落在证券市场线上的投资组合,可能落在证券市场线以下。建立在 CAPM 模型之上的三大经典的评价指标都立足于与市场组合表现相联系的单一基准组合的比较,因而被统称为单一基准的绩效评价方法。用单一基准组合并不能对组合的绩效进行正确的评价。

例如,用主要由大公司的股票构造的上证 180 指数的表现来衡量完全由投资于小公司股票的投资组合的表现,可能会得到南辕北辙的结论。在这种情况下,我们无法确定正值的詹森指数究竟源于投资组合经理的优秀选股能力,还是因为小型公司股票作为一个整体在这一阶段的表现好于主要由大公司的股票构造的 180 指数。即这时对投资组合适宜的评价基准应该是小公司股价指数的表现,而不是与其表现不相干的 180 指数的表现。当投资组合中包含不同的资产类别时，如同时投资于股票和债券的平衡型投资组合，使用单一市场指数对组合绩效表现加以评价也是不适宜的。这时用多因素模型则更具合理性。

（二）多个基准投资组合的选取

由于单一基准投资组合有着一些局限性，Grinblatt 和 Titman（1989）提出，如果证券的收益率是由 k 个因子决定，在无套利的假设条件下，k 个充分分散的投资组合可以构造出均值—方差有效边界。因此，通常采用多个基准投资组合要优于采用单一基准投资组合。具体方法有莱曼（Lehmann）和莫代斯特（Modest，1987）采用的 APT 方法和克拉伯尔—夏普（Gruber – Sharpe）方法等。

三、投资组合收益率的衡量

（一）投资组合收益率的含义

投资回报一般是指在评价期间投资组合的资产价值变化加上同一期间所获得的所有收益。具体而言，投资组合收益包括投资组合投资所得红利、股息、债券利息、买卖证券价差、存款利息和其他收入。

1. 红利：是投资组合因购买公司股票而享有对该公司净利润分配的所得。一般而言，公司对股东的红利分配有现金红利和股票红利两种形式。投资组合作为长线投资者，其主要目标在于为投资者获取长期、稳定的回报，红利是构成投资组合收益的一个重要部分。所投资股票的红利的多少是投资组合管理人选择投资组合的一个重要标准。

2. 股息：是指投资组合因购买公司的优先股权而享有对该公司净利润分配的所得。股息通常是按一定的投资组合收益比例事先规定的，这是股息与红利的主要区别。与红利相同，股息也是构成投资者回报的一个重要部分，股息高低也是投资组合管理人选择投资组合的重要标准。

3. 债券利息：是指投资组合资产因投资于不同种类的债券（国债、地方政府债券、企业债、金融债等）而定期取得的利息。

4. 买卖证券差价：是指投资组合资产投资于证券而形成的价差收益，通常也称资本利得。

5. 存款利息：指投资组合资产的银行存款利息收入。这部分收益仅占投资组合收益很小的一部分。开放式投资组合由于必须随时准备支付投资组合持有人的赎回申请，必须保留一部分现金存在银行。

6. 其他收入：指运用投资组合资产而带来的成本或费用的节约额，如投资组合因大额交易而从证券商处得到的交易佣金优惠等杂项收入。这部分收入通常数额很小。

将投资组合的净值增长率视为投资组合的投资收益率，可能会被投资组合各次之间的投资组合资产的现金流入和流出所歪曲，所以计算的时候需要小心谨慎。

（二）投资组合收益率的计算

一般采用基于投资组合的单位净值数据进行时间加权的方法计算投资组合的投资收益率，从而避免投资组合规模变动、分红时间等因素的影响。

$$r_{it} = \frac{NAV_t - NAV_{t-1}}{NAV_{t-1}} \tag{15-1}$$

其中，r_{it} 是投资组合在 t 期的收益率；NAV_t 为 t 期末的投资组合单位净值。

如果发生投资组合红利发放，则投资组合投资收益率为：

$$r_{it} = (1 + r_1)(1 + r_2) - 1 \tag{15-2}$$

其中，

$$r_1 = \frac{NAV_A - NAV_{t-1}}{NAV_{t-1}} \tag{15-3}$$

$$r_2 = \frac{NAV_t - NAV_A + D}{NAV_A - D} \tag{15-4}$$

NAV_A 为评估期内红利除息日前日的单位净值；D 为评估期内所发放的单位股息。

由此为基础，投资组合在绩效评估期内的累计收益率为：

$$TR_i = \left[\prod_{t=1}^{n} (1 + r_{it}) \right] - 1 \tag{15-5}$$

四、超额收益率及跟踪误差指标

（一）超额收益率

超额收益率的计算方式根据不同的模型，略有不同。单因素模型的超额收益率是：

$$r_i - r_f = \alpha_i + \beta_i(r_m - r_f) + \varepsilon_i \tag{15-6}$$

采用多个基准投资组合进行绩效评估时，投资组合超额收益率为：

$$r_i - r_f = \alpha_i + \sum_{j=1}^{n} \beta_{ji}(r_{jE} - r_f) + \varepsilon_i \tag{15-7}$$

其中，r_{jE} 为第 j 个基准投资组合的收益率；β_{ji} 为目标投资组合超额收益率相对于第 j 个基准投资组合超额收益率的因子系数。

（二）跟踪误差指标

目标投资组合可以事先为自己定义投资目标，投资基准一旦确定，投资管理人就要追踪该基准投资组合。限于资金规模、投资管理人能力等原因，在实际投资过程中，无法使得实际投资组合与投资基准做到完全一致，因此会产生所谓的跟踪误差。

所谓跟踪误差是指数基金的收益率与标的指数收益率之间的偏差。跟踪误差反映的是组合收益率与标的收益率之间的偏差。跟踪误差越大，反映其偏离标的越大，风险高；跟踪误差越小，反映其跟踪标的偏离度越小，风险低。跟踪误差是根据历史的收益率差值数据来描述基金与标的指数之间的密切程度，同时揭示基金收益率围绕标的指数收益率的波动特征。一般而言，跟踪误差的准确性与观察周期的长短有关，观察周期越长，观察点越多，计算出的跟踪误差就越准确。影响指数基金跟踪误差的因素主要包括基金仓位的变化、标的指数成分股的变化、增强型指数化组合、计算尾差及基金资产的费用支出等。总体而言，提高跟踪标的指数的精度，降低跟踪误差是指数投资最为核心的技术，也是指数基金这一投资工具能够用于投资者进行大类资产配置的前提。

跟踪误差的产生基本源于三个方面的因素：其一是指数投资组合既定的管理费，因此选择指数投资组合的一个重要指标即为管理费率，费率越低则跟踪误差越小；其二是由于指数投资组合无法完全复制指数而导致的偏差。在指数投资组合运作中，其所跟踪指数的成分股可能会产生临时变动，使得指数投资组合因该成分股停牌、流动性不足等原因而不能以市场价格买到该股票,则指数投资组合只能采用抽样复制法,增加交易活跃股票的权重,减少流动性差的股票权重。在这个过程中,指数投资组合的管理团队需要通过建立一系列的数量模型来控制、修正跟踪误差。对复制误差的修正是非常考验管理者能力的一项工作,较低的跟踪误差则表明投资组合管理团队拥有较好的管理能力;其三是投资组合必须持有一定的现金资产以应对赎回。这一点 ETF 投资组合则占有一定的优势。由于 ETF 是采取实物申赎的方式进行一级市场的交易,因此组合中的现金存量一般会非常低,基准指数收益率与现金收益率不一致而导致的跟踪偏离会更小。

从目前的统计数据来看,增强型指数投资组合由于加入了主动管理的因素,其跟踪误差大于完全复制型指数投资组合。因此,对于采用两种不同资产配置技术的指数投资组合而言,即使它们跟踪的是同一目标指数,也应当对它们的业绩分别进行评估,因为二者不具备可比性。如果将若干指数投资组合放在一起比较跟踪误差,实际上并不科学。

第二节 投资组合业绩评价单因素模型

一、单因素模型

20 世纪 60 年代末,学者们提出了几种用于评估投资组合管理人相关业绩的单一指数和衡量方法,包括夏普指数(Sharpe,1966)、特雷诺指数(Treynor,1965)、詹森 α 值(α of Jenson, Jenson, 1968、1969)等。上述方法都对风险测度进行了一定调整。在近 20 多年中,又有一些新的指标相继被提出,如信息比率、M^2 方法、M^3 方法、衰减度等。这些方法都是基于 CAPM 理论产生的。

单因素模型(Sharpe's One – way Analysis of Variance)是诺贝尔经济学奖获得者威廉·夏普(William Sharpe)在 1963 年发表的《对于"资产组合"分析的简化模型》一文中提出的。夏普提出单因素模型的基本思想是:当市场股价指数上升时,市场中大量的股票价格走高;相反,当市场指数下滑时,大量股票价格趋于下跌。据此,可以用一种证券的收益率和股价指数的收益率的相关关系得出以下模型:

$$r_{it} = \alpha_i + \beta_i r_{mt} + \varepsilon_{it} \qquad (15-8)$$

该式揭示了证券收益与指数(一个因素)之间的相互关系。其中,r_{it} 为时期内 i 证券的收益率。r_{mt} 为 t 时期内市场指数的收益率。α_i 是截距,它反映市场收益率为 0 时,证券 i 的收益率大小。α_i 与上市公司本身基本面有关,与市场整体波动无关,因此 α_i 值是相对固定的。β_i 为斜率,代表市场指数的波动对证券收益率的影响程度。ε_{it} 为 t 时期内实际收益率与估算值之间的残差。

二、夏普指数

(一)夏普指数的计算

夏普指数是每单位风险的风险资产的超额收益,它用风险资产的标准方差来调整风险,是用资产组合的长期平均超额收益除以这个时期收益的标准差。它测度了对总波动性权衡的回报。夏普指数以资本市场线作为评估标准,是对总风险进行调整基础上的投资组合的绩效评估方式。即：

$$S_i = \frac{r_i - r_f}{\sigma_i} \qquad (15-9)$$

其中，S_i——夏普指数；r_i——i 投资组合在样本期内的平均收益率；r_f——样本期内的无风险收益率；σ_i——i 投资组合在样本期内的标准差。

夏普称该指数为"报酬—方差"比率（R/V）。当采用夏普指数评估模型时，同样首先计算市场上各种投资组合在样本期内的夏普指数，然后进行比较，较大的夏普指数表示较好的绩效。

（二）夏普指数的评价

夏普指数反映了投资组合经理的市场调整能力，而且夏普指数同时考虑了系统风险和非系统风险，即总风险。因此，夏普指数能够反映投资组合及其管理者分散和降低非系统风险的能力。

夏普指数在计算上尽管非常简单，但在具体运用中仍需要对夏普比率的适用性加以注意：

1. 用标准差对收益进行风险调整，其隐含的假设就是所考察的组合构成了投资者投资的全部。因此只有考虑在众多的投资组合中选择购买某一只投资组合时，夏普指数才能够作为一项重要的依据。

2. 使用标准差作为风险指标也被人们认为不很合适。

3. 夏普指数的有效性还依赖于可以以相同的无风险利率借贷的假设。

4. 夏普指数没有基准点，因此其大小本身没有意义，只有在与其他组合的比较中才有价值。

5. 夏普指数是线性的，但在有效前沿上，风险与收益之间的变换并不是线性的。因此，夏普指数在对标准差较大的投资组合的绩效衡量上存在偏误。

6. 夏普指数未考虑组合之间的相关性，因此纯粹依据夏普值的大小构建组合存在很大问题。

7. 夏普指数与其他很多指标一样，衡量的是投资组合的历史表现，因此并不能简单地依据投资组合的历史表现进行未来操作。

8. 计算上，夏普指数同样存在一个稳定性问题：夏普指数的计算结果与时间跨度和收益计算的时间间隔的选取有关。

尽管夏普指数存在上述诸多限制和问题，但它仍以其计算上的简便性和不需要过多的假设条件而在实践中获得了广泛的运用。

三、特雷诺指数

特雷诺指数（Treynor Measure）是以均衡市场假定下的资本资产定价模型（CAPM）或证券市场线（SML）作为基准的一种按风险调整的绩效测度指标，即用投资组合的系统风险（系数）去除投资组合的风险溢价，反映该投资组合所承担的每单位系统风险所带来的风险收益。特雷诺指数越大，单位风险溢价越高，开放式基金的绩效越好，基金管理者在管理的过程中所冒风险有利于投资者获利；相反，特雷诺指数越小，单位风险溢价越低，开放式基金的绩效越差，基金管理者在管理的过程中所冒风险不利于投资者获利。

（一）特雷诺指数的计算

特雷诺指数对组合或投资组合的系统风险进行调整，衡量的是单位系统风险的风险溢价，也被称为报酬—波动比率，可表示为：

$$T_i = \frac{r_i - r_f}{\beta_i} \tag{15-10}$$

其中，T_i——特雷诺指数；r_i——i 投资组合在样本期内的平均收益率；r_f——样本期内的无风险收益率；β_i——i 投资组合在样本期内与基准投资组合的系数。

特雷诺指数表示的是投资组合承受每单位系数风险所获取风险收益的大小，其评估方法是首先计算样本期内各种投资组合和市场的特雷诺指数，然后进行比较，较大的特雷诺指数意味着较好的绩效。

（二）特雷诺模型的评价

特雷诺认为，基金管理者通过投资组合应消除所有的非系统性风险，因此特雷诺用单位系统性风险系数所获得的超额收益率来衡量投资基金的业绩。足够分散化的组合没有非系统性风险，仅有与市场变动差异的系统性风险。因此，他采用基金投资收益率的 β 系数作为衡量风险的指标。

特雷诺指数评估法同样隐含了非系统风险已全部被消除的假设。在这一假设前提下，因为特雷诺指数是单位系统风险收益，因此它能反映投资组合经理的市场调整能力。不管市场是处于上升阶段还是下降阶段，较大的特雷诺指数总是表示较好的绩效。这是特雷诺指数的优点。

四、詹森指数

詹森指数是测定证券组合经营绩效的一种指标，是证券组合的实际期望收益率与位于证券市场线上的证券组合的期望收益率之差。1968 年，美国经济学家迈克尔·詹森（Michael C. Jensen）发表了《1945—1964 年间共同基金的业绩》一文，提出了这个以资本资产定价模型（CAPM）为基础的业绩衡量指数，它能够评估基金的业绩优于基准业绩的程度，通过比较考察期基金收益率与由定价模型 CAPM 得出的预期收益率之差，即基金的实际收益超过它所承受风险对应的预期收益的部分来评价基金，此差额部分就是与基金经理业绩直接相关的收益。詹森指数所代表的就是基金业绩中超过市场基准组合业绩所获得的超额收益。

（一）詹森指数的计算

詹森（1968）提出的业绩指数和特雷诺指数的相似之处在于，都假定投资者持有合理分散投资的证券组合，对系统风险进行调整。这种方法也被称为差异回报率（Differential Return）方法。与其他两个指标的不同在于，它是绝对业绩指标。用公式表示为：

$$\alpha_i = r_i - [r_f + \beta_i(r_m - r_f)] \tag{15-11}$$

其中，α_i——詹森指数；r_i——i 投资组合在样本期内的平均收益率；r_f——样本期内的无风险收益率；β_i——i 投资组合在样本期内与基准投资组合的系数。

我们可以看出，詹森指数实际上就是 CAPM 里面的 α_i 值。

(二) 詹森模型的评价

詹森指数为绝对绩效指标,表示投资组合的投资组合收益率与相同系统风险水平下市场投资组合收益率之间的差异。詹森指数 >0,表明基金的业绩表现优于市场基准组合,大得越多,业绩越好;反之,如果詹森指数 <0,则表明其绩效不好。在投资组合和投资组合之间进行比较时,詹森指数越大越好。

詹森模型奠定了投资组合绩效评估的理论基础,是至今为止使用最广泛的模型之一。但是詹森模型隐含一个假设,即投资组合的非系统风险已通过投资组合彻底分散掉,因此只反映收益率和系统风险因子之间的关系。如果投资组合并没有完全消除掉非系统风险,则詹森指数可能给出错误信息。

例如,A、B两种投资组合具有相同平均收益率和 β 系数,但投资组合 A 的非系统风险高于投资组合 B 的非系统风险。按詹森模型计算,两个投资组合有相同的詹森指数,因而绩效相同。但实际上投资组合 A 承担了较多的非系统风险,因而 A 投资组合经理分散风险的能力弱于 B 投资组合经理分散风险的能力,投资组合 A 的绩效应劣于投资组合 B 的绩效。由于该模型只反映了收益率和系统风险的关系,因而投资组合经理的市场判断能力的存在就会使 β 值呈时变性,使投资组合绩效和市场投资组合绩效之间存在非线性关系,从而导致詹森模型评估存在统计上的偏差。

詹森指数和特雷诺指数都是对系统风险进行调整,并假定组合的非系统风险高度分散。夏普指数和特雷诺指数适用于不同分散化程度的投资组合。另外,这三个指标都是用历史数据进行事后评价,因此对未来收益的解释功能不强,不宜用作趋势预测,指标的排序与计算所采用的基准和时间长短也有很大关系。这三个指标虽然被广泛使用,但同时在如 CAPM 的有效性、代理的有效性、区别能力和运气、无风险收益率的确定、业绩归属的细分等方面,因其缺陷而遭到了不少的批评和质疑。

因此,究竟采用哪种每单位风险回报率的度量方法,将取决于对有关风险测量的观念。对于这样一类投资者,当所要评价的投资组合构成了该投资者在特定资产类别中的主要或者全部投资时,在这种情况下以标准差来表示的收益变异性可以认为是风险的适当度量。而对于另外一类投资者,当所要评价的投资组合仅仅是该投资者在特定资产类别内投资的一个组成部分时,在这种情况下系数则被认为是适当的风险度量。例如,一般而言,由于主要的养老金规模都比较大,其发起人在该养老金计划的一个资产类别内大多雇用好几个经理。对于像这样采用多经理战略的投资者,使用 β_i 系数度量风险是适合的。

五、M^2 测度指标

20世纪60年代开始一些学者开始研究信息比率,目前它已成为国际金融市场常用来评价投资管理者获取有关投资组合信息质量的一个指标,可表示为:

$$IR = \frac{\alpha_i}{\sigma(R_i)}$$

M^2 用于测算每单位非系统风险所带来的超额收益,是衡量积极型组合的业绩指标。

摩根士丹利公司的莫迪利安尼(Modigliani,1997)和她的祖父——诺贝尔经济学奖得主弗兰科·莫迪利安尼(Franco Modigliani)引入了经改进的夏普指数,即 M^2 调整法。与夏普指数一样，M^2 法也把全部风险作为调整的对象，通过加入无风险证券，形成类似两基金分离的形式，以 $\left(1 - \dfrac{\sigma_m}{\sigma_i}\right)$ 为权重，调整组合投资的风险与市场指数或设定组合的风险相等，在风险一致的基础上比较它们之间收益率的差异。

$$M^2 = R_i - R_m \tag{15-12}$$

其中，

$$R_m = E(r_m) - r_f \tag{15-13}$$

$$R_i = E(r_i) - r_f = S_i \sigma_m \tag{15-14}$$

M^2 测度的目的是纠正投资者只考虑基金原始业绩的倾向，鼓励他们应同时注意基金业绩中的风险因素，从而帮助投资者挑选出能带来真正最佳业绩的投资基金。Muralidhar (2000) 认为，夏普指数，信息比率，M^2 法不足以有效地进行组合构建和基金业绩排序，问题的关键在对于组合和基准之间标准差的差异调整不够，且不同的相关性对应不同的风险水平，忽略了"组合和基准的相关性"常导致错误的排序和评估。鉴于此，Muralidhar 提出了 M^3 测度方法，考虑了相关性差异及投资者有相应风险目标这一事实，通过跟踪误差着重解决了两个问题：①业绩排序；②基金投资组合中基金、基准组合、无风险资产的权重构成及最优组合。

六、其他指标

Stutzer (2000) 在损失厌恶的理论基础上，假定投资者最大可能地回避风险，构建了一个新的评价指标，称为衰减度概率（Probability of Decay Rate）。该指标最大的特点在于允许收益率收敛于各种分布。当收益率收敛于非正态分布时，衰减度对偏度和峰度很敏感，正偏度的基金风险趋小；高峰度的基金风险趋大。在收益率非正态分布时，衰减度概率将根据偏度和峰度修正绩效评价指数，因此优于夏普指数。

第三节 投资组合业绩评价多因素模型

一、莱曼和莫代斯特的 APT 方法

CAPM 模型在实证中无法解释按照股票特征（如股票市值、市盈率、账面市价比及过去的收益等）进行分类的投资组合横截面收益的异常现象。因此很多学者开始采用多因素模型来进行投资组合业绩评价。如由莱曼（Lehmann）和莫代斯特（Modest）于 1987 年第一次提出运用套利定价理论（APT）确定基准投资组合并进行基金评价。

根据 APT 理论，股票的投资收益率受到多个因素的影响，基金的投资率由其投资的股票的收益率决定的，因此基金的收益率也同样受到这些因素的影响。其公式如下：

$$r_i - r_f = \alpha_i + \sum_{j=1}^{n} \beta_{ji}(r_{jE} - r_f) + \varepsilon_i \tag{15-15}$$

在此基础上，莱曼和莫代斯特多因素模型的基本假设包括：任意两种证券收益残差 ε_i 和 $\varepsilon_{i'}$ 不相关。同时，任意两个因素 r_{jE} 之间及任意因素 r_{jE} 和收益残差 ε_i 之间均不相关。

莱曼和莫代斯特（1987）的多因素模型里面，影响证券收益的因素包括：市场平均指数收益、股票规模、公司账面价值比市场价值（BE/ME）、市盈率、公司前期的销售增长等。他们比较了不同基准下业绩评价结果的差异，并考察了基准选取不同对评价结果的影响。同时，法玛（Fama）和弗兰奇（French）（1993，1995，1996）在 CAPM 的基础上，加入了 SMB、HML 等其他指标作为模型的因子。

二、克拉伯尔—夏普方法

克拉伯尔—夏普方法由克拉伯尔和夏普提出，是一种选取代表不同投资风格的基准投资组合对基金收益率进行拟合的方法。采用该方法时，可以随意选择多个基准投资组合，每个基准投资组合代表某一投资风格或选股模式。

第四节 时机选择和证券选择能力评价模型

一、股票选择能力评价

研究业绩贡献，其目的就是把总的业绩分解为一个一个的组成部分，每个组成部分都代表了一个特定的资产组合选择能力水平。证券选择指识别相对于市场上一般证券价格被高估或低估的个股。依据 CAPM，经理人总试图找到那些远离证券市场线的股票，因为对它们的投资将产生非常高的风险溢价。市场时机选择指通过预测市场组合的收益来确定投资组合中各种资产的比例以获得超额收益。当经理人相信他能准确预测市场收益时，将相应调整其组合的风险水平。即预期市场行情将上升时，选择 β 值相对较大的证券组合；预期行情将下跌时则相反。实施市场时机选择策略，既可以改变组合中所持风险证券的平均 β，也可以改变无风险资产和风险证券的相对资金投入量。

概括而言，研究证券选择和市场选择能力的相关模型大致如下。

詹森（Jenson，1968，1969）用一个收益模型来计算被管理组合的绩效：

$$R_{it} = \alpha_i + \beta_i R_{mt} + \mu_{it} \tag{15-16}$$

其中，R_{it} 为组合 i 与无风险收益相比的超额收益；α_i 为衡量证券选择能力的一个参量；R_{mt} 为与市场组合相比的超额收益；β_i 为组合对市场收益的敏感度；μ_{it} 为随机误差，期望为零，t 为时间。

这一模型及其 α 值成为了之后组合投资绩效评价的一个重要基础。但是它假定组合的风险水平不变，且没有考虑经理人的市场时机选择能力，而实际上，经理人依据对市场价格运动预期的走势，会调整组合的风险构成。法玛（1972）曾提到了这个问题，并指出应对绩效进行更好的分解。

二、时机选择能力评价

（一）时机选择能力评价模型的演变

诊断投资经理在这种操作中是否成功的一种方法，是直接观察相对于市场回报率而言，基金回报率的变化情况。这种方法包括计算在进行业绩评价的一段时期内基金的一系列回报率以及市场指数回报率，并将它们画在散布图上。

例如，我们计算一种基金在 1983 年结束的 10 年期内的所有季度回报率，以及相应的标准普尔 500 股指数回报率，并将它们绘制在散布图上。根据这些散布点，我们可以拟合一条表示该投资组合和市场指数之间关系的特征线，并依此进行市场时机选择的分析。如果投资经理不进行市场时机选择的操作，而仅仅集中于股票选择的操作，投资组合的平均值将是相当稳定的，并且基金回报率相对于市场回报率的散布点将会表现出一种线性关系。如果投资经理随时间变化而改变投资组合中的现金头寸或改变投资组合的价值，然而却没有能正确地估计出市场的变动趋势，散布图仍将表现出线性的关系，而仅仅是在图中拟合特征线的周围增加一个散点而已。

从另一种情况来看，如果投资经理能够成功地估计市场的走势，并据此改变投资组合的价值，我们观察到的拟合关系将是一个类似二次函数的图形。当市场明显处于升势时，基金的值高于一般值，基金的回报率上升比其他情况下更快。反过来，当市场处于下滑趋势时，基金的值低于一般值，基金回报率的下降反而比较慢。因此，在市场回报率高和低时，散布点将处于线性曲线的上方，由此会得到一个曲线型的散布图。

基于以上的理论，特雷诺（Treynor）和 Mazuy（1966）在公式（15 – 16）的基础上增加了一个二次项，以检测市场时机选择能力。这是因为，若经理人能预测市场收益，当情况趋好时，他必将持有更大比例的市场组合；而预计市场收益较低时，他将相应减少持有份额。那么，组合收益应该是市场收益的非线性函数：

$$R_{it} = \alpha_i + \beta_i R_{mt} + \gamma (R_{mt})^2 + \varepsilon_{it} \tag{15 – 17}$$

上式中，若 γ 代表基金经理的市场时机选择能力，α 与市场走势无关，它代表基金收益与系统风险相当的投资组合收益率的差异，所以它表示证券选择能力；α 越大，表示基金经理选择股票的能力越大。此后，人们在分析证券选择和市场时机选择能力时常使用这一模型或在此基础上进行修改、完善。

詹森（1972）后来提出了一个类似模型，需要计算实际市场组合收益和期望收益的偏差。当两者都满足正态分布时，时机选择能力可用这两者的相关性来测量。但该方法无法区分各自的贡献，除非在每一个时期市场组合收益的预测值和期望值已知。Bhattacharya 和 Pfleiderer（1983）对詹森（1972）的工作进一步扩展，修正了他的一个误差，认为可以用一种很简单的回归技术计算证券选择能力和时机选择能力。詹森假定经理人在作市场时机选择决策时使用未调整的市场收益预测值，而 Bhattacharya 和 Pfleiderer 假定经理人调整预测值以使预测误差的方差最小化。其模型和特雷诺与 Mazuy（1966）的类似：

$$R_{it} = \alpha_i + \theta E(R_m)(1 - \psi)R_{mt} + \psi\theta(R_{mt})^2 + \theta\psi\varepsilon_t R_{mt} + \mu_{it} \tag{15 – 18}$$

其中，θ——经理人对信息的反应参数，即实际风险偏离目标风险的程度，与最佳市场收益的预测值有关；ψ——预测值与超额收益之间的决定系数；ε——预测误差。

又因为：

$$\psi = (\sigma_\pi)^2 / [(\sigma_\pi)^2 + (\sigma_\varepsilon)^2] = \rho^2, \tag{15 – 19}$$

其中，$(\sigma_\varepsilon)^2$——预测误差的方差，$(\sigma_\pi)^2$——市场超额收益的方差，ρ——预测值与超额收益的相关性，所以就用 ρ 衡量经理人对市场时机选择的把握能力。本模型也是对 Treynor – Mazuy 模型（1966）的一种提炼，用超额收益率 R_{mt} 的二次式帮助说明时机选择能力。这也是第一次以误差项来衡量管理者的预测水平。

Daniel（1997）提出了一种方法，以测定具有特定风格和一定特征的证券组合的证券选择能力和市场时机选择能力，并称之为选股特征测度（the Characteristic Selectivity Measure，CS）和市场择时特征测度（the Characteristic Timing Measure，CT），公式表示如下：

$$CS_t = \sum_{j=1}^{N} \tilde{w}_{j,t-1} (\tilde{R}_{j,t-1} - \tilde{R}_t^{b_{j,t-1}}) \tag{15-20}$$

其中，$\tilde{w}_{j,t-1}$——第 $t-1$ 季股票 j 的组合权重；$\tilde{R}_{j,t}$——第 t 季股票 j 的买入—持有收益；$\tilde{R}_t^{b_{j,t-1}}$——$t-1$ 季末对应股票 j 的特征基准组合的买入—持有收益。

$$CS_t = \sum_{j=1}^{N} (\tilde{w}_{j,t-1} \tilde{R}_t^{b_{j,t-1}} - \tilde{w}_{j,t-5} \tilde{R}_t^{b_{j,t-5}}) \tag{15-21}$$

上式说明，当股票 j 的特征收益值达到最高之前，若增大 j 的比重，将有一个较大 CT 值，则表明有良好的市场时机选择能力。

这一方法的特点是对每种证券所对应的基准组合进行了精确的计算，但也极大地增大了计算量。Wermers（2000）推崇这种方法，并据此在有关证券收益的分解中得出了很好的一些结果。

Henriksson（1984）提出了另一个有关市场时机选择的模型。当经理人预测市场将上行时，他将调整一个更大的组合 β 值；反之，将调整一个较低的目标 β。若这种时机选择能力存在，那下式将存在一个正 γ_u 值。

$$r_{it+1} = a_i + b_i r_{mt+1} + \gamma_u [r_{m,t+1}]^+ + \varepsilon_{it+1} \tag{15-22}$$

其中，$[r_{m,t+1}]^+$ 定义为 $Max(0, r_{m,t+1})$，反映了市场组合的期权执行价格为无风险率时的期权收益。

另外，一些传统的做法在检测证券选择和市场时机选择能力时存在着许多偏差。Ferson 和 Schadt（1996）认为这是因为这些方法使用了无条件期望，对此，他们提出了条件性绩效评估方法（Conditional Performance Evaluation），即期望值以公开信息变量为条件性。在 Admati 等（1986）的分析上，Ferson 和 Schad 提出条件性 Treynor - Mazuy 回归模型：

$$r_{it+1} = a_i + b_{ip} r_{mt+1} + C_i'(z_t r_{mt+1}) + \gamma_{tmc} [r_{m,t+1}]^2 + \varepsilon_{it+1} \tag{15-23}$$

其中，γ_{mtc}——β 对私人市场时机信号的敏感度；$C_i'(z_t r_{mt+1})$——控制了公开信息影响，使原 Treynor - Mazuy 模型系数产生偏差。式中新的参数项解释了部分原模型中与公开信息变量有关的二次项内容。条件性模型中，基金组合 β 与未来市场收益的相关性，与公开信息有关，但并不认为反映了时机选择能力。

另外，假定经理人预测 $u_{m,t+1} = r_{m,t+1} - E(r_{m,t+1}|Z_t)$，即期望收益的偏差以公开信息为条件。预测值为正时，选择一个条件性 β，$\beta_{up}(z_t) = b_{up} + B_{up}'' z_t$；预测为负时，$\beta_d(z_t) = b_d + B_d' z_t$。Ferson 和 Schadt（1996）将 Merton - Henriksson 模型扩展为条件性 Merton - Henriksson 模型：

$$r_{it+1} = b_d r_{mt+1} + B_d'[z_t r_{mt+1}] \gamma_c r_{mt+1}^* + \Delta'[z_t r_{mt+1}^*] + u_{i,t+1} \tag{15-24}$$

其中，$r_{mt+1}^* = r_{m,t+1} I\{r_{m,t+1} - E(r_{m,t+1})|z_t) > 0\}$；$\gamma_c = b_{up} - b_d$；$\Delta = B_{up} - B_d$；$I\{\cdot\}$ 是指示函数。

原假设为 H_0：无市场时机选择能力，$\gamma_c = 0, \Delta = 0$，

H_1：正的时机选择能力，$\gamma_c + \Delta' z_t > 0$，即在一定公开信息下，当市场高于条件均值时，条件性 β 值较高，有 $E(\gamma_c + \Delta' z_t) = \gamma_c > 0$。

如果通过已知变量能够预测未来市场收益，且基金经理确实利用了这些信息，那么他们就会在预期市场收益率增加时增大市场参与比例，即基金的条件风险系数和利用已知信息后投资基准的预期收益率正相关。而无条件调整的基金评价方法则忽略了基于这些公开信息进行调整所带来的超常收益。因此，采用条件模型得到的评价结果应比传统评价方法结果更悲观。但实证结果并非如此。

但实证研究发现，无论通过统计分析还是经济分析，基金经理确实都利用了上述已知信息，且风险系数和利用已知信息后基准的预期收益率负相关。他们认为，这主要是由于市场收益率较高，基金会有大量的现金流入，从而导致 β 下降。因此，采用条件模型对基金评价的结果比詹森评价方法的结果更乐观。

（二）现金管理分析

一种不同的但也是补充性的市场时机选择分析评价方法，是仅仅分析在不同的市场环境下，一种基金或一个经理所控制的投资中的现金头寸如何变化。可以推断出，在市场的繁荣期，成功的市场时机选择持有的现金比例应该较小；而在市场萧条期，持有的现金比例应该较大。为使用这种方法进行市场时机选择评价，我们需要确定基金的正常现金比例。现金比例可以是政策规定的，也可以是根据评价时期基金现金比例平均值计算出来的，并以此代表正常现金比例。实际现金比例对平均值的偏差，可以推测为是根据市场的不同变化而采取的时机选择行为所致：在萧条的市场中为回避风险而持有高于平均比例的现金，在繁荣的市场中为获得超额回报率而持有低于平均比例的现金。

用公式表示：择时损益 =（股票实际配置比例 - 正常配置比例）× 股票指数收益率 +（现金实际配置比例 - 正常配置比例）× 现金收益率

例如，假设某季度上证 A 股指数的收益率为 10%，现金的收益率为 2%。某基金投资政策规定，基金的股票投资比例为 80%，现金（债券）的投资比例为 20%。但在实际投资过程中，股票的投资比例为 70%，现金的比例为 30%，则可以根据上式得到该基金的本季的择时效果：

$$\text{择时损益} = (70\% - 80\%) \times 10\% + (30\% - 20\%) \times 2\%$$
$$= -1\% + 0.2\%$$
$$= -0.8\%$$

可以看出，由于本季度股票市场相对于现金处于强势，但基金却减少了在股票上的投资，保留了更多的现金比例，因此其错误的择时导致了该基金市场时机选择的损失。

（三）市场预测成功率分析

使用上述同样的现金管理数据来评价市场时机选择是否成功的另一种方法，是估计根据对市场方向的预期而正确改变现金比例的时间占分析期时间的百分比。使用这种成功概率或成功百分比对市场时机选择进行评价的一个重要步骤，是将市场划分成牛市和熊市两个不同的阶段。因为牛市阶段总是出现得更多一些（从历史观察来看大约要占到全部时间的 2/3 左

右),所以总是预计牛市会出现而采用一种不变战略,也会获得超过平均水平的成功率。例如在 1957—1974 年的分析时期内,一个采用不变战略者对每个季度都是预计会出现牛市,结果会获得 60% 的成功概率,这一概率正好与按季度出现牛市的比例大致相同,即 72 个季度中有 43 个季度是牛市(60%)。为了对这种和其他类型的估计偏差进行调整,在市场时机选择总的成功概率计算中可以把在市场预测中分别估计的牛市的概率($P1$)和熊市的概率($P2$)结合起来,计算公式如下:

$$Pr = P1 + P2 - 1 \qquad (15-25)$$

其中,Pr 代表市场预测成功率。

专栏 15-1
基金评级

目前我国基金主要的评级包括:晨星评级、济安金信评级、招商评级、银河评级等。基金评级是投资者投资行为的重要参考指标,可以对基金经理产生约束和激励,有利于基金经理通过反馈市场信息、调整策略,促使基金市场健康发展。

晨星评级是把每只具备 3 年以上业绩数据的基金归类,在同类基金中,基金按照"晨星风险调整后收益"指标(Morningstar Risk-Adjusted Return)由大到小进行排序:前 10% 被评为 5 星;接下来 22.5% 被评为 4 星;中间 35% 被评为 3 星;随后 22.5% 被评为 2 星;最后 10% 被评为 1 星。在具体确定每个星级的基金数量时,采用四舍五入的方法。

济安金信评级主要理论包括分形市场理论,类推原则、惯性原则、相关性原则三种预测原则,依据不同类型基金的设计初衷与特征,运用多目标规划理论与方法,设计独特的多因素评级体系。首先,依据不同基金类型设计了不同多评价维度,经过相关性检验选择了相应的二级指标,不同维度和指标权重系数均经过最佳配置后,采取定性与定量评价相结合,依据评级维度与具体指标和权重配置进行类内星级评价,最终获得分级归类星号评级。

招商评级认为不同的基金类型因为具有不同的风险收益特征,因此对其风险评价方法也应有所不同。全部基金按投资对象的不同可以分为高风险、中等风险、较低风险及低风险四种风险等级。数字从大到小,风险程度依次递减。

银河评级为中国银河证券基金研究中心在 2001 年推出,其评级原理与晨星评级基本相似,也同样以 5 个不同的星级来评定优秀基金,只是在参数侧重点和基金分类标准上略有不同,5 级是最高级。评级标准包括:基金公司的品牌度,美誉度,基金公司规模,旗下基金品种是否齐全完整,有无独立的研发团队和稳定的基金管理层,以往业绩和基金的长期表现等。

第五节 投资组合其他方面评测

一、回报率属性

投资过程的最终目的是实现投资者所提出的投资目标。业绩评价不仅在于评价为实现总体投资目标所进行的投资过程的成功程度,还在于诊断对实现总体目标作出贡献的每一种要素的贡献程度。从另一方面来说,业绩的评价也应该提供一个反馈机制,使得机构能够强化投资过程中高效率的方面,弱化或者改进那些效率不高或对投资目标没有贡献的方面。因为实现投资目标是投资过程的基本目的,所以对投资目标作出清晰的表述是对投资过程进行评价的一个关键步骤。正像本书前面一些章节中所述,制定并且清晰地表述投资目标是在投资组合管理中所要实施的第一步。因为一个养老基金的经理可能会面临任何一个其他类型的投资者所可能面临的问题,所以我们可以用一个假想的养老基金来很好地说明目标制定的过程。

表 15-1 投资基金的目标确定

基金类型	养老基金	
基金价值	10 亿美元	
回报率目标	实际回报率 4%	
计划期	5 年	
亏损风险	不能获得目标回报率为 1/3 各种可能的资产即期望配置	
资产	正常比例(%)	允许偏差(%)
国内权益	60	±15
国际权益	15	±5
日本	5	—
英国	5	—
德国	5	—
固定收入证券	25	±10
长期	20	—
短期	5	—

我们可以列出所假想的养老基金的各种特征。基金的总资产价值为 10 亿美元,从规模上来看大约属于中等偏上的养老基金。基金的目标是投资于中等风险的证券以便于使总资产的实际回报率达到 4%,即名义总资产回报率减去通货膨胀率应该等于 4%。典型的市场周期大约是 5 年期,正好与基金计划期同样长。基金的目标是投资于中等风险证券并在每一个滚动 5 年期内都获得 4% 的回报率。预期至少有 2/3 的时间基金可能实现或超过这一目标。或者说,所能接受的适当风险,即没有实现这一目标的可能性,应该是短于 1/3 的时间。

基金可选择的资产范围既包括国内证券也包括国际证券,可选择的外国市场包括日本、英国和德国。为防止涌现出过多的小规模持有者,该基金设置了投资于市场资本化价值不少于 2 亿美元证券的限制。基金的投资范围中可包括公司和政府债券,但是不包括市政债券或优先股票。因为该基金是免税的,一般情况下养老金计划都是如此,所以对于所持有的证券是否免税并不感兴趣。像国库券和商业票据这样的货币市场工具都是可以购买和持有的对象。表15-1表明了投资计划的资产配置,该配置以尽可能低的风险提供了一个实现目标的最有可能的机会。注意该计划的正常配置是,拥有60%的国内股票,15%的国际股票,25%的固定收入证券。在一个比较长的时期内,这里还是定义成5年期,这种正常配置以最小的风险提供了一个最有可能实现目标回报率的机会。不管怎样,该计划允许实际配置在一定程度上偏离正常配置,国内股票配置比例的偏离幅度为+15%,国际权益比例的偏离幅度为+5%,固定收入证券比例的偏离幅度为+10%。

一般情况下,在回报率属性中我们假设整体风险水平与目标要求相一致,因此我们可以只考虑投资组合的回报率业绩部分。

我们假设基金发起人有责任确定长期配置,并就什么时候以及在多大程度上改变主要的资产类别的权重。就主要资产类别进行资产管理时,我们假设基金聘用如下外部专业货币管理机构:(1)国内权益的管理机构;(2)国际权益的国际投资专家。我们还假设基金聘用一个主要理财机构的债券管理部门,以监督基金的固定收入部分。

我们列出了评价这种假想基金业绩的三个主要方面。首先,我们需要确定我们的整体资产分布(战略资产配置)在满足长期实际回报率目标方面是否有效。其次,我们需要评价对各资产类别的长期权重目标的任何改变的有效性如何。即我们需要决定通过各种资产类别所占权重的改变所引起的长期回报率目标的增值或减值。最后,我们还需要决定是否涉及各种不同资产类别的经理们,通过在各种资产类别内(包括国内权益、国际权益和固定收益证券)的资产选择,使得相对于每一类资产类别来说,取得比该资产类别适当基准值更高或更低的业绩。

二、长期目标与战略资产配置

很多计划的发起人在认识到可能面临的风险和通货膨胀之后,会把他们的长期目标表述为实际投资回报率,即名义投资回报率减去通货膨胀率。这一战略对于保证养老金资产足以超过养老金将来负债是必要的,因为养老金将来负债一般是以通货膨胀率调整后的值来计算的。一般而言,养老金发起人似乎都是把实际投资回报率的目标规定为4%的水平。基金计划是否能够以最低的风险在中等时期或更长的时期内,比如5~20年内实现计划的这一实际回报率目标,其决定因素是资产配置的有效性。

我们曾经讨论过,在不同的经济背景下各种不同的资产类别有不同的表现。特别值得指出的是,在通货紧缩期债券的业绩表现好,而在通货膨胀期则其业绩表现不好。国库券一般是提供与通货膨胀率方向一致的回报率,所以常常被作为针对通货膨胀进行套期保值的工具,特别是在战后以来尤为如此。在经济实际增长势头强劲的时期,普通股的业绩是令人满意的。然而,作为一种针对通货膨胀的套期保值工具,普通股却表现出了混合特性,特别是在较短的时期内。人们期望国际权益能起到回避通货膨胀风险的作用,但是它们又易受其他经济和政治风险的影响。资产配置的目标就是将各种类型的资产混合起来,一方面对不利的经济变化进行套期保值(降低风险),另一方面提供最大的获取长期回报率的机会。

三、评价资产混合变化

涉及使用资产类别进行基金业绩评价分析的第二个方面是评价相对于长期资产配置目标而言，任何资产权重变化的效率如何。我们特别感兴趣的是在多大程度上资产类别的权重脱离了长期资产配置目标，并且由此导致的业绩变化效果如何。例如，如果在分析期内基金过多地投资于国际权益而减少对国内权益的投资，我们将分析估计与保持长期目标资产配置相比基金业绩发生了什么变化。

为进行这种分析，我们首先在假定资产权重相对于长期资产配置目标权重没有变化的基础上，比较所分析的资产类别获得的回报率与投资组合获得的回报率。然后，我们用所分析资产类别与投资组合之间的差异回报率或级差损失率乘上该资产类别的权重变化差异。例如，如果一个投资组合经理认为在某年内长期债券的风险回报率相互替换性很有吸引力，因此会在投资组合中加大债券的权重。比如，该权重增加了5个百分点，那么我们就用5%乘上长期债券的相对收益或损失。如果在该年度债券比投资组合获得了更高的回报率，我们就会从权重的变化上获益。反过来，如果在该年度债券比投资组合获得了更低的回报率，我们就会从权重的变化上受到损失。

四、对分类基金经理的评价

进行业绩评价的第三个方面是评价经理们在单一资产类别内的成功程度，包括在国内权益、国际权益和固定收益证券类别内的成功程度。做这样的比较我们旨在试图评价经理或经理们进行单个证券或行业选择的能力。比较分为如下三种情况：（1）对国内权益经理人进行评价时与类似标准普尔500股这样的市场指数进行比较；（2）与其他专门从事同样资产类别的证券管理者的业绩进行比较；（3）在对系统因素影响调整后进行评价。

在同一个资产类别内将其中一个经理的业绩同其他经理们的业绩进行比较也是很有用的。例如，我们将要考察固定收入证券投资经理的业绩，就必须与其他固定收入证券投资经理的业绩进行比较。在这种比较中，我们必须保证将要进行业绩比较的经理们经营的是同一种类别的证券。即固定收入证券经理主要经营固定收入证券；国内权益经理主要经营国内权益；国际权益经理主要经营国际权益。

评价投资组合的历史业绩从以下几个方面来讲对投资者都是有益的。首先，投资者可以借此评价投资经理完成回报率目标的情况如何以及在投资过程中对风险的控制如何。其次，投资者还可以凭借投资经理之间的比较或者用投资经理业绩与被动投资战略（如标准普尔500股指数）相比较，评价投资经理完成目标情况。最后，评价也提供了一种辨别投资过程中的缺陷并对效益不佳的投资活动加以改进的机制。在这种意义上，业绩评价不仅是一种评价投资管理价值的方法，也是改进投资管理过程的一种反馈机制。

尽管对过去业绩的评价是有益的，但是当我们从分析中要得出肯定的结论时仍要小心。首先，目前所采用的风险调整度量是有偏差和不充分的，这就会导致不全面的风险业绩调整。其次，市场环境是如此富有竞争性以至最好的管理组织也仅会拥有微弱的优势。目前所使用的业绩度量技术还不足以清晰地辨认这种微弱的优势，或者至少在短期内是如此。最后，管理组织也是随着时间的延续而不断变化的。我们每个人在工作中有可能出现一种微妙的但又至关重要的变化。成功往往会使人自满，因此成功的投资过程也仅仅代表过去的成绩，而并不表示将来也是如此。但无论如何，对过去业绩的评价是估计将来的起点。也许更重要的是，它可以作为现在正在进行的投资管理过程的反馈机制。

【本章小结】

　　评价投资业绩的基本度量指标是一段时期内所投入资产的回报率。在评价投资经理业绩时，还需要确定风险和回报率之间的对应关系。为了评价投资组合业绩，首先要确定一个基准投资组合。基准投资组合的选取一般分为单一基准投资组合和多种基准投资组合。

　　投资回报一般是指在评价期间投资组合的资产价值变化加上同一期间所获得的所有收益。具体地说，投资组合收益包括投资组合投资所得红利、股息、债券利息、买卖证券价差、存款利息和其他收入。

　　投资组合收益率的计算一般采用基于投资组合单位净值数据进行时间加权的方法计算投资组合的投资收益率，从而避免投资组合规模变动、分红时间等因素的影响。超额收益率的计算方式按照不同的模型，略有不同。

　　跟踪误差是指数基金的收益率与标的指数收益率之间的偏差。跟踪误差反映的是组合收益率与标的收益率之间的偏差。跟踪误差越大，反映其偏离标的越大，风险高；跟踪误差越小，反映其跟踪标的偏离度越小，风险低。跟踪误差的产生基本源于三个方面的因素。

　　20世纪60年代末，学者们提出了几种用于评估投资组合管理人相关业绩的单因素模型，包括夏普指数、特雷诺指数、詹森指数等。近20多年中，又有一些新的指标相继被提出，如信息比率、M^2方法、M^3方法、衰减度概率等。投资组合业绩评价多因素模型主要有Lehmann & Modest 的 APT 方法和 Cruber – Sharpe 方法。

　　研究证券选择和市场选择能力的相关模型是詹森使用的一个收益模型，用来计算被管理组合的绩效，这一模型及其 α 值成为之后组合投资绩效评价方法的一个重要基础。时机选择能力评价模型经历了演变与发展。时机选择能力评价成为诊断投资经理操作中是否成功的一种方法。一种不同的但也是一种补充性的市场时机选择分析评价方法是仅仅分析在不同的市场环境下，一种基金或一个经理所控制的投资中的现金头寸如何变化。使用同样的现金管理数据，来评价市场时机选择是否成功的另一种方法，是估计根据对市场方向的预期而正确改变现金比例的时间占分析期时间的百分比。

　　投资组合其他方面评测包括回报率属性、长期目标与战略资产配置、评价资产混合变化、对分类基金经理的评价等。

【关键词】

投资组合管理　投资组合管理业绩评价模型　单因素模型　多因素模型

【重要概念】

夏普指数　特雷诺指数　詹森指数　M^2 测度　评估比率

【思考题】

1. 如何计算夏普指数？夏普指数成立的前提条件是什么？
2. 单因素模型的优点和缺点是什么？
3. 多因素模型的优点和缺点是什么？
4. 为什么评估投资组合业绩时要确立合理的基准？
5. 什么是评估比率？它成立的条件是什么？
6. 什么是特雷诺指数？它成立的条件是什么？
7. 夏普指数、特雷诺指数、詹森指数在评价投资组合业绩时各有什么优点和缺点？

【案例分析】

人力资源和社会保障部发布的《2021 年度全国企业年金基金业务数据摘要》（以下简称《摘要》）显示，截至 2021 年末，全国企业年金积累基金 2.64 万亿元，建立企业数 11.75 万个，参加职工人数 2 875.24 万人，当年投资收益 1 241.98 亿元，当年加权平均收益率为 5.33%。

平安养老险近三年也实现了年金投资业绩的稳健增长，整体业绩超过市场平均水平，充分彰显了投资团队的主动管理能力。2021 年，平安养老险企业年金投资管理规模逾 3 000 亿元，年末规模达 3 046 亿元，管理组合数达 757 个，均位居市场前列。企业年金服务企业数超 1.7 万家，其中一级央企 70 家。《摘要》显示，截至 2021 年年末，平安养老险管理的养老金产品规模合计达 1 878 亿元，运作产品数量 105 只，均位居市场前列。股票型、固收型、混合型产品全面开花，均有产品投资业绩位列市场前 10%。具体来看，2021 年股票型产品有 75% 的产品排名市场前 50%，其中 1 只产品排名市场前 10%；固收型产品有 4 只产品排名市场前 50%，其中 1 只产品排名市场前 10%；混合型产品有 3 只产品排名市场前 50%，其中 1 只产品排名市场前 10%。

资料来源：2021 企业年金成绩单放榜，平安养老险投资业绩持续稳健 [EB/OL]. [2022 - 03 - 24]. https://baijiahao.baidu.com/s?id=1728190767640237480&wfr=spider&for=pc.

第十六章
量化投资

从 1971 年世界上第一只被动量化基金由巴克莱国际投资管理公司（Barclays Global Investors，BGI）发行以来，量化投资基金发展迅速。量化基金从此踏上了飞速发展的道路。在资产管理市场大变革和刚兑被打破的历史背景下，我国的量化对冲基金有着广阔的发展前景。进入 2019 年以后，公募量化基金迎来较快发展，总规模迅速攀升。Wind 数据显示，根据 2021 年年报数据，公募量化产品的总规模达 2 541.64 亿元。市场存续的 100 家公募基金公司中，百亿级量化公司共有 5 家，其中汇添富、易方达及富国基金位列前三。

通过本章的学习，你将了解到：
- 什么是量化投资；
- 量化投资与传统投资有何不同；
- 量化投资的主要内容。

第一节 量化投资概述

一、量化投资的定义

传统的投资方法主要有基本面分析法和技术分析法这两种，与它们不同的是，量化投资主要依靠数据和模型来寻找投资标的和投资策略。

{ 量化投资就是利用计算机科技并采用一定的数学模型去实现投资理念、实现投资策略，从而获得高于市场收益的过程。

与传统定性的投资方法不同，量化投资不是靠个人感觉来管理资产，而是将适当的投资思想、投资经验，甚至包括直觉反映在量化模型中，利用电脑帮助人脑处理大量信息，帮助人脑总结归纳市场的规律，建立可以重复使用并反复优化的投资策略（经验），并指导我们的投资决策过程。

二、量化投资与传统投资比较

（一）传统投资策略的缺点

投资策略一般可分为主动型投资策略和被动型投资策略，被动型投资策略即一般所说的指数化投资，而主动型投资策略又可分为传统型投资策略和量化投资策略，如图 16-1 所示。

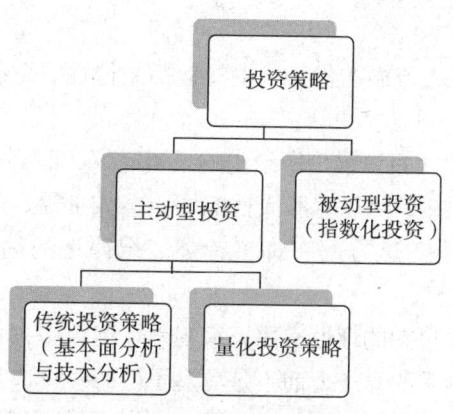

图 16-1　投资策略分类

所有的主动型基金经理都试图战胜市场以期获得超过市场基准的超额收益。然而,传统的主动型基金经理的绩效一般都很难达到期望值,这也许印证了有效市场理论(EMH)的观点——市场是无法被超越的。但是,我们可以从另外一个角度去思考这个问题,传统主动型投资策略有时的失败也许并不是因为无法超越市场效率的限制,而是由于其本身内在的缺点所致。

1. 传统主动型投资策略受到人类思维可以处理的信息量的限制。人类思维在任何时候都只能考虑有限数目的变量,因此对任何一个基金管理者而言,对大量股票都进行深入分析是不现实的。例如,对于 600 只的股票样本,被一个传统主动型基金经理紧密跟踪的也许只包括 200 只,这样就会明显排除从其他股票获益的机会。

2. 传统主动型投资策略容易受到认知偏差的影响。任何人的认知偏差及根深蒂固的思维习惯都会导致决策的系统误差。例如,大多数人都只愿意记住自己成功的喜悦而不愿意记住失败的教训,所以在处理问题时一般都会表现出过度自信。行为金融学的研究也表明,认知偏差会歪曲投资者的决策从而对其投资行为产生影响。

3. 传统主动型投资策略更强调收益率而不是风险控制,更加偏重个股挖掘而不是投资组合构造。由于对传统主动型基金的业绩衡量基准缺乏明确的定义,相应地,对其基金经理的投资资产配置也就缺乏严格的限制,这使得基金经理倾向于偏离潜在的业绩基准,在盲目追求高收益的同时,较少考虑相应的风险控制,这也是传统主动型投资策略未能取得期望优异绩效的原因之一。

(二) 量化投资策略的优势①

量化投资和传统的定性投资在本质上是相同的,二者都是基于市场非有效或是弱有效的理论基础,而基金经理可以通过对个股基本面、估值、成长性等方面的分析研究,建立战胜市场、产生超额收益的组合。不同的是,传统定性投资较依赖对上市公司的调研,并加以基金经理的个人经验及主观判断;而量化投资则是将定性思想与定量规律进行量化应用的

---

① 部分观点来自知乎相关文章《什么是量化投资?量化投资怎么样?量化投资的特点与优势是什么?》(https: // www. zhihu. com/question/38311854)。

过程。

量化投资策略有如下五大方面的优势,主要包括纪律性、系统性、及时性、准确性、分散化。

1. 纪律性。严格执行量化投资模型所给出的投资建议,而不是随着投资者情绪的变化而随意更改。纪律性的好处很多,可以克服人性的弱点,如贪婪、恐惧、侥幸心理,也可以克服认知偏差,行为金融理论在这方面有许多论述。纪律化的另外一个好处是可以跟踪和修正。

量化投资作为一种定性思想的理性应用,客观地在组合中去体现这样的组合思想。一个好的投资方法应该是一个透明的盒子,而不是黑盒子。每一个决策都是有理有据的,无论是股票的选择、行业选择,还是大类资产的配置等,都是有数据支持、模型支持及实证检验的。

2. 系统性。量化投资的系统性特征主要包括多层次的量化模型、多角度的观察及海量数据的观察等。多层次模型主要包括大类资产配置模型、行业选择模型、精选个股模型等。多角度观察主要包括对宏观周期、市场结构、估值、成长、盈利质量、分析师盈利预测、市场情绪等多个角度的观察。

量化投资的系统性还有一方面就是数据多,即海量数据的处理。人脑处理信息的能力是有限的,当一个资本市场只有 100 只股票时,这对定性投资基金经理是有优势的,他可以深刻分析这 100 家公司,这就表现出定性基金经理深度研究的优势。但在一个很大的资本市场上,比如有成千上万只股票的时候,强大的量化投资的信息处理能力能反映它的优势,能捕捉更多的投资机会,拓展更大的投资机会。

3. 及时性。及时快速地跟踪市场变化,不断发现能够提供超额收益的新的统计模型,寻找新的交易机会。

4. 准确性。准确客观评价交易机会,克服主观情绪偏差,妥善运用套利的思想。量化投资正是在找估值洼地,通过全面、系统性的扫描,捕捉错误定价、错误估值带来的机会。定性投资经理大部分时间在琢磨哪一个企业是伟大的企业,哪只股票是可以翻倍的股票;而量化投资经理大部分精力用于分析哪里是估值洼地,哪一个品种被低估了,买入低估的,卖出高估的。

5. 分散化。在控制风险的条件下,充当准确实现分散化投资目标的工具。分散化,也可以说量化投资是靠概率取胜。这表现为两个方面:一是量化投资不断地从历史中挖掘有望在未来重复的历史规律并且加以利用,这些历史规律都是有较大概率获胜的策略;二是依靠筛选出股票组合来取胜,而不是依靠一只或几只股票取胜;从投资组合理念来看,也是捕获大概率获胜的股票,而不是押宝到单只股票上。

三、量化投资历史[①]

量化投资和数理金融具有很大的共同性,很多量化投资的理论、方法和技术都来自数理

---

① 部分内容参考零点财经. 量化投资理论发展历史 [EB/OL]. [2017 – 06 – 22]. https://www.zcaijing.com/lianghuatouzi/7431. html.

金融,数理金融学是近几十年来兴起的新学科,而其作为学科名称正式出现至今不过十几年的时间。下面我们就从数理金融的发展来回顾整个量化投资的历史。

1. 20世纪50—60年代。马柯维茨(Markowitz)于1952年建立的均值—方差模型,第一次把数理工具引入金融研究,在马柯维茨工作的基础上,夏普(Sharpe,1964)、林特纳(Litner,1965)、莫森(Mossin,1966)研究了资产价格的均衡结构,推导出的资本资产定价模型(CAPM),已成为度量证券风险的基本量化模型。随后,CAPM形成了度量金融领域投资绩效的理论基础。

20世纪60年代投资实务研究的另一个具有重要影响的理论是萨缪尔森(Samuelson,1965)与法玛(1965)提出的有效市场假说(EMH),这一假说主要包括理性投资者、有效市场和随机游走三方面。该假设成立意味着,在功能齐全、信息畅通的资本市场中,任何用历史价格及其他信息来预测证券价格的行为都是徒劳。

2. 20世纪70—80年代。20世纪70年代,随着金融创新的不断进行,衍生产品的定价成为理论研究的重点。1973年,布莱克(Black)和斯科尔斯(Scholes)建立了期权定价模型,实现了金融理论的又一大突破。该模型迅速被运用于金融实践,使金融创新工具的品种和数量迅速增多,金融市场创新得到空前规模的发展。此后,罗斯(Ross,1976)建立了套利定价理论(APT)。在投资实务中,多因素定价(选股)模型可以看作APT理论最典型的代表。

3. 20世纪80—90年代。20世纪80年代,现代金融创新进入鼎盛时期。在此期间诞生了所谓的80年代国际金融市场"四大发明",即票据发行便利(NIFs)、互换交易、期权交易和远期利率协议。金融理论的一个新概念——"金融工程"也诞生了。金融工程作为一个新的学科从金融学中独立出来。

20世纪80—90年代,对期权定价理论的进一步研究刺激了倒向随机微分方程求解的发展,从而对期权定价理论的研究开启了新的动力。同时,对倒向随机微分方程的理论和数值计算的研究又促进了对期权定价理论数学模型的新研究。

其次,20世纪90年代金融学家更加注重金融风险的管理。可以说,风险管理是20世纪90年代以来金融机构管理的中心论题。在风险管理的诸多模型中,最著名的风险管理数学模型是VaR(即Value at Risk)模型,其中以J.P.摩根的风险矩阵(Risk Metrics)为主要代表。目前,这种方法已被全球各主要银行、公司及金融监管机构所接受,并成为最重要的金融风险管理方法之一。

同时,在这一时期还形成了另一个具有重要影响力的学术流派——行为金融学。有效市场理论在20世纪70年代在学术界达到了顶峰,是那个时期占统治地位的学术观点。但是,进入20世纪80年代以后,关于股票市场的一系列经验研究发现了与有效市场理论不相符合的异常现象,如日历效应、股权溢价之谜、期权微笑、封闭式基金折溢价之谜、小盘股效应等。面对这一系列金融市场的异常现象,一些学者开始从传统金融理论的最基本假设入手,放松关于投资者是完全理性的严格假设,吸收心理学的研究成果,研究股票市场投资者行为、价格形成机制与价格表现特征,取得了一系列有影响的研究成果,形成了具有重要影响力的学术流派——行为金融学。

4. 20世纪90年代末至今。20世纪末，非线性科学的研究方法和理论在金融理论及其实践上的运用，极大地丰富了金融科学量化手段和方法论的研究。无疑，这将开辟金融科学量化非线性的新范式的研究领域。

非线性科学的研究方法和理论，不仅在金融理论研究方面开辟了崭新的非线性范式的研究领域，而且在金融实践和金融经验上也取得累累硕果。其中最为著名的是桑塔费（Santa Fe）于1991年创立的预测公司，它是使用非线性技术最有名的投资公司之一。其名声远扬主要应归功于其创始人多伊·法墨（Doyne Farmer）博士和诺曼·帕克（Norman Packard）博士。他们在系统地阐述李雅普诺夫指数对于混沌分类的重要性方面和重构相空间的时间延迟方面都有着重要贡献，而且还使用一些不同的方法，如遗传算法、决策树、神经网络和其他非线性回归方法等建立模型。令人遗憾的是，根据专有合同他们的技术属于瑞士银行集团。因此，他们投资过程的细节和业绩记录都是专有财产。

总之，非线性科学的研究方法和理论，为人们进一步探索金融科学数量化的发展提供了最有力的研究武器。目前的研究表明，发展一种将人们所能看到的非线性结构并入到金融理论和金融经验的研究和应用的过程才刚刚起步，这里有许多工作需要人们去开创、丰富和发展。

第二节　量化投资的主要内容与方法

一、量化投资的主要内容

一个典型的投资流程如图16-2所示，从中可以看出，量化投资技术几乎覆盖了投资的全过程，包括量化选股、量化择时、股指期货套利、商品期货套利、统计套利、期权套利、算法交易、资产配置等。

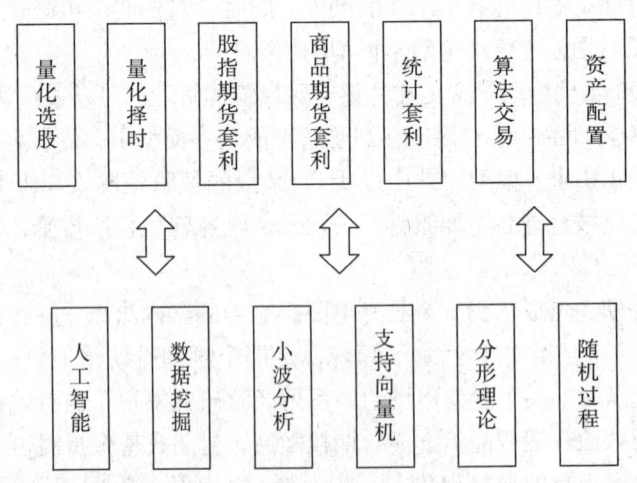

图16-2　量化投资体系结构

1. 量化选股。量化选股就是采用定量的方法判断某个公司股票是否值得买入的行为。根据某个方法，如果该公司满足了该方法的条件，则放入股票池；如果不满足，则从股票池中剔除。

量化选股的方法有很多种，总体而言，可以分为公司估值法、趋势法和资金法三大类。

公司估值法是上市公司基本面分析的重要利器，在"基本面决定价值，价值决定价格"的基本逻辑下，通过比较公司估值法得出的公司理论股票价格与市场价格的差异，判断股票的市场价格是否被高估或者低估，从而寻找出价值被低估或价值被高估的股票，指导投资者的具体投资行为，如买入、卖出或继续持有。

趋势法就是根据市场表现的强势、弱势、盘整等不同的形态，作出对应的投资行为的方法。可以追随趋势，也可以进行反转操作等。

资金法的本质思想是追随市场主力资金的方向，如果资金流入，应该伴随着股票价格上涨；如果资金流出，则应该伴随着股票价格下跌。也可以通过持仓筹码的分布来判断在未来一段时间股价的上涨和下跌情况。资金法本质上是一种跟风策略，追随主流热点，从而期望在短时间内获得超额收益。

2. 量化择时。股市的可预测性问题与有效市场假说密切相关。如果有效市场理论或有效市场假说成立，股票价格充分反映了所有相关的信息，价格变化服从随机游走，股票价格的预测则毫无意义。从中国股票市场的特征来看，大多数研究报告的结论支持中国的股票市场尚未达到弱有效，中国股票市场的股票价格时间序列并非与序列无关，而是与序列相关的，即历史数据对股票的价格形成起作用，因此，可以通过对历史信息的分析预测价格。

随着计算机技术、混沌理论、分形理论的发展，人们开始将股票的市场行为纳入非线性动力学研究范畴。众多的研究发现，我国股市的指数收益中，存在经典线性相关之外的非线性相关，从而拒绝了随机游走的假设，指出股价的波动不是完全随机的，它貌似随机、杂乱，但在其复杂表面的背后，却隐藏着确定性的机制，因此存在可预测成分。当然，认为股价可预测，并不等于说可以100%地准确预测，而是指可以使用经济预测的方法，建立起能在一定误差要求之内的预测股价变动的预测模型。一批学者先后证实了证券市场的确存在着一些可利用的规律，其成功率之高和稳定性之久，远远超出了随机游走理论可以解释的范围。因此，最近20年，持证券市场缺乏效率观点的人越来越多，证券市场预测的研究也再次成为人们关注的热点。

3. 股指期货套利。股指期货套利是指利用股指期货市场存在的不合理价格，同时参与股指期货与股票现货市场交易，或者同时进行不同期限，不同（但相近）类别股票指数合约交易，以赚取差价的行为。股指期货套利主要分为期现套利和跨期套利两种。

我国沪深300股指期货已经推出，为券商、基金等机构投资者提供了金融创新的工具，使用这些工具，机构投资者可以按照金融工程的理论框架去探索新的盈利模式。股指期货套利交易就是一种值得研究的新型盈利模式，开展股指期货套利交易对于恢复扭曲的市场价格关系、抑制过度投机和增强市场流动性都有着重要作用。

股指期货套利的研究主要包括现货构建、套利定价、保证金管理、冲击成本、成分股调整等内容。

4. 商品期货套利。商品期货套利盈利的逻辑原理是基于以下几个方面：相关商品在不同地点、不同时间都对应有一个合理的价格差价；由于价格的波动性，价格差价经常出现不合理；不合理必然要回到合理。不合理回到合理的这部分价格区间就是盈利区间。

正是基于以上几个方面的原理，才产生了套利机会，套利者所赚的钱就是从不合理到合理这部分空间的价差，所以套利者所做的就是当价差出现扭曲甚至严重扭曲的时候及时捕捉到机会，稳定赚取这部分利润。

对相关合约之间的价差数据变化规律进行科学的统计分析是商品期货套利过程成功实施的重要前提，只有借助统计分析工具和图表，结合基本面和技术分析，才能预测出今后一段时间内相关合约价差数据变化的趋势，从而把握最佳的套利时机。因此，历史数据的统计分析对成功实施商品期货套利而言非常重要。

另外，考虑到套利交易中的资金成本运用问题，能够通过历史数据变化规律的分析帮助投资者在继续持有套利头寸和提前结束头寸之间作出恰当的选择也是非常必要的。

5. 统计套利。有别于无风险套利，统计套利是利用证券价格的历史统计规律进行的套利，是一种风险套利，其风险在于这种历史统计规律在未来一段时间内是否继续存在。

统计套利在方法上可以分为两类：一类是利用股票的收益率序列建模，目标是在组合的 β 值等于零的前提下实现 Alpha 收益，我们称之为 β 中性策略；另一类是利用股票的价格序列的协整关系建模，我们称之为协整策略。前者是基于日收益率对均衡关系的偏离，后者是基于累计收益率对均衡关系的偏离。基于日收益率建模的 β 中性策略是一种超短线策略，只要日偏离在短期内不修复，策略就会失效。并且，如果日偏离是缓慢修复的，这种策略很难搜索到合适的平仓时机。很多分析也表明，β 中性策略经常会发出错误的交易信号。而协整策略直接利用了原始变量——股价进行建模，当累计收益率偏离到一定程度时建仓，在偏离修复到一定程度或反向时平仓。

6. 期权套利。期权套利交易是指同时买进卖出同一相关期货，但不同敲定价格或不同到期月份的看涨或看跌期权合约，希望在日后对冲交易部位或履约时获利的交易。期权套利的交易策略和方式多种多样，是多种相关期权交易的组合，具体包括水平套利、垂直套利、转换套利、反向转换套利、跨式套利、蝶式套利、飞鹰式套利等。

期权具有杠杆高、损失有限的特点，使得利用期权进行套利交易，比期货套利的效率更高，收益率更大。期权套利分析主要需要解决的问题有高低损益平衡点确定、套利空间计算、交易成本、市场容量等。

7. 算法交易。算法交易又被称为自动交易、暗箱交易或者机器交易，它指的是通过使用计算机程序来发出交易指令。在交易中，程序可以决定的范围包括交易时间的选择、交易的价格，甚至可以包括最后需要成交的证券数量。

根据各个算法交易中算法的主动程度不同，可以把不同算法交易分为被动型算法交易、主动型算法交易、综合型算法交易三大类。

8. 资产配置。资产配置是指资产类别选择，即投资组合中各类资产的适当配置及对这些混合资产进行实时管理。量化投资管理将传统投资组合理论与量化分析技术相结合，极大地丰富了资产配置的内涵，形成了现代资产配置理论的基本框架。它突破了传统积极型投资和指数型投资的局限，将投资方法建立在对各种资产类股票公开数据的统计分析上，通过比较不同资产类的统计特征，建立数学模型，进而确定组合资产的配置目标和分配比例。

今天，全世界有超过万亿美元的资产全部或部分以量化分析为基础进行资产配置。资产配置一般包括两大类别、三大层次，两大类别分别为战略资产配置和战术资产配置；三大层次分别为全球资产配置、大类资产配置及行业风格配置。

> **专栏 16–1**
> **量化投资基金**
>
> 量化投资基金，简单地说，就是利用数学、统计学、信息技术的量化投资方法来管理投资组合。数量化投资的组合构建注重的是对宏观数据、市场行为、企业财务数据、交易数据进行分析，利用数据挖掘技术、统计技术、计算方法等处理数据，以得到最优的投资组合和投资机会。
>
> 20 世纪 70 年代首只量化基金成立，并从 90 年代到 21 世纪初快速增长。最近几年，量化基金良好的业绩表现，加上相对低廉的管理费用，引起越来越多投资者的关注。其中的佼佼者，业绩表现非常突出。数量化投资的创始人之一詹姆斯·西蒙斯管理的大奖章基金，自 1988 年成立后年均回报率达到 38.5%，他因此成为 20 年内最赚钱的基金经理。这一收益率水平远超过巴菲特 20% 的平均年收益率。
>
> 2009 年以来，国内基金行业中一个新品种逐渐进入投资者的视野，即量化投资基金。嘉实量化阿尔法、中海量化、长盛量化等一系列冠以"量化投资"的基金面世。
>
> 以量化模型为基础的基金能够发挥出它有别于传统主动管理基金的优势，一方面是避免了基金经理的情绪和主观决策的干扰；另一方面，借助程序化的计算机模型，也能够跟踪和发现大量人力不及的投资机会。

二、量化投资的主要方法

量化投资涉及很多数学和计算机方面的知识和技术，总体而言，主要包括人工智能、数据挖掘、小波分析、支持向量机、分形理论和随机过程。

1. 人工智能。人工智能（Artificial Intelligence，AI）是研究使用计算机来模拟人的某些思维过程和智能行为（如学习、推理、思考、规划等）的学科，主要包括计算机实现智能的原理、制造类似于人脑智能的计算机，使计算机能实现更高层次的应用。人工智能将涉及计算机科学、心理学、哲学和语言学等学科，可以说几乎涉及了自然科学和社会科学的所有学科，其范围已远远超出了计算机科学的范畴，人工智能与思维学的关系是实践和理论的关系，人工智能处于思维科学的技术应用层次，是它的一个应用分支。

从思维观点看，人工智能不仅仅限于逻辑思维，还要考虑形象思维、灵感思维，才能促进人工智能的突破性发展。数学常被认为是多种学科的基础科学，因此人工智能学科也必须借用数学工具。数学不仅在标准逻辑、模糊数学等范围内发挥作用，进入人工智能学科后也能促使其得到更快的发展。

金融投资是一项复杂的、综合了各种知识与技术的学科，对智能的要求非常高，所以人工智能的很多技术可以用于量化投资分析中，包括专家系统、机器学习、神经网络、遗传算法等。

2. 数据挖掘。数据挖掘（Data Mining）是从大量的、不完全的、有噪声的、模糊的、随机的数据中提取隐含在其中的、人们事先不知道的，但又是潜在有用的信息和知识的过程。

与数据挖掘相近的同义词有数据融合、数据分析和决策支持等。在量化投资中，数据挖掘的主要技术包括关联分析、分类/预测、聚类分析等。

关联分析是研究两个或两个以上变量的取值之间存在的某种规律性。例如，研究股票的某些因子发生变化后，与未来一段时间股价之间的关联关系。关联分为简单关联、时序关联和因果关联。关联分析的目的是找出数据库中隐藏的关联网。一般用支持度和可信度两个阈值来度量关联规则的相关性，同时还不断引入兴趣度、相关性等参数，使得所挖掘的规则更符合需求。

分类就是找出一个类别的概念描述，它代表了这类数据的整体信息，即该类的内涵描述，并用这种描述来构造模型，一般用规则或决策树模式表示。分类是利用训练数据集通过一定的算法而求得分类规则。分类可被用于规则描述和预测。

预测是利用历史数据找出变化规律，建立模型，并由此模型对未来数据的种类及特征进行预测。预测关心的是精度和不确定性，通常用预测方差来度量。

聚类就是利用数据的相似性判断出数据的聚合程度，使得同一个类别中的数据尽可能相似，不同类别的数据尽可能相异。

3. 小波分析。小波（Wavelet）这一术语，顾名思义，小波就是小的波形。所谓"小"是指它具有衰减性；而称之为"波"则是因为它的波动性，其振幅是正负相间的震荡形式。与傅里叶变换相比，小波变换是时间（空间）频率的局部化分析，它通过伸缩平移运算对信号（函数）逐步进行多尺度细化，最终达到高频处时间细分，低频处频率细分，能自动适应时频信号分析的要求，从而可聚焦到信号的任意细节，解决了傅里叶变换的困难问题，成为继傅里叶变换以来在科学方法上的重大突破，因此也有人把小波变换称为"数学显微镜"。

小波分析在量化投资中的主要作用是进行波形处理。任何投资品种的走势都可以看作一种波形，其中包含了很多噪声信号。利用小波分析，可以进行波形的去噪、重构、诊断、识别等，从而实现对未来走势的判断。

4. 支持向量机。支持向量机（Support Vector Machine，SVM）方法是通过一个非线性映射，把样本空间映射到一个高维乃至无穷维的特征空间中（Hilbert 空间），使得在原来的样本空间中非线性可分的问题转化为在特征空间中的线性可分的问题，简单而言，就是升维和线性化。升维就是把样本向高维空间做映射，一般情况下这会增加计算的复杂性，甚至会引起维数灾难，因而人们很少问津。但是对分类、回归等问题而言，很可能在低维样本空间无法线性处理的样本集，在高维特征空间中却可以通过一个线性超平面实现线性划分（或回归）。

一般的升维都会带来计算的复杂化，SVM 方法巧妙地解决了这个难题：应用核函数的展开定理，就不需要知道非线性映射的显式表达式；由于是在高维特征空间中建立线性学习机，所以与线性模型相比，不但几乎不增加计算的复杂性，而且在某种程度上避免了维数灾难。这一切要归功于核函数的展开和计算理论。

正因为有这个优势，使得 SVM 特别适合于进行有关分类和预测问题的处理，这使得它在量化投资中有了很大的用武之地。

5. 分形理论。被誉为大自然的几何学的分形理论（Fractal），是现代数学的一个新分支，但其本质却是一种新的世界观和方法论。它与动力系统的混沌理论交叉结合，相辅相成。它承认世界的局部可能在一定条件下，在某一方面（形态、结构、信息、功能、时间、能量等）表现出与整体的相似性；它承认空间维数的变化既可以是离散的也可以是连续的，因而极大地拓展了研究视野。

自相似原则和迭代生成原则是分形理论的重要原则。它表示分形在通常的几何变换下具有不变性，即标度无关性。分形形体中的自相似性可以是完全相同的，也可以是统计意义上的相似。迭代生成原则是指可以从局部的分形通过某种递归方法生成更大的整体图形。

分形理论既是非线性科学的前沿和重要分支，又是一门新兴的横断学科。作为一种方法论和认识论，其启示是多方面的：一是分形整体与局部形态的相似，启发人们通过认识部分来认识整体，从有限中认识无限；二是分形揭示了介于整体与部分、有序与无序、复杂与简单之间的新形态、新秩序；三是分形从一个特定层面揭示了世界普遍联系和统一的图景。

由于这种特征，使得分形理论在量化投资中得到了广泛的应用，主要可以用于金融时序数列的分解与重构，并在此基础上进行数列的预测。

6. 随机过程。随机过程（Stochastic Process）是一连串随机事件动态关系的定量描述。随机过程论与其他数学分支（如位势论、微分方程、力学及复变函数论等）有密切的联系，是在自然科学、工程科学及社会科学各领域中研究随机现象的重要工具。随机过程论目前已得到广泛应用，在诸如天气预报、统计物理、天体物理、运筹决策、经济数学、安全科学、人口理论、可靠性及计算机科学等很多领域都要经常用随机过程的理论来建立数学模型。

研究随机过程的方法多种多样，主要可以分为两大类：一类是概率方法，其中用到轨道性质、随机微分方程等；另一类是分析的方法，其中用到测度论、微分方程、半群理论、函数堆和希尔伯特空间等，实际研究中常常两种方法并用。另外，组合方法和代数方法在某些特殊随机过程的研究中也有一定作用。研究的主要内容有多指标随机过程、无穷质点与马尔可夫过程、概率与位势及各种特殊过程的专题讨论等。其中，马尔可夫过程很适于进行金融时序数列的预测，是在量化投资中的典型应用。

【本章小结】

量化投资就是利用计算机技术并且采用一定的数学模型去实现投资理念，实现投资策略，以期获得高于市场收益的过程。量化投资的优势在于纪律性、系统性、及时性、准确性和分散化。量化投资的历史可以追溯到20世纪50年代，最近十年得到了飞速发展。量化投资基金的数量增加值也远远超过了传统投资基金的数量增加值。国内量化投资基金则是从2009年起步，正处于朝阳阶段。

量化投资的主要内容包括：量化选股、量化择时、股指期货套利、商品期货套利、统计套利、期权套利、算法交易、资产配置等。

量化投资的主要方法包括：人工智能、数据挖掘、小波分析、支持向量机、分形理论和随机过程。

【关键词】

　　量化投资　　量化选股　　量化择时

【重要概念】

　　股指期货套利　　商品期货套利　　统计套利　　期权套利　　算法交易　　人工智能　　数据挖掘　　小波分析　　支持向量机　　分形理论　　随机过程

【思考题】

1. 量化投资与传统投资有什么不同？
2. 量化投资策略有哪些优势？
3. 量化投资包括哪些内容？
4. 结合我国实际，谈谈量化投资在中国的发展情况。
5. 结合实际，请思考：量化投资能获得超过市场的收益率吗？

21世纪高等学校金融学系列教材

一、货币银行学子系列

★货币金融学（第五版） 朱新蓉 主编 69.00元 2021.05出版
（普通高等教育"十一五"国家级规划教材/国家精品课程教材·2008）
货币金融学 张 强 乔海曙 主编 32.00元 2007.05出版
（国家精品课程教材·2006）
货币金融学（附课件） 吴少新 主编 43.00元 2011.08出版
货币金融学（第二版） 殷孟波 主编 48.00元 2014.07出版
（普通高等教育"十五"国家级规划教材）
现代金融学 张成思 编著 69.00元 2022.08出版
——货币银行、金融市场与金融定价（第二版）
货币银行学（第二版） 夏德仁 李念斋 主编 27.50元 2005.05出版
货币银行学（第三版） 周 骏 王学青 主编 42.00元 2011.02出版
（普通高等教育"十一五"国家级规划教材）
货币银行学原理（第六版） 郑道平 张贵乐 主编 39.00元 2009.07出版
金融理论教程 孔祥毅 主编 39.00元 2003.02出版
西方货币金融理论 伍海华 编著 38.80元 2002.06出版
现代货币金融学 汪祖杰 主编 30.00元 2003.08出版
行为金融学教程 苏同华 主编 25.50元 2006.06出版
中央银行通论（第三版） 孔祥毅 主编 40.00元 2009.02出版
中央银行通论学习指导（修订版） 孔祥毅 主编 38.00元 2009.02出版
商业银行经营管理（第二版修订版） 宋清华 主编 50.00元 2021.08出版
商业银行管理学（第五版） 彭建刚 主编 53.00元 2019.04出版
（普通高等教育"十一五"国家级规划教材/国家精品课程教材·2007/国家精品资源共享课配套教材）
商业银行管理学（第三版） 李志辉 主编 48.00元 2015.10出版
（普通高等教育"十一五"国家级规划教材/国家精品课程教材·2009）
商业银行管理学习题集 李志辉 主编 20.00元 2006.12出版
（普通高等教育"十一五"国家级规划教材辅助教材）
商业银行管理 刘惠好 主编 27.00元 2009.10出版
现代商业银行管理学基础 王先玉 主编 41.00元 2006.07出版
金融市场学（第三版） 杜金富 主编 55.00元 2018.07出版
现代金融市场学（第四版） 张亦春 主编 50.00元 2019.02出版
中国金融简史（第二版） 袁远福 主编 25.00元 2005.09出版
（普通高等教育"十一五"国家级规划教材）

货币与金融统计学（第四版）	杜金富		主编	48.00元	2018.07出版
（普通高等教育"十一五"国家级规划教材/国家统计局优秀教材）					
金融信托与租赁（第五版）	王淑敏	齐佩金	主编	45.00元	2020.06出版
（普通高等教育"十一五"国家级规划教材）					
金融信托与租赁案例与习题	王淑敏	齐佩金	主编	25.00元	2006.09出版
（普通高等教育"十一五"国家级规划教材辅助教材）					
金融营销学	万后芬		主编	31.00元	2003.03出版
金融风险管理	马昕田		主编	40.00元	2021.06出版
金融风险管理	宋清华	李志辉	主编	33.50元	2003.01出版
网络银行（第二版）	孙森		主编	36.00元	2010.02出版
（普通高等教育"十一五"国家级规划教材）					
银行会计学	于希文	王允平	主编	30.00元	2003.04出版
互联网金融	万光彩	曹强	主编	50.00元	2022.01出版

二、国际金融子系列

国际金融学	潘英丽	马君潞	主编	31.50元	2002.05出版
★国际金融概论（第五版）	孟昊	王爱俭	主编	45.00元	2020.01出版
（普通高等教育"十二五"国家级规划教材/国家精品课程教材·2009）					
国际金融（第三版）	刘惠好		主编	48.00元	2017.10出版
国际金融概论（第四版）（附课件）	徐荣贞		主编	48.00元	2022.01出版
★国际结算（第七版）（附课件）	苏宗祥	徐捷	著	70.00元	2020.08出版
（普通高等教育"十二五"国家级规划教材/2012—2013年度全行业优秀畅销书）					
各国金融体制比较（第五版）	白钦先		等编著	78.00元	2021.09出版
国际金融（第二版）	周文	漆腊应	主编	43.00元	2021.04出版
国际金融管理	鞠国华		主编	43.00元	2020.01出版

三、投资学子系列

投资学（第四版）	张元萍		主编	63.00元	2022.04出版
证券投资学	吴晓求	季冬生	主编	24.00元	2004.03出版
证券投资学（第三版）	金丹		主编	69.00元	2022.08出版
证券投资学	王玉宝		主编	38.00元	2018.06出版
现代证券投资学	李国义		主编	39.00元	2009.03出版
证券投资分析（第二版）	赵锡军	李向科	主编	35.00元	2015.08出版
组合投资与投资基金管理	陈伟忠		主编	15.50元	2004.07出版
投资项目评估（第三版）	李桂君	宋砚秋	主编	60.00元	2021.06出版
	王瑶琪				
项目融资（第三版）	蒋先玲		编著	36.00元	2008.10出版

四、金融工程子系列

金融经济学教程（第三版）	陈伟忠	陆珩瑱	主编	56.00元	2021.11出版

衍生金融工具（第二版）	叶永刚　张　培	主编	53.00元	2020.07出版
衍生金融工具	王德河　杨　阳	编著	38.00元	2016.12出版
现代公司金融学（第三版）	马亚明	主编	59.00元	2021.08出版
金融计量学	张宗新	主编	42.50元	2008.09出版
数理金融	张元萍	编著	29.80元	2004.08出版
金融工程学	沈沛龙	主编	46.00元	2017.08出版
金融工程	陆珩瑱	主编	39.50元	2018.01出版

五、金融英语子系列

金融英语阅读教程（第四版） （北京高等教育精品教材）	沈素萍	主编	48.00元	2015.12出版
金融英语阅读教程导读（第四版） （北京高等学校市级精品课程辅助教材）	沈素萍	主编	23.00元	2016.01出版
保险专业英语	张栓林	编著	22.00元	2004.02出版
保险应用口语	张栓林	编著	25.00元	2008.04出版

注：加★的书为"十二五"普通高等教育本科国家级规划教材。

21 世纪高等学校保险学系列教材

保险学概论	许飞琼		主编	49.80 元	2019.01 出版
保险学概论学习手册	许飞琼		主编	39.00 元	2019.04 出版
经典保险案例分析 100 例	许飞琼		主编	36.00 元	2020.01 出版
保险学（第二版）	胡炳志	何小伟	主编	29.00 元	2013.05 出版
风险管理与保险	孔月红	高 俊	主编	39.50 元	2019.10 出版
保险精算（第三版）	李秀芳	曾庆五	主编	36.00 元	2011.06 出版

（普通高等教育"十一五"国家级规划教材）

人身保险（第二版）	陈朝先	陶存文	主编	20.00 元	2002.09 出版
财产保险（第六版）	许飞琼	郑功成	主编	56.00 元	2020.12 出版

（普通高等教育"十一五"国家级规划教材/普通高等教育精品教材奖）

财产保险案例分析	许飞琼		编著	32.50 元	2004.08 出版
海上保险学	郭颂平	袁建华	编著	34.00 元	2009.10 出版
责任保险	许飞琼		编著	40.00 元	2007.11 出版
再保险（第二版）	胡炳志	陈之楚	主编	30.50 元	2006.02 出版

（普通高等教育"十一五"国家级规划教材）

保险经营管理学（第二版）	江生忠	祝向军	主编	49.00 元	2017.12 出版
保险经营管理学（第二版）	邓大松	向运华	主编	42.00 元	2011.08 出版

（普通高等教育"十一五"国家级规划教材）

保险营销学（第四版）	郭颂平	赵春梅	主编	42.00 元	2018.08 出版

（教育部经济类专业主干课程推荐教材）

保险营销学（第二版）	刘子操	郭颂平	主编	25.00 元	2003.01 出版
★风险管理（第五版修订本）	许谨良		主编	50.00 元	2022.01 出版

（普通高等教育"十一五"国家级规划教材）

保险产品设计原理与实务	石 兴		著	24.50 元	2006.09 出版
社会保险（第四版）	林 义		主编	39.00 元	2016.07 出版

（普通高等教育"十一五"国家级规划教材）

保险学教程（第二版）	张 虹	陈迪红	主编	36.00 元	2012.07 出版
利息理论与应用（第二版）	刘明亮		主编	32.00 元	2014.04 出版
保险法学	李玉泉		主编	53.50 元	2020.08 出版

注：加★的书为"十二五"普通高等教育本科国家级规划教材。